普通高等教育"十四五"系列教材

水利工程建设项目管理

主　编　雒亿平　王　琳
副主编　董　静　冯　姗

·北京·

内 容 提 要

本书按照工程建设的程序，融入了水利水电工程建设管理的相关知识内容，全面介绍了建设项目管理的基本理论、内容和方法。在传统的工程建设项目管理的内容上，本书融入了水利水电项目与程序、水利水电环境影响评价、水利水电合同管理及水利水电施工管理的内容。全书包括建设项目管理概述、建设项目策划与决策、建设项目管理组织、建设项目监理、建设项目设计管理、建设项目招标管理、建设项目合同管理、建设项目施工前期管理、建设项目施工过程管理、建设项目竣工验收、建设项目文档管理、建设项目后评价、建设项目管理的发展趋势共13章的内容。

本书涵盖知识面广，内容新颖易懂，紧密联系工程实践，可作为高校工程管理专业、土木工程专业、水利水电专业等的教材或教学参考书，也可作为各类技术人员、政府建设主管部门、工程单位等的参考书。

图书在版编目（CIP）数据

水利工程建设项目管理 / 雒亿平，王琳主编. -- 北京：中国水利水电出版社，2022.9
普通高等教育"十四五"系列教材
ISBN 978-7-5226-1060-3

Ⅰ.①水… Ⅱ.①雒… ②王… Ⅲ.①水利工程－基本建设项目－工程项目管理－高等学校－教材 Ⅳ.①TV512

中国版本图书馆CIP数据核字(2022)第195059号

书　名	普通高等教育"十四五"系列教材 **水利工程建设项目管理** SHUILI GONGCHENG JIANSHE XIANGMU GUANLI
作　者	主编　雒亿平　王　琳 副主编　董　静　冯　姗
出版发行	中国水利水电出版社 （北京市海淀区玉渊潭南路1号D座　100038） 网址：www.waterpub.com.cn E - mail：sales@mwr.gov.cn 电话：（010）68545888（营销中心）
经　售	北京科水图书销售有限公司 电话：（010）68545874、63202643 全国各地新华书店和相关出版物销售网点
排　版	中国水利水电出版社微机排版中心
印　刷	清淞永业（天津）印刷有限公司
规　格	184mm×260mm　16开本　18.5印张　474千字
版　次	2022年9月第1版　2022年9月第1次印刷
印　数	0001—1500册
定　价	**55.00元**

凡购买我社图书，如有缺页、倒页、脱页的，本社营销中心负责调换
版权所有·侵权必究

前　言

工程建设在国民经济中的地位举足轻重，大量资金的投入使得建设项目管理更加重要。同时随着经济和政策的不断变化，需要进一步加强对工程建设项目的管理，使建设工程在保证工期、质量和安全的同时发挥最大的投资效益。近年来，工程项目管理与水利施工项目建设的关系更加紧密，在大、中型水利建设项目中，对项目实行更加科学的管理调控越发重要。水利工程建设项目管理指自项目开始到项目完成，通过项目策划、项目控制使项目的费用目标、进度目标、质量目标和安全目标得以实现的全过程管理。水利施工项目投资大、成本高、结构复杂，一个项目往往由许多单位参与，而各参与单位的工作性质、任务和利益互不相同，尤其是在市场经济条件下，强化水利施工项目管理对于提高水利设施的社会效益和经济效益有着重要的现实意义。

本书全面阐述了建设项目决策与策划、项目融资、设计、招标、合同管理等理论和方法，融入了水利水电项目与程序、水利水电环境影响评价、水利水电合同管理及水利水电施工管理的内容，为水利水电工程项目管理的需求提供依据。全书共有13章的内容。第1~5章由雒亿平和王琳编写，第6~10章由王琳和董静编写，第11~13章由董静和冯姗编写。全书由雒亿平和王琳统稿。

本书主要对建设项目管理的内容进行了调整和完善，在满足教学培养的基础上，全书内容理论结合实际工程，充分体现理论性和实践性的结合。通过系统全面的理论梳理，旨在提高水利水电工作者对工程的评估操作能力，推动水利水电建设事业的快速发展。

在本书编写过程中，参考了有关教材、著作和研究成果，在此对各位作者表示衷心的感谢！

限于作者在该知识领域的学识水平和经验，书中难免会存在疏漏和错误之处，敬请各位读者批评指正，对此将不胜感激。

编者

2022 年 6 月

目 录

前言

第1章 建设项目管理概述 ... 1
1.1 建设项目及其分类 ... 1
1.1.1 项目的概念及其特征 ... 1
1.1.2 建设项目的概念、特点及组成 ... 2
1.1.3 建设项目的分类 ... 4
1.2 水利工程项目划分 ... 5
1.3 水利工程建设基本程序 ... 6
复习思考题 ... 9

第2章 建设项目策划与决策 ... 10
2.1 建设项目策划 ... 10
2.1.1 建设项目策划及其作用 ... 10
2.1.2 建设项目策划的主要内容 ... 11
2.2 建设项目可行性研究 ... 14
2.2.1 可行性研究的作用和阶段 ... 14
2.2.2 可行性研究报告的主要内容 ... 16
2.2.3 可行性研究报告的审查与报批 ... 17
2.3 建设项目经济评价 ... 19
2.3.1 经济评价的内容 ... 19
2.3.2 经济评价指标 ... 22
2.3.3 经济评价中方案比较的基本方法 ... 25
2.4 建设项目社会评价 ... 28
2.4.1 建设项目社会评价及其主要内容 ... 28
2.4.2 建设项目社会评价的步骤与方法 ... 30
2.5 建设项目环境影响评价 ... 32
2.5.1 环境影响评价及其基本要求 ... 32
2.5.2 水利工程环境影响评价 ... 33
复习思考题 ... 40

第3章 建设项目管理组织 … 41
3.1 建设项目管理组织模式 … 41
3.1.1 工程建设指挥部负责制 … 41
3.1.2 企业基建部门负责制 … 43
3.1.3 工程总承包单位负责制 … 44
3.1.4 建设项目法人责任制 … 46
3.2 项目法人责任制 … 49
3.2.1 项目法人责任制的特点 … 50
3.2.2 项目法人的组织形式 … 50
3.2.3 项目法人与有关各方的关系 … 52
3.3 政府投资项目建设管理模式 … 54
3.3.1 政府投资项目的分类和管理方式 … 54
3.3.2 政府投资项目管理的国际惯例和特点 … 56
3.3.3 我国政府投资项目管理的改革 … 57
3.4 项目经理 … 59
3.4.1 项目经理的设置 … 59
3.4.2 项目经理的业务素质 … 61
复习思考题 … 63

第4章 建设项目监理 … 64
4.1 建设项目监理概述 … 64
4.1.1 建设项目监理及其中心任务 … 64
4.1.2 建设项目监理的范围和主要内容 … 65
4.2 建设项目监理单位的选择 … 66
4.2.1 选择项目监理单位的方式和程序 … 66
4.2.2 项目监理合同结构及其选择 … 66
4.2.3 项目监理单位的资格审查 … 67
4.2.4 项目监理投标书的评审 … 69
4.2.5 项目监理合同谈判 … 73
4.3 建设项目监理合同管理 … 75
4.3.1 《建设工程监理合同（示范文本）》 … 75
4.3.2 建设项目监理合同的履行 … 76
复习思考题 … 80

第5章 建设项目设计管理 … 81
5.1 建设项目设计管理概述 … 81
5.1.1 业主设计管理工作纲要 … 81
5.1.2 建设项目外部协作条件的取证 … 82
5.2 建设项目设计目标控制 … 84
5.2.1 建设项目设计目标 … 84

5.2.2　建设单位（或项目法人）对工程设计的控制 …………………… 86
　5.3　初步设计、技术设计及施工图设计管理 …………………………………… 89
　　5.3.1　初步设计（技术设计）管理 ……………………………………… 89
　　5.3.2　施工图设计管理 …………………………………………………… 91
　复习思考题 …………………………………………………………………………… 92

第6章　建设项目招标管理 …………………………………………………………… 93

　6.1　建设项目招标概述 …………………………………………………………… 93
　　6.1.1　建设项目招标及其方式 …………………………………………… 93
　　6.1.2　建设项目招投标的监督 …………………………………………… 96
　　6.1.3　建设项目承包模式 ………………………………………………… 98
　　6.1.4　建设项目承发包合同的类型 ……………………………………… 102
　6.2　建设项目勘察设计招标管理 ………………………………………………… 105
　　6.2.1　勘察设计招标概述 ………………………………………………… 105
　　6.2.2　勘察设计招标的主要工作内容 …………………………………… 106
　6.3　建设项目施工招标管理 ……………………………………………………… 109
　　6.3.1　招标准备阶段的工作内容 ………………………………………… 109
　　6.3.2　招标阶段的工作内容 ……………………………………………… 113
　　6.3.3　决标成交阶段的工作内容 ………………………………………… 115
　6.4　建设项目材料、设备采购招标管理 ………………………………………… 122
　　6.4.1　采购方式与分标原则 ……………………………………………… 122
　　6.4.2　资格审查与评标 …………………………………………………… 123
　复习思考题 …………………………………………………………………………… 126

第7章　建设项目合同管理 …………………………………………………………… 127

　7.1　建设项目合同管理简述 ……………………………………………………… 127
　　7.1.1　建设项目合同 ……………………………………………………… 127
　　7.1.2　合同的谈判与签订 ………………………………………………… 128
　　7.1.3　合同的履行与担保 ………………………………………………… 131
　7.2　建设项目勘察、设计合同管理 ……………………………………………… 132
　　7.2.1　勘察、设计合同的签订 …………………………………………… 133
　　7.2.2　勘察、设计合同的履行 …………………………………………… 133
　　7.2.3　违约责任 …………………………………………………………… 134
　7.3　建设项目施工合同管理 ……………………………………………………… 134
　　7.3.1　施工合同的签订 …………………………………………………… 134
　　7.3.2　施工合同的管理 …………………………………………………… 136
　　7.3.3　FIDIC合同条件 …………………………………………………… 138
　　7.3.4　施工合同的索赔管理 ……………………………………………… 149
　7.4　建设项目物资采购合同管理 ………………………………………………… 153
　　7.4.1　物资采购合同的签订 ……………………………………………… 153

  7.4.2 物资采购合同的履行 ……………………………………………………… 155
 复习思考题 ……………………………………………………………………………… 156

第8章 建设项目施工前期管理 …………………………………………………… 157

 8.1 建设规划及施工许可报批手续 ……………………………………………………… 157
  8.1.1 建设规划申报审批的程序和内容 ……………………………………………… 157
  8.1.2 建设用地办理程序 ……………………………………………………………… 157
  8.1.3 建设用水、用电、通信、煤气、中水设施等的办理程序 …………………… 159
  8.1.4 建设项目质量监督 ……………………………………………………………… 161
  8.1.5 建设项目施工许可证 …………………………………………………………… 161
 8.2 建设项目计划 ………………………………………………………………………… 162
  8.2.1 建设项目计划的分类和管理 …………………………………………………… 162
  8.2.2 建设项目计划的内容 …………………………………………………………… 163
 8.3 建设项目审计与稽察 ………………………………………………………………… 166
  8.3.1 建设项目审计 …………………………………………………………………… 166
  8.3.2 建设项目稽察 …………………………………………………………………… 166
 复习思考题 ……………………………………………………………………………… 167

第9章 建设项目施工过程管理 …………………………………………………… 168

 9.1 施工准备 ……………………………………………………………………………… 168
  9.1.1 图纸会审和技术交底 …………………………………………………………… 168
  9.1.2 审查施工组织设计 ……………………………………………………………… 168
  9.1.3 施工现场准备 …………………………………………………………………… 170
  9.1.4 施工材料、设备准备 …………………………………………………………… 171
 9.2 施工项目成本管理 …………………………………………………………………… 171
  9.2.1 概述 ……………………………………………………………………………… 171
  9.2.2 施工项目成本控制方法 ………………………………………………………… 174
 9.3 施工项目进度管理 …………………………………………………………………… 181
  9.3.1 施工项目进度管理概述 ………………………………………………………… 181
  9.3.2 施工项目进度控制 ……………………………………………………………… 182
  9.3.3 施工进度计划实施及其监测 …………………………………………………… 186
  9.3.4 实际进度与计划进度的比较方法 ……………………………………………… 189
 9.4 施工项目质量管理 …………………………………………………………………… 197
  9.4.1 质量管理的基本概念 …………………………………………………………… 197
  9.4.2 质量认证的基本知识 …………………………………………………………… 199
  9.4.3 全面质量管理 …………………………………………………………………… 203
  9.4.4 工程质量分析工具 ……………………………………………………………… 212
  9.4.5 工程质量事故 …………………………………………………………………… 221
 9.5 施工项目职业健康管理及体系 ……………………………………………………… 223
  9.5.1 施工项目职业健康安全管理概述 ……………………………………………… 223

9.5.2 施工项目职业健康安全管理体系提出的背景 …… 223
9.5.3 施工项目职业健康安全管理体系的概念 …… 224
9.5.4 施工项目职业健康安全管理体系的建立和实施 …… 225
9.6 施工项目安全管理 …… 228
9.6.1 施工项目安全管理的范围 …… 228
9.6.2 施工项目安全管理的基本原则 …… 229
9.6.3 施工不安全因素分析 …… 230
9.6.4 施工项目安全体系的建立 …… 230
9.6.5 建筑施工安全管理中的技术组织措施 …… 232
9.6.6 施工安全事故处理 …… 233
9.6.7 施工安全教育、培训和检查 …… 235
复习思考题 …… 236

第10章 建设项目竣工验收

10.1 建设项目竣工验收概述 …… 238
10.1.1 建设项目验收的定义、作用和方式 …… 238
10.1.2 竣工验收的范围、依据和标准 …… 239
10.1.3 竣工验收程序 …… 241
10.1.4 竣工验收中遗留问题的处理 …… 244
10.1.5 建设项目资料的验收 …… 245
10.2 建设项目竣工结算与决算 …… 247
10.2.1 竣工结算 …… 247
10.2.2 竣工决算 …… 248
10.3 建设项目保修与回访 …… 249
10.3.1 建设项目保修 …… 250
10.3.2 建设项目回访 …… 251
复习思考题 …… 252

第11章 建设项目文档管理

11.1 建设项目文档管理概述 …… 253
11.1.1 文档管理的意义 …… 253
11.1.2 文档的管理范围和要求 …… 253
11.2 建设项目文档管理的内容 …… 254
复习思考题 …… 259

第12章 建设项目后评价

12.1 建设项目后评价概述 …… 260
12.1.1 建设项目后评价及其作用 …… 260
12.1.2 建设项目后评价的范围、内容和方法 …… 261
12.1.3 建设项目后评价的组织与实施 …… 262
12.2 建设过程后评价 …… 264

  12.2.1 建设项目前期立项决策评价 ··· 264
  12.2.2 勘察设计与采购工作评价 ·· 265
  12.2.3 项目施工评价 ·· 265
  12.2.4 项目生产运营评价 ·· 266
 12.3 建设项目效益后评价 ·· 266
  12.3.1 建设项目效益后评价的概念和主要内容 ························· 266
  12.3.2 建设项目效益后评价 ··· 268
 复习思考题 ·· 269

第13章 建设项目管理的发展趋势 ··· 270
 13.1 建设项目管理集成化 ·· 270
  13.1.1 建设工程全寿命期管理 ·· 270
  13.1.2 建设项目全要素造价管理 ··· 273
  13.1.3 全面一体化管理 ··· 275
 13.2 建设项目管理信息化 ·· 279
  13.2.1 建设项目管理信息化的意义和实施策略 ························· 279
  13.2.2 基于Internet的建设项目信息平台 ································ 282
  13.2.3 建设项目管理信息化新技术——BIM ···························· 283
 复习思考题 ·· 285

参考文献 ·· 286

第1章 建设项目管理概述

1.1 建设项目及其分类

1.1.1 项目的概念及其特征

1. 项目的概念

项目一词最早出现在20世纪50年代,是指在一定的约束条件(主要是限定时间、限定资源、限定资金)下,具有明确目标的一次性任务。项目是一件事情,一项独一无二的任务。

项目侧重于过程并且包括许多内容,是一个动态的概念,可以是建设一项具体的工程,如建造一栋大楼、一个饭店、一座工厂、一座电站、一条铁路、一条公路;也可以是完成某项科研课题,开发一个新的产品,甚至是撰写一篇论文。这些都是一个项目,有一定的时间、质量要求,也同样都是一次性任务。

2. 项目的特征

(1) 单件性或一次性(也称临时性)。这是项目和日常工作的最大区别,也是项目最主要的特征。单件性或一次性是指对于任务本身和最终成果而言,没有与这项任务完全相同的另一项任务。认识项目的一次性,才能有针对性地根据项目的特殊情况和要求进行科学、有效的管理。比如:建设一项工程不同于其他工业产品的批量性,也不同于其他生产过程的重复性;制定一项新的管理办法也不同于其他管理,如企业财务管理具有重复性和经常性等。

(2) 目标性。任何项目都有一个与以往以及其他任务不完全相同的目标,它通常是一项独特的产品或服务。有时尽管一个项目中包含着部分的重复内容,但在总体上仍然是独立的。如果任务及其最终成果是完全重复的,那它就不是项目。

(3) 约束性。所有项目都有一定的约束条件,比如资金、时间、资源等,项目只有在满足约束条件下才能获得成果。因此约束条件是项目目标完成的前提。在一般情况下,项目的约束条件是限定的质量、限定的时间和限定的投资,通常称这三个约束条件为项目的三大目标。人类有组织的活动都是有其目的性的。项目作为一类特别设立的活动,有其确定的目标,通常表现如下:

1) 约束性目标,又称为限制条件,是实现成果性目标的客观条件和人为约束的统称,是项目实施过程中必须遵循的条件,在一般情况下,主要体现为时间、质量、投资(或成本)等可以量化的约束性条件。这些目标是具体的、可检查的。

2) 成果性目标,也是项目的最终目标,如提供某种规定的产品、服务或其他成果。在项目的实施过程中,成果性目标又被分解成项目的功能性要求,是项目全过程的主导性目标。因此,合理、科学地确定项目的约束条件,对保证项目的完成十分重要。

(4) 项目具有生命期。项目的单件性和项目过程的一次性决定了每个项目具有生命期。任何项目都有其产生时间、发展时间和结束时间。项目的一次性决定了项目的周期性，项目具有明确的开始时间和结束时间，在不同的阶段中都有特定的任务、程序和工作内容。掌握项目的生命期，就可以有效地对项目进行科学的管理。成功的项目管理是对项目全过程及生命期的管理。

1.1.2 建设项目的概念、特点及组成

1. 建设项目的概念

按照《工程造价术语标准》（GB/T 50875—2013）的定义，建设项目是指按一个总体规划或设计进行建设的，由一个或若干个互有内在联系的单项工程组成的工程总和。在我国，建设项目是固定资产投资项目的简称。工程建设项目包括基本建设项目（新建、扩建、改建、迁建、重建等扩大生产能力的项目）和更新改造项目（以改进技术、增加产品品种、提高质量、治理"三废"、劳动安全、节约资源为主要目的的项目）。所以，建设项目指在一定量的投资和资源约束条件下，经过前期策划、设计、施工等一系列程序，在一定的资源约束条件下，以形成固定资产为确定目标的一次性事业。

基本建设项目一般指在一个总体设计或初步设计范围内，由一个或几个单位工程组成，在经济上进行统一核算，行政上具有独立组织形式，实行统一管理的建设对象。凡属于一个总体设计范围内分期分批进行建设的主体工程和附属配套工程、综合利用工程、供水供电工程等，均应作为一个建设项目，不能将其按地区或施工承包单位划分为若干个建设项目。此外，也不能将不属于一个总体设计范围内的工程，归集为一个建设项目。更新改造项目是指对企业、事业单位原有设施进行技术改造或固定资产更新的辅助性生产项目和生活福利设施项目。

2. 建设项目的特点

建设项目除具备一般项目的特征之外，还具有以下特点：

(1) 建设项目的投资大。一个建设项目的资金投入少则几百万元，多则上千万元、数亿元。由于投资额巨大，这就要求项目建设只能成功不能失败，否则将造成严重后果，甚至影响国民经济和社会发展。

(2) 建设周期长。由于建设工程项目规模大，技术复杂，涉及的专业面广，因此，从项目的设想、建设到投入使用，少则几年，多则几十年。

(3) 不确定性因素多，风险大。建设工程项目由于建设周期长，露天作业多，受外部环境影响大，因此不确定性因素多，风险大。由于建设项目地点的固定性，不良地质条件是造成工期延长和投资增加的主要原因之一。此外，天气也是不可忽视的不确定性因素，如重庆江北机场一期工程建设中，大规模土方工程的施工由于长时间的降雨延误了近两个月的时间。

(4) 项目参与人员多。建设工程是一个复杂的系统工程，参与的人员众多。这些人员来自不同的参与方、不同的专业，并在不同的层次上进行工作，主要包括业主（或发包人）、建筑师、结构工程师、机电工程师、各类承包商（包括设计单位、施工单位、材料和设备供应商）、咨询人员等。他们往往通过合同和协议联系在一起，共同参与项目。此外，还涉及行使建设工程项目监督管理权力的政府建设行政主管部门以及其他相关部门的人员。

(5) 项目管理极其重要。因为建设工程项目投资大、建设周期长、不确定性因素多，以

及参与人员多等特征，建设工程项目的管理尤为重要。

3. 建设项目的组成

按照《建筑工程施工质量验收统一标准》(GB 50300—2013)的规定，建设项目由单项工程、单位（子单位）工程、分部（子分部）工程和分项工程四个部分组成。建设项目的组成如图1.1所示。

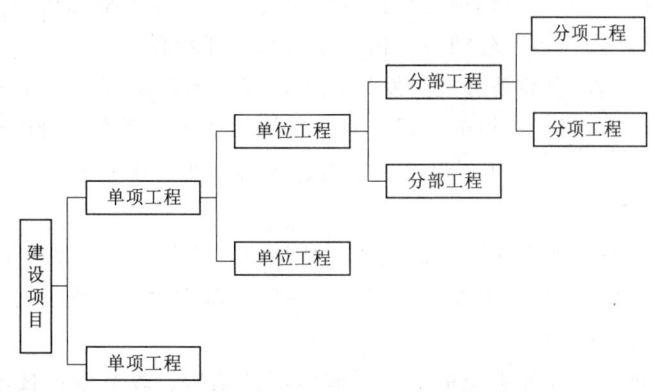

图1.1　建设项目组成示意

(1) 单项工程。单项工程一般指具有独立的设计文件，也可独立组织施工和竣工验收，建成后能单独形成生产能力或发挥效益的工程。从施工的角度看，单项工程是一个独立的施工交工系统。单项工程是建设项目的组成部分，一个建设项目通常由多个单项工程组成，但有时仅含一个单项工程。单项工程一般由一个或若干个单位工程组成。在建设项目总体施工安排部署和管理指导目标下，形成自身的项目管理方案和目标，按其资金和质量的要求如期建成、交付、生产和使用。

(2) 单位（子单位）工程。单位工程是单项工程的组成部分，指具有独立施工条件并能形成独立使用功能的建筑物及构筑物。一般情况下，单位工程指一个单体的建筑物或构筑物，需要在几个有机联系、互为配套的单位工程全部建成竣工后，才能用于生产或使用。具有独立施工条件和能形成独立使用功能是单位工程划分的基本要求。

(3) 分部（子分部）工程。分部工程是单位工程的组成部分，是按工程部位、设备种类和型号、使用的材料和工种的不同对单位工程所作的进一步划分。如建筑工程中的一般土建工程，按照不同的工种和不同的材料结构可划分为土石方工程、基础工程、砌筑工程、钢筋混凝土工程等分部工程。分部工程是编制工程造价、组织施工、质量评定、包工结算与成本核算的依据。在分部工程中影响工料消耗的因素很多，例如，同样都是土方工程。由于土壤类别（普通土、坚硬土、砾质土）不同，挖土的深度不同，施工方法也不同，则每一单位土方工程所消耗的人工、材料差别很大。因此，还必须把分部工程按照不同的施工方法、不同的材料、不同的规格等作进一步的划分。

(4) 分项工程。分项工程是分部工程的组成部分，一般是按主要工种、材料、施工工艺、设备类别等进行划分，也是形成建筑产品基本构件的施工过程。分项工程是建筑施工生产活动的基础，也是计量工程用工用料和机械台班消耗的基本单元，同时又是工程质量形成的直接过程。分项工程既有其作业活动的独立性，又有相互联系、相互制约的整体性。

1.1.3 建设项目的分类

由于建设项目多种多样，为了反映建设项目的性质、行业类型特点等，加强建设项目管理，正确反映建设项目的内容及规模，从不同角度按不同标准对建设项目进行分类。

1. 按建设性质分类

建设项目按其建设性质不同，可划分成基本建设项目和更新改造项目两大类。

（1）基本建设项目。基本建设项目指投资建设的以扩大生产能力或增加工程效益为主要目的的新建项目、扩建项目、改建项目、恢复项目和迁建项目。

1）新建项目指根据国民经济和社会发展规划，以技术经济和社会发展为目的，按照规定的程序立项，从无到有投资建设的项目。对于新增加的固定资产，价值超过原有全部固定资产价值（原值）3倍以上时，才可算作新项目。现有企业、事业单位和行政单位一般不应有新建项目。

2）扩建项目指现有企业在原有场地内或其他地点，为扩大产品的生产能力或新增经济效益而增建的项目。事业和行政单位在原有业务系统的基础上扩大规模而进行的新增固定资产的投资项目也叫作扩建项目。

3）改建项目指现有企业和事业单位为了调整产品结构、改革生产技术工艺、改善生产条件或生活福利条件，而对原有设施进行技术改造或更新的辅助性生产项目和生活福利设施项目。

4）恢复项目指原有固定资产因自然灾害或人为灾害等全部或部分报废，需要恢复生产能力和业务工作条件的项目。这类项目不管是按原有的规模来恢复生产建设或者是在恢复建设的过程中同时进行一定程度的扩建，都属于是恢复项目。但是对于一些未建成投产或者是交付使用的项目，它们受到破坏后，若是按照原先的计划进行建设的，则建设性质不变；若是重新制定设计方案重建，根据新的设计内容来确定其性质。

5）迁建项目指原有的企业和事业单位根据自身生产经营和事业发展的要求，出于国家调整生产力布局的经济发展战略的需要或环境保护等其他的特殊要求，搬迁到异地而建设的项目。在迁建项目中符合新建、扩建、改建条件的应将其分别视为新建、扩建或改建项目。

（2）更新改造项目。更新改造项目指以节约资源、增加产品品种、提高质量、治理"三废"、劳保安全为主要目的的固定资产投资项目。更新改造项目一般包括挖潜工程、环境工程、节能工程等。

2. 按投资作用分类

建设项目按其投资在国民经济各部门中的作用，分为生产性建设项目和非生产性建设项目。

（1）生产性建设项目。生产性建设项目是指直接用于物质生产或直接为物质生产服务的建设项目，例如工业项目、农业项目、基础设施建设、商业建设等。

（2）非生产性建设项目。非生产性建设是指用于满足人民物质和文化福利需要的建设和非物质生产部门的建设，例如办公用房建设、居住建筑建设、公共建筑建设等。

3. 按项目规模分类

为能正确反映建设项目的规模，按国家规定，基本建设项目分为大型、中型、小型三类。不同等级标准的建设项目，国家规定的审批机关和简报程序也不尽相同，划分项目等级的原则如下：

（1）基本建设项目，按批准的可行性研究报告（初步设计）所确定的总设计能力或投资总额大小，依据国家颁布的《基本建设项目大中小型划分标准》（计计〔1978〕234号）进行分类。

（2）凡生产单一产品的项目，一般按产品的设计生产能力划分。生产多种产品的项目，一般按主要产品的设计能力划分；产品分类多，难以确定主要产品的，则按投资额划分。

（3）更新改造项目一般只按投资额分为限额以上和限额以下项目。

（4）对国民经济和社会发展有特殊意义的某些项目，虽然设计能力或全部投资不够大、中型项目标准，但是经国家批准也列入大、中型计划或国家重点建设项目，也按照大、中型项目进行管理。

（5）基本建设项目的大型、中型、小型和更新改造项目限额的具体划分标准，是根据各个时期经济发展和实际工作中的需要的变化而变化的。

4. 按建设项目的产品（或服务）效益和特点分类

按建设项目的产品（或服务）的经济效益、社会效益和市场需求等基本特性划分，建设项目分为公共项目和非公共项目，其中非公共项目又分为竞争性项目和基础性项目。

（1）公共项目，主要指为满足社会公众需要，生产或提供公共物品或服务，并且难以产生直接经济回报的项目。公共项目的投资主要由政府用财政资金安排。

（2）非公共项目，指除公共项目以外的其他项目。

1）竞争性项目主要指投资回报率比较高、竞争性比较强的一般性建筑项目。这类建设项目应以企业为基本投资主体，由企业自主决策，自担风险等，比如商务办公楼项目、酒店项目、度假村项目、高档公寓项目等。

2）基础性项目主要指具有自然垄断性、建设周期长、投资额大而收益低的基础设施和需要政府重点扶持的部分基础工业项目，以及直接增强国力、符合经济规模的支柱产业项目。交通、通信、水利、城市公用等项目主要由政府集中必要的财力、物力通过经济实体进行投资；同时，还应广泛吸引地方企业参与投资。

5. 按建设项目的投资来源分类

按建设项目的投资来源分类，建设项目分为政府投资项目和非政府投资项目。

（1）政府投资项目，指使用政府性资金的建设项目以及有关的投资活动，在国外也被称为公共项目，是为了适应和推动国民经济或区域经济的发展，满足社会的文化、生活需要，以及出于政治、国防等因素的考虑，由政府通过财政投资、发行国债或地方财政债券、利用国外政府赠款以及国家财政担保的国内外金融组织的贷款等方式独资或合资兴建的工程项目。政府性资金包括财政预算投资资金，利用国际金融组织和外国政府贷款的主权外债资金，纳入预算管理的专项建设资金，法律、法规规定的其他政府性资金等。

（2）非政府投资项目。不使用政府性资金的投资项目统称为非政府投资项目，也叫企业投资项目，通常指企业、集体单位、外商和私人投资兴建的工程项目。

1.2 水利工程项目划分

由于水利工程项目是由多种性质水工建筑物构成的复杂建筑综合体，例如大、中型水利工程除拦河大坝、主副厂房外，还有变电站、开关站、输变电线路、引水系统、泄洪设施、公路、桥涵、给排水系统、供风系统、通信系统、辅助企业、文化福利建筑等，难以严格按单项工程、单位工程等的标准确切划分，可结合水利工程的性质特点和组成内容进行划分。

（1）两大类型。按《水利工程设计概（估）算编制规定》（水总〔2014〕429号）的规定，水利工程按工程性质划分为两大类：一类是枢纽工程（水库、水电站和其他大型独立建筑物）；另一类是引水工程及河道工程（供水工程、灌溉工程、河道治理工程和堤防工程）。

（2）五个部分。水利水电枢纽工程和引水工程及河道工程又分为建筑工程、机电设备及安装工程、金属结构设备及安装工程、施工临时工程四大部分。

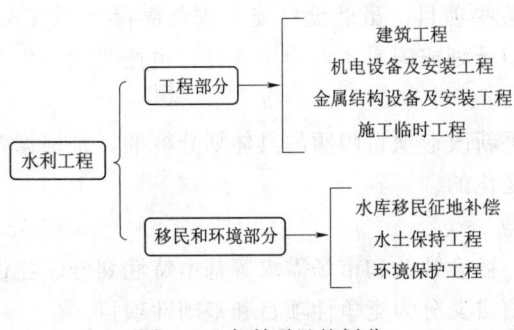

图1.2 水利项目的划分

（3）三级项目。根据水利工程的性质，其工程项目分别按枢纽工程、引水工程及河道工程划分，投资估算和设计概算要求每部分从小到大又划分为一级项目、二级项目、三级项目，其中一级项目相当于单项工程，二级项目相当于单位工程，三级项目相当于分项工程。水利项目的划分如图1.2所示。

1.3 水利工程建设基本程序

"组织"的含义比较广泛，人们通常所说的"组织"一般有两个意义：一是为了使项目系统达到它的特定目标，使全体参加者经分工与协作，按照某种规则设置不同层次的权利和责任制度而构成的人的一种组合体，这里的"组织"是名词，指的是特定目标；二是指组织活动，表示对组织行为的筹划、安排、协调、控制和检查，如策划、开展一个新产品的销售活动中的全部工作，这里的"组织"是动词，说的是特定检查等。本节讨论的"组织"指前者，为了达成一个特定目标。

建设基本程序指基本建设项目从决策、设计、施工到竣工验收整个工作进行过程中各阶段及其工作所必须遵循的先后次序与步骤。它反映的是在基本建设过程中各个有关部门之间一环扣一环的紧密联系和工作中的项目协调。对于工程项目组织，项目管理人员一般指通过组织取得项目所需的资源，并通过行使项目组织的职能管理这些资源，实现项目的目标。工程项目组织的定义为：为完成特定的任务而建立起来的，从事工程项目具体工作的组织。该组织是在工程项目生命周期内临时组建的，是暂时的，当项目目标实现后，项目组织解散。

根据我国基本建设实践，水利水电工程基本建设程序归纳起来可分为四大阶段八大环节，如图1.3所示。

1. 四大阶段

第一阶段是建设项目投资决策阶段。它包括根据资源条件和国民经济长远发展规划，进行流域或河段规划，提出项目建议书；进行可行性研究和项目评估，编制可行性研究报告两个环节。

第二阶段是项目勘察设计阶段。它是对拟建项目在技术和经济上进行全面的设计，是工程建设计划的具体化，是组织施工的依据。勘察设计直接关系到工程的投资、工程质量和使用效果，是工程建设的决定性环节。

1.3 水利工程建设基本程序

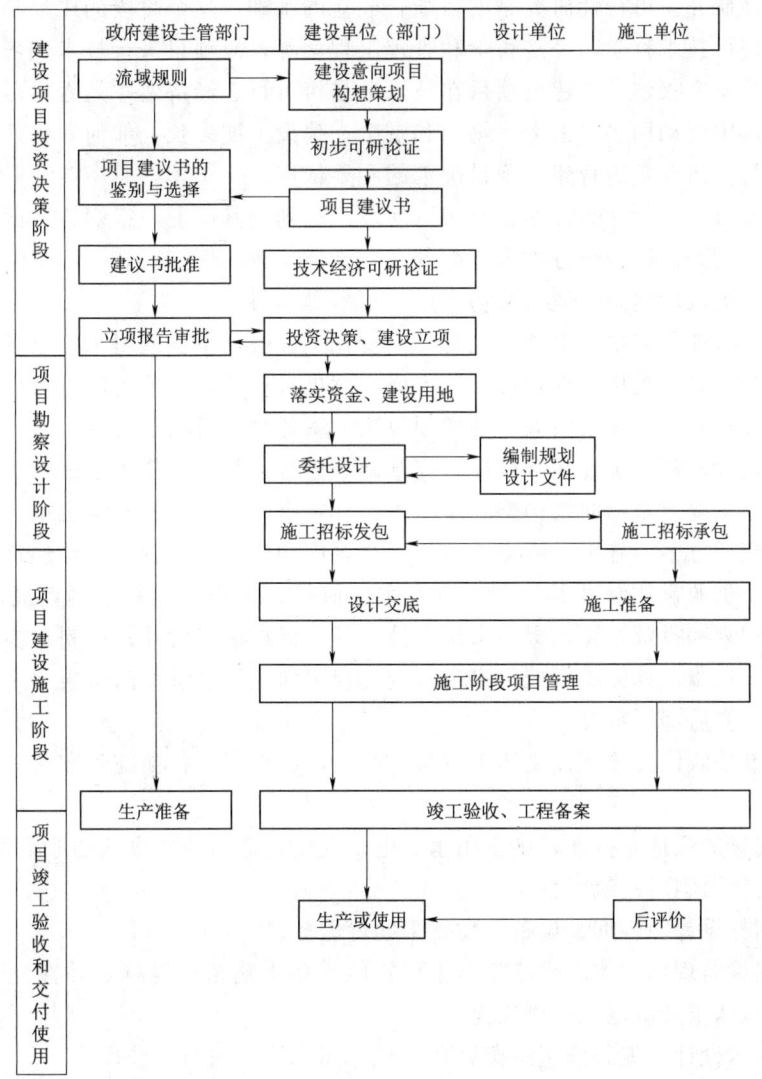

图 1.3 水利水电工程基本建设程序

第三阶段是项目建设施工阶段。它包括建设前期施工准备、全面建设施工和生产（投产）准备工作（工业项目）三个主要环节。

第四阶段是项目竣工验收和交付使用。生产运行一定时间后，对建设项目进行后评价。

2. 八大环节

（1）进行流域或河段规划，提出项目建设书。项目建议书是在流域规划的基础上，由主管部门提出建设项目的轮廓设想，从宏观上衡量分析项目建设的必要性和可能性，分析建设条件是否具备、是否值得投入资金，进行可行性研究工作。流域规划就是根据该流域的水资源条件和国家长远计划，针对该地区水利水电工程建设发展的要求，提出该流域水资源的梯级开发和综合利用的最优方案。项目建议书编制一般由政府委托有相应资质的设计咨询单位承担，并按国家现行规定权限向主管部门申报审批。项目建议书被批准后，由政府向社会公布，若有投资建设意向，则组建项目法人筹备机构，进行可行性研究工作。

7

(2) 可行性研究。可行性研究是项目能否成立的基础,这个阶段的成果是可行性研究报告。它是运用现代技术科学、经济科学和管理工程学等,对项目进行技术经济分析的综合性工作。其任务是研究兴建某个建设项目在技术上是否可行、经济效益是否显著、财务上是否能够赢利;建设中要动用多少人力、物力和资金;建设工期多长,如何筹集建设资金等重大问题。因此可行性研究是进行建设项目决策的主要依据。

水利工程项目的可行性研究是在流域(河段)规划的基础上,组织各方面的专家、学者对拟建项目的建设条件进行全方位多方面的综合论证比较。例如三峡工程就涉及许多部门和专业,甚至整个流域的生态环境、文物古迹、军事等学科。

按规定,可行性研究报告由项目主管部门委托工程咨询单位或组织专家进行评估,并综合行业归口部门、投资机构、项目法人等方面的意见进行审批。项目的可行性研究报告经过批准后,项目应正式成立项目法人,并按项目法人责任制实行项目管理。

(3) 初步设计。初步设计在可行性研究基础上进行,其主要任务是确定工程规模;确定工程总体布置、主要建筑物的结构型式及布置;确定电站或泵站的机组机型、装机容量和布置;选定对外交通方案、施工导流方式、施工总进度和施工总布置、主要建筑物施工方法及主要施工设备、资源需用量及其来源;确定水库淹没、工程占地的范围,提出水库淹没处理、移民安置规划和投资概算;提出水土保持、环境保护措施设计;编制初步设计概算;复核经济评价等。初步设计完成后按国家现行规定权限向上级主管部门申报,主管部门组织专家进行审查,合格后即可审批。

(4) 施工准备阶段。项目在主体工程开工之前,必须完成各项施工准备工作,其主要内容如下:

1) 施工现场的征地、拆迁,施工用水、电、通信、道路的建设和场地平整等工程。
2) 生产、生活临时建筑工程。
3) 组织招标设计、咨询、设备和物资采购等服务。
4) 组织建设监理和主体工程施工、主要机电设备采购招标投标,并择优选择建设监理单位、施工承包队伍及机电设备供应商。
5) 进行技术设计,编制修正总概算和施工详图设计,编制设计预算。

施工准备工作开始前,项目法人或其代理机构,须依照有关规定,向政府主管部门办理报建手续,同时交验工程建设项目的有关批准文件。工程项目进行项目报建后,方组织施工准备工作。

(5) 建设实施阶段。建设实施阶段是指主体工程的建设实施,项目法人按照批准的建设文件,组织工程建设,保证项目建设目标的实现。项目法人或其代理机构必须按审批权限,向主管部门提出主体工程开工申请报告,经批准后,主体工程方可正式开工。主体工程开工须具备以下条件:

1) 项目法人或者建设单位已经设立。
2) 初步设计已经批准,施工详图设计满足主体工程施工需要。
3) 建设资金已落实。
4) 主体工程施工单位和监理单位已经确定,并分别订立合同。
5) 质量安全监督单位已经确定,并已办理了质量安全监督手续。
6) 主要设备和材料已落实来源。

7) 施工准备和征地移民等工作能够满足主体工程开工需要。

(6) 生产准备阶段。生产准备是项目报产前所要进行的一项重要工作，是建设阶段转入生产经营的必要条件。项目法人应按照建管结合和项目法人责任制的要求，适时做好有关生产准备工作，一般包括：

1) 生产组织准备。建立生产经营的管理机构及相应管理制度。

2) 招收和培训人员。按照生产运营的要求，配备生产管理人员，提高人员素质，满足运营要求。

3) 生产技术准备。主要包括技术资料的汇总、运行技术方案的制定、岗位操作规程的制定和新技术准备。

4) 生产物资准备。主要是落实投产运营所需要的原材料协作产品、工器具、品种和件数以及其他协作配合条件的准备。

5) 正常的生活福利设施准备。

(7) 竣工验收。竣工验收是工程完成建设目标的标志，是全面考核基本建设成果、检验设计和工程质量的重要步骤。竣工验收合格的项目即从基本建设转入生产或使用。

竣工决算编制完成后，须由审计机关组织竣工审计。其审计报告作为竣工验收的基本资料。对工程规模较大、技术较复杂的建设项目可先进行初步验收。不合格的工程不予验收，有遗留问题必须有具体处理意见，且有限期处理的明确要求并落实责任人。

(8) 后评价。建设项目竣工投产后，一般经过1～2年生产运营后要进行一次系统的项目后评价。主要内容包括：

1) 影响评价。项目投产后对各方面的影响进行评价。

2) 经济效益评价。对项目投资、国民经济效益、财务效益、技术进步和规模效益、可行性研究深度等方面进行评价。

3) 过程评价。对项目立项、设计、施工、建设管理、竣工投产、生产运营等全过程进行评价。

项目后评价工作一般有三个层次，即项目法人的自我评价、项目行业的评价、计划部门（或主要投资方）的评价。建设项目后评价工作必须遵循客观、公正、科学的原则，做到分析合理、评价公正。

以上所述为基本建设程序的八大环节，是我国对水利水电工程建设程序的基本要求，也基本反映了水利水电工程建设工作的全过程。

复习思考题

1. 项目的基本特征是什么？它会对项目组织产生哪些影响？
2. 建设项目的特点是什么？对建设项目如何进行划分？
3. 项目建设过程中涉及哪些利害关系者？
4. 在建设项目管理过程中，包括哪些管理主体？各方管理主体之间存在哪些区别？
5. 建设项目的建设阶段一般是如何划分的？
6. 简述水利工程项目划分的具体内容。
7. 简述水利工程基本建设程序具体内容。

第 2 章 建设项目策划与决策

2.1 建设项目策划

2.1.1 建设项目策划及其作用

每个项目建设设想的提出，都不是凭空捏造，都是在其特定的政治、经济或社会生活背景的前提下。项目策划是一种具有建设性、逻辑性的思维过程，在此过程中，总的目的就是把所有可能影响决策的决定总结起来，对未来起到指导和控制作用，最终借以达到方案目标。它是一门新兴的策划学，是以具体的项目活动为对象，体现一定的功利性、社会性、创造性、时效性和超前性的大型策划活动。

从简单而抽象的建设意图产生，到具体复杂的工程建成，其间每一环节、每一过程的活动内容、方式及其所要达到的预期目标，都离不开计划的指导。而计划的前提就是行动方案的策划。无论分析、预测与比较都必须有系统而可靠的依据。建设项目策划包括建设前期项目系统构思策划、建设期间项目管理策划和项目建成后的运营策划等，总称建设项目开发策划，是把建设意图转换成定义明确、系统清晰、目标具体且富有策略性运作思路的高智力的系统活动。项目策划以项目管理理论为指导，并服务于项目管理的全过程。项目策划的作用主要有以下几个方面。

1. 构思项目系统框架

项目策划的主要任务是根据建设意图进行项目的定义和定位，全面构想一个待建的项目系统。项目定义指对项目的用途、性质作出明确的界定。如某类工业项目、公共项目、房地产开发项目等，具体描述项目的主要用途或综合用途和目的。项目定位是根据市场和需求，综合考虑投资能力和最有利的投资方案，决定项目的规格和档次。

在项目定义和定位明确的前提下，提出项目系统构建的框架，再进行项目功能分析，进而确定项目系统的组成结构，使其形成完整配套能力。在项目定位的基础上，对项目的系统构成规模作出策划，从而使项目的基本设想变成具体而明确的建设内容和要求。

2. 奠定项目决策基础

目前，将建设项目投资决策建立在项目可行性研究基础之上，其重要的决策依据是项目财务评价和国民经济评价的结论。然而，这两者评价的前提是建设方案本身及其所赖以生存和发展的社会经济环境和市场。而建设方案的产生，并不是由投资主体的主观愿望和某种意图的简单构想就能完成的，必须通过专家的总体策划和若干重要细节的策划（如项目定位、系统构成、目标设定及管理运作等的具体策划），并进行实施可能性和可操作性的分析，才能使建设方案建立在可运作的基础上。也只有在这个基础上进行的项目详细可行性研究所提供的经济评价结论才具有可实现性。只有经过科学、缜密的项目策划，才能为可行性研究和项目决策奠定客观而具有运作可能性的基础。

3. 指导项目管理工作

由于项目策划以项目管理理论和方法为指导，密切结合具体项目系统的整体特征，为项目的发展和实施管理作出描述，不仅把握和揭示项目系统总体发展的条件和规律，而且深入到项目系统构成的各个层面，乃至针对各个阶段的发展变化对项目管理的运作方案提出系统的、具有可操作性的构想，因此项目策划将直接成为指导项目实施和项目管理的基本依据。

项目目标控制是项目管理的中心任务，项目策划是项目管理的前提，因此虽然项目策划、项目管理和项目控制三者的工作性质不同，但却有极其密切的内在联系。没有策划的项目管理，将会陷入管理事务的盲目性和被动性之中；没有科学管理做支撑的项目策划也将会成为纸上谈兵，而缺乏实用价值。

2.1.2 建设项目策划的主要内容

建设项目策划分为项目总体策划和项目局部策划两种。项目总体策划一般指在项目前期立项过程中所进行的全面策划。项目局部策划可以是对全面策划任务进行分解后的一个单项性或专业性问题的策划，既可在项目的前期进行，也可在项目实施过程中进行。策划工作的对象和性质不同，策划内容、依据、深度和要求也不一样。

1. 项目构思策划

建设项目的提出，一般根据国家经济社会发展的近远期规划以及提出者（单位或个人）生产经营或社会物质文化生活的实际需要。因此，项目构思策划必须以国家及地方的法律、法规和有关政策方针为依据，结合实际的建设条件和经济社会发展变化的环境进行。如果已确定在特定的地点建设，还必须与地区或城市规划的要求相适应。项目构想策划的主要内容如下。

（1）项目的定义。描述项目性质、用途和基本内容。

（2）项目的定位。描述项目的建设规模、建设水准，项目在社会经济发展中的地位、作用和影响力，并进行项目定位依据及必要性和可能性分析。

（3）项目的系统构成。描述系统的总体功能，系统内部各单项工程的构成，各自作用和相互联系，内部系统与外部系统的协调、协作和配套的策划思路及方案的可行性分析。

（4）其他。与项目实施及运行有关的重要环节策划均可列入项目构思策划的范畴。

2. 构思的产生

构思的产生来源于两个方面，一是拥有资金或资源去寻求投资的机会；二是拥有某种技术或专利寻求合作与转让。无论哪一个方面，都以社会需求和经济发展为背景，以预定的追求为目的。构思的产生过程是一个多因素的分析及多方案的确定与选择过程，主要建立在对技术、组织、财务、经济等方面分析的基础上。

（1）技术方面。应对项目的规模、产品方案、布局和厂址选择，选用的工艺和设备，所采用的技术标准，建设进度和实施计划的现实性等进行周详的构思。项目的技术构思与选择要求原始数据翔实可靠，技术先进适用，符合科学技术发展的需要，并满足投入产出的原理。

（2）组织方面。要构思项目建设的组织管理机构、协调模式，及建成后的经营管理、维护机构和运营机制。例如世界银行特别关心项目的管理和执行机构问题，一般在项目选定后，就要考虑项目的管理机构与执行机构，要求有健全的组织、明确的职责、必要的规章制度等。

(3) 财务方面。主要从项目的角度分析项目的费用和效益，通过对项目投入的费用、使用收入、获利能力、清偿能力的预测，从而构思与选择财务有效性的项目。

(4) 经济方面。主要是构思与选择符合主体经济思想与经济目的的项目。例如世界银行贷款项目，主要是帮助发展中国家改善国民经济基础、提高人民生活水平和教育文化水平，所以对项目的国民经济效益和社会效益十分重视。它所构思与选择的某些项目，虽然其财务效益并不十分理想，如教育、卫生、农村发展项目，往往收益很少，却愿意多给贷款，且大部分是软贷款。

3. 项目实施策划

项目实施策划由项目组织策划、项目融资策划、项目目标策划、项目管理策划、项目实施过程策划与项目目标控制策划组成，旨在将体现建设意图的项目构思展开实施，使其变成有实现可能性和可操作性的行动方案，提出带有谋略性和指导性的设想。

(1) 项目组织策划。对于国有单位经营性大、中型建设项目，国家要求实行项目法人责任制。项目法人是负责立项、融资、报建、实施、运营、还贷的责任主体，应按照《中华人民共和国公司法》（以下简称《公司法》）的规定组建其管理机构。建设项目法人责任制又称为业主责任制，是为了建立投资责任约束机制，规范项目法人的行为，明确其责、权、利，提高投资效益，由项目法人对项目的策划、资金筹措、建设实施、生产经营、债务偿还和资产保值增值实行全过程负责的机制。对于非经营性政府投资项目，国家希望推行代建制。是否实行代建制以及以何种方式实施代建，均需要分析策划。

如前所述，应该按照股份有限公司和有限责任公司（包括国有独资公司）的现代企业组织模式组建其管理机构和人事安排。显然这既是项目总体构思策划的重要内容，也是对项目实施过程产生重要影响的实施策划内容。

(2) 项目融资策划。资金是实施项目的物质基础，建设项目投资大、周期长，资金的筹措和运用与项目的成败关系紧密。建设资金的来源渠道广泛，各种融资手段有其不同的特点、风险和影响因素。融资方案的策划是控制资金使用成本，进而控制项目投资、降低项目风险所不可忽视的环节。项目融资策划具有很强的政策性、技巧性和谋略性，它取决于项目的性质和项目实施的运作方式。竞争性项目、基础性项目和公益性项目的融资具有不同的特点，只有通过策划才能确定和选择最佳、最适合工程的融资方案。

(3) 项目目标策划。其包括项目总目标（建设总进度、总投资和质量）体系的设定和总目标按项目、参建主体、实施阶段等进行分解的子目标体系的设定。工程项目管理策划理论和建设项目管理理论研究指出，建设工程必须具备明确的使用目的和要求、明确的建设任务量和时间界限、明确的项目系统构成和组织关系，才能作为项目管理对象，才需要进行项目的目标控制。也就是说，确定项目的进度目标、投资目标和质量目标是项目管理的前提。而这三大目标的内在联系和制约，使目标的设定变得复杂和困难。人们的主观追求是"质量高、工期短、投资省"。然而，要让这三者达到最佳的平衡是非常困难的。因此，只能在项目系统构成和定位策划的过程中做到项目投资和质量的协调平衡，即在一定投资限额下，通过策划，寻求达到满足使用功能要求的最佳质量规格和档次，然后再通过项目实施策划，寻求节省项目投资和缩短项目建设周期的途径和措施，以实现项目三大目标的最佳匹配。

(4) 项目管理策划。其包括设计阶段项目管理策划与施工阶段项目管理策划两个阶段。项目管理策划是确保项目目标实现、风险最小化、资源优化配置的关键环节，它开始于对项目需求的深入理解，涉及目标设定、范围界定、利益相关者辨识。进而，策划阶段细化为多维度的计划编制，涵盖时间、成本、质量管理，以实现有效的进度控制、预算遵守和质量保障。项目管理策划为团队提供了清晰的路线图，帮助他们明确任务、分工协作，并在项目周期内做好有效的控制和管理。项目管理策划的本质是通过系统性计划和协调，促进项目各环节的有机结合，确保项目控制按既定路径高效推进。项目管理策划的分类如图 2.1 所示。

（5）项目实施过程策划。项目实施过程策划是对项目实施的任务分解和组织工作的策划，包括设计、施工、采购任务的招投标，相关合同拟定，项目管理机构设置，工作程序、制度及运行机制策划，项目管理组织协调，管理信息收集、加工处理和应用等。项目实施过程策划视项目系统的规模和复杂程度，分层次、分阶段地展开，从总体的轮廓性、概略性策划到局部的实施性详细策划，逐步深化。

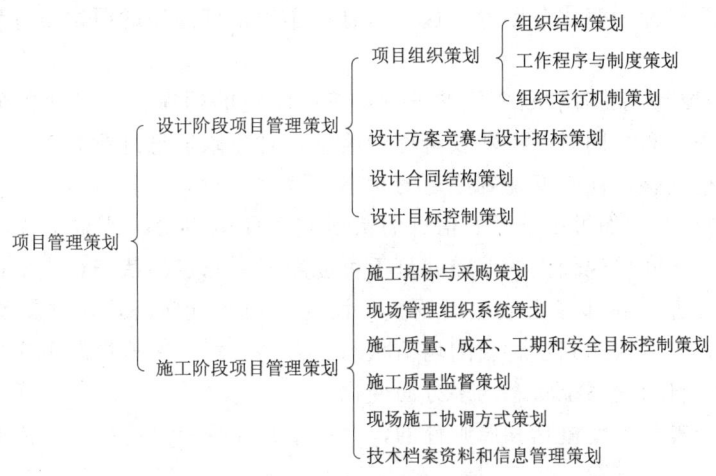

图 2.1 项目管理策划分类

项目实施过程策划着力于提出行动方案和管理界面的设计。行动方案解决做什么（what）、为何要做（why）、何时做（when）、何地做（where）、谁去做（who）、如何做（how），即 5W1H；而管理界面设计，则是对不同功能子系统之间的衔接面或对各子系统内部不同性质活动过程相互联系所提出的规范性要求。管理界面分为动态界面和静态界面两种。动态界面即前一子系统为后一个子系统创造工作条件，作为后一子系统的输入。这种输入的变化将导致后一子系统活动条件和结果的相应变化。为了稳定子系统之间的衔接，确保最终结果和目标的实现，必须强化动态界面的管理和控制措施。例如，建设项目的设计单位和施工单位，可以认为是项目实施系统中的两个子系统，前者为后者提供施工依据、确定质量规格标准的目标值，两者的界面管理，通过设计交底、图纸会审制度及变更程序等的规定来保证相互之间的衔接，以防止前者的差错和失误波及后者的系统活动，直到影响最终的结果。同样，设计单位与采购供应组织子系统之间，采购供应组织子系统与施工子系统之间等，都存在着动态界面。

静态界面则反映各子系统内部的职能分工和界定，以及它们之间相互联系方式和活动标准的明确规定。例如，设计子系统中建筑设计、结构设计、设备系统设计、工艺设计以及概预算编制等，相互之间有其明确的职能分工、相互联系方式和工作标准，形成静态的界面。

施工子系统中各专业施工活动之间，同样也存在着静态界面。但必须指出，当静态界面中存在的相互联系带有互为条件和前因后果的特点时，也就转化成动态界面。因此，动态界面往往寓于静态界面之中，随着系统分解的细化，动态界面的特征显现得更加清楚。

（6）项目目标控制策划。项目目标控制是对项目实施系统及项目全过程的控制，基本方法是动态控制。从系统论的角度看，目标控制必须是具有健全反馈机制的闭环控制，必须具有完整的反馈控制系统。因此，合理的项目目标控制一般具有如下基本步骤。

1）建立项目目标控制子系统。作为一个控制系统，它应拥有全面深入的信息反馈渠道和完整有效的控制手段，保证其控制的及时和有效；作为一个子系统，它应与其他子系统建立和谐的工作界面，保证整个系统运转的协调。

2）建立目标控制子系统信息库。通过项目系统分析，对项目目标、项目构成、项目过程、项目环境等方面的信息进行收集、分类、处理，信息中将包括项目目标的有关数据、项目环境因素的主要指标和变化范围等。这些信息将作为系统控制的原始信息和系统控制启动的依据和基础。

3）实施系统控制。随着项目实施的进行，按照既定的程序依次启动各个子系统并调整到预先设定的均衡状态。同时，不断收集反馈信息，对原始信息进行充实和调整，对各子系统出现的偏差进行调整，使其恢复到原定的状态。

4）调整控制状态。如果由于原始信息的错误或者环境因素的严重干扰，实际系统状态与原定的系统状态之间出现较大的偏差并且不可能恢复到原定的状态，应根据反馈信息对信息库中已有的信息进行局部修正或全面调整，设定新的系统状态，建立新状态下的系统机制，并调整整个系统尽快达到这种新的均衡状态。需要注意，一般情况下应尽量避免变动系统目标值，否则，将引起系统状态的多方面变化。

以上的工作步骤是高度概括和原则性的，对一个具体项目进行控制，需要在此基础上做大量的实际工作。

2.2 建设项目可行性研究

2.2.1 可行性研究的作用和阶段

1. 可行性研究的作用

可行性研究是 20 世纪 30 年代，美国为开发田纳西河流域所采用的一种方法。它首次被列入项目开发与建设程序，作为流域规划重要阶段，使得建设工程能够稳步发展，取得明显的经济效益。随之这一方法扩大到多个领域，并且不断地充实和完善。它所用的技术理论知识非常广泛，涉及生产技术科学、经济科学、人文科学、生态科学和企业管理科学等，现已形成一整套、系统的科学研究与应用方法。虽然世界各国对可行性研究的内容、作用和阶段划分不尽相同，但作为一门科学，它已被各国所公认，在国际上被广泛采用。

工程项目可行性研究是在项目是否决策建设之前，对项目有关的技术、经济、社会、环境等各方面进行调查研究，在技术经济上分析论证各种可能的拟建方案，研究在工艺技术上的先进性、适用性与可靠性，在经济上的合理性、有效性与可能性，进而对项目建成投产后的经济效益、社会效益、环境效益等进行科学的预测和评价，为项目投资决策提供依据。按照批准的项目建议书，项目承办单位应委托有资格的设计机构或工程咨询单位按照国家的有关规定进行项目的可行性研究。在建设项目投资决策前进行可行性研究，是运用科学的手段和方法对拟建项目工程的必要性、可行性和合理性进行的全面的技术经济论证工作，是投资项目的重要工作，是投资项目在整个周期内最重要的环节。

可行性研究包括项目前期对拟建项目有关的自然、社会、经济和技术资料的调查与分析，创造和选择可能的投资方案，论证项目投资的必要性、项目环境的适应性和投资的风险性、技术上的先进性和适用性、经济上的盈利性以及投资条件上的可能性与可行性等，从而为投资决策提供全面、系统、客观的依据。可行性研究可作为以下几个方面的依据。

(1) 作为建设项目投资决策的依据。项目投资决策者主要根据可行性研究的评价结果决定一个项目是否应该投资以及如何投资。可行性研究的评价结论是项目投资的主要依据。

(2) 作为建设项目融资的依据。银行在接受项目建设贷款申请后，对贷款项目进行分析评估，确认项目具有偿还能力，不会承担过大风险时，才有可能同意贷款。其他投资者也是如此。

(3) 作为项目主管部门商谈合同、签订协议的依据。根据可行性研究报告，项目主管部门可同有关部门签订项目所需的原材料、能源资源和基础设施等方面协议和合同，以及引进技术和设备的正式合同。

(4) 作为项目进行工程设计、设备订货、施工准备等建设前期的依据。可行性研究中对产品方案、建设规模、厂址、工艺流程、主要设备选型和总图布置等方案评选论证的结果，可作为初步设计、设备订货和施工准备工作的依据。

(5) 作为项目采用新技术、新材料、新设备研制计划，补充地形、地质工作和工业性试验的依据。

(6) 作为环保部门审查项目对环境影响的依据，并作为向项目建设所在地政府和规划部门申请建设执照的依据。

2. 可行性研究的阶段

一个工程项目从设想、施工到投产的全过程是一个由粗到细的分析研究过程，按照国际惯例，可行性研究可以分为投资前时期、投资时期和生产时期研究三个阶段。其中，投资决策和竣工验收是以上三个阶段的分界线。可行性研究是投资前时期最重要的内容，其主要工作是对建设项目进行可行性研究和筹措资金，是后两个时期工作的前提和基础。

可行性研究一般可分为三个阶段：投资机会研究、初步可行性研究、详细可行性研究。一般，这三个阶段是循序渐进的，各项研究阶段的研究内容由浅入深，研究的工作量由小到大，研究工作所需要的时间和花费的经费也逐渐增加。在可行性研究的任何一个阶段，一旦得出"不可行"的研究结论，就不需要再进行下个阶段的研究。这三个阶段不是机械的执行，而是要根据项目的规模、性质、要求和复杂程度的不同有所侧重，可适当进行调整和精简。

(1) 投资机会研究。投资机会研究为项目的投资方向和设想提出建议，主要任务是考虑工程项目的投资目标，鉴别投资机会；根据国民经济发展长远规划和行业地区规划、经济建设方针、建设任务和技术经济政策，在一个确定的地区和部门内，利用对自然资源和市场的调查、预测，寻找最有利的投资机会，提出项目投资建议。

在投资机会研究阶段的工作内容是对地区情况、工业政策、资源条件、劳动力状况、社会条件、地理环境、国内外市场及项目的社会影响等的调查，需要编制项目建议书，提出项目的大致设想，初步分析项目建设的必要性和可行性。投资机会研究往往比较粗略，对投资额的估算精度误差在±30%之内，研究时间为1～3个月，研究所需费用占总投资的0.2%～1%，研究结果不能直接用于决策。

（2）初步可行性研究。项目建议书经政府投资主管部门批准后，对于投资规模较大、工艺技术复杂的大、中型骨干建设项目，在进行全面分析研究之前，往往需要先进行初步可行性研究。

初步可行性研究是介于投资机会研究和详细可行性研究的中间阶段。其目的是对项目初步评估进行专题辅助研究，广泛分析，筛选方案，鉴定项目的选择依据和标准，确定项目的初步可行性。通过编制初步可行性研究报告，判定是否有必要进行下一步的详细可行性研究。其工作内容主要是市场前景调研、原材料及投入分析、工业性试验、厂址选择、经济规模分析及主要设备的选型等。对投资及成本估算精度误差在±20%之内，研究时间为3～5个月，研究所需费用占总投资的1.25%～25%。

（3）详细可行性研究。详细可行性研究为项目决策提供技术、经济、社会及商业方面的依据，是项目投资决策的基础，又称最终可行性研究。其主要任务是对工程项目进行深入的技术经济分析，重点是对项目进行财务评价和国民经济评价。研究的目的是对建设项目进行深入细致的技术经济论证，重点对建设项目进行财务效益和经济效益的分析评价，经过多方案比较选择最佳方案，确定建设项目的最终可行性。本阶段的最终成果是可行性研究报告。这一阶段工作量大，需要时间长，所需费用也较多。对投资估算精度偏差在±10%之内，研究时间为几个月至2年，一般，中、小型建设项目所需时间为6～12个月，大型建设项目需1～2年，研究所需费用占总投资的0.5%～3%。

详细可行性研究不是可行性研究的最终目的，它只是实现建设项目决策科学化、民主化，减少和避免投资决策失误，提高建设项目经济效益的一种手段。

2.2.2 可行性研究报告的主要内容

根据我国国家发展计划委员会审定发行的《投资项目可行性研究指南》（2002年版）中"可行性研究报告编制步骤与要求"的规定，工业项目可行性研究报告的内容包括以下方面。

（1）投资必要性。主要根据市场调查及预测的结果，以及有关的产业政策等因素，论证项目投资建设的必要性。

（2）技术的可行性。主要从项目实施的技术角度，合理设计技术方案，并进行比选和评价。

（3）财务可行性。主要从项目及投资者的角度，设计合理财务方案，从企业理财的角度进行资本预算，评价项目的财务盈利能力，进行投资决策，并从融资主体（企业）的角度评价股东投资收益、现金流量计划及债务清偿能力。

（4）组织可行性。制订合理的项目实施进度计划、设计合理的组织机构、选择经验丰富的管理人员、建立良好的协作关系、制订合适的培训计划等，保证项目顺利执行。

（5）经济可行性。主要是从资源配置的角度衡量项目的价值，评价项目在实现区域经济发展目标、有效配置经济资源、增加供应、创造就业、改善环境、提高人民生活等方面的效益。

（6）社会可行性。主要分析项目对社会包括政治体制、方针政策、经济结构、法律道德、宗教民族、妇女儿童及社会稳定性等的影响。

(7) 风险因素及对策。主要是对项目的市场风险、技术风险、财务风险、组织风险、法律风险、经济及社会风险等因素进行评价，制定规避风险的对策，为项目全过程的风险管理提供依据。

2.2.3 可行性研究报告的审查与报批

1. 可行性研究报告的审查

可行性研究报告是建设单位（或项目法人）作出投资决策的依据。因此，要对该报告进行详细的审查和评价，审核其内容是否准确、完整，分析和计算是否正确，最终确定投资机会的选择是否合理、可行。

建设单位（或项目法人）对可行性研究报告审查的主要内容如下：

（1）项目建设的必要性。判断建设项目是否符合国家的产业政策、行业规划和地区规划，是否符合经济和社会发展的需要；市场预测是否准确；项目规模是否经济合理；产品的性能、品种、规格构成和价格是否符合国内外市场需求的趋势和有无竞争能力。

（2）建设条件与生产条件。

1）确定项目所需资金能否落实，资金来源是否符合国家有关政策规定。

2）判断选址是否合理，总体布置方案是否符合国土规划、城市规划、土地管理和文物保护的要求和规定。

3）确定项目建设过程中和建成后原料、燃料的供应条件，及供电、供水、供热、交通运输等要求能否落实。

4）判断项目的"三废"治理是否符合保护生态环境的要求。

（3）工程方案和标准。

1）确定工程有无不同方案的比选，对比分析推荐的方案是否经济、合理。

2）审查工程地质、水文、气象、地震等自然条件对工程的影响和采取的治理措施。

3）判断工程采用的标准是否符合国家的有关规定，是否贯彻了勤俭节约的方针。

（4）基础经济数据的测算。

1）判断投资估算的依据是否符合国家或地区的有关规定，工程内容和费用是否齐全，有无高估冒算、任意提高标准、扩大规模，以及有无漏项、少算、压低造价等情况。

2）判断资金筹措方式是否可行，投资计划安排是否得当。

3）判断报告中的各项成本费用计算是否正确，是否符合国家有关成本管理的标准和规定。

4）判断产品销售价格的确定是否符合实际情况和预测变化趋势，各种税金的计算是否符合国家规定的税种和税率。

5）对预测的计算期内各年获得的利润额进行审核与分析。

6）报告中确定的项目建设期、投产期、生产期等时间安排是否切实可行？

（5）财务效益。从项目本身出发，结合国家现行财税制度和现行价格，对项目的投入费用、产出效益、偿还贷款能力以及外汇效益等财务状况等进行分析，来判别项目财务上的可行性。

审查效益指标主要是复核财务内部收益率、财务净现值、投资回收率、投资利润率、投资利税率和固定资产借款偿还期。涉外项目还应评价外汇净现值、财务换汇成本和财务节汇成本等指标。

(6) 国民经济效益。国民经济效益评价是从国家、社会的角度，考虑项目需要国家付出的代价和给国民经济带来的效益。一般审查时用影子价格、影子工资、影子汇率和社会折现率等，分析项目给国民经济带来的净效益，以判别项目经济上的合理性。评价指标主要是审查计算的经济内部收益率、经济净现值、投资效益率等。

(7) 社会效益。社会效益包括生态平衡、科技发展、就业效果、社会进步等方面。应根据项目的具体情况，分析和审查可能产生的主要社会效益。

(8) 不确定性分析。建设单位（或项目法人）对以上各方面进行审核后，对项目的投资机会进一步作出总的评价，进而作出投资决策。若认为推荐方案成立时，可就审查中所发现的问题，要求咨询单位对可行性研究报告进行修改、补充、完善，并提出结论性意见和上报有关主管部门审批。

2. 可行性研究报告的报批

为转变政府管理职能，确立企业的投资主体地位，《国务院关于投资体制改革的决定》（国发〔2004〕20号）中明确指出，要彻底改革传统的投资管理制度，由原来的不分投资主体、不分资金来源、不分项目性质，一律按投资规模大小分别由各级政府及有关部门进行审批的单一审批制，改变为现行的政府投资项目的审批制和企业投资项目的核准制或登记备案制。

(1) 政府投资项目的审批制。《国务院关于投资体制改革的决定》（国发〔2004〕20号）中明确指出，要进一步完善和坚持科学的决策规则和程序，提高政府投资项目决策的科学化、民主化水平；政府投资项目一般都要经过符合资质要求的咨询中介机构的评估论证，咨询评估要引入竞争机制，并制定合理的竞争规则；特别重大的项目还应实行专家评议制度；逐步实行政府投资项目公示制度，广泛听取各方面的意见和建议。

对于采用直接投资和资本金注入方式的政府投资项目，政府投资主管部门从投资决策角度只审批项目建议书和可行性研究报告，除特殊情况外不再审批开工报告，同时应严格政府投资项目的初步设计、概算审批工作。对于采用投资补助、转贷和贷款贴息方式的政府投资项目，只审批资金申请报告。

(2) 企业投资项目的核准制或登记备案制。对于企业不使用政府资金投资建设的项目，一律不再实行审批制，区别不同情况实行核准制或登记备案制。项目的市场前景、经济效益、资金来源和产品技术方案等均由企业自主决策、自担风险，并依法办理环境保护、土地使用、资源利用、安全生产、城市规划等许可手续和减免税确认手续。对于企业使用政府补助、转贷、贴息投资建设的项目，政府只审批资金申请报告。

1) 需要实行政府核准制的项目。政府仅对企业投资建设的重大项目和限制类项目从维护社会公共利益角度进行核准。政府核准项目目录由国务院投资主管部门会同有关行业部门研究提出，报国务院批准后实施。企业投资建设实行核准制的项目，仅需向政府提交项目申请报告，不再经过批准项目建议书、可行性研究报告和开工报告的程序。政府对企业提交的项目申请报告，主要从维护国家经济安全、合理开发利用资源、保护生态环境、优化重大布局、保障公共利益、防止出现垄断等方面进行核准。对于外商投资项目，政府还要从市场准入、资本项目管理等方面进行核准。

2) 需要实行登记备案制的项目。对于企业不使用政府资金投资建设的项目，除实行政府核准制的项目以外，其余项目均实行登记备案制。对于实行登记备案制的项目，由企业按照属地原则向地方政府投资主管部门登记备案。

3) 特大型企业集团投资建设的项目。基本建立现代企业制度的特大型企业集团投资建设政府核准项目目录内的项目,可以按项目单独申报核准,也可编制中长期发展建设规划,规划经国务院或国务院投资主管部门批准后,规划中属于政府核准项目目录内的项目不再另行申报核准,只需办理备案手续。企业集团要及时向国务院有关部门报告规划执行和项目建设情况。对于需要报批可行性研究报告的项目,当可行性研究报告经过正式批准后,应当严格执行,任何部门、单位或个人都不能擅自变更。确有正当理由需要变更时,需将修改的建设规模、项目地址、技术方案、主要协作条件、突破原定投资控制数、经济效益的提高或降低等内容报请原审批单位同意,并正式办理变更手续。按国家有关规定:

a. 大、中型基本建设项目、限额以上技术改造项目、技术引进和设备进口项目的项目建议书,按企业隶属关系,先送省(自治区、直辖市)、计划单列城市或国务院主管部门审查后,由国家发展改革委审批。重大项目、技改引进项目总投资在限额以上的项目,由国家发展改革委报国务院审批,需要由银行贷款的项目,要由银行总行会签。技改内容简单、外部协作条件变化不大、无需从国外引进技术和进口设备的限额以上项目,项目建议书由省(自治区、直辖市)审批,国家发展改革委只作备案。

b. 小型基本建设项目、限额以下更新改造项目由地方或国务院有关部门审批。

按企业隶属关系,由国务院主管部门或省(自治区、直辖市)发改委审批,实行分级管理。1992年国务院颁发的《全民所有制工业企业转换经营机制条例》规定:企业遵照国家的产业政策和行业、地区发展规划,以自有资金或自行筹措的资金从事生产性建设,能够自行解决建设和生产条件的,由企业自主决定立项,在政府有关部门备案。

在深化改革中,随着国有资产管理体制的改革,国家将有选择地将一批大型企业和集团公司授权为国有资产的投资机构。国家授权的投资机构在批准的长期发展计划之内,可自主决定投资项目立项。项目建议书经批准,称为"立项",项目即可纳入项目建设前期工作计划,列入前期工作计划的项目可开展可行性研究。"立项"是初步的,因为审批项目建议书可以否决一个项目,但不能肯定一个项目。立项仅说明一个项目有投资的必要性,但不明确,尚需进一步开展研究工作。

2.3 建设项目经济评价

2.3.1 经济评价的内容

建设项目的财务评价就是从企业的角度出发,根据国家现行价格和各项现行的经济、财政、金融制度的规定,分析测算拟建项目直接发生的财务效益和费用,编制财务报表,计算评价指标,考察项目的盈利能力、贷款清偿能力以及外汇效果等财务状况,来判别拟建项目的财务可行性。建设项目经济评价主要指在项目决策阶段的可行性研究和评估中,采用现代经济分析方法,凭借一系列评价指标的测算和分析来论证建设项目上的可行性,对拟建项目计算期(建设期和生产经营期)内投入产出诸多经济因素进行调查、预测、研究、计算和论证,比较、选择、推荐最佳方案的过程。经济评价是在完成一项技术方案或同一经济目标所取得的劳动成果与劳动消耗的比较的评价。它的评价结论是项目决策的重要依据。经济评价是项目可行性研究和评估的核心内容,其目的是力求在允许条件下使投资项目获得最佳的经济效益。

财务评价的主要内容是对拟建项目的盈利能力、贷款清偿能力以及外汇平衡能力进行分析。盈利能力是反映项目财务效益最主要的标志，它直接关系到项目的生存和发展。在财务评价中，项目建成后能否盈利，盈利能力有多大，是否足以抵抗风险，主要依靠盈利能力来反映；贷款清偿能力主要是指项目偿还建设期贷款和本项目的其他债务的能力，它是企业筹资决策的主要依据；外汇平衡能力是指一些项目在外汇收支方面的表现，特别是其通过出口活动能够创造外汇的能力。对项目进行外汇平衡能力分析，可以衡量其对国家外汇状况的影响。

1. 财务评价的方法

财务评价主要是对项目进行现金流量分析、静态获利分析、动态获利性分析、财务报表分析。进行财务评价，应当充分应用财务分析的各种方法。首先，应当收集分析评价所需要的各种资料，这些资料主要包括预算计划资料、日常会计核算资料、定期报表资料以及业务数据资料等。其次，应当利用各种财务分析的技术方法，主要有对比分析法、因素分析法和趋势分析法。财务评价，需要将分析指标的绝对数和相对数与预算计划数据、行业平均数据进行对比分析；需要分析影响收入、成本、费用和利润以及各项比率的因素，进而利用因素分析法全面分析各个因素对某一个经济指标的影响；需要将当期的各种绝对指标和相对指标与历史数据进行比较，计算环比动态指标和定基动态指标，在经营状况和经营成果的发展变化中寻求其变动的原因，力求预测出营业部未来的发展趋势。

2. 建设项目经济评价的作用

（1）从投资宏观管理看。

1）有利于引导投资方向。运用经济中的经济内部收益率、投资回收期、借款偿还期等指标及体现宏观意图的影子价格、影子汇率、行业基准收益率等参数，可以起到鼓励或抑制某些行业或项目发展的作用，促进国家资源的合理配置。

2）有利于控制投资规模。国家可以通过调整社会折现率这个重要的参数，调节控制投资总规模。当投资规模膨胀时，可以适当提高社会折现率，控制一些项目的通过。有利于提高计划质量。项目是计划的基础，有了足够数量的、经过充分和科学评价的备选项目，才便于各级计划部门从宏观经济角度对项目进行排列和取舍。

（2）从具体项目看。由于对经济评价方法和参数设立了一套比较科学严谨的分析计算指标和判别依据，经过需要→可能→可行→最佳这样步步深入的分析、比选，把项目和方案的决策建立在优化和最佳的基础上。这有助于避免依据不足、方法不当、盲目决策造成的失误，以便把有限的资源真正用于经济效益和社会效益好的建设项目。

3. 财务评价和国民经济评价的异同

项目的经济评价分为财务评价和国民经济评价。两者是相互联系的，两者既有区别又有共同之处。财务评价是指从项目或企业的财务角度出发，根据国家现行财税制度和市场价格体系，分析、预测项目投入的费用和产出的效益，计算财务评价指标，考察拟建项目的财务盈利能力、清偿能力，据以判断建设项目的财务可行性。国民经济评价是从国家整体的角度出发，按照合理配置资源的原则，采用影子价格等国民经济评价参数，分析计算项目需要耗费的社会资源和对社会的贡献，考察投资行为的经济合理性和宏观可行性。

在市场经济条件下，大部分项目的财务评价结论可以满足投资决策的要求。但有些项目需要进行国民经济评价,以便从国民经济角度评价其是否可行。需要进行国民经济评价的项目主要是铁路、公路等交通运输项目,较大的水利水电项目,国家控制的战略性资源开发项目,动用社会资源和自然资源较多的中外合资项目,以及主要产出物和投入物的市场价格不能反映其真实价值的项目。

财务评价与国民经济评价的共同点如下:①它们都是经济评价,都要寻求以最小的投入获得最大的产出;②都用货币作为统一的尺度,都考虑货币的时间因素;③都采用现金流量分析方法,通过编制基本报表计算净现值、内部收益率等指标;④都是在完成产品需求预测、厂址选择、工艺技术路线和技术方案论证、投资估算和资金筹措等基础上进行的。

财务评价与国民经济评价的不同点有以下几方面。

(1) 评价角度不同。

(2) 项目费用、效益的含义和范围划分不同(表 2.1)。

表 2.1　　　　　　　财务评价与国民经济评价中项目费用及效益的区别

财 务 评 价	国 民 经 济 评 价
根据项目的实际收支情况确定项目的直接效益和费用,补贴计为效益	根据项目给国家带来的效益和项目消耗资源的多少,考察项目的效益和费用,补贴不计为效益
税收和利息计为费用	税收和国家借款利息不计为费用
只计算项目的直接效益和直接费用	计算直接效益和直接费用,还要计算间接效益和间接费用

(3) 采用的价格不同。财务评价对投入物和产出物采用财务价格;国民经济评价采用影子价格。

(4) 采用的主要参数不同。财务评价采用财务基准收益率或银行贷款利率;国民经济评价采用国家统一测定的影子汇率和社会折现率等。

建设项目投资决策中,财务评价与国民经济评价的结论均为可行的项目应予通过。国民经济评价结论为不可行的项目,一般应予否定。对某些国计民生急需的项目,如国民经济评价合理,而财务评价不可行,应重新考虑方案,必要时也可向主管部门提出采取相应经济优惠措施的建议,使项目具有财务上生存的能力。

4. 经济评价的步骤

(1) 财务评价的步骤。财务评价是在确定的建设方案、投资估算和融资方案的基础上进行的财务可行性研究。其步骤如下:

1) 选取财务评价基础数据与参数,包括主要投入品和产出品财务价格、税费、利率、汇率、计算期、固定资产折旧率、无形资产摊销年限、生产负荷及基准收益率等。

2) 计算销售(营业)收入,估算成本费用。

3) 编制财务评价报表。

4) 计算财务评价指标,进行盈利能力分析和偿债能力分析。

5) 进行不确定性分析,包括敏感性分析和盈亏平衡分析。

6) 编写财务评价报告。

(2) 国民经济评价的步骤。

1) 识别国民经济效益和费用,不仅包括直接效益和直接费用,而且还要考虑间接效益和间接费用。通常将与项目相关的间接效益（外部效益）和间接费用（外部费用）统称为外部效果。

2）计算和选取影子价格。影子价格是指依据一定原则确定的，能够反映投入物和产出物真实经济价值，反映市场供求状况，反映资源稀缺程度，使资源得到合理配置的价格。影子价格是计算国民经济效益和费用时的专用价格。进行国民经济评价时，项目的主要投入物和产出物价格原则上都应采用影子价格。

3）编制国民经济评价报表。

4）计算国民经济评价指标并进行方案比选。

5. 经济评价报表

(1) 财务评价报表。

1）新设项目法人项目财务评价报表主要有财务现金流量表（包括项目财务现金流量表、资本金财务现金流量表和投资各方财务现金流量表）、损益和利润分配表、资金来源与运用表、借款偿还计划表等。

2）既有项目法人项目财务评价报表的编制原理和科目设置与新设项目法人项目财务评价报表基本相同，不同之处是表中有关数据的计算口径有所区别。既有项目法人的项目财务评价，应按增量效益与增量费用的数据，编制项目增量财务现金流量表、资本金增量财务现金流量表，按"有项目"的效益与费用数据，编制项目损益和利润分配表、资金来源与运用表、借款偿还计划表等。

(2) 国民经济评价报表。国民经济效益费用流量表有以下两种。

1）项目国民经济效益费用流量表。以全部投资（包括国内投资和国外投资）作为分析对象，考察项目全部投资的盈利能力。

2）国内投资国民经济效益费用流量表。以国内投资作为分析对象，考察项目国内投资部分的盈利能力。

国民经济效益费用流量表一般在项目财务评价基础上进行调整编制，有些项目也可直接编制。

2.3.2 经济评价指标

1. 财务评价指标

按财务评价的目标，财务评价指标可分为财务盈利能力分析指标、财务偿债能力分析指标和反映外汇平衡能力的指标。这些指标都可以通过基本的财务报表直接或间接求得。反映外汇平衡能力的指标主要是外汇平衡表。

(1) 财务盈利能力分析指标。项目财务盈利能力分析指标主要包括财务内部收益率、财务净现值、投资回收期等。其中，财务内部收益率是项目的主要盈利性指标，其他指标可根据项目特点及财务评价的目的、要求等选用。

1）财务内部收益率。财务内部收益率（FIRR）是指项目在整个计算期内各年净现金流量现值累计等于零时的折现率，它是评价项目盈利能力的动态指标。其表达式为

$$\sum_{t=1}^{n}(CI-CO)_t(1+FIRR)^{-t}=0 \tag{2.1}$$

式中　CI——现金流入量；

CO——现金流出量；

$(CI-CO)_t$——第 t 年的净现金流量；

n——计算期年数。

财务内部收益率可根据财务现金流量表中的净现金流量，用内插法试算或利用专用软件的财务函数计算求得。

按分析范围和对象不同，财务内部收益率分为项目财务内部收益率、资本金收益率（即资本金财务内部收益率）和投资各方收益率（即投资各方财务内部收益率）三种。

a. 项目财务内部收益率，是在确定项目融资方案前（未计算借款利息），用以考察所得税前整个项目盈利能力的指标。该指标可供决策者进行项目方案比选和供银行金融机构进行信贷决策时参考。

由于项目各融资方案的利率不尽相同，所得税税率与享受的优惠政策也可能不同，在计算项目财务内部收益率时，不考虑利息支出和所得税，是为了保持项目方案的可比性。

b. 资本金收益率，以项目资本金为计算基础，考察所得税税后资本金可能获得的收益水平。

c. 投资各方收益率，以投资各方出资额为计算基础，考察投资各方可能获得的收益水平。

项目财务内部收益率（FIRR）的判别依据应采用行业发布或评价人员设定的财务基准收益率 i_c。当 FIRR$\geqslant i_c$ 时，即认为项目的盈利能力能够满足要求，可以接受该项目；反之，不能接受该项目。资本金收益率和投资各方收益率应与出资方最低期望收益率相比较，判断投资方收益水平。

2）财务净现值。财务净现值（FNPV）是指按行业基准收益率或设定的折现率计算的项目计算期内各年净现金流量的现值之和。其计算公式为

$$\text{FNPV} = \sum_{t=1}^{n}(CI-CO)_t(1+i_c)^{-t} \tag{2.2}$$

财务净现值反映项目在满足设定折现率前提下的盈利要求之外，获得的超额盈利的现值。一般只计算所得税前财务净现值。当 FNPV$\geqslant$0 时，表明项目的盈利能力达到或超过按设定的折现率计算的盈利水平，可以考虑接受该项目。FNPV 越高，项目的经济效益越好。如果 FNPV<0，说明项目的盈利能力达不到要求水平，该项目不可行。

3）投资回收期（P_t）。投资回收期指以项目的净收益偿还项目全部投资所需要的时间。投资回收期一般以年为单位，并从项目建设起始年算起。若从项目投产年算起，应予以特别注明。其表达式为

$$\sum_{t=1}^{P_t}(CI-CO)_t = 0 \tag{2.3}$$

投资回收期可根据现金流量表计算，现金流量表中累计现金流量（所得税前）由负值变为零时的时点，即为项目投资回收期。其计算公式为

$$P_t = 累计净现金流量开始出现正值年份 - 1 + \frac{上年累计净现金流量的绝对值}{当年净现金流量} \tag{2.4}$$

投资回收期越短，表明项目的盈利能力和抗风险能力越好。在财务评价中，求出的投资回收期（P_t）与行业的基准投资回收期（P_0）比较，当 $P_t \leqslant P_0$ 时，表明项目投资能在规定的时间内收回，可以考虑接受该项目；反之，不能接受该项目。

以上是静态投资回收期,如果考虑资金的时间价值,可以计算动态投资回收期。动态投资回收期指标计算较烦琐,但比较真实。建设项目投资回收期较长时,可以考虑采用动态投资回收期指标。

4) 投资利润率。投资利润率是指项目在计算期内正常生产年份的年利润总额与项目总投资的比率,它是考察项目单位投资盈利能力的静态指标。对于生产期内各年的利润总额变化幅度较大的项目,应计算生产期年平均利润总额与项目总投资的比率。其计算公式为

$$投资利润率=\frac{年利润总额或年平均利润总额}{项目总投资}\times 100\% \quad (2.5)$$

其中:年利润总额=年产品销售(营业)收入-年产品销售税金及附加-年总成本费用。年产品销售税金及附加=年增值税+年销售税+年营业税+年资源税+年城市维护建设税+年教育费附加。项目总投资=固定资产投资+投资方向调节税+建设期利息+流动资金。在财务评价中,将项目的投资利润率与行业平均投资利润率对比,来判别项目单位投资盈利能力是否达到本行业的平均水平。

(2) 财务偿债能力分析指标。根据有关财务报表计算借款偿还期、利息备付率、偿债备付率等指标,可以评价项目借款偿债能力。如果采用借款偿还期指标,可不再计算备付率指标;如果计算备付率指标,则不再计算借款偿还期指标。

1) 借款偿还期(P_d)。借款偿还期指以项目投产后获得的可用于还本付息的资金,还清借款本息所需的时间,一般以年为单位表示。该指标可由借款偿还计划表推算,不足整年的部分可用内插法计算。其计算公式为

$$P_d=借款偿还后出现盈余的年份-1+\frac{当年应偿还借款额}{当年可用于还款的收益额} \quad (2.6)$$

借款偿还期满足贷款机构的要求期限时,即认为该项目是有借款偿债能力的。

借款偿还期指标旨在计算最大偿还能力,适用于尽快还款的项目,不适用于已约定借款偿还期限的项目。对于已约定借款偿还期限的项目,应采用利息备付率和偿债备付率指标分析项目的偿债能力。

2) 利息备付率。利息备付率也称已获利息倍数,指项目在借款偿还期内各年可用于支付利息的息税前利润与当期应付利息费用的比值。其计算公式为

$$利息备付率=\frac{息税前利润}{当期应付利息费用} \quad (2.7)$$

其中:息税前利润=利润总额+计入总成本费用的利息费用;当期应付利息费用是指计入总成本费用的全部利息。

利息备付率可以按年计算,也可以按整个借款期计算。利息备付率表示项目利润偿付利息的保证倍率。对于正常运营的企业,利息备付率应当大于1;否则,表示项目的付息能力保障程度不足。

3) 偿债备付率。偿债备付率指项目在借款偿还期内,各年可用于还本付息的资金与当期应还本付息金额的比值。其计算公式为

$$偿债备付率=\frac{可用于还本付息资金}{当期应还本付息金额} \quad (2.8)$$

可用于还本付息的资金包括可用于还款的折旧和摊销、在成本中列支的利息费用、可用于还款的利润等。当期应还本付息金额包括当期应还贷款本金及计入成本的利息。

偿债备付率可以按年计算，也可以按项目的整个借款期计算。偿债备付率表示可用于还本付息的资金偿还借款本息的保证倍率。偿债备付率在正常情况下应当大于1，且越高越好。当指标小于1时，表示当年资金来源不足以偿付当期债务，需要通过短期借款偿付已到期债务。

2. 国民经济评价的主要指标

(1) 经济内部收益率。经济内部收益率（EIRR）是反映项目对国民经济净贡献的相对指标，它表示项目占用资金所获得的动态收益率，也是项目在计算期内各年经济净效益流量的现值累计等于零时的折现率。其表达式为

$$\sum_{t=1}^{n}(B-C)_t(1+\text{EIRR})^{-t}=0 \qquad (2.9)$$

式中　B——国民经济效益流量；

　　　C——国民经济费用流量；

　　　$(B-C)_t$——第 t 年的国民经济净效益流量；

　　　n——计算期。

经济内部收益率的判别标准是社会折现率 i_s。如果 EIRR$\geqslant i_s$，表明项目对国民经济净贡献达到或超过要求的水平，应认为项目可以接受。

(2) 经济净现值。经济净现值（ENPV）是反映项目对国民经济净贡献的绝对指标，是用社会折现率将项目计算期内各年的净效益流量折算到建设期初（基准年）的现值之和。其计算公式为

$$\text{ENPV}=\sum_{t=1}^{n}(B-C)_t(1+i_s)^{-t} \qquad (2.10)$$

式中　i_s——社会折现率。

当 ENPV$\geqslant 0$ 时，表示国家为拟建项目付出的代价可以得到符合社会折现率要求的社会盈余，或者除得到符合社会折现率要求的社会盈余外，还可以得到以现值计算的超额社会盈余。这时，该项目是可以接受的。经济净现值越大，表示项目所带来的经济效益的绝对值越大。

按分析效益费用的口径不同，可分为整个项目的经济内部收益率和经济净现值、国内投资经济内部收益率和经济净现值。如果项目没有国外投资和国外借款，全部投资指标与国内投资指标相同；如果项目有国外资金流入与流出，应以国内投资的经济内部收益率和经济净现值作为项目国民经济评价的指标。

2.3.3　经济评价中方案比较的基本方法

1. 互斥方案比较方法

投资者对同一项目总要选择最佳的方案进行投资。这些方案是由不同的工程方案形成的，如不同的规模、建设地点等；有些是由不同的财务安排形成的，如不同的资金筹措和利润分配方案等。不论方案多少，投资者总是在这些方案中选择一个对自己最有利的方案。为达到同一目标所设置的彼此可以相互替代的方案称为互斥方案。根据互斥方案的计算期是否相同，可以有不同的比较方法。

(1) 计算期相同的互斥方案比较方法。对于计算期相同的互斥方案，常用的经济评价方法有以下几种。

1) 净现值（NPV）法。首先计算各方案的净现值（NPV），剔除 NPV＜0 的方案后，选择净现值最大的方案作为最优方案。

如果各方案所产生的效益相同或基本相同，但效益无法或很难用货币直接计量，对互斥方案的比较常用费用现值替代净现值进行评价。为此，首先计算各方案的费用现值，然后进行对比，以费用现值较低的方案为最优方案。

2) 差额内部收益率（AIRR）法。由于内部收益率不是项目初始投资的收益率，而且内部收益率受现金流量分布的影响很大，净现值相同但分布状态不同的两个现金流量，会得出不同的内部收益率。因此，直接按各互斥方案的内部收益率的高低来选择方案，并不一定能选出净现值（基准收益率下）最大的方案。为此，可以采用差额内部收益率法进行比选。

差额内部收益率是使两个投资额不相等方案各年净现金流量差额的现值之和等于零时的折现率。其表达公式为

$$\sum_{t=1}^{n}[(CI-CO)_2 - (CI-CO)_1](1+\Delta IRR)^{-t} = 0 \qquad (2.11)$$

式中　$(CI-CO)_2$——投资大的方案的净现金流量；
　　　$(CI-CO)_1$——投资小的方案的净现金流量；
　　　ΔIRR——差额内部收益率。

在两个方案均可行的前提下，当 ΔIRR 大于基准收益率 i_c 时，选择投资大的方案；当 ΔIRR 小于基准收益率 i_c 时，选择投资小的方案。

3) 净年值（NAV）法。首先计算各方案的净年值，然后直接比较各方案净年值的大小即可得出最优可行方案。在具体评价时常分以下两种情况。

第一种情况：当给出"+""-"现金流量时，分别计算各方案的等额年值。凡等额年值小于 0 的方案，先行淘汰。在余下方案中，选择等额年值大者为最优方案。若各方案的等额年值均为"-"时，则选择其绝对值小者为最优方案。

第二种情况：当只给出"-"的现金流量，即只给出投资和年经营成本或作业成本时，计算的等额年值也为"-"值，此时，选择其绝对值小者为最优方案。这种情况就是通常所说的年费用（AC）法。

当项目所产生的效益很难或无法用货币直接计量，即得不到项目具体现金流量的情况时，可以用年费用（AC）法替代净年值（NAV）法进行比较。计算各方案的等额年费用（AC），然后进行比较，以年费用（AC）较低者为最优方案。

采用年费用（AC）法或净年值（NAV）法进行比较所得出的结论是完全一致的。因此，在实际应用中，对于效益相同或基本相同但又难以具体估算的互斥方案，可以采用年费用法进行比较。

(2) 计算期不同的互斥方案比较方法。当互斥方案的计算期不同时，为了保证得到合理的结论，必须对计算期作出某种假定，以便使方案在相等期限的基础上进行比较。常用的比较方法有以下几种。

1) 净年值（NAV）法。尽管各方案计算期不同，但都可用净年值反映出来。在对计算期不等的互斥方案进行比较时，首先计算各方案的净年值（NAV），剔除 NAV＜0 的方案后，选择 NAV 最大者即为最优方案。

用净年值法进行计算期不等的互斥方案比较时，实际上隐含着这样一种假定：各方案在

其寿命结束时均可按原方案重复实施或以与原方案经济效果水平相同的方案接续。由于净年值法是以"年"为时间单位比较各方案的经济效果,一个方案无论重复实施多少次,其净年值是不变的,从而使计算期不等的互斥方案间具有可比性。

在对计算期不等的互斥方案进行比较时,净年值法是最为简便的方法,它比内部收益率(IRR)法更为简便。同时,用净年值可不考虑计算期长短不同的问题,故它比净现值(NPV)法也简便,当参加比较的方案数目众多时,更是如此。

2) 净现值(NPV)法。为了能在相同的计算期下比较净现值(NPV)的大小,常用的比较方法有最小公倍数法和研究期法。

a. 最小公倍数法又称方案重复法,是以各方案计算期的最小公倍数作为所有方案的共同计算期,并假设各个方案均在共同的计算期内重复进行。对各方案计算期内各年的净现金流量进行重复计算,得出各个方案在共同的计算期内的净现值,则净现值较大的方案为最优方案。需要注意的是,最小公倍数法不是在任何情况下都适用的。对于某些不可再生资源的开发项目,在进行计算期不等的互斥方案比较时,方案可重复实施的假定不再成立,这时就不能用最小公倍数法确定计算期。此外,如果采用最小公倍数法求得的计算期过长,也不适合采用这种方法。

b. 研究期法。以相同时间来研究不同计算期的方案就称为研究期法。研究期的确定一般以互斥方案中年限最短或最长方案的计算期作为互斥方案评价的共同研究期。然后比较各个方案在共同研究期内的净现值,则净现值大者为最优方案。需要注意的是,对于计算期比共同研究期长的方案,要对其在共同研究期以后的现金流量情况进行合理估算,以免影响结论的正确性。

3) 差额内部收益率(ΔIRR)法。在进行计算期不同的互斥方案比较时,可以通过建立两可行方案净年值(或年费用)相等的方程来求解差额内部收益率(ΔIRR)。在 ΔIRR 存在的情况下,如果 ΔIRR$>i_c$,则初始投资大的方案为最优方案;如果 ΔIRR$<i_c$ 则初始投资小的方案为最优方案。

2. 投资项目组合

(1) 独立方案组合互斥化法。假设有 N 个项目,每个项目可以投资,也可以不投资,于是便构成 $2N$ 个互斥的组合方案。列出每个组合方案的投资和净现值,就可以在投资不超过资金限制的组合方案中选择净现值最大的组合方案。

(2) 净现值率(NPVR)排序法。净现值率大小说明该项目单位投资所获得的超额净效益的大小。净现值率(NPVR)的定义是

$$\mathrm{NPVR} = \frac{\mathrm{NPV}}{I_\mathrm{P}} \tag{2.12}$$

式中 I_P——项目全部投资的现值。

应用 NPVR 排序法比较方案时,将净现值率大于或等于零的各个项目按净现值率的大小依次排序,并依此次序选取项目,直至所选取的项目组合的投资总额最大限度地接近或等于投资限额为止。

按净现值率排序原则选择项目方案,其基本思想是单位投资的净现值越大,在一定投资限额内所能获得的净现值总额就越大。在有明显的资金总量限制且项目占用资金远小于资金总拥有量时,以净现值率进行方案选优能够得出正确的结论。

(3) 独立方案互斥化法和净现值率排序法的比较。净现值率排序法的优点是计算简便，选择方法简明扼要；缺点是由于投资方案的不可分性，即一个项目只能作为一个整体被接受或放弃，经常会出现资金没有被充分利用的情况，因而不一定能保证获得最佳组合方案。

独立方案互斥化法的优点是在各种情况下均能保证获得最佳组合方案，但其缺点是在方案数目较多时，其计算比较烦琐。

2.4 建设项目社会评价

2.4.1 建设项目社会评价及其主要内容

1. 建设项目社会评价的概念和范围

建设项目社会评价指分析拟建项目对当地社会的影响、当地社会条件对项目的适应性和可接受程度的系统分析过程。建设项目社会评价旨在系统调查和预测拟建项目的建设、运营产生的社会影响与社会效益，分析项目所在地区的社会环境对项目的适应性和可接受程度。通过分析项目涉及的各种社会因素，评价项目的社会可行性，提出项目与当地社会协调关系，规避社会风险，促进项目顺利实施，保持社会稳定的方案。

经济评价主要是从经济可行性方面判断一个项目的好与坏，以经济收益水平的高低来决定项目的取舍。但是，一个建设项目的实施，不仅对经济产生影响，而且还会影响到当地社会的各个方面。一个在经济方面可行的项目，有可能在社会方面不可行，甚至产生负面影响。因此，对建设项目进行社会评价是十分必要的。

原则上讲，所有的建设项目都应进行社会评价。但由于各类项目各具特点，实现的目标及功能各不相同，因而使社会评价在各类项目中的作用相距甚远。对于教育、文化、卫生、体育项目和城市基础设施项目，以创造社会效益为主，应重点进行社会评价。农业、林业、水利项目及交通项目，社会效益往往比经济效益明显，也是社会评价的重点。工业项目以经济效益为主，一般不重点进行社会评价。但在边远地区、少数民族地区和贫困地区建设的工业项目，所涉及的社会环境因素比较复杂，应通过社会评价进行重点分析。

2. 建设项目社会评价的主要内容

社会评价应遵循以人为本的原则，其主要内容包括项目的社会影响分析、项目与所在地区的互适性分析和社会风险分析3个方面。

(1) 社会影响分析。项目的社会影响分析旨在分析预测项目可能产生的正面影响（通常称为社会效益）和负面影响。

1) 项目对所在地区居民收入的影响。主要分析预测由于项目实施可能造成当地居民收入增加或者减少的范围、程度及其原因；收入分配是否公平，是否扩大贫富收入差距，并提出促进收入公平分配的措施建议。对于扶贫项目，应着重分析项目实施后减轻当地居民的贫困和帮助贫困人口脱贫的程度。

2) 项目对所在地区居民生活水平和生活质量的影响。主要分析预测项目实施后居民居住水平、消费水平、消费结构、人均寿命的变化及其原因。

3) 项目对所在地区居民就业的影响。主要分析预测项目的建设、运营对当地居民就业结构和就业机会的正面影响与负面影响。其中，正面影响指可能增加就业机会和就业人数，负面影响指可能减少原有就业机会及就业人数,以及由此引发的社会矛盾。

4) 项目对所在地区不同利益群体的影响。主要分析预测项目的建设、运营会使哪些人受益或受损,以及对受损群体的补偿措施和途径。兴建露天矿区、水利枢纽工程、交通运输工程、城市基础设施等一般都会引起非志愿移民,应特别注重这方面的分析。

5) 项目对所在地区弱势群体的影响。分析预测项目的建设和运营对当地妇女、儿童、残疾人员利益的正面影响和负面影响。

6) 项目对所在地区文化、教育、卫生的影响。分析预测项目建设和运营期间是否可能引起当地文化教育水平、卫生健康程度的变化以及对当地人文环境的影响,提出减少不利影响的措施建议。公益性项目应特别注重这方面的分析。

7) 项目对当地基础设施、社会服务容量和城市化进程等的影响。分析预测项目建设和运营期间,是否可能增加或者占用当地的基础设施,包括道路、桥梁、供电、供水、供气、服务网点,以及产生的影响。

8) 项目对所在地区少数民族风俗习惯和宗教的影响。分析预测项目的建设和运营是否符合国家的民族和宗教政策,是否充分考虑了当地民族的风俗习惯、生活方式或者当地居民的宗教信仰,是否会引发民族矛盾、宗教纠纷,影响当地社会安定。

以上分析可以通过编制项目社会影响分析表(表 2.2)来完成。

表 2.2　　　　　　　　　　项目社会影响分析表

序号	社会因素	影响的范围、程度	可能出现的后果	措施建议
1	对居民收入的影响			
2	对居民生活水平和生活质量的影响			
3	对居民就业的影响			
4	对不同利益群体的影响			
5	对弱势群体的影响			
6	对地区文化、教育、卫生的影响			
7	对地区基础设施、社会服务容量和城市化进程等的影响			
8	对少数民族风俗习惯和宗教的影响			

(2) 互适性分析。互适性分析主要是分析预测项目能否为当地的社会环境、人文条件所接纳,以及当地政府、居民支持项目存在与发展的程度,考察项目与当地社会环境的相互适应关系。

1) 分析预测与项目直接相关的不同利益群体对项目建设和运营的态度及参与程度,选择可以促使项目成功的各利益群体的参与方式,对可能阻碍项目存在与发展的因素提出防范措施。

2) 分析预测项目所在地区的各类组织对项目建设和运营的态度,可能在哪些方面、在多大程度上对项目予以支持和配合。需要由当地提供交通、电力、通信、供水等基础设施条件,粮食、蔬菜、肉类等生活供应条件,医疗、教育等社会福利条件的,分析当地是否能够提供,是否能够保障。对于国家重大建设项目,应特别注重这方面的分析。

3) 分析预测项目所在地区现有技术、文化状况能否适应项目建设和发展。对于为发展地方经济、改善当地居民生产生活条件兴建的水利项目、公路交通项目、扶贫项目，应分析当地居民的教育水平能否适应项目要求的技术条件，能否保证实现项目既定目标。

项目与所在地的互适性分析可以通过编制社会对项目的适应性和可接受程度分析表（表2.3）来完成。

表 2.3　　　　　　　　社会对项目的适应性和可接受程度分析表

序号	社会因素	适应程度	可能出现的问题	措施建议
1	不同利益群体			
2	当地组织机构			
3	当地技术文化条件			

（3）社会风险分析。项目的社会风险分析是对可能影响项目的各种社会因素进行识别和排序，选择影响面大、持续时间长，并容易导致较大矛盾的社会因素进行预测，分析可能出现这种风险的社会环境和条件。对于那些可能诱发民族矛盾、宗教矛盾的项目，应特别注重这方面的分析，并提出防范措施。

社会风险分析可以通过编制社会风险分析表（表2.4）来完成。

表 2.4　　　　　　　　　　社 会 风 险 分 析 表

序号	风险因素	持续时间	可能导致的后果	措施建议
1				
2				
3				
4				
5				

2.4.2　建设项目社会评价的步骤与方法

1. 建设项目社会评价的一般步骤

社会评价一般分为三步，即社会资料调查、社会因素识别和方案比选论证。

（1）社会资料调查。调查的内容包括项目所在地区的人口统计资料、基础设施与服务设施状况；当地的风俗习惯、人际关系；各利益群体对项目的反应、要求与接受程度；各利益群体参与项目活动的可能性，如项目所在地区干部、群众对参与项目活动的态度和积极性，可能参与的形式、时间，妇女在参与项目活动方面有无特殊情况等。社会调查可采用多种方法，如查阅历史文献、统计资料，问卷调查，现场访问、观察，召开座谈会等。

（2）社会因素识别。分析社会调查获得的资料，对项目涉及的各种社会因素进行分类。一般可分为三类，即：影响人类生活和行为的因素；影响社会环境变迁的因素；影响社会稳定与发展的因素。从中识别与选择影响项目实施和项目成功的主要社会因素，作为社会评价的重点和论证比选方案的内容之一。

（3）方案比选论证。对项目可行性研究拟定的建设地点、技术方案和工程方案中涉及的主要社会因素进行定性、定量分析，推荐社会正面影响大、社会负面影响小的方案。

2. 建设项目社会评价的基本方法

项目的社会因素多而复杂，而且多数是无形的，甚至是潜在的，如项目对社区安全稳定的影响，人们对项目的态度，社区的人际关系，项目对卫生保健、文化水平提高的影响，对人口素质提高的影响等。有的社会因素可以采用一定的计算公式进行定量分析，如就业效益、收入分配效益等，但多数则难以进行定量分析。因此，世界各国项目的社会评价方法很不一样，有的采用定量分析方法，有的采用定性分析方法，有的则采用定量与定性相结合的方法。

(1) 定量分析方法。定量分析要有一定的计算公式和判别标准（参数），通过数量演算反映评价结果。一般来说，用数据说话比较客观、科学。但如果将建设项目的所有社会评价因素都进行定量计算，难度极大。鉴于这种情况，我国的社会评价采用定量分析与定性分析相结合、参数评价与经验判断相结合的方法。能够定量分析的，尽量采用定量分析方法。不能定量分析的，采用定性分析方法加以补充说明。

社会评价定量分析指标大多应结合项目特点确定，以下是各类项目的通用评价指标：

1) 就业效益指标。就业效益指标可按单位投资就业人数计算，即

$$单位投资就业人数 = \frac{本项目与相关项目新增人数}{项目直接投资与间接投资总额} \tag{2.13}$$

从国家层面分析，一般是单位投资就业人数越多越好。但项目所创造的就业机会，往往与其所采用的技术和经济效益密切相关。劳动密集型企业与资金密集型企业就业效益相差很大。前者创造就业机会多，后者增加就业人数少而技术经济效益高。行业不同，产品不同，单位投资创造的就业机会也相差悬殊。项目的就业效益与经济效益之间，经常发生矛盾。从地区层面分析，我国各地区劳动就业情况不同，有的地区劳动力富余，要求多增加就业机会；有的地区劳动力紧张，希望多建设资金、技术密集型企业。因此，很难说单位投资就业人数越多就越好。

在评价就业效益指标时，应根据项目的行业特点，并结合地区劳动就业情况进行具体分析。从社会就业角度考察，在待业率高的地区，特别是经济效益相同的情况下，就业效益大的项目应为优先项目。如果当地劳动力紧张，或拟建项目属于高新技术产业，就业效益指标的权重应相应减小，可以作为次要的或仅供参考的评价指标。

2) 收入分配效益指标。收入分配是否公平，不仅是一个经济问题，更是一个社会问题。在我国，项目社会评价中设置了贫困地区分配效益指标，以促进国家经济在地区间的合理布局，并促进国家扶贫目标的实现。

贫困地区分配效益指标按下列两步计算：

a. 计算贫困地区收益分配系数：

$$D_i = (G_0/G)^m \tag{2.14}$$

式中 m——国家规定的扶贫参数，m 值越大，贫困地区收益分配系数就越大，可取 1~1.5；
G_0——全国人均国民收入；
G——当地人超过 i 年收入。

b. 计算贫困地区收入分配效益：

$$ENPV_P = \sum_{t=1}^{n}(CI - CO)_t D_i (1 + i_s)^{-t} \tag{2.15}$$

式中 n——计算期年数；
CO——项目评价时全国人均国民收入；

CI——项目评价时当地人均国民收入。

项目经济净现值乘以 D_i 将使项目的经济净现值增值，有利于贫困地区的建设项目优先通过经济评价，得以被国家接受。

(2) 定性分析方法。定性分析方法基本上是采用文字描述，说明事物的性质。在需要与可能的情况下，定性分析也应尽量采用直接或间接的数据，以便更准确地说明问题的性质或结论。

建设项目社会评价的定性分析与定量分析一样，要确定分析评价的基准线；要在可比的基础上进行"有项目"与"无项目"的对比分析；要制定定性分析的核查提纲，以利于调查分析的深入；并要在衡量影响重要程度的基础上，对各种指标进行权重排序，以便于综合分析评价。

2.5 建设项目环境影响评价

2.5.1 环境影响评价及其基本要求

1. 环境评价的概念

环境评价是环境质量评价和环境影响评价的总称。换言之，环境评价包括环境质量评价和环境影响评价两大部分。

环境质量评价是 20 世纪 70 年代以来在我国广泛应用的名词，用来研究人类环境质量的变化规律。评价人类环境质量水平，并对环境要素或区域环境状况的优劣进行定量描述，也是研究改善和提高人类环境质量的方法和途径。环境质量评价包括自然环境和社会环境两方面的内容。由上可见，环境质量评价的重点是对环境现状的研究、评价和探讨改善并提高环境质量的方法和途径，而环境质量现状的形成是人们过去各种行动所产生影响的后果。在提出改善和提高环境质量的对策时，必须要分析过去的行为，总结经验教训。

2. 环境影响评价及其基本原则

建设项目一般会引起项目所在地自然环境、社会环境和生态环境的变化，对环境状况、环境质量产生不同程度的影响。为了实施可持续发展战略，预防因规划和建设项目实施后对环境造成不良影响，促进经济、社会和环境的协调发展，国家颁布实施了《中华人民共和国环境影响评价法》。

进行工程建设应注意保护场址及其周围地区的水土资源、海洋资源、矿产资源、森林植被、文物古迹、风景名胜等自然环境和社会环境。项目环境影响评价应坚持以下原则：

(1) 符合国家环境保护法律、法规和环境功能规划的要求。

(2) 坚持污染物排放总量控制和达标排放的要求。

(3) 坚持"三同时"原则，即环境治理设施应与项目的主体工程同时设计、同时施工、同时投产使用。

(4) 力求环境效益与经济效益相统一。在研究环境保护治理措施时，应从环境效益与经济效益相统一的角度进行分析论证，力求环境保护治理方案技术可行和经济合理。

(5) 注重资源综合利用，对于环境治理过程中项目产生的废气、废水、固体废弃物，应提出污水处理和再利用方案。

3. 环境影响评价文件的编制、审批及实施

(1) 环境影响评价文件的编制。建设单位组织编制的环境影响评价文件分为环境影响报告书、环境影响报告表和环境影响登记表三类。其中，环境影响报告书或者环境影响报告表，应当由具有相应环境影响的评价资质的机构编制。任何单位和个人不得为建设单位指定对其建设项目进行环境影响评价的机构。

除国家规定需要保密的情形外，对环境可能造成重大影响、应当编制环境影响报告书的建设项目，建设单位应当在报批建设项目环境影响报告书前，举行论证会、听证会，或者采取其他形式，征求有关单位、专家和公众的意见。建设单位报批的环境影响报告书应当附具对有关单位、专家和公众的意见采纳或者不采纳的说明。

(2) 环境影响评价文件的审批。建设项目的环境影响评价文件，由建设单位按照国务院的规定报有审批权的环境保护行政主管部门审批；建设项目有行业主管部门的，其环境影响报告书或环境影响报告表应当经行业主管部门预审后，报有审批权的环境保护行政主管部门审批。

建设项目的环境影响评价文件未经法律规定的审批部门审查或审查后未予批准的，该项目审批部门不得批准其建设，建设单位不得开工建设。

(3) 环境影响评价文件的实施。项目建设过程中，建设单位应当同时实施环境影响报告书、环境影响报告表以及环境影响评价文件审批部门审批意见中提出的环境保护对策措施。

在项目建设、运行过程中产生不符合经审批的环境影响评价文件的情形，建设单位应当组织环境影响的后评价，采取改进措施，并报原环境影响评价文件审批部门和建设项目审批部门备案；原环境影响评价文件审批部门也可责成建设单位进行环境影响的后评价，采取改进措施。

2.5.2 水利工程环境影响评价

环境影响是指人类的行为对环境产生的作用以及环境对人类的反作用。人类行为对环境产生的影响可能是有害的，也可能是有利的；可能是长期的，也可能是短期的；可能是潜在的，也可能是现实的。总之，人类活动对环境产生的作用是多变的、复杂的。要识别这些影响，并制定出相应措施以减轻对环境的不利影响，是一项技术性极强的工作，这项工作就是环境影响评价。

水利建设项目环境影响评价工作的目的之一就是在科学分析和评价的基础上，全面预测和描述工程对生态环境产生的主要影响，并对此作出评估。比如这些影响是可逆转的还是不可逆转的，是永久的、长期的还是短期的，是区域性的还是地方性的；并对影响程度进行评价。在定性和定量评价的基础上，通过优化工程设计和加强建设过程中的施工管理，以及对工程建成后的科学调度与运行等提出建议，从而达到将工程对环境和生态的不利影响降低到最低程度的目标。

根据国家相关法律规定，环境影响评价已成为基本建设程序中一个重要的环节。环境影响报告书是建设项目规划、立项、设计、施工及运行管理中重要的、具有法律效力的技术文件。环境影响报告书与工程可行性研究报告有明确的分工：工程可行性研究报告主要关注工程本身的各项指标，并不关注工程与外部环境的相互关系；环境影响报告书则主要关注工程与外部环境的相互影响关系，为解决工程与外部环境之间的矛盾提供科学合理的方案。

可以预见，我国的水利工程建设面临着艰巨的任务。在环境影响方面，与其他工程相

比，水利工程具有突出的特点：影响地域范围广阔，影响人口众多，对当地社会、经济、生态环境影响巨大，外部环境对工程也同样施以巨大的影响。目前，全社会对环境问题越来越重视，对环境质量要求越来越高，环境问题已成为水利工程建设中的制约性因素，环境影响评价也变得越来越重要。环境影响评价在减小环境不利影响、保证工程建设与环境保护的协调性、使可能引起严重后果的问题在初始阶段得到全面解决等方面都有着重要的作用。

1. 水利工程环境影响评价的原则

作为整个开发决策的一部分，环境影响评价工作应遵循科学性、综合性和实用性的原则。所谓环境影响评价工作的科学性，指在环境影响评价工作中必须客观地、实事求是地认识开发活动对环境的影响及其环境对策。在开发决策时，无论出于何种目的，经常会出现只顾经济效益而忽视环境效益的倾向。这时环境影响评价工作必须坚持从全局的和长远的利益出发，客观地得出科学的结论。只有环境影响评价工作在决策中真正发挥作用，环境影响评价工作本身才能推广和坚持下去。而环境影响评价工作真正发挥作用的前提毫无疑问是这项工作的科学性，即环境影响预测和决策分析的可靠性程度。

所谓环境影响评价工作的综合性，指在环境影响评价工作中，不仅要注意开发活动对单个环境要素和过程的影响，而且尤其要注意开发活动对各要素和过程之间相互联系和作用的影响，注意环境对策的后果及环境影响的社会经济后果。环境是一个整体，各环境要素和过程之间存在密切联系和作用。若对此缺乏认识，往往忽视由于破坏或改变这种联系和作用可能产生的环境问题，从而导致环境对策的失败。不适当的环境对策可能造成二次、三次环境问题，而环境问题又往往引起社会经济方面的问题。所有这些，应该也只有从环境是一个整体的观点进行综合分析研究才能得到解决。

环境影响分析工作的实用性则是强调必须按开发决策的要求来确定环境影响评价工作的内容、深度，力求工作内容精练，所需资金较少，工作周期较短，从而在开发决策中及时发挥环境影响评价工作的作用。环境影响评价工作是一项综合性很强的工作，强调环境影响评价工作应着重研究那些受开发活动影响的要素和过程，工作的主要力量应集中在这方面。评价过程中应着重研究开发活动影响环境的变化、过程和后果。研究方法同样也应根据开发决策的需要来决定。这样就可以得到内容精练、工作周期较短、耗用资金较少的效果，以适应开发决策的需要。

2. 水利工程环境影响评价的主要职责

从宏观的角度来讲，水利工程环境评价的主要职责如下：

(1) 调查工程影响区自然环境及社会环境状况，调查主要污染源和主要污染物，监测环境质量现状。

(2) 分析预测工程建设对当地自然、社会和生态环境产生的影响，研究外部环境对工程的影响。

(3) 依据各种法律、法规、标准等，制定防止、减缓环境污染的对策措施。

(4) 从环境角度论证工程的可行性，为政府提供决策依据。

(5) 从环境保护的角度为工程设计、施工、管理提供优化方案，为施工期环境保护设计提供依据。

(6) 制订环境监测计划，计算环境保护投资，将环境保护投资追加到工程投资预算中，使环境保护措施能够实施。

(7) 进行公众意见调查，开通政府管理部门及建设单位与相关利益的群众之间的对话渠道。

3. 水利工程环境影响评价的类型

环境影响评价类型可以分为回顾评价、现状评价和预测评价三种。

(1) 回顾评价。回顾评价是对已经建成的工程产生的环境影响进行评价，以便了解工程建成后实际的环境变化状况、环境影响的范围和深度，针对实际出现的不利情况，提出改善措施，保护环境质量，并为今后新建工程的环境影响评价提供参考依据。

近十年来，我国水利电力部门对三门峡水库、丹江口水利枢纽、新安江水电站、狮子滩水电站等许多水利水电工程建成后的环境影响作了调查、分析和评价，都属于回顾评价。

埃及阿斯旺高坝是举世瞩目的高坝大库，1964年截流蓄水，经过多年的运行，该水库工程对环境影响的利弊得失，国际上争议较多。经过回顾评价认为该坝建成运行以来，给埃及的灌溉、发电、防洪、航运、库区渔业生产及发展旅游事业等各个方面带来了巨大的效益，但是，在某种程度上改变其周围环境和生态，从而产生了一些副作用，也在一定程度上限制了工程效益的发挥。

(2) 现状评价。现状评价是对在建工程的现状进行环境影响评价，以便了解目前工程的环境状况，针对不利影响提出环境保护措施，改善和提高环境质量。例如在葛洲坝水利枢纽工程施工期间进行过环境影响评价，找出施工噪声危害、中华鲟不能过坝等许多主要影响项目及解决这些问题的基本途径。

(3) 预测评价。预测评价是针对工程兴建可能对环境造成的影响作出预测和评价，使有利影响得到合理利用，不利影响得到控制或改善，为工程方案论证和政府部门决策提供科学依据。由此可见，预测评价是工程规划设计阶段进行可行性论证的主要组成部分。

我国近几年来计划兴建的各种大、中型水利水电工程都进行了环境影响评价工作，提出环境影响报告书。本章和以后各章所论述的环境影响评价，都是指大、中型水利水电工程的预测评价。

4. 水利工程环境影响评价的程序

环境影响评价工作的程序也就是评价工作自身规律的反映。不同国家由于经济发展水平不一，人们的环境意识不同，因而评价的工作程序略有不同。环境影响评价工作大体分为三个阶段：第一阶段为准备阶段，主要工作为研究相关文件，进行初步的工程分析和环境现状调查，筛选重点评价项目，确定各单项环境影响评价的工作等级，编制评价大纲；第二阶段为正式工作阶段，其主要工作为深入进行工程分析和环境现状调查，并进行环境影响预测和评价环境影响；第三阶段为报告书编制阶段，其主要工作为汇总、分析第二阶段工作所得的各种资料、数据，给出结论，完成环境影响报告书的编制。具体工作步骤如下：

(1) 搜集河流（或河段）规划和拟建工程的开发任务、建设条件及工程特性等资料，并进行初步查勘。

(2) 编制工作大纲。

(3) 调查工程影响范围内的环境状况，并进行重点测试工作。

(4) 识别工程影响的主要环境因子，预测、评价工程对其影响，并提出改善或控制不利影响的措施。

(5) 进行工程对环境影响的综合评价。

(6) 综合分析环境保护措施，估算相应投资，进行经济损益分析，提出评价结论。

(7) 提出环境检测规划和需要进一步研究的课题和建议。

(8) 编写环境影响报告书。

根据国家《环境影响评价技术导则》的规定，环境影响报告书组成如下：总则；建设项目概况；工程分析；建设项目周围地区的环境现状；环境影响预测；评价建设项目的环境影响；环境保护措施的评述及技术经济论证，提出各项措施的投资估算；环境影响经济损益分析；环境监测制度及环境管理、环境规划的建议；环境影响评价结论。

5. 水利工程环境影响评价的主要内容

(1) 水环境保护。我国的多数水库都兼有向城市供水的任务，水库建成后，如何确保供水质量显然是最重要的目标之一。水质预测及保护措施的制定是环境评价要解决的首要问题之一，水库水环境保护问题涉及广大的地域范围，涉及众多复杂的因素。其主要内容包括如下几个方面。

1) 掌握污染源及水质现状，了解社会经济及环境状况，把握污染源情况。

2) 利用数学模型对入库水质、出库水质进行预测，预测污染物需要控制的总量。

3) 进行富营养化预测。总磷是影响水库湖泊富营养化的控制性因素，通过总磷浓度计算及类比调查，进行预测分析。评价总磷的来源，对总磷的入库负荷进行预测，综合各种条件，对水库发生富营养化的可能性给出结论。

4) 对水库下游河道水质进行预测。水库的兴建将会大大地改变下游河道的水文情势，引起河道水质变化。基于对下游社会、经济、环境的调查，预测今后 10～20 年下游河段污染物排放量。利用一维河道水质模型，预测枯水年、平水年情况下水质变化，为下游地区制定水环境保护目标提供重要依据。

5) 制定水环境保护规划，提出明确的保护措施。根据国家相关规定，制定水库上游地区水环境保护规划。划分各级保护区，明确各保护区的范围、水质保护目标、环境管理要求及人类开发建设活动的控制要求。

(2) 水温。水库蓄水后，水温沿水深方向变化较大，大坝泄流水温与自然水温之间产生一定的差别，对河道生态环境及农田灌溉产生一定的影响。预测水温变化也是环境影响评价的内容之一。

(3) 淹没损失。水库工程有一个共同的特点，就是淹没损失较大，淹没大量耕地、树木，拆迁大量的房屋，有的还要淹没珍稀动植物、淹没文物古迹。这些淹没损失是无法避免的，也是不可逆的。一般在工程可行性研究报告中，这些淹没实物数据都能够列出，目的是计算补偿损失，作为工程投资的一部分。环境影响评价则从价值的角度进行详细的调查论证，提出符合环境保护政策的、切实可行的处理措施。

环境影响评价中可以利用卫星遥感技术对拟建库区的土地利用状况进行宏观测量，在现场对村镇建设、农田耕作、树木植被、动植物状况等进行调查，评估出农田淹没对农业生产的影响，评估生物量的损失，进而提出移民农业扶持措施及生态补偿措施。这些措施对减少农业损失、维护生态环境有一定的作用，但要完全挽回损失是不可能做到的。

(4) 移民拆迁。在水利工程建设中，移民数量往往较多，移民问题显然是最复杂、最敏感的事情，容易引发社会矛盾。一般情况下，须要专门制定"移民安置规划"，但移民涉及的问题多而复杂，是一项需要行政支持、多专业协作才能完成的工作。在这类问题上，环境影响评价的作用是从另外一种角度来审视移民规划是否适当，对规划提出一些修正意见。

（5）下游水资源利用。一般情况下，山区河谷地带人口密集、村镇众多、资源丰富、土地开发利用较完备。在上游修建水库会对下游水资源利用产生较大的影响，也是环境影响报告书要解决的重要问题。

（6）上、下游经济发展不均衡。相关经验说明，水库修建以后，对供水区的社会、经济发展及生态环境产生很大的效益，而由于在上游实施水环境保护规划，使上游地区的城镇建设及工业发展受到严格限制，地区间经济水平差距进一步扩大。

水利工程在环境影响方面有突出的特点，表现为影响地域范围广阔，对社会、经济、生态环境影响巨大，外部环境对工程的影响也巨大。水质保护、水温、水文情势变化、最小下泄流量、淹没影响、移民拆迁、下游水资源利用、上下游经济发展均衡性影响等，是水利水电工程建设中最常见也是最重要的环境问题。环境影响评价及实施在水利水电工程建设中担当着重要的角色。

6. 水利工程环境影响预测

环境影响预测是对拟建工程已确定评价的环境因子，由于工程实施的结果可能产生的变化进行预估。环境影响预测的方法是多种多样的，该方法随着环境因子的特性和在预测过程中采用的手段不同而又有所区别，一般来说，可以分为定性分析法和定量计算法。此外，有的方法是在定性的基础上加以定量化，有的方法是在定量的基础上辅以定性描述。在环境影响预测工作中应根据环境因子的特性，选择不同的方法，但是不论选择何种方法，必须符合预测的要求，能定量的尽量定量，不能定量的则定性，或采用定性分析与定量计算相结合，进一步提高分析的客观性和可靠性。

在水利工程建设中，有的环境因子，如地貌、地质、土壤、文物古迹等，不可能或不完全可能用数量化衡量或描述其环境变化，而只能对环境因子的未来环境或可能变化情况作叙述性的或非定量的描述，这一类方法属于定性分析法。常用的定性分析法有类比法、机理分析法、生态习性分析法以及专家评估法等。有些环境因子，它们的性能或技术指标是可以定量化的，例如降水、气温、水温、水质、泥沙等。对这些环境因子可以采用数学模型法、物理模型法以及图解模型法等手段，预估这些环境受工程建设影响造成数量上的变化，有的通过回归分析作趋势预测，这一类方法属于定量计算法。

必须指出，环境影响预测是在对环境现状的调查与评价的基础上进行的，只有这样才能比较建库前后的变化和影响程度。

7. 水利工程环境影响评价的方法

（1）定性分析方法。定性分析是环境影响评价工作中广泛应用的方法，这种方法主要用于不能得到定量结果的状况。环境问题十分复杂，因此在环境影响评价工作中，对于所研究的某些环境要素或过程，常常会遇到或者由于对其发展变化不甚了解，无法导出表示这些规律的定量关系式；或者由于基础工作差，或工作时间过于紧迫，无法获得足够数量的资料和数据，因而也无法对所研究的要素或过程建立定量的关系式。显然，在这种情况下都只能用定性分析的方法来预测环境要素或过程在开发活动影响下的变化。

定性分析方法的优点是相对比较简单，可以用于无法进行定量预测和分析的情况，而且只要运用得当，其结果也有相当的可靠性。特别在较高层次对开发活动进行鸟瞰式研究或进行战略性的预测和分析时，运用定性分析方法有其独到的优越性。但是，定性分析方法的缺点也十分明显,就是这种方法所得到的结果的可靠性程度直接取决于使用者的主观因素,而且不能给出比较精确的预测和分析结果,这就不能不使定性分析方法的应用受到很大的限制。

(2) 数学模型方法。目前,数学模型方法在环境影响评价工作中得到了越来越广泛的应用。把环境要素或过程的规律用不同的数学形式表示出来,就得到反映这些规律的模型。由数学模型就可以得到所研究的要素和过程中各相关因素之间的定量关系。若数学模型中包括了时间因素,则反映了环境要素与过程的动态规律,那么这种数学模型可以用于定量的环境预测。显然,数学模型方法只能用于那些规律研究比较深入,有可能建立各影响因素之间定量关系的那些要素和过程。

在环境影响评价工作中运用数学模型的方法进行环境预测的优点是十分明显的。运用这种方法可以得到定量的结果。定量的预测结果用于对策分析时,可以得出定量的经济效益分析结果,有利于对策分析的进行。但是,数学模型方法也有其局限性。首先,数学模型方法只能运用于可能建立模型的那些状况;其次,必须认识到数学模型只是一种对实际情况的概括和近似,常常只能反映实际情况的某一方面。因此,单靠数学模型方法是无法完成环境影响评价工作的,必须与其他方法配合使用,数学模型方法才能在环境影响评价工作中真正发挥作用。

(3) 系统模型方法。所谓环境系统模型就是在客观存在的环境系统的基础上,把所研究的各环境要素或过程以及他们之间的互相联系和作用,用图像或数学关系式表示出来。很显然,系统模型是实际环境系统的一种投影,可以根据这种投影系统来研究实际环境系统的特征和发展变化规律。在环境影响评价工作中应十分重视研究开发活动对各要素和过程之间联系的影响,重视对环境整体影响的分析,而系统模型方法将是进行这种研究十分有用的工具。

在环境影响评价工作中应用系统模型方法的优点是十分明显的:

1) 这种方法可以把开发活动对多个子系统或多个要素的影响表示出来,并给出定量的结果。

2) 这种方法可以表示开发活动的全过程对环境的影响,反映环境影响的动态过程。

3) 运用这种方法可以把预测与对策分析结合起来,把环境预测与环境控制、环境规划结合起来,并将最优方法引入对策分析。

4) 通过建立系统模型有可能将开发项目的决策作为一个子系统与整个区域的规划联系起来。

但是,在环境影响评价工作中运用系统模型方法也存在一些困难。首先,系统模型建立在数学模型的基础上,因此系统模型的运用直接受数学模型发展水平的限制;其次,建立系统模型在目前来说常常是费时长、花钱多的工作,在环境影响评价工作中大量运用有困难。

(4) 综合评价方法。水利工程建设项目环境影响综合评价指按照一定的评价目的,把建设项目对各环境要素的影响从总体上综合起来,对环境影响进行定性或定量的评价。综合评价方法是通过一定的原则和方法,从总体上评价拟建工程的各要素和过程可能对自然环境和社会环境的改变及其改变程度,为比较选择方案提供依据。从本质上来说,综合评价方法是建立在对各要素、过程环境预测和不同对策研究基础上的一个更高层次的宏观"鸟瞰"。该方法利用环境预测和对策研究所提供的各种信息,经过处理后,勾画出工程开发活动对环境影响的整体轮廓和整体关系,而这对于工程开发决策来说正是十分需要的。

水利工程建设项目环境影响综合评价可以在对建设项目进行单要素的环境影响评价之后进行,也可以在不事先进行单要素的环境影响评价的情况下进行。水利工程对环境的影响系统是一个多层次、多因素、多目标、多阶段、开放、复杂的环境影响变迁系统,由于涉及的研究领域较多,且表现为模糊性,因而水利工程对环境影响最重要的特点是"不确定性"。环境影响不确定性可以理解为由于自然环境生态系统本身具有不确定性,加之人为活动重新造就的环境生态组合系统,则具有更难确定的因素。尽管在一段时间内或小的范围内,上述影响可能是明显确定的,但从长远角度分析,其中隐含着非确定性动态系统转化机理,人们难以控制。因上述原因,使得水利水电工程建设项目环境影响综合评价成为一个十分复杂的问题。虽然目前已经提出了一些建设项目环境综合评价方法,但都有一定的局限性,没有通用方法,有待今后发展。目前已提出的综合评价方法有矩阵分析法、类比分析法、环境质量指标法、模糊综合评价法、模型法、灰色关联分析法等。在这些方法中,矩阵分析法比较常用,下面仅介绍矩阵分析法。

矩阵分析法又分为相关矩阵分析法、迭代矩阵分析法和表格矩阵分析法。这里介绍国际大坝委员会推荐的表格矩阵分析法和国内采用的矩阵分析法。国际大坝委员会推荐的表格矩阵分析法是绘制多个方格组成的一张表格。这张表格有两个轴,一个横轴,一个竖轴,横轴位于表格的第一行,竖轴位于表格的左边第一列。横轴列出工程建设某方案可能影响的社会经济、水文、气候、生物和土地利用规划等各方面的环境要素,竖轴列出工程建设项目的作用特征,包括工程的功能、类型、影响区域及改善措施等,这样就得到了一张由许多方格组成的网格表。在每一个小方格中填写某一建设方案(或特定活动)对某个特定因素的影响。一般在小方格中画一条斜线或两条斜线,当画一条斜线时,斜线左上方用数字表示影响值的大小,斜线右下方用数字表示影响的权重(重要度值)。当画两条斜线时,斜线左上方数值表示直接影响值的大小,斜线右下方数值表示间接影响值的大小,中间斜格中的数值表示综合影响值的大小。综合影响值的大小等于直接影响值和间接影响值的代数和乘以权重,一般权重值列在右边第一列。

直接影响值和间接影响值常用某一对称的正、负数范围表示,正数表示有利影响,正数越大有利影响越大,负数表示不利影响,负数的绝对值越大不利影响越大,零表示无影响。例如用 5、0、-5 表示影响值,5 表示最大的有利影响,0 表示无影响,-5 表示最大的不利影响。这种影响值大小的判断,可以用实测数据经标准化处理的数字,也可以由专业判断得到。把实测值转换成环境质量数值(或相关数值)应用巴特尔的函数曲线(数值函数图)进行,也可以按其原理制作本地区特殊的数值函数图。如采用专业判断,在很多情况下,影响值判断的准确程度与评价人的知识面和经验有直接关系。所以,进一步工作应建立复核制度,由一组人填写影响值,由另一组人进行独立复核,也可以采用多人给出的影响值的平均值。

分配给每一因素的权重值(重要度值)的确定有许多办法,这里介绍一种排序成对比较技术方法。该方法是由专业判断并进行一定计算获得的。例如 A、B、C 三个环境因素间分配总权值为 100 的各权值时,首先两两对比其重要性,选定一个标准,用数量表示出相对重要性。如果认为因素 B 较因素 C 重要,因素 B 和因素 C 均比因素 A 重要。又认为,因素 B 的重要度是 1(作为标准),因素 C 的重要度是因素 B 的重要度的,而因素 A 的重要度又为

因素 C 的重要度的。这样 A、B、C 三因素的权重（重要度）可以按下式计算：

$$B \text{ 的权重值} = \frac{1.0}{1+0.5+\frac{1}{2}\times\frac{1}{5}} \times 100 = 63$$

$$C \text{ 的权重值} = \frac{0.5}{1.6} \times 100 = 31 \tag{2.16}$$

$$A \text{ 的权重值} = \frac{0.1}{1.6} \times 100 = 6$$

矩阵顶部一行是建设项目可以供选择的各种方案，左边第一列为选定应考虑的自然环境、经济、社会、文化和土地利用规划等方面的环境因素。每个环境因素的相对权重值列在表的右边第一列中。每个小方格中，在左上角的数字表示直接影响，右下角的数字表示间接影响，有利影响用$+1\sim+5$表示，不利影响用$-1\sim-5$表示，0表示无影响。小方格的中间数字为左上角数字与右下角数字的代数和再乘以权重所得到的。这样就可以看出各方案对某环境影响的程度，较易判断出某一方案对环境影响的相对优劣。但该矩阵并未给出各方案对环境综合影响的物理数值，对方案的全部判断和选择还要借助于专业判断。

矩阵分析法的优点是将建设项目各方案和环境要素集中于一个非常容易观察和理解的形式之中，清楚地表示出建设项目和环境要素的关系。这样，便于从事环境影响评价的工作人员分析问题，便于标示敏感的和易引起争议的因素，也便于确定受影响的领域。这种方法直观易被公众接受。

复习思考题

1. 什么是建设项目策划？它的作用有哪些？
2. 进行项目策划需要哪些内容？
3. 可行性研究的目的是什么？
4. 可行性研究报告的审查包括哪些内容？
5. 什么是建设项目的财务评价？标准又有哪些？
6. 建设项目社会评价的主要内容有哪些？
7. 水利工程建设项目环境影响评价的主要内容有哪些？

第3章 建设项目管理组织

3.1 建设项目管理组织模式

建设项目管理组织是项目管理单位或项目建设单位及其他相应的管理组织体系根据项目管理目标，通过科学设计而建立的组织实体。该组织是由一定领导体制、部门设置、层次划分、职责分工、规章制度和信息系统等构成的有机整体，以一个合理有效的组织结构为框架所形成的权力系统、责任系统、利益系统、信息系统。由于项目的性质、投资来源、建设规模、工程复杂程度等条件不同，建设项目管理组织的设置也不尽相同。新中国成立以来，随着项目管理科学的不断发展和基本建设管理体制的变革，我国建设项目管理组织主要有工程建设指挥部负责制、企业基建部门负责制、工程总承包单位负责制和建设项目法人责任制等模式。

3.1.1 工程建设指挥部负责制

工程建设指挥部是我国计划经济体制下大、中型基本建设项目管理所采用的一种基本模式，它主要是以政府派出机构的形式对建设项目的实施进行管理和监督。采用这种模式，可以依靠指挥部领导的权威和行政手段，集中大量人力、物力和财力打"歼灭战"，尤其是有效地解决征地、拆迁等外部协调难题，以及在建设工期要求紧迫的情况下，确保工程建设项目在较短的时间内完成。

1. 组织机构设置

工程建设指挥部一般是在前期工作阶段先成立项目筹建处，在工程开工前正式组建。指挥部由项目主管部门从本行业、本地区所管辖单位中抽调专门人员组成。对于一些投资规模大、协作关系复杂的大型项目，在指挥部之上还要成立由中央部门和地方主要领导参加的项目建设领导小组。少数特大型项目（如宝钢、大秦铁路等），由国务院派出代表，与各有关部门、各有关地方的主要领导共同组成高层次的项目建设领导小组。在指挥部内部，一般又设立若干职能处（室），有的还设立二级指挥部。工程建设指挥部组织机构如图3.1所示。

2. 主要职责

工程建设指挥部作为项目的建设单位，要全面负责从项目建设前期工作开始，直至投产验收的组织管理工作。其主要职责是：认真贯彻执行国家有关投资与建设的方针、政策、法规、规范和标准，按照国家计划和批准的设计文件组织工程建设，统一领导、指挥参加工程建设的各有关单位，确保建设项目在国家规定的投资范围内保质、保量、按期建成投产，发挥效益。

3. 主要任务

工程建设指挥部要完成以下任务。

（1）前期工作阶段。在建设项目可行性研究报告批准后，指挥部要组织设计招标或进行

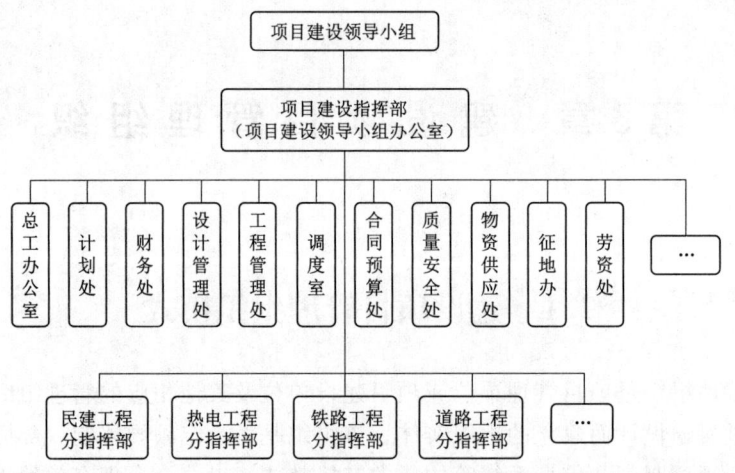

图 3.1 工程建设指挥部组织机构

设计委托，签订设计合同，并按设计要求提供有关设计基础资料。当有两个或两个以上设计单位进行设计时，指挥部应确定一个主体设计单位全面负责。指挥部要及时了解设计文件的编制进度，及时组织设计文件（含概预算）的审查并提出审核意见，报有关单位审批。

（2）施工准备阶段。根据批准的设计文件，指挥部要编制项目建设总进度计划和基建物资供应计划，编报开工报告和签订施工总包合同，办理开工手续，负责组织开工前对参建单位的技术交底工作。指挥部还要按设计总平面图及时办理土地征用、障碍物拆除、青苗赔偿等工作，完成"三通一平"工作。在完成施工招标和选择施工队伍工作后，要提前组织大型专用设备的预安排，为施工单位创造施工条件。

（3）工程施工阶段。指挥部要认真编报年度基本建设计划、财务计划和物资供应计划，及时督促设计单位按时提交施工图并组织会审。同时，指挥部负责进度管理和质量管理工作，按月（周）进行工程结算，定期检查工程进度，严格工程质量监督，检查验收分部、分项工程，保障材料和设备的供应并解决施工中遇到的问题。

（4）生产准备阶段。指挥部要负责或协助生产筹建单位安排，制定有关生产和经营管理的规章制度，落实各项外部协作配合条件。同时，还要组织、培训生产人员参加设备的安装、调试和工程验收，如有必要选派生产一线的技术人员、管理干部和工人出国培训学习。

（5）竣工验收阶段。项目竣工后，指挥部要及时组织工程预验收，向上级主管部门提出竣工验收申请书，清理结余现金、设备、材料和财务往来账目，做好工程结算，编报工程竣工决算报告。

4. 模式评价

由于工程建设指挥部是政府主管部门的派出机构，又会得到各方面主要领导组成的领导小组的指导与支持，因而其在行使建设单位的职能时有较大的权威性，决策、指挥直接高效。工程建设指挥部可以依靠行政手段协调各方面关系，调配项目建设所需要的设计、材料、设备和施工队伍等，特别是在建设工期要求紧迫的情况下，能够迅速集中力量，加快工程建设进度。与此同时，工程建设指挥部模式存在着以下弊端。

（1）工程建设指挥部不是一个独立的经济实体，缺乏明确的经济责任制。政府对工程建设指挥部没有严格、科学的经济约束，指挥部作为管理决策者拥有投资建设管理权，却对投资的使用和回收不承担任何责任。

(2) 工程建设指挥部是一个临时机构,管理水平低,投资效益难以保障。工程建设指挥部中的专业管理人员都是从四面八方靠行政手段抽调在一起的,应有的专业人员素质难以保障,各分指挥部之间的横向联系也较为困难,工作实施的协调难度较大且分工协作效率较低。而当他们在工程建设过程中积累了一定经验之后,又随着工程项目的建成而转入其他工作岗位。当建设新项目时,工程建设指挥部需要重新组建,建设项目管理的专门人才需要重新集中和培养,这样就会导致工程建设的管理总在低水平线上徘徊。

(3) 工程建设指挥部管理模式过于强调管理的指挥职能,而忽视了管理的规划和决策职能。而工程建设指挥部基本上采用行政管理的手段,甚至采用军事作战的方式来管理工程建设,而不善于利用经济的方式和手段。它着重于工程的实现,而忽视了工程建设投资、进度、质量三大目标之间的对立统一关系。

由于这种传统的建设项目管理模式自身的先天不足,我国工程建设的管理水平和投资效益长期得不到提高,工程中也存在许多建设投资和质量目标的失控现象。随着我国社会主义市场经济体制的建立和完善,这种管理模式将逐步为项目法人责任制所替代。目前,我国有些财政投资的大型项目还是采用工程指挥部的模式。

3.1.2 企业基建部门负责制

企业基建部门负责制是在企业内部设立固定或临时基本建设管理机构,是企业技术改造(含新建、改扩建)项目比较普遍采用的一种组织管理模式。

1. 组织形式和机构设置

(1) 在企业内部设立常设的基建管理职能处,专门从事本企业小型基本建设项目和更新改造项目的组织管理工作。在基建处下可设立有关业务科(室),如图3.2(a)所示。

(2) 在企业内设立与生产相对独立的常设基建管理部门。采用这一形式的大多是一些大、中型建设项目多,技术改造任务重的大型企业集团。有的企业不仅拥有较强的项目管理班子,而且还有自己的设计、施工队伍;有的企业只拥有较完整的项目管理机构,设计、施工队伍则需要通过招标形式进行选择。组织机构形式如图3.2(b)所示。

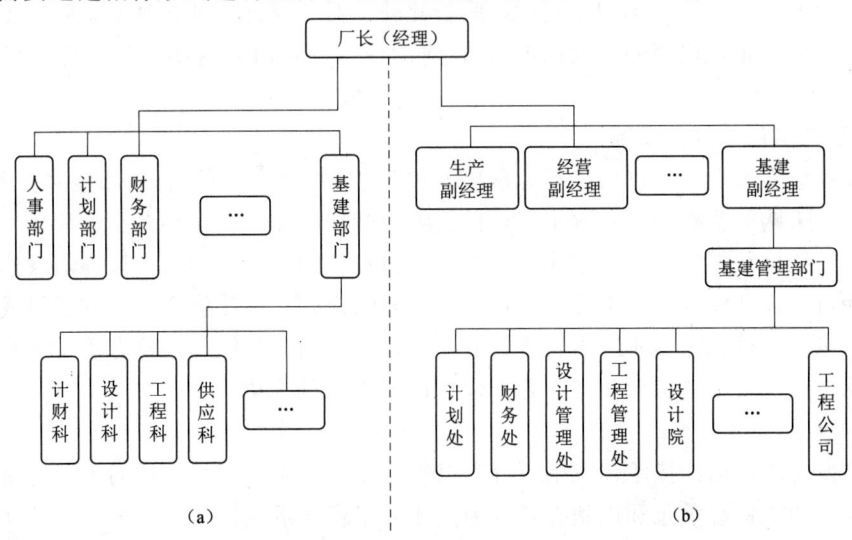

图3.2 企业基建部门负责制组织机构

与指挥部不同的是，企业常设或临时的基建管理机构通常不独立对外，有关建设方面的问题以企业的名义进行联系，即真正的建设单位还是企业，但从企业常设或临时设立的基建管理机构的工作内容上看，它实际上行使着建设单位的职能，因而其职责和任务与指挥部大体相同。

2. 主要任务

企业基建部门要完成以下任务。

(1) 前期准备阶段。基建部门负责拟订公司工程项目的建设总进度计划和基建物资供应计划，编制预决算书并审核，签订施工总包合同，办理施工执照和项目开工的有关工作。基建部门也需要负责土地征用、地质勘查、平面测量，完成"三通一平"工作，实施项目招标和选择施工队伍。

(2) 工程施工阶段。基建部门拟订年度基本建设计划、项目进度计划、用款计划和工程基建用料计划。同时，基建部门还负责工程的进度、质量的检验与评定，严格进行安全监督考核和现场管理，组织召集项目有关会审、评审、验收等各类会议，协调与规划设计各部门之间的关系。在竣工验收及交付使用后，收集征地、施工图、竣工图等有关工程建设资料，做好存档留档工作。

(3) 竣工验收阶段。项目完工后，基建部门要及时组织工程预验收，编报工程竣工决算报告。在项目后期运营过程中，基建部门需编制维修计划，负责建筑日常维修保养工作。

3. 模式评价

企业基建部门负责制的主要优点在于：将建设与生产紧密结合，充分利用现有企业的资源和有利条件，加快建设速度，尤其是在边生产、边建设的情况下，可减少建设部门与生产部门之间的矛盾。随着企业作为项目投资、还贷主体地位的确立，将促使企业领导增强风险意识和责任感，提高投资效益。

不足之处在于：企业集生产单位、建设单位两种职能于一身，往往无法正确核算生产与建设的效益；企业基建部门不具备法人资格，但与设计单位、施工单位及监理单位签订合同，必须由企业或事业单位等建设单位的法人来签订。基建管理机构的部门管理人员可能随项目转入生产而散失，不利于积累建设经验。此外，对于自己拥有设计队伍和施工队伍的企业，这些队伍易吃企业内部的"大锅饭"，在建设任务不足时，这些队伍的存在可能成为企业的包袱。

3.1.3 工程总承包单位负责制

工程总承包实质上是一种由工程总承包人代替建设单位，按照合同约定对工程项勘察、设计、施工、采购等实行全面负责工程建设的组织管理工作，并最终向建设项目主管部门或建设单位"交钥匙"的项目管理模式。工程总承包责任制是建设项目主管部门或建设单位把建设工程项目的设计任务和施工任务进行综合委托的模式。经建设项目主管部门或建设单位同意，总承包单位可以根据实际需要将任务的一部分分别分包给其他符合资质的分包人。工程建设总承包形式可按总承包范围和总承包单位形式进行分类。

1. 按总承包范围分类

工程建设总承包形式按承包范围可分为以专业工程承包公司为主体的工程总承包、以设计单位为主体的工程总承包和以施工企业为主体的工程总承包。

(1) 以专业工程承包公司为主体的工程总承包。由专业管理人员组成的智力密集型企业（工程承包公司）对工程建设项目进行全过程承包或部分承包，在工程承包公司向建设单位或建设项目主管部门全面负责的前提下，再将上述任务分包给各有关单位。由于工程承包公司有自己的设计队伍和施工队伍，因而地位比较超脱，不仅有利于对工程建设进度、投资和质量目标的把控，而且有利于积累工程建设经验，不断提高工程建设管理水平。

（2）以设计单位为主体的工程总承包。由具有工程建设总承包资质的设计单位进行全过程承包或部分承包，必要时还要承包工程项目的维修工作，最终向建设单位或建设项目主管部门"交钥匙"。设计单位一般应拥有雄厚的设计力量和大量的经营管理人才，但没有施工队伍，因而需要在施工阶段将施工任务分包给施工单位。在工程施工过程中，设计单位主要担负项目管理的任务。

以设计单位为主体的工程总承包，可以较好地发挥设计的主导作用。通过总承包，直接参与工程实施阶段的各项组织管理工作，可以促使设计单位自觉地将技术与经济、工艺与设备、设计与施工等方面的因素较好地结合起来，在工程建设的全过程中不断优化设计，以实现有效控制工程建设投资的目的。与此同时，以设计单位为主体的工程总承包形式招标发包工作难度大，合同条款不易准确确定，容易造成较多的合同争议；由于承包风险大，合同价相对也较高。

（3）以施工企业为主体的工程总承包。由具有工程总承包资质的施工企业对工程建设项目进行全过程承包或部分承包，最终向建设单位或建设项目主管部门"交钥匙"。以施工企业为主体的工程总承包一般要等到施工图设计全部结后，才能进行总承包的招标工作，建设周期相对较长，但不确定因素减少，有利于总价控制。根据工程实际情况，施工企业也可将总包任务中的部分设计、施工任务分包给各专业承包单位。

实行以施工企业为主体的工程总承包，同样可以有效地结合技术与经济、设计与施工等方面的因素。同时，通过总承包，可以增强施工企业的自主意识和责任意识，促使施工企业不断提高管理水平。

2. 按总承包单位形式分类

工程建设总承包形式按总承包单位形式可分为一个承包单位总承包、联合体总承包和合作体总承包。

（1）一个承包单位总承包。一个建设项目建设全过程或其中某个阶段的全部工作，由一个承包单位负责组织实现，承担这种任务的单位叫作总承包单位。总承包单位可以将若干个专业性工作交给不同的专业承包单位去完成，并统一协调和监督他们的工作。

一个总承包单位的总承包方式对建设单位项目管理有利，因为建设单位只需要和一个总承包单位签订合同，对投资控制有力。对进度控制和质量控制有有利的一面，也有不利的一面。这种形式对总承包单位而言风险大，需要具有较高的管理水平和丰富的实践经验才能取得成功。但另一方面，总包人能获得高额利润，这是当前承包市场各承包商竞相力争获得总包合同的原因所在。

（2）联合体总承包。联合体总承包指当工程项目规模巨大和技术复杂，以及承包市场竞争激烈，而由一家公司承包项目有困难时，可以由几家公司联合起来建立联合体去竞争承包合同，以发挥各公司的特长和优势，降低报价，提高工程质量，缩短工期，赢得竞争力。参加者可以在发挥各自长处的同时，减少风险。对建设单位而言，项目的组织管理简单。联合承包的形式可用在工程项目的设计、施工和监理上。联合承包可以是同一国家的工程承包公司的国内联合；也可以是国际性的联合，即几个国家的工程公司的联合，或者外国公司与工程项目所在国的当地承包公司进行联合。

（3）合作体总承包。合作体在形式上与联合体一样，但实质却有所不同。参加合作体的各单位都投入各自人员、资金和机械形成完整的承包力量，因为是一个合作体，故能互相协调，相当于内部分别独立承包，按各公司承担的工程内容核算。根据内部合同，如其中某一家公司倒闭，其经济责任风险其他成员不予承担，而是由建设单位负责。同时，参加合作体的各单位都没有足够的力量，都想利用合作体。他们之间既有合作的愿望，但又彼此不够信任。

3. 模式评价

实行工程总承包，对总承包单位有较高的素质要求。因为工程总承包单位既是建筑产品的生产者，又是工程建设的管理者。过去，我国的一些总承包单位往比较擅长承接工程建设设计阶段或施工阶段的任务，而对包括设计、施工在一起的工程总承包大多有一定的难度。再加上各类承包单位受其性质和所处地位的制约，尤其是国家管理工程建设的组织形式没有实质性改变，工程咨询、监理业还不十分发达，从而使工程总承包模式的推广应用受到一定的限制。

3.1.4 建设项目法人责任制

建设项目法人责任制是我国从 1996 年开始实行的一项工程建设管理制度。按照原国家计委《关于实行建设项目法人责任制的暂行规定》的要求，国有单位经营性基本建设大、中型项目在建设阶段必须组建项目法人，由项目法人对项目的策划、资金筹措、建设实施、生产经营、债务偿还和资产的保值增值，实行全过程负责。1999 年 2 月，为了加强基础设施工程质量管理，国务院办公厅发出通知，要求基础设施项目，除军事工程等特殊情况外，都要按政企分开的原则组成项目法人，实行建设项目法人责任制，由项目法定代表人对工程质量负总责。

实行项目法人责任制，可以有效建立投资约束机制，规范建设单位行为，杜绝政府投资的无谓浪费，是建立社会主义市场经济的需要，是转换项目建设与经营机制、改善建设项目管理、提高投资效益的一项重要改革措施。项目法人责任制的核心内容是明确了由项目法人承担投资风险，项目法人要对工程项目的建设及建成后的生产经营实行全面负责和一条龙管理。

1. 机构设置与组织形式

（1）机构设置。项目建议书被批准后，应由项目的投资方派代表组成项目法人筹备组，具体负责项目法人的筹建工作。在申报项目可行性研究报告时，须同时提出项目法人的组建方案，否则可行性研究报告不被审批。在项目可行性研究报告被批准后，正式成立项目法人，确保资本金按时到位，并及时办理公司登记。重点工程的公司章程报国务院投资主管部门备案；其他项目的公司章程按隶属关系分别报有关部门、地方投资主管部门。

由原有企业负责建设的大、中型基建项目，需设立子公司的，要重新设立项目法人；只设立分公司或分厂的，原企业即是项目法人，原企业法人应向分公司或分厂派遣专职管理人员，实行专职考核。

项目法人可聘请项目总经理（项目经理单位），全权负责项目的建设及建成投产后的生产经营、工程设计、施工的具体管理工作，由项目经理单位通过招标选择工程监理单位承担。建设项目法人责任制组织机构形式如图3.3所示。

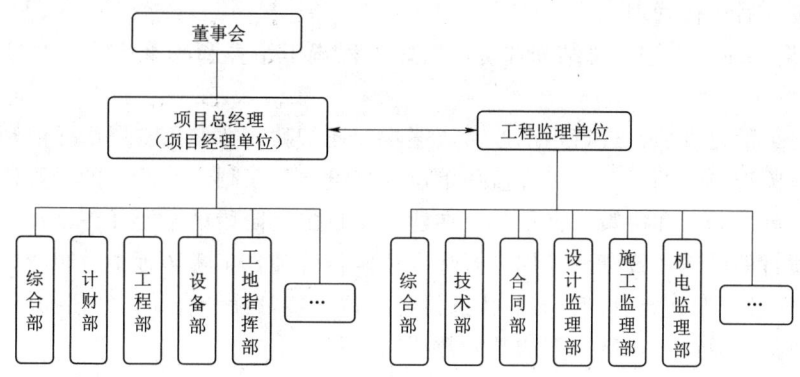

图3.3 建设项目法人责任制组织机构

(2) 组织形式。项目法人主要有以下常见的组织形式。

1) 由政府出资的新建项目，如交通、能源、水利等基础设施工程，可由政府授权设立工程管理委员会作为项目法人。

2) 由企业投资进行的扩建、改建、技改项目，企业董事会（或实行工厂制的企业领导班子）是项目的法人。

3) 由各个投资主体以合资的方式投资建设的新建、扩建、技改项目，则由出资各方代表组成的企业（项目）法人是项目法人。

2. 主要职责与任务

(1) 项目法人的职责。项目法人设立后，由项目法人对项目寿命周期的各个过程实行一条龙管理和全面负责。项目法人的主要职责如下。

1) 项目法人对工程建设项目建设负总责，负责建设项目的筹划，确定建设项目的开发目标、建设规模、项目位置和建设条件；负责项目实施过程中的建设管理、施工环境协调、项目建设资金筹集、工程款支付和竣工验收等工作，并承担投资风险。

2) 组织项目前期准备工作和勘测设计工作，负责实施项目的施工招投标和设备采购工作。

3) 负责与设计单位、监理单位、施工单位签订协议。

4) 负责项目施工环境协调工作，为项目实施提供施工场地，为项目建设创造良好条件境，加强各级各部门的联系。

5) 依据国家和主管部门的有关规定，负责审定项目设计（包括修改设计）、审查工程概算（包括修订概算）、编制集资规划、编制贷款和用款计划及编制归还贷款计划等；同时，在工程建设过程中，负责工程项目重大设计变更方案的申报工作。

6) 在国家宏观计划和年度计划控制之下，编制项目总进度计划、投资计划，以及整个项目的年度、季度和月进度计划；同时审定承包人的年度、季度和月进度计划以及资金使用计划。

7) 在工程建设过程中，负责对现场施工、监理、设计人员的考核和管理工作；负责工程质量、安全监督检查，督促施工进度，控制工程造价。

8) 控制项目总工期，不断修订项目进度；办理承包人的每期付款、竣工结算和最终决算；决策重大合同变更（包括重大设计变更）和索赔；项目法人可自行或授权监理单位进行项目接收，接收后运行管理。

9) 项目全部竣工后进行总结和评价，做好工程竣工结算和决算工作，并接受国家对项目的验收。

10) 对完工的建设项目进行生产经营，逐步归还贷款，并使国有资产保值和增值。

(2) 工程监理单位的任务。工程监理单位在建设项目策划决策阶段的主要任务是为项目法人提供项目策划分析和决策咨询服务；在建设项目施工阶段的主要任务是在委托授权范围内，对建设项目的质量、投资和工期进行综合性监督管理。工程监理单位职责如下。

1) 协助项目法人确定设计方案、优选设计单位和签订设计合同，并根据合同要求及时、准确、完整地提供设计工作所需要的基础数据和资料。

2) 审查工程设计概算和施工图预算，组织验收工程设计文件。审查设计单位提交的设计进度计划，控制其执行，在保障工程质量的前提下，协助设计单位开展限额设计和优化设计。

3) 协助项目法人编制施工及设备材料采购招标文件和标底。组织开标、评标和定标工作，做好投标单位的资质审查。

4) 参加合同谈判工作，协助项目法人签订工程施工合同及设备材料采购合同。

5) 严格审查并确认施工承包人的资质，审查承包人提交的施工组织设计和施工技术方案，检查并确认工程材料和设备及施工机具的质量。

6) 协助项目法人做好施工现场的准备工作，为承包人提交合格的施工现场，下达单位工程开工令。

7) 按照动态控制原理，在项目法人的授权范围内对工程施工质量、施工进度和费用支出情况实施控制。

8) 主持召开施工进度现场协调会，及时协调有关各方的关系。对重大变更设计提出审核意见，并根据监理合同负责处理一般的变更设计。在巡视、旁站和检验过程中，发现工程质量、施工安全存在事故隐患的，要求施工单位立即整改。

9) 严格工序交接检查制度，核查已完工程量，验收分部分项工程，并做好各项隐蔽工程的检查工作，签署工程进度款支付凭证。

10) 参与工程竣工预验收，并签署监理意见，编写竣工验收申请报告。建设监理合同终止后，向项目法人提交监理工作总结报告。

总之，项目法人一般主要负责工程项目"外部"组织协调，而工程监理单位一般主要负责工程项目"内部"控制管理，二者之间相互配合、相辅相成。为使工程监理单位的工作能够有效地进行，按照责权一致的原则，项目法人应授予工程监理单位（监理工程师）相应的权力。

3. 模式评价

实行建设项目法人责任制，使政企分开，把投资的所有权与经营权分离，这不但是一种新的项目管理组织形式，而且是社会主义市场经济体制在投资建设领域实际运行的重要基础。实行建设项目法人责任制具有许多优越性。

（1）有利于实现项目决策的科学化和民主化。按照国家计委《关于实行建设项目法人责任制的暂行规定》要求，新上项目在项目建议书被批准后，就应及时组建项目法人筹备组。

待项目可行性研究报告批准后，就要正式设立项目法人，并进行项目前期的准备工作。

项目法人得到国家的授权后，可以组织多领域专家对项目进行充分论证，在若干可供选择的方案中进行优选。项目法人要通过设计方案竞赛或设计招标方式选择设计单位，设计单位要从过去对主管行政部门负责转变为对项目法人负责，同项目法人签订经济合同，明确双方的权利和义务。这样，可以提高工程设计水平，有利于促进设计单位转变观念，面向市场，从而不断提高自身发展水平。

（2）有利于拓宽建设项目筹资渠道。通过设立项目法人，可以采用多种方式向社会多渠道融资，同时还可以吸引外资，从而可以在短期内实现资本集中，引导这些资金投向国家的重点建设项目，满足国民经济发展和人民生活水平提高的需求。

（3）有利于分散投资风险。项目法人责任制通过公司内部逐级授权，项目建设和经营必须向公司董事会和股东会负责，必须置身于董事会、监事会和股东会的监督管理之下，使得投资利益共享、投资责任和投资风险共担，更好地实现投资主体多元化。

（4）有利于**避免建设与运营的相互脱节**。长期以来，我国工程建设多采用工程建设指挥部负责制模式，即由政府主管部门派出工程建设指挥部，行使建设单位职责，负责管理项目建设，待项目建成后便将其移交有关企业或新成立企业投入运营，该工程建设指挥部也就随之宣告解散。一直按照该模式进行工程建设，不仅无法落实投资责任，而且还造成建设与运营相互脱节。实行项目法人责任制，项目法人不但负责建设，而且还负责建成后的经营与还贷，对项目建设与建成后的生产经营实行全面负责和一条龙管理，这样就把建设的责任和经营的责任密切地结合起来，从而可以较好地克服基建管花钱，生产管还贷，建设与生产经营相互脱节的弊端。

（5）有利于促进招标承包和建设监理等现代管理制度的健康发展。实行项目法人责任制，明确了由项目法人承担投资风险，因而强化了项目法人及各投资方的自我约束意识。同时，受投资责任的约束，项目法人大都会积极主动地通过招标、优选施工承包人和建设监理单位，推动我国招标承包和建设监理等制度的健康发展。经项目法人的委托和授权，由建设监理单位（监理工程师）具体负责对工程进度、工程质量和资金使用等的监督与控制，有利于解决基本建设存在的"只有一次经验，没有二次教训"的问题，同时还可以逐步造就一支建设项目管理的专业化队伍，从而不断提高我国工程建设管理水平。

3.2 项目法人责任制

项目法人责任制的前身是项目业主责任制，它是西方国家普遍实行的一种项目管理模式。自1987年以来，我国一些利用外资或合资建设的水利水电项目（如云南鲁布革水电站、广州抽水蓄能电站等）相继引入这种项目管理模式，并取得了投资省、工期短、质量好的效果。

经实践证明，实行项目法人责任制，明确了产权关系，真正落实了投资责任，改变了筹资建设与经营还贷脱节的弊端，对加快建设进度、控制建设投资、提高工程质量均起到积极作用。项目法人责任制是对项目业主责任制的超越，而不是"项目业主责任制"换了一种说法，它可以解决项目业主责任制所难以解决的问题。

3.2.1 项目法人责任制的特点

项目法人责任制同时也是以现代企业制度为基础的一种创新制度。它与传统计划经济体制下的工程建设指挥部负责制有着本质区别,见表3.1。

表3.1 项目法人责任制与工程建设指挥部负责制的比较

比较内容	工程建设指挥部责任制	项目法人责任制
经济管理体制	计划经济,政企不分	市场经济,政企分开
行为特征	政府派出机构,政府行为,项目建成后才组建企业法人	独立法人实体,企业行为,先有法人,后有项目
产权关系	产权关系模糊,不便于落实固定资产的保值增值责任	产权关系明晰,便于落实固定资产的保值增值责任
建设资金筹措	投资主体单一,主要依靠国家预算内投资	投资主体多元化,筹资方式市场化、国际化
管理方式	投资、建设、运营、还贷各自分段管理,利益主体多元化	投资、建设、运营、还贷全过程管理,利益主体一元化
管理手段	主要依靠行政手段	主要依靠经济和法律手段
投资风险责任	不承担或无法承担盈亏责任,粗放经营,"三超"现象严重,还贷责任无法落实	自负盈亏,集约经营,追求经济效益,便于落实还贷责任
运行结果	临时机构,项目建成后便解散	项目建设期间及建成后均为现代企业制度的公司

3.2.2 项目法人的组织形式

项目法人可按《公司法》的规定设立有限责任公司(包括国有独资公司)和股份有限公司形式。其组织特征是:所有者、经营者和生产者之间通过公司的权力机构、决策机构、管理机构和监督机构,形成各自独立、权责分明、相互制约的关系,并以法律和公司章程加以确立和实现。

1. 有限责任公司

(1) 公司设立条件。有限责任公司是由2个以上、50个以下股东共同出资,每个股东以其认缴的出资额为限对公司承担责任,项目法人对公司的全部资产债务承担责任。设立有限责任公司,应当具备下列条件:

1) 股东数量符合法定人数。
2) 股东出资达到法定资本最低限额。
3) 股东共同制定公司章程。
4) 有公司名称,建立符合有限责任公司要求的组织机构。
5) 有公司住所。

(2) 公司注册资本。有限责任公司的注册资本为在公司登记机关登记的全体股东认缴的出资额。公司全体股东的首次出资额不得低于注册资本的20%,也不得低于法定的注册资本最低限额,其余部分由股东自公司成立之日起两年内缴足;其中,投资公司可以在5年内缴足。

有限责任公司注册资本的最低限额为3万元,但一个自然人或法人有限责任公司的注册资本最低限额为10万元。有限责任公司不对外公开发行股票,股东之间的出资额不要求等额,而由股东协商确定。

(3) 公司组织机构。

1) 股东会。有限责任公司股东会由全体股东组成。股东会是公司最高权力机构,代表股东的意志和利益,依照《中华人民共和国公司法》行使以下 12 项职权:决定公司的经营方针和投资计划;选举和更换董事,决定有关董事的报酬事项;选举和更换由股东代表出任的监事,决定有关监事的报酬事项;审议批准董事会的报告;审议批准监事会或监事的报告;审议批准公司的年度财务预算方案、决算方案;审议批准公司的利润分配方案和弥补亏损方案;对公司增加或减少注册资本做出决议;对发行公司债券做出决议;对股东向股东以外的人转让出资做出决议;对公司合并、分立、变更公司形式、解散和清算等事项做出决议;修改公司章程。

2) 董事会。董事会是公司决策和业务执行的常设机构,由股东大会选出若干董事共同组成,通常其成员为 3~13 人。董事长是公司的法定代表人,执行董事可以兼任公司经理。股东人数较少或者规模较小的有限责任公司,可以仅设一名执行董事。董事会对股东会负责,行使以下 10 项职权:负责召集股东会,并向股东会报告工作;执行股东会的决议;决定公司的经营计划和投资方案;制定公司的年度财务预算方案、决算方案;制定公司的利润分配方案和弥补亏损方案;制定公司增加或减少注册资本的方案;拟定公司合并、分立、变更公司形式、解散的方案;决定公司内部管理机构的设置;聘任或者解聘公司经理(总经理),根据经理的提名,聘任或者解聘公司副经理、财务负责人,决定其报酬事项;制定公司的基本管理制度。

3) 经理。有限责任公司可以设经理,由董事会决定聘任或者解聘。经理对董事会负责,行使公司管理职权,列席董事会会议。经理行使下列职权:主持公司的日常经营管理工作,组织实施董事会决议;组织实施公司年度经营计划和投资方案;拟定公司内部管理机构设置方案;制定公司的规章制度;提请任免公司副经理、财务负责人;经理列席董事会会议;公司章程和董事会授予的其他职权。

4) 监事会。监事会是在股东大会领导下的公司监督机构,是公司必备的常设机构。有限责任公司设监事会,其成员不得少于 3 人。股东人数较少或者规模较小的有限责任公司,可以设 1~2 名监事,不设监事会。监事会行使以下职权:检查公司财务;对董事、经理执行公司职务时违反法律、法规或者公司章程的行为进行监督;当董事和经理的行为损害公司的利益时,要求董事和经理予以纠正;提议召开临时股东会;公司章程规定的其他职权;监事会成员列席监事会会议。

2. 股份有限公司

(1) 公司设立条件。设立股份有限公司,应当有 2 人以上、200 人以下为发起人,其中,须有半数以上的发起人在中国境内有住所。股份有限公司全部资本由等额股份构成,股东以其所持股份为限对公司承担责任,公司以其全部资产对债务承担责任。设立股份有限公司,应当具备下列条件。

1) 发起人符合法定人数。

2) 发起人认购和募集的股本达到法定资本最低限额。

3) 股份发行、筹办事项符合法律规定。

4) 发起人制定公司章程,采用经创立大会通过的募集方式设立。

5) 有公司名称,建立符合股份有限公司要求的组织机构。

6）有公司住所。

（2）公司注册资本。股份有限公司的设立，可以采取发起设立或者募集设立的方式。发起设立指由发起人认购公司应发行的全部股份而设立公司。募集设立指由发起人认购公司应发行股份的一部分，其余股份向社会公开募集或者向特定对象募集而设立公司。

股份有限公司采取发起设立方式设立的，注册资本为在公司登记机关登记的全体发起人认购的股本总额。公司全体发起人的首次出资额不得低于注册资本的20%，其余部分由发起人自公司成立之日起两年内缴足；其中，投资公司可以在五年内缴足。在缴足前，不得向他人募集股份。股份有限公司采取募集设立方式设立的，注册资本为在公司登记机关登记的实收股本总额。股份有限公司注册资本的最低限额为500万元。

（3）公司组织机构。股份有限公司同有限责任公司一样，也要按照《中华人民共和国公司法》的有关规定设立股东会、董事会、监事会和经理层组织机构，其职权与有限责任公司的职权相类似。

3．国有独资公司

（1）公司设立条件。国有独资公司也称国有独资有限责任公司，国家单独出资，由国务院或者地方人民政府授权本级人民政府国有资产监督管理机构履行出资人职责的有限责任公司，最低注册资本3万元。设立国有独资公司，应当具备下列条件。

1）股东符合法定人数，即由2个以上50个以下股东共同出资设立。

2）股东出资达到法定资本最低限额。

3）股东共同制定公司章程。

4）有公司名称，建立符合国有独资的有限责任公司要求的组织机构。

5）有固定的生产经营场所和必要的生产经营条件。

（2）公司组织机构。

1）国有独资公司不设股东会。由国家授权投资的机构或国家授权的部门，授权公司董事会行使股东会的部分职权，决定公司的重大事项。但公司的合并、分立、解散、增减资本和发行公司债券，必须由国家授权投资的机构或国家授权的部门决定。

2）国有独资公司设立董事会。其成员由国家授权投资的机构或国家授权的部门按照董事会的任期委派或者更换，董事每届任期不得超过三年，董事会成员中应当有公司职工代表。董事长、副董事长由国家授权投资的机构或国家授权的部门在董事会成员中指定。董事长为公司的法定代表人。

3）国有独资公司的经理由董事会聘任或解聘。经国家授权投资的机构或国家授权的部门同意，董事会成员可以兼任经理。

4）监事会成员由国有资产监督管理机构委派。国有独资公司监事会成员不得少于5人，监事会成员中的职工代表由公司职工代表大会选举产生，职工代表的比例不得低于三分之一，具体比例由公司章程规定。监事会主席由国有资产监督管理机构从监事会成员中指定。但这种监事会与有限责任公司和股份有限公司的监事会不同，它是属于法人之外的监督组织。

3.2.3 项目法人与有关各方的关系

项目法人责任制中，项目法人与政府部门、金融机构、投资方、承包人（设计、施工、物资供应单位）、监理单位、咨询单位等的关系，是一种新型的适应社会主义市场经济运行机制的关系。在建设项目管理上形成以项目法人为中心和主体，项目法人向国家和各投资方负责，咨询、监理为中介，设计、施工、物资供应等单位通过投标方式承担工程建设任务的建设项目管理组织新模式，如图 3.4 所示。

1. 项目法人与政府部门的关系

项目法人是独立的经济实体，要承担投资风险，要对项目的立项、筹资、建设和生产运营、还本付息及资产的保值增值进行全过程负责。为此，项目法人必须拥有对应的自主权，政府不再直接干预项目法人的投资与建设活动。实行项目法人责任制后，政府部门的主要职能是依法进行监督、协调和管理。监督是指政府通过制定法律、法规（包括单项法规、技术标准、规范等），指导和制约项目法人的投资活动，使其符合国家的宏

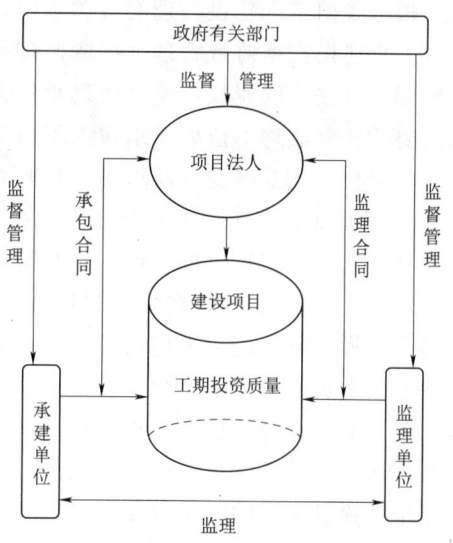

图 3.4 建设项目管理组织新模式

观政策和利益。对涉及环境保护和其他对社会有影响的问题，政府有关部门还要负责检查和审批。协调是指政府部门为给项目建设和生产运营创造良好的外部环境，协调项目法人与项目所在地的公共关系，必要时采取强制手段帮助项目法人解决征地拆迁、移民安置和社会治安等问题。政府对项目法人及建设项目的管理，要由原来的直接管理为主转变为间接管理为主，由原来的微观管理为主转变为宏观管理为主。

2. 项目法人与金融机构的关系

金融机构指向建设项目提供贷款的经国家批准从事信贷业务的国内各类银行、非银行金融机构和信用合作社，以及国际金融组织和外国商业银行等。项目法人和金融机构是平等的民事主体，一方面，项目法人要取得金融机构的支持，以保证资金的供给；另一方面，项目法人也可根据贷款条件，自主选择金融机构。项目法人与金融机构是双向选择，双方通过借款合同，明确其权利和义务。为了保证其贷出的资金能连本带息按期收回，提供贷款的金融机构一般要对项目法人的资金使用情况进行监督。

3. 项目法人与投资方的关系

投资方是项目法人的股东，各投资方必须按照组建项目法人时签订的投资协议规定的方式、数量和时间足额出资，且出资后不得抽回投资。尽管各投资方项目法人注入的资本金属于投资方，但当以资本金的形式注入项目法人之后，即与投资方的其他财产区分开来，投资方不再直接支配这部分财产，也不能随意从项目法人中抽回。投资方作为股东，以其出资额为限对项目法人承担责任，同时按其投入项目的资本额享有所有者的权利，包括资产受益、重大决策和选择管理者等权利。

4. 项目法人与承包人的关系

承包人指参与工程建设的设计、施工和物资供应等单位。项目法人与承包人是地位平等的民事主体，承包人通过投标竞争获得工程任务，项目法人通过招标方式择优选择中标单位。项目法人（发包人）与承包人之间是双向选择关系，双方通过签订工程承发包合同或设备、材料供应合同，明确各自的权利和义务。

根据我国工程建设监理的有关规定,大、中型建设项目的项目法人都要委托社会监理单位对工程建设实施监督管理。尽管监理单位与承包人之间没有经济合同关系,但监理单位可以根据项目法人的授权,监督管理承包人履行工程承发包合同或设备、材料供应合同。项目法人委托社会监理单位后,承包人不再与项目法人直接交往,而转向与监理单位(监理工程师)直接交往,并接受(监理)工程师对自己进行工程建设活动的监督管理。

5. 项目法人与工程监理等单位的关系

项目法人与工程监理等单位也是地位平等的民事主体,双方通过签订经济合同明确其权利和义务。工程监理单位接受项目法人的委托之后,项目法人就把工程建设管理权力的一部分授予工程监理单位。工程监理单位在项目法人的授权范围之内开展工作。工程监理单位要向项目法人负责,但并不受项目法人的领导,项目法人对监理单位的人力、物力、财力等没有任何支配权和管理权。工程监理单位不是项目法人的代理人,他不是以项目法人的名义开展监理活动,而是以自己的身份独立工作。工程监理单位不仅要为项目法人提供高智能的服务,维护项目法人的合法权益,同时也要维护承包方的合法权益。

除工程监理单位之外的其他咨询单位,一般只为项目法人提供专业服务,如法律、技术、管理咨询等。这些咨询单位同承包方之间一般不发生关系。

3.3 政府投资项目建设管理模式

3.3.1 政府投资项目的分类和管理方式

1. 政府投资项目的分类

(1) 按照管理权限划分。根据管理权限的不同,政府投资项目可以划分为中央政府投资项目和地方政府投资项目。

1) 中央政府投资项目是中央政府投资资金投资的建设项目。中央政府投资项目应按照项目性质、建设规模和资金来源,分别由国务院、中央政府投资主管部门或行业主管部门按建设程序进行审批,并由中央政府专门组建的投资项目管理机构集中管理。

2) 地方政府投资项目是地方政府投资资金投资的建设项目。地方政府投资项目除国家有特殊规定外,均由地方政府相关主管部门按建设程序进行审批,并由地方政府专门组建的投资项目管理机构集中管理。

(2) 按照资金来源划分。按照资金来源不同,政府投资项目又可以划分为财政性资金的政府投资项目、财政担保银行贷款的政府投资项目和国际援助的政府投资项目。

1) 财政性资金的政府投资项目指财政预算内、预算外基本建设资金的投资项目。财政性资金包括财政预算投资资金,纳入财政预算管理专项建设资金,法律、法规规定的其他政府性资金等。

2) 财政担保银行贷款的政府投资项目指由国家或地方财政承诺担保的银行贷款投资项目。

3) 国际援助的政府投资项目一般指世界银行、区域性经济组织(如亚洲开发银行)及友好国家提供无偿援助或低息(无息)贷款的投资项目。这类项目通常为公共建设项目和基础设施建设。

(3) 按照项目性质划分。按照项目性质不同,政府投资项目又可以划分为经营性政府投资项目和非经营性政府投资项目。

1) 经营性政府投资项目指具有营利性质的政府投资项目。政府投资的水利、能源、交通运输等项目基本都属于经营性项目。

2) 非经营性政府投资项目一般指非营利性的、主要追求社会效益最大化的公益性项目。学校、医院及各行政、司法机关的办公楼等项目都属于非经营性政府投资项目。

2. 我国政府投资项目的管理方式及其弊端

(1) 政府投资项目的管理方式。随着我国经济体制改革开放的不断深化，多元化投资主体的格局逐步形成，政府投资项目管理出现了多种形式。全国各地政府投资项目的管理方式主要有项目法人型、工程建设指挥部型、基建处型和专业机构型。

1) 项目法人型。按照《关于实行建设项目法人责任制的暂行规定》，经营性建设项目必须组建项目法人，项目法人对项目的策划、资金筹措、建设实施、生产经营、债务偿还和资产的保值增值，实行全过程负责。

2) 工程建设指挥部型。该模式一般从政府有关部门临时抽调人员组成，政府部门的主管领导通常为负责人，当工程项目完成后，即宣布解散。其特点是临时性和非专业化。目前，我国有些财政投资的大型项目还是采用工程指挥部的模式。

3) 基建处型。各个行政部门（如教育、文化、卫生、体育）以及一些工程项目较多的单位均设有基建处，常年负责本单位的基本建设和维护管理，相应的行政部门主要进行常规性的行政管理，其特点是自建自用。

4) 专业机构型。这是近几年来随着改革的不断深化，我国各地通过探索而出现的政府投资项目新型管理方式，按管理机构的性质不同，可分为政府机关型、事业单位型和企业型。①政府机关型即由政府主管部门直接负责工程项目的建设管理，其特点是建设和管理一体化；②事业单位型即政府设立专门的非营利性事业单位，从事政府工程的建设管理，其特点是专业化管理；③企业型即在项目计划确定以后，由有关政府部门委托一家企业代行业主职能，其特点是专业机构代建。

(2) 我国政府投资项目管理方式的主要弊端。就目前我国政府投资项目主导型管理方式而言，主要弊端体现在以下几个方面。

1) 专业化、社会化程度低。与国外政府投资项目管理设置专门机构不同，我国一般是根据项目需要临时设立项目管理机构，项目管理人员多是临时抽调的政府官员，并非工程建设管理专业人才。许多人既不具备基本的工程建设管理知识和经验，也不了解国家有关工程建设法律法规和工程建设标准。由非专业人士从事专业性很强的建设工程管理，使得政府工程建设的工期、质量和投资效益难以得到保障，更谈不上依法建设和规范市场行为。

2) 机构设置重复，浪费现象严重。大量政府投资项目由使用单位组建项目管理机构，搞"大而全、小而全"，从政府部门的常设机构、临时机构到各项工程的项目法人，政府工程的业主成千上万，造成政府有限资源的巨大浪费。作为建设项目的管理机构是非专业性的临时性机构，其介入政府工程管理具有偶然性和间断性，待项目建成后又面临招募人员的重新安置，使得政府人员编制不断膨胀。

3) 同位一体化，造成投资控制失灵。我国大量的政府投资项目由使用单位组建项目管理机构，造成"投资、建设、监管和使用"四位一体的管理模式各环节彼此脱离、相互制约。对于经营性项目，由于实行项目法人责任制，对项目管理者有一定的监督、考核机制，在一定程度上可以抑制其投资冲动。而对于非经营性项目，由于尚未形成有效的制约机制，难以抑制项目管理单位追求自身利益的行为，导致大量的工程概算超估算、预算超概算和决算超预算的"三超"（超投资、超规模、超标准）现象发生，工程建设投资难以控制。

4）缺乏科学决策和监督评估机制。传统政府投资项目体制以审批制为核心内容，受政府投资的无偿性和政府利益部门化影响很大，政府投资项目的实施能展现具体成果，再加上政府本身又是投资人。因此，无决策权力或者权力层级较低的地方政府或部门，将其主要精力用于争取项目成功审批，却对争取得到的政府投资疏于管理，对项目实施的决策缺乏科学性。

3. 我国政府投资项目管理方式的完善

（1）合理界定政府投资项目的范围。政府投资项目的界定是政府投资项目管理上根本性问题之一。

（2）明确政府投资项目的性质与类型。对政府投资项目性质和类型清晰区分，可以真正促使政府和企业各尽所能、各司其职，有利于提高效率和管理水平，建立资金运用机制和拓展资金筹集渠道。

（3）完善政府投资项目的监督体系，明确政府各部门在政府投资项目管理中应担负的主要职责，避免出现职责交叉和权力真空，保证政府投资项目从决策到实施的高效率实施。

（4）政府投资项目要逐步实现专业化管理，委托专业项目管理机构、专业人士来进行项目建设管理，发挥专业机构和技术人员的技术、管理和经验的优势，避免造成各类资源的浪费，政府同时需履行好监督职能。

（5）完善相关法律法规。政府应尽快出台有关投资工程项目管理法律，合理规划各方的职责和权力，形成权力的分配与制衡。

（6）健全建设项目的后评价机制，健全的后评价机制可以对项目前期评价工作进行补充和完善，对项目的工作进行监督和改进，对项目管理进行及时反馈。

3.3.2 政府投资项目管理的国际惯例和特点

1. 政府投资项目管理的国际惯例

在发达国家，政府投资项目是政府采购的一部分。政府采购也称公共采购。发达国家一般基于以下认识去管理公共采购。

（1）公共采购部门履行的是管理人的职能，受雇的管理员花费的资金来自于别人的捐助或税收，雇主依靠这些资金代表他们的客户或捐助人提供服务。因此，非营利机构或政府的采购就应该是一个受管制的、高度透明的过程，应受到严格的法律、规则、司法、行政规定以及政策和程序的限定和控制。

（2）非营利机构和政府采购的记录可以进行公开审议，任何人都可以提出问题并期望得到解答。

（3）政府采购机构必须公布其采购特定商品和接受任何投标的意图，并接受他们的投标。

基于政府投资项目的这种性质，发达国家政府对这部分工作管理的基本目标如下。

（1）向所有竞争政府投资项目的投标者提供相同的机会。

（2）减少采购中的腐败机会。

（3）以尽可能最低的价格采购到理想质量的服务。

在西方发达国家,对工程项目的管理一般都分为政府工程和私人工程两大类。政府管理的重点是政府投资的工程项目。政府工程一般又分为经营性投资项目和非经营性投资项目。对于经营性投资项目(主要包括大型的基础设施和公共工程),由于在营运后有盈利保证,一般都按私人工程的方式操作;对于非经营性投资项目,一般采用政府直接管理的方式。对私人投资的工程项目,政府主要是进行规划、安全、建设程序技术标准、环保、消防等方面的控制,一般不加干预。

2. 发达国家政府投资项目管理的特点

发达国家政府投资项目管理的特点主要体现在以下几个方面。

(1) 将实施政府投资项目作为政府的一项重要职能,几乎所有发达国家都有实施政府投资项目的专门机构。

(2) 对政府投资项目实行相对集中的专业化管理。对于政府投资项目,由政府专业机构行使业主的职能,根据其专业性质分别由不同的政府专业机构实施进行全过程的集中管理,投资项目建成之后再交付使用单位使用。

(3) 机构之间权力、责任相互匹配,互相制约。使用单位、财政、预算部门以及议会在工程建设过程中具有不同的法定职责,根据其法定职责,各自要在工程的不同阶段发挥其作用。

(4) 严格按照规则办事。发达国家普遍对于政府投资项目的管理设有专门的法律法规和专门的合同。政府投资项目的管理方式、管理机构、运作方法与私人投资项目有所不同,因此,制定相应的法律法规是必不可少的一项工作。有的发达国家甚至不惜牺牲效率,也要保证依规则办事。这是政府直接实施政府投资项目合理机制的重要支撑。

(5) 管理的透明度极高。任何人对政府投资项目的实施过程都具有知情权,政府投资项目要接受多方面的监督,从而保证了政府投资项目实施的廉洁、公正。政府投资项目严格的监督机制主要体现在两个方面:一是建立严格透明的操作程序,从制度上保证工程管理的有效进行;二是建立严格的外部监督体制,如果承包商认为政府投资项目管理部门有不规范的行为,可以向有关监督部门投诉。

(6) 充分依靠专业人士和中介组织。这主要表现在两个方面:一是政府的专业管理机构中本身就拥有大量的建筑师、工程师、合同律师等专业人士;二是政府除了自身对项目进行管理外,一般都按照规定的程序选择和委托相应的工程咨询公司来管理,由政府实施监督。

在总结发达国家政府投资项目管理特点的基础上,充分了解政府投资项目管理的国际惯例,再根据我国具体管理经验,不断研究、引进、总结、消化符合我国具体情况的先进政府投资项目管理理论与方法,有利于提高我国政府投资项目管理水平。

3.3.3 我国政府投资项目管理的改革

1. 改革原则

我国政府投资项目管理方式的改革应遵循以下原则。

(1) 管理方式集中化。设立政府投资项目的统一管理机构,集中进行政府非经营性项目的建设管理。

(2) 管理形式专业化。按照机构、人员、运作方式专业化的要求组建政府投资项目的管理机构。

(3) 投资、建设、管理、使用职能分离。将政府投资项目的投资、建设、监管、使用职能在政府机构方案中分离设置，彻底解决政府投资项目一体化问题。

（4）法人责任制。落实政府投资项目统一管理机构的法人地位，由建设法人对建设全过程负责，非经营性项目的集中管理机构也应参照执行经营性项目的法人责任制。

（5）依法规范建设。作为政府投资项目的集中管理机构，必须自觉地贯彻执行国家建设政策、法规、制度及程序要求，服从建设主管部门的管理监督，成为全社会依法建设、规范运作的榜样。

（6）权力制衡。政府统一的建设管理机构不仅要专业化运作，机构内部也要建立内控制度，同时要求政府职能部门和纪检监察机关建立规范化的外部监督制衡机制，互相制约。

（7）树立服务意识。建设管理机构必须继承传统的建设、使用一体化模式的优点，树立为使用单位服务的意识，与使用单位建立程序化、制度化的沟通机制，最大限度地保证功能上满足使用者的要求，以使用方满意、社会满意为建设的最终目标。

（8）市场化。政府统一的建设机构必须遵循市场化原则，虽然是政府投资项目，也要按经济规律办事，以一个法人主体的身份，遵守诚实信用信条，平等处理工程建设的经济业务，并注重维护政府利益。

（9）非营利性。设立的政府统一建设机构只能而且必须是非营利性的。

（10）投资效益最大化。设立的政府统一建设机构自身是非营利性机构，负责建设的项目也是非经营性项目，同时在建设过程中也必须关注经济问题，最大限度地发挥政府投资的社会效益和经济效益。

2. 总体思路

（1）严格区分政府投资项目和非政府投资项目，对两类工程实施不同的管理。政府投资项目强调政府投资专门机构借助社会中介机构的力量直接实施管理；非政府投资项目则强调利用市场机制进行调控。

（2）将政府投资项目进一步划分为非经营性政府投资项目和经营性政府投资项目，实行不同的管理方式。对经营性政府投资项目仍然坚持项目法人责任制，对非经营性政府投资项目则设立相对集中的专业化管理机构进行管理。

（3）实现非经营性政府投资项目的投资决策部门、资金拨付部门、建设实施机构、建筑市场监管机构、建设项目使用单位的各司其职和相互制衡。

（4）完善政府投资项目组织实施方式的法律法规和特殊合同条款，规范政府工程的投资行为和组织实施行为。

（5）发展政府投资项目所需要的项目管理、担保保险、工程监理、设计施工承包、工程维护维修等社会中介、承包企业群体。通过改革，杜绝政府投资项目投资决策和建设实施过程中的随意性及暗箱操作，提高政府投资项目的投资效益和建设管理水平。

3. 具体措施

（1）经营性政府投资项目——坚持项目法人责任制。对经营性政府投资项目，如供水、供电、供暖、机场、道路、桥梁等基础设施和基础产业以及公共企业，其公共支出的供给方式应该遵循以市场为主、政府资助为辅的原则。对大、中型项目，政府可以采取一定的投融资手段参与建设；对某些市场化程度较高、社会效益大的项目，政府还可以通过注入资本金参股的方式提供资助和支持；对完全可以由市场解决的项目，财政将不再安排资金。

实施项目法人责任制，让投资企业负责投入产出和偿还债务，或采取政府特许权管理公共设施建设项目以及政府购买服务等方式，可以吸引外资和民间资本参加本应由政府投资的公共工程。同时，在具体采用这些管理方式时，必须建立对经营性政府投资项目进行严格的风险评估和风险配置的制约机制，增强政府投资项目招标投标的透明度，增强企业履行合同的法律意识。采取特许权管理公共设施建设项目，必须将授权与财政收入能力相结合，对授权收费期限要有严格控制，防止财政收入流失。

(2) 非经营性政府投资项目——设立专门的管理机构。对非经营性政府投资项目，如党政机关、公检法等办公楼，教育卫生项目，城市道路、桥梁、广场等基础设施项目，公众福利性和社会公益性项目等，应按照投资、建设、管理、使用分离的思路，建立专门的非经营性政府投资项目管理机构，代表政府专司工程建设管理职责，在管理上突出"集中的专业化项目管理"特点。

专门的非经营性政府投资项目管理机构的性质和职责包括以下几点。

1) 该机构是政府指定的政府投资项目专业化集中采购机构，是政府投资项目的"专业化项目管理单位"，负责除水利、农业、交通以外的全部政府投资项目的建设管理工作，但它不具有政府的管理职能。

2) 该机构的任务是对政府投资项目的建设实施全面负责，包括工期控制、投资控制、质量控制、合同管理以及其他项目管理工作。在工程建设管理中，应注意充分发挥社会中介组织的作用。

3) 该机构人员应主要由工程技术管理人员构成。专门的非经营性政府投资项目管理机构是政府指定的完成政府工程的技术性组织，其人员主要应是工程概预算编制、招投标管理、质量安全控制、合同管理、设计施工技术管理人员等。

4) 该机构属非营利单位，其所需费用一般可按下列途径解决：一是由项目投资中的建设单位管理费支付；二是由政府预算中解决。两种途径各有利弊，可根据情况确定。

5) 该机构应建立与使用单位的良好合作机制。在由使用单位提出的项目建议书得到投资主管部门批准后，该机构应会同需求单位进行可行性研究。在项目的设计审定以及工程竣工验收这两个环节，必须经过使用单位的审查。

根据《国务院关于投资体制改革的决定》，对非经营性政府投资项目应加快推行"代建制"。充分培育和利用工程管理市场，发挥社会化、专业化工程项目管理组织的作用，通过招标等方式，选择专业化的项目管理单位负责建设实施，严格控制项目投资、质量和工期，竣工验收后移交给使用单位。

3.4 项 目 经 理

3.4.1 项目经理的设置

项目经理是工程项目的总负责人，居于整个项目的核心地位，是项目目标的全面实施者；是协调各方面关系，使其相互紧密配合与协作的桥梁和纽带；是各种信息的集散中心；是项目责、权、利的主体；是组织管理责任的主体，对整个项目经理部以及对整个项目起着举足轻重的作用。项目经理组织则是以工程项目总负责人为首的一个完备的项目管理工作班子。

1. 项目经理的分类

由于建设项目的承发包方式不同,项目经理的设置方式也不同。如果项目是分阶段发包,则建设单位、咨询监理单位、设计单位和施工单位应分别设置项目经理,各方项目经理代表本单位的利益,承担着各自单位的全部责任。如果建设项目实行设计、施工、物资供应、试生产一体化的承发包方式,则应设置统一的项目经理,以便对项目建设的全过程进行总承包和总负责。随着建设项目管理的集成化发展趋势,应该提倡后一种全过程负责的项目经理。

(1) 建设单位的项目经理。建设单位的项目经理是项目法人委派的领导和组织一个完整工程项目建设的总负责人。对于一些小型建设项目,项目经理可由一人担任;而对于一些规模大、工期长、技术复杂的建设项目,建设单位也可委派分阶段项目经理,如准备阶段项目经理、设计阶段项目经理和施工阶段项目经理等。对于大型建设项目的项目经理组织,应由工程项目总负责人及其助理、项目投资控制者、项目进度控制者、项目质量控制者及项目合同管理者等组成。

(2) 咨询监理单位的项目经理。当工程项目比较复杂而建设单位又没有足够的人员组建一个能够胜任项目管理任务的项目管理机构时,就需要委托咨询单位为其提供项目管理服务。咨询单位需要委派项目经理,并组建项目管理机构按项目管理合同履行其义务。对于实施监理的工程项目,工程监理单位也需要委派项目经理——总监理工程师并组建项目监理机构履行监理义务。当然,如果咨询、监理单位为建设单位提供工程监理与项目管理一体化服务,则只需要设置一个项目经理,对工程监理与项目管理负总责任。

对建设单位而言,即使委托咨询监理单位,仍需要建立一个以自己的项目经理为首的项目管理机构。因为在工程项目建设过程中,有许多重大问题仍需要由建设单位进行决策,咨询监理机构不能完全代替建设单位行使其职权。

(3) 设计单位的项目经理。设计单位的项目经理指设计单位领导和组织一个工程项目设计的总负责人,其职责是负责一个工程项目设计工作的全部计划、监督和联系工作。设计单位的项目经理对业主的项目经理负责,从设计角度控制工程项目的总目标。

(4) 施工单位的项目经理。施工单位的项目经理指施工单位领导和组织一个工程项目施工的总负责人,是施工单位在施工现场的最高责任者和组织者。施工单位的项目经理在工程项目施工阶段控制质量、成本、进度目标,并负责安全生产管理和环境保护。项目经理组织由工程项目施工总负责人及其助理、施工现场负责人、项目施工成本控制者、项目施工进度控制者、项目施工技术和质量控制者、项目合同管理者等人员组成。

业主、设计单位、施工单位如果有项目管理人才和力量,则可委派本单位人员任项目经理为佳;如果缺乏合适的人选,则可委托工程项目管理咨询公司派人担任项目经理。至于项目经理组织,应视工程项目规模、建设性质、技术复杂程度、人员素质等各项条件而定,不可能有统一、标准的组织形式。

2. 项目经理的责任权力

项目经理是项目组织的核心,对整个建设项目管理以及对整个项目都起着举足轻重的作用。因此,项目经理的职权包括以下内容。

(1) 组织编制项目初步设计文件,对决策性内容提出意见,并提交董事会审查。

(2) 组织设计、施工管理、施工队伍和材料设备采购的招标工作,组织编制和确定招标的方案、标底和评标的标准,评选和确定中标单位。在实行国际招标项目时,按国际规定执行。

(3) 编制并组织实施项目年度投资计划、用款计划、建设进度计划;编制项目财务预、决算;编制并组织实施归还贷款和其他债务计划。

(4) 组织工程建设实施,负责控制工程投资、工期和质量。在建设过程中,在批准的概算范围内对单项工程的设计进行局部调整。

(5) 根据董事会授权处理项目实施过程中的重大紧急事件并及时向董事会报告。

(6) 负责生产准备工作和培训有关人员,组织单项工程预验收和项目试生产。

(7) 拟订生产经营计划、企业内部机构设置、劳动定员定额方案及工资福利方案。

(8) 组织项目后评价,提出项目后评价报告,按时向有关部门报送项目建设、生产信息和统计资料。

(9) 提请董事会聘任或解聘项目高级管理人员。

3.4.2 项目经理的业务素质

能力素质是项目经理整体素质体系中的核心素质。项目经理的业务素质是各种能力的综合。这些能力包括核心能力、必要能力和增效能力三个层次。其中,核心能力是创新能力;必要能力是决策能力、组织能力和指挥能力;增效能力是控制能力、协调能力和激励能力。不同项目对项目经理的能力要求不可能完全相同,但基本的能力要求是一致的。

1. 核心能力

项目经理的核心能力是创新能力。由于科学技术的迅速发展,新工艺、新材料等的不断涌现,建筑产品的用户不断提出新的要求。同时,建筑市场改革深入发展、大量新的问题需要探讨和解决。总之,要求项目经理只有解放思想,以创新的精神、创新的思维方法和工作方法来开展工作,才能实现建设项目的总目标。因此,创新能力是项目经理业务能力的核心,关系到承发包经营的成败和项目投资效益的好坏。

创新能力是项目经理在项目管理活动中,善于敏锐地察觉旧事物的缺陷,准确地发现新事物的萌芽,提出大胆而新颖的推测和设想,继而进行科学周密的论证,拿出可行的解决方案的能力。

2. 必要能力

项目经理的必要能力包括决策能力、组织能力和指挥能力。

(1) 决策能力。项目经理是项目管理组织的当家人,统一指挥、全权负责项目的管理工作,所以要求其必须具备较强的决策能力。同时,项目经理的决策能力是保证其所在单位生命机制旺盛的重要因素,也是检验其领导水平的一个重要标志。因此,决策能力是项目经理必要能力的关键。

决策能力是项目经理根据外部经营条件和内部经营实力,从多种方案中确定项目建设的方向、目标和战略的能力。

(2) 组织能力。组织能力指项目经理为了有效地实现项目目标,运用组织理论,把项目建设活动的各个要素、各个环节,从纵横交错的相互关系上,从时间和空间的相互关系上,有效地、合理地组织起来的能力。项目经理的组织能力关系到项目管理工作的效率,如果项目经理具有很强的组织能力,并能充分发挥,就能使整个项目的建设活动形成一个有机的整体,保证其高效率地运转。因此,有人把项目经理的组织能力比喻为效率的设计师。项目经理的组织能力主要包括：组织分析能力、组织设计能力和组织变革能力。

1) 组织分析能力指项目经理依据组织理论和原则，对项目建设的现有组织效能进行系统分析，正确评价其利弊进行，并找出存在的主要问题。

2) 组织设计能力指项目经理从项目管理的实际出发，以提高组织管理效能为目标，对项目建设的组织机构进行基本框架的设计，提出建立系统、分清层次，明确各主要部门的上下左右关系等。

3) 组织变革能力指项目经理执行组织变革方案的能力和评价组织变革方案实施成效的能力。执行组织变革方案的能力是在贯彻组织变革设计方案时，引导有关人员自觉行动的能力；评价组织变革方案实施成效的能力指项目经理对组织变革方案实施后的利弊，具有做出正确评价的能力，以利于组织日趋完善，使组织的效能不断增强。

(3) 指挥能力。项目经理是工程项目建设活动的最高指挥者，担负着有效地指挥项目建设经营活动的职责。因此，项目经理必须具有高度的指挥能力。

项目经理的指挥能力表现在正确下达命令的能力和正确指导下级的能力两个方面。项目经理正确下达命令的能力是强调其指挥能力的单一性功能；而正确指导下级的能力则是强调其指挥能力中的多样性功能。因为项目经理面对的是不同类型的下级，因其年龄学历和性格习惯的不同，有各自的特点，所以必须采取因人而异的方式和方法，使每一个下级对同一命令有统一的认识和行动。

3. 增效能力

项目经理的增效能力包括控制能力、协调能力和激励能力。

(1) 控制能力。一个工程项目的建设，如果缺乏有效的控制，则会导致其管理效果不佳。而对工程项目的建设实行全面而有效的控制，则取决于项目经理如何有效地发挥其控制能力。控制能力指项目经理运用各种手段（包括行政手段、法律手段、经济手段、教育手段等）保证建设项目的正常实施，保证项目总目标如期实现。

项目经理的控制能力体现在自我控制能力、差异发现能力和目标设定能力。

1) 自我控制能力指项目经理通过检查自己的工作，进行自我调整的能力。

2) 差异发现能力指项目经理对执行结果与预期目标之间产生的差异能及时测定和评议的能力，如果没有这种能力，就无法控制局面。

3) 目标设定能力指项目经理应善于规定以数量表示出来的接近客观实际的明确的工作目标，这样才便于与实际结果进行比较，找出差异，以利于采取措施进行控制。

(2) 协调能力。项目经理对协调能力掌握和运用得当，就可以充分调动职工的积极性、主动性和创造性，收到良好的工作效果，乃至超过设定的工作目标。

协调能力指项目经理解决各方面的矛盾，使各单位、各部门乃至全体职工，为实现项目目标统一行动、密切配合的能力。

现代大型工程项目，牵涉很多单位、部门和众多的劳动者。要使各单位、各部门、各环节、各类人员的活动，能在时间上、数量上、质量上达到和谐统一，除了依靠科学的管理方法、严密的管理制度之外，很大程度上要靠项目经理的协调能力。协调主要是协调人与人之间的关系，项目经理的协调能力具体表现在以下几个方面。

1) 善于解决矛盾的能力。由于人与人之间在职责分工上、工作衔接上、收益分配上的差异和认识水平上的不同，不可避免地会出现各种矛盾，如果处理不当，还会激化。项目经理应善于分析产生矛盾的根源，掌握矛盾的主要方面，提出解决矛盾的良方。

2）善于沟通情况的能力。在项目管理中出现不协调的现象，往往是由于信息闭塞，情况没有沟通。为此，项目经理应具有及时沟通情况、善于交流思想的能力。

3）善于鼓动和说服的能力。项目经理应有谈话技巧，既要在理论上和实践上讲清道理，又要以真挚的激励打动别人的心，给人以激励和鼓舞，催人向上。

（3）激励能力。项目经理的激励能力可以理解为采用激励的手段调动下属积极性和状态的能力。现代人不仅有经济上的需求，而且有社会和心理上的要求，经理人员应更加注意运用各种社会和心理刺激手段，通过丰富工作内容、民主管理等措施来激励和调动职工的士气。

除以上基本能力以外，项目经理能力的高低在很大程度上也取决于知识水平的高低。项目经理应同时具有广博的知识，这些知识包括哲学、自然科学和社会科学等方面的知识，如价值规律、按劳分配规律、心理学、人才学等；业务知识，包括项目管理学、企业管理学、领导科学及电子计算机及其应用等。除了要具备上述理论知识之外，还必须有相应的实践知识。

复习思考题

1. 简述各类建设项目管理组织模式的优缺点。
2. 简述建设项目法人责任制有哪些组织形式，其设立条件各是什么。
3. 简述建设项目法人与各方之间的关系。
4. 简述政府投资项目的分类和管理方式，并回答管理方式的主要弊端有哪些。
5. 简述发达国家政府投资项目管理的特点。
6. 简述我国政府投资项目管理的具体措施。
7. 简述项目经理应具备哪些业务素质。

第4章 建设项目监理

4.1 建设项目监理概述

4.1.1 建设项目监理及其中心任务

1. 建设项目监理的含义

建设项目监理指监理单位受项目法人的委托,根据国家批准的工程项目建设文件,有关工程建设的法律、法规,工程建设监理合同及其他工程建设合同,对工程建设实施的监督管理。监理工程师在现场进行质量控制。监理的职责就是在贯彻执行国家有关法律、法规的前提下,促使甲、乙双方签订的工程承包合同得到全面履行。建设项目监理控制工程建设的投资、建设工期、工程质量;进行安全管理、工程建设合同管理;协调有关单位之间的工作关系,即"三控、两管、一协调"。

建设单位是工程监理任务的委托方,工程监理单位是监理任务的受托方。工程监理单位在建设单位的委托授权范围内从事专业化服务活动。与国际上一般的工程项目管理咨询服务不同,建设工程监理是一项具有中国特色的工程建设管理制度,目前的工程监理不仅定位于工程施工阶段,而且法律法规将工程质量、安全生产管理方面的责任赋予工程监理单位。

建设项目监理的行为主体是工程监理企业,建设项目监理既不同于政府建设主管部门的强制性监督管理,也不同于总承包单位对分包单位的监督管理。建设项目监理的实施需要建设单位的委托和授权。

建设项目监理已成为我国工程建设的一项重要管理制度。这项制度的实施已经将原来工程建设管理由建设单位和承包单位承担的体制,变为建设单位、监理单位和承包单位三家共同承担的管理体制。工程监理单位作为市场主体之一,对规范建筑市场的交易行为、充分发挥投资效益、发展建筑业生产能力等,都具有不可忽视的巨大作用。

2. 建设项目监理的中心任务

建设项目监理的中心任务是控制工程项目目标,即控制工程项目的投资、进度和质量目标。

工程项目的投资、进度和质量目标是相互关联、相互制约,具有对立统一关系的目标系统。投资、进度、质量三大目标之间首先存在着矛盾和对立的一面。例如,通常情况下,如果要抢时间、争速度地完成工程项目,把工期目标定得很高,那么投资就要相应地提高,或者质量要求适当下降;如果要降低投资、节约成本,那么势必要考虑降低项目的功能要求和质量标准。同时三大目标之间还存在统一的一面。例如,适当提高项目功能要求和质量标准,虽然会造成一次性投资的提高和增加建设工期,但能够节约项目动用后的使用费和维修费,降低产品成本,从而获得更好的投资经济效益。

三大目标是一个不可分割的目标系统,监理工程师在进行目标控制时应注意统筹兼顾,合理确定投资、进度、质量三大目标的标准,针对整个目标系统实施控制,防止盲目追求单一目标而冲击或干扰其他目标,以实现项目目标系统作为衡量目标控制效果的标准,追求目标系统整体效果。

需要说明的是,建设项目监理要达到的目的是"力求"实现项目目标。工程监理单位和监理工程师将不是,也不能成为任何承包商的工程承包人或保证人。因为在市场经济条件下,任何承包单位作为建筑产品的卖方,都应当根据工程承包合同,按规定的时间、费用和质量要求完成约定的工程勘察、设计、施工及物资供应的承包任务。否则,将承担合同责任。承包商与建设单位之间是承发包关系,他们要承担承包风险。建设单位和承包商只能各自保证履行其合同义务,而作为工程承包合同"甲方和乙方"之外的"第三方"的工程监理单位和监理工程师,则没有义务替他们承担责任。谁设计谁负责,谁施工谁负责,谁供应材料和设备谁负责。当然,如果工程监理单位、监理工程师没有履行法律法规及建设工程监理合同中规定的监理职责和义务,将会承担相应的监理责任。

4.1.2 建设项目监理的范围和主要内容

1. 建设项目监理的范围

根据《建设工程质量管理条例》,下列建设工程必须实行监理:

(1) 国家重点建设工程。
(2) 大、中型公用事业工程。
(3) 成片开发建设的住宅小区工程。
(4) 利用外国政府或者国际组织贷款、援助资金的工程。
(5) 国家规定必须实行监理的其他工程。

2. 建设项目监理的主要内容

(1) 进度控制。在建设前期通过周密分析研究确定合理的工期目标,并在施工前将工期要求纳入承包合同;在建设实施期审查施工组织设计和进度计划,并在计划实施中紧密跟踪,做好协调与监督,排除干扰,使单项工程及其分阶段目标工期逐步实现,最终保证建设项目总工期的实现。

(2) 投资控制。在建设前期进行项目可行性研究,协助建设单位正确地进行投资决策,控制好估算投资总额;在设计阶段对设计方案、设计标准、总概算(修正总概算)和概(预)算进行审查;在建设准备阶段协助确定标底和合同造价;在施工阶段审核设计变更,核实已完工程量,签署工程进度款支付凭证和控制索赔;在工程竣工阶段审核工程结算。

(3) 质量控制。要贯穿在项目可行性研究、设计、建设准备、施工、竣工动用及用后维修的全过程。主要包括组织设计方案竞赛与评比,进行设计方案磋商及图纸审核,控制设计变更;在施工前通过审查承包单位资质,检查建筑物所用材料、构配件、设备质量和审查施工组织设计等实施质量预控;在施工过程中通过重要技术复核、工序操作检查、隐蔽工程验收和工序成果检查、认证,监督标准、规范的贯彻;以及通过阶段验收和竣工验收,把好质量关。

4.2 建设项目监理单位的选择

4.2.1 选择项目监理单位的方式和程序

由于建设单位需要将项目建设过程中某一阶段或各个阶段的监督、协调、控制任务交予监理单位,因此监理单位选择的好坏与项目建设的成败有着密切关系。按照《中华人民共和国招标投标法》(以下简称《招标投标法》)规定,选择监理单位应采用招标方式。在目前情况下,建设单位在选择监理单位时多采用邀请招标方式。监理单位邀请招标的程序如图4.1所示。

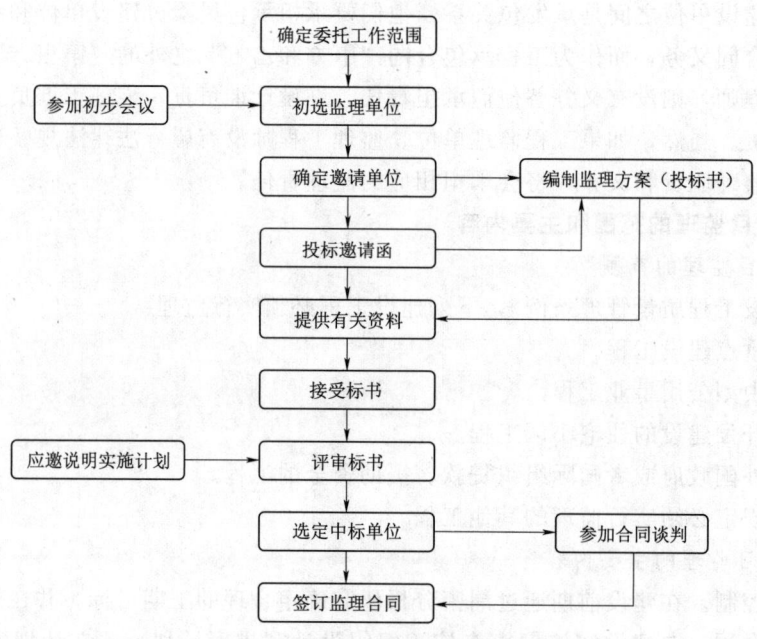

图 4.1 监理单位邀请招标程序

4.2.2 项目监理合同结构及其选择

建设项目监理合同的全称叫建设项目委托监理合同,也简称为监理合同,是指工程建设单位聘请监理单位代其对工程项目进行管理,明确双方权利、义务的协议。建设单位称委托人、监理单位称受托人。

1. 建设项目监理合同结构

建设项目监理合同结构主要有两种类型,即平行委托合同结构和总委托合同结构。

(1) 平行委托合同结构。建设单位将整个建设项目按不同的进展阶段、不同的标段或不同的专业分成若干个子项目,分别委托不同的工程监理单位进行监理。各监理单位均向建设单位负责,由建设单位组织、协调其开展监理工作。

采用平行委托合同结构的优点如下:

1) 建设单位可以分期分批委托工程监理单位开展监理工作,有利于控制工程建设目标。

2) 由专业监理单位分别承揽其相应工程的监理任务,可以提高监理工作成效。

其不足之处不仅在于整个建设项目的监理工作被分为若干部分,不利于总体规划与协调控制，而且由于建设单位要负责协调各监理单位的工作，其协调工作量较大。

（2）总委托合同结构。当建设项目的规模比较小，且某监理单位（或监理单位联合体）有足够的能力承担该项目的全部监理任务时，建设单位可委托该监理单位（或监理单位联合体）独立开展监理工作，而不必划分为几个标段。

采用总委托合同结构，工程建设全部监理任务由一家监理单位（或监理单位联合体）承担，不仅有利于整个建设项目的目标规划与协调控制，而且监理组织内部的协调工作也较方便。但在这种情况下，需要监理单位具有较强的目标规划、合同管理及协调控制能力，这将是建设项目监理成败的关键。

2. 选择项目监理合同结构应考虑的因素

划分项目监理工作范围及选择项目监理合同结构时，一般应考虑以下几方面因素。

（1）项目规模。中、小型建设项目，有条件时可将全部监理工作委托一个单位，采取总委托合同结构；大型复杂项目，则应分标段分别委托不同的监理单位。

（2）项目的专业特点。不同的施工内容对监理人员的素质、专业技能和管理水平的要求是不同的，对于大型复杂项目，选择项目监理合同结构时应充分考虑不同工作内容的要求，如将土建工程与安装工程分开。若有特殊专业技能要求时（如特殊基础处理工程），还可将其进一步划分给有该项技能的监理单位。

（3）合同履行的难易程度。由于建设期间，建设单位与有关承包商所签订的承发包合同较多。对于较易履行的合同，没有必要采用平行委托合同结构，如一般建筑材料供销合同履行的监督、管理等。而像设备加工订购合同，则需委托专门的工程监理单位负责合同履行的监督、控制和管理。

（4）建设单位的管理能力。当建设单位的技术能力和管理能力较强时，或者采用平行委托合同结构，或者由建设单位自己来承担项目实施阶段的某些工作内容，如施工前期的现场准备工作等。

4.2.3 项目监理单位的资格审查

当建设单位确定委托监理工作范围及监理合同结构之后，即应开始选择合格的工程监理单位。由于工程监理单位用自己的知识和技能为建设单位提供技术咨询和服务工作，与设计、施工、加工制造等承包经营活动有着本质的区别。因此，衡量工程监理单位的能力应该是技术第一，其他因素应从属于技术标准。

目前，国内工程监理招标较多采用邀请招标，建设单位在招标时根据项目的需要和对有关咨询监理单位的了解，初选3~10家单位，并分别邀请每一家单位进行意向性洽谈，重要项目或大型项目才会核发资格预审文件。进行洽商时，业主首先向对方介绍拟建项目的概况、监理服务的要求、监理工作范围、拟委托的权限和要求达到的目标等情况，并听取对方就其经营业务情况的介绍，然后针对工程监理单位所提供的资质证明文件，就有关内容请其作出进一步说明。

选择监理单位的第一阶段工作，主要是对初选名单中的工程监理单位进行资格审查。这种资格审查应不同于施工招标时请投标申请人按招标单位规定的表格填报，而应采用分别座谈的形式进行。这样做，一方面是由于初选名单范围较宽，没有必要让监理单位做更多的准备工作；另一方面，通过当面会谈，有助于更全面详细地了解对方的资质情况，以及听取他们对完成该项目监理工作的建议。与初选的各家单位会谈后，再对各家的资格进行评审和比较，确定邀请投标的工程监理单位名单。

初选审查的主要目的是从总体考察拟邀请的监理单位资质、能力是否与拟建项目的特点相适应，而不是评定其实施该项目监理工作的建议是否可行、适用。因此，审查内容的重点应侧重于投标申请人的资质条件、监理经验、可用资源、社会信誉、承接新项目的监理能力等方面，具体内容见表4.1。

表 4.1   工程监理单位资格审查的基本内容

审查内容	审 查 重 点	判 别 原 则
资质条件	资质等级 营业执照、注册范围 单位的组成形式，以及单位总部和分支机构的所在地 隶属关系 法人条件和公司章程	监理单位的资质等级应与工程项目级别相适应 注册的监理工作范围满足工程项目的要求 监理单位与可能选择的施工承包商或供货商，不应有行政隶属关系或合伙关系，以保证监理工作的公平性
监理经验	已监理过工程项目一览表 已监理过类似的工程项目	考察其监理过哪些行业的工程，以及在哪些专业项目中具有监理经验 考察其已监理过的工程中类似工程的数量和工程规模。应当要求其已完成或参与过与拟委托项目级别相适应的监理工作
可用资源	公司人员 开展正常监理工作可采用的检测方法或手段 计算机管理能力	对可动用人员的数量，专业覆盖面，高、中、初级人员的组成结构，管理人员和技术人员的能力，已获得监理工程师注册证书的人员数量等进行考察，看其是否满足本项目监理工作要求 自有的检测仪器、设备不作为考察是否胜任的必要条件，若有的话，可予以优先考虑。但对必要的检测方法及获取的途径、以往做法等应重点考察，看其是否能满足本项目监理工作的需要 已拥有的计算机管理软件是否先进，能否满足监理工作的需要
社会信誉	监理单位在专业方面的名望、地位 在以往服务过的工程项目中的信誉 是否能全心全意地与业主和承建商合作	通过对已监理过工程项目建设单位（或项目法人）的咨询，了解监理单位在科学、诚信、独立、公平方面是否具有良好信誉 以往监理工作中是否存在因其失职行为而给委托方带来重大损失的情况 是否有与委托方发生合同纠纷而导致仲裁或诉讼的记录，事件发生的责任由哪方承担 是否发生过因监理单位或其监理人员接受被监理工程承包单位佣金、回扣、津贴等而违背监理人员应忠诚地为委托方服务原则的行为
承接新项目的监理能力	正在实施监理的工程项目数量、规模 正在实施监理的各项目的开工和预计竣工时间 正在实施监理的工程地点	依据监理单位所拥有的人力、物力资源，判别其可投入的资源能否满足本项目监理的需要 当其资源不能满足要求时，能否从其他项目上临时调用或其他项目监理工作完成后对本项目补充的资源能否满足工程进展的需求 对部分不满足专业要求的监理工作，其提出的解决方案是否可接受（包括分包监理工作的单位，或临时聘用的监理人员资格条件等）

4.2.4 项目监理投标书的评审

监理招标与工程项目建设过程中其他各类招标的最大区别，表现为标的具有特殊性。监理招标的标的是提供"监理服务"，只是受招标人委托对工程建设过程提供监督管理、咨询等服务，而不承担物质生产任务。鉴于监理标的的特殊，标书评审的基本原则是"基于能力的选择，辅以报价的审查"。

1. 评标方法

建设项目监理的评标方法，一般有专家评审法和综合评分法两种。

（1）专家评审法。专家评审法是由评标小组的各位专家分别就各投标书的内容进行优缺点的充分评论，共同进行讨论、比较，最终以投票的方式评选出最具实力的监理单位。这种方法的优点是：各评审专家可充分发表自己对各投标书的意见，能集思广益地进行全面评价，节约评标时间。但其缺点是以定性的因素作为评审条件，没有量化指标对各投标书进行全面的综合比较，评审人的主观因素影响较大。

（2）综合评分法。综合评分法是采用量化指标考察每一位有效投标人的综合水平，按各项因素评价得分的累计分值高低，排出各投标书的优劣顺序。由于评标是对各投标人针对本项目的实施方案进行审查比较，因此评标时主要是考虑技术、管理能力是否符合工程监理要求，监理方法是否科学，措施是否可靠，监理取费是否合理。

项目监理投标书的形式一般以投标人准备如何实施监理任务的建议书（监理大纲）方式编报。评审时应划分成技术建议书和财务建议书两大部分。这两部分在评审记分时可以分别考虑，也可以同时综合考虑。到底采用何种方式，要根据建设项目的特点和监理工作范围等因素来决定。技术建议书评审主要分为监理单位的经验、拟完成委托监理任务的计划方案和人员配备方案3个主要方面；财务建议书评审主要评价报价的合理性。若两大部分同时计分，技术评审权重一般为 $70\% \sim 90\%$；财务评审权重为 $10\% \sim 30\%$。其中，技术评审所考虑的3个方面在技术评审总分中所占的权重分配一般为：监理经验占 $10\% \sim 20\%$，实施方案计划占 $25\% \sim 40\%$，人员配备方案占 $40\% \sim 60\%$。

2. 技术评审内容

（1）监理经验评审。

1）监理一般经验评审。主要通过投标人提供的最近几年所承担的工程项目一览表，从数量、规模、专业性质、监理工作内容等方面进行评价。

2）特殊工程项目经验评审。根据工程项目的专业特点，考察其是否具有所要求的监理经验。一方面要审查其所监理过的工程中是否有与本工程同类的项目；另一方面还要根据本工程特殊要求的专业特点，如复杂地基的处理、特殊施工工艺要求（特殊焊接工艺、大型专业设备安装）等，看其监理经验是否能满足要求。在这些方面应预先制定基本的及格标准。

（2）实施方案计划评审。

1）监理工作的指导思想和工作目标。看其是否理解建设单位对该项目的建设意图，工作目标在内容上是否已包括委托的全部工作任务，监理目标是否与投资目标和建设意图相一致。

2）项目监理机构的组织结构。看其在组织形式、管理模式等方面是否合理，是否已结合项目实施的具体特点，能否与建设单位的组织关系和承包商的组织关系相协调等。

3）工作计划。看其在工程进展中各个阶段的工作实施计划是否合理、可行，审查其在每个阶段中如何控制项目目标,以及组织协调的方法。

4)工期、投资、质量控制及安全生产管理方法。对各方面的控制手段还应进一步划分审查内容,看其如何应用经济、合同、技术、组织措施保证目标的实现,方法是否科学、合理、有效。

5)计算机管理软件。审查其所拥有和准备使用的管理软件类型、功能是否能满足项目监理工作的需要。

6)提出的管理方案是否有创造性。主要审查用于监理服务的技术手段是否独特、先进,附有详细说明的替代方案是否有独特的实用价值,是否有技术转让的内容及其采用价值如何等。

(3)人员配备方案评审。

1)总监理工程师人选。建设项目监理实行总监理工程师负责制,因此总监理工程师的人选是否合适,是项目监理成败的关键。主要应根据项目本身的特点,考察以下方面的条件:学历、专业、现任职务、年龄、健康情况、以往的工作成就等一般条件;除此以外,更应侧重于考察其在以往所监理工程中担任的职务,与本项目类似工程的工作经验,对项目的理解和熟悉程度,应变和决策能力,对项目实施监理的具体设想、专业水平和管理能力、责任心,以及能否与建设单位顺利交流及善于与工程承包单位交往等。

2)从事监理工作的其他人员。参与监理工作的人员除了总监理工程师外,还包括专业监理工程师和其他监理人员。从投标书中所提供的拟派驻项目人员名单中,主要审查专业监理工程师的学历、专业成就、现任职称或职务、所参与工程的监理工作,从中判定是否有不合格人员。

3)拟派驻监理人员的专业满足程度。应根据项目特点和准备委托监理任务的工作范围,不仅考虑经济师、土建工程师、机电工程师等能否满足本项目监理工作的需要,而且还要考虑专业人员是否覆盖了项目实施过程中所需的各种专业,以及高、中级职称和年龄结构的组成。

4)人员数量的满足程度。主要评价拟派驻项目的监理人员在数量和结构上的合理性。根据我国已完成监理工作的项目资料统计测算,大、中型工程项目每年完成100万元的工程量所需监理人员0.6~1人,监理工程师、一般监理人员和行政文秘人员的结构比例为0.2:0.6:0.2。专业类别较多工程的派驻人员,数量可适当增加。

5)专业人员不足时采取的措施计划。大、中型工程项目由于技术复杂、涉及的专业面宽,当投标单位的技术人员不足以满足全部监理工作时,应审核其监理分包计划或拟临时聘用的监理人员。分包监理时,主要评定分包单位的资格和专业人员的素质;对临时聘用的人员,也应认真审核其资格条件。

6)派驻现场人员计划表。大、中型项目随着工程建设的进展,不同阶段对监理人员在人数和专业等方面的要求不同,应评价各阶段所派驻现场监理人员的专业、数量规划是否与建设进度计划相适应。此时,还应预估正在其他项目上执行监理业务的人员,是否能按照预定计划进入本项目参加监理工作。

7)监理工作参与人员的独立性。按照我国建设工程监理有关规定,监理单位应按照公平、独立、自主的原则,开展监理工作,公平地维护建设单位和工程承包单位的合法权益。为此,应逐个审核派驻计划中的监理工程师,他们不得在政府机关或施工、设备制造、材料

3. 财务评审内容

建设项目监理合同的计价方式主要有两种：一种是成本加酬金方式，即聘用的监理工程师及监理人员按人月报酬取费，核定各阶段所需派驻的监理人员，根据实际出勤人员和职务、职称等级付给相应酬金；另一种是按所监理工程概（预）算的百分比计算总酬金。如果不宜按上述两种办法计收时，也可以按双方商定的其他方式计取。

审核投标单位的财务建议书时，应重点评价以下几方面内容。

（1）计算取费项目的合理性。取费计算的内容应是用于开展监理工作的直接成本、间接成本开支，以及需缴纳的税金和合理利润。

（2）审查每一类人员的人月费和应报销费用表。人月费应当包括基本工资、福利、公司管理费和利润。

（3）评价监理单位自有并准备用于本项目监理工作的计算机、仪器、设备的取费合理性。侧重于审查预计使用的实际时间和取费标准。

（4）审查监理单位要求建设单位提供的设施、设备及其他服务要求的合理性。

（5）当采用人员年报酬取费报价时，审核其取费的标准。投标单位应当提供上一年度该单位的工作时间记录和其他会计记录，评标时以此核查管理费、社会福利费等的取费标准是否合理，并与其他投标书进行比较。

4. 综合评分法评标示例

评标委员会依据评审重点内容和权重及评分原则，对技术建议书和财务建议书分别评审打分，而且在技术建议书评定后再对财务建议书进行打分。如果技术建议书评审后某个标书的得分低于及格标准分，则不再对其财务建议书进行评价。根据最终得分的高低，排出各投标书的优劣次序，最终确定中标单位顺序。

（1）技术建议书评分。某项目评标的内容分为公司经验、实施方案、人员配置三大部分，分值权重分配比例分别为10%、40%和50%。各部分又分别划分为几类，各类内不仅有权重，而且列出具体取分的分项内容（表4.2中略），各项以百分制打分。5位评委分别打分后，对A、B两家公司的评分结果见表4.2。从比较结果看，B公司的投标书较优。

表4.2　　　　　　　　　　　技术建议书评分

评价因素	权重/%	A公司			B公司		
		评委打分	平均得分	加权得分	评委打分	平均得分	加权得分
1. 公司经验	10						
（1）一般经验	4	90，80，90，80，85	85.0	3.40	80，75，75，75，80	77.0	3.08
（2）特殊技术经验	6	80，70，75，85，75	77.0	4.62	90，90，85，85，85	87.0	5.22
2. 实施方案	40						
（1）组织机构	6	95，90，85，90，85	89.0	5.34	80，80，75，85，85	81.0	4.86
（2）工作计划	6	70，75，80，75，80	76.0	4.56	90，85，85，85，90	87.0	5.22
（3）目标控制及安全生产管理手段	14	80，85，75，75，80	79.0	11.06	90，90，85，85，95	89.0	12.46

续表

评价因素	权重/%	A公司 评委打分	A公司 平均得分	A公司 加权得分	B公司 评委打分	B公司 平均得分	B公司 加权得分
(4) 计算机水平	6	80,85,90,90,85	86.0	5.16	80,75,70,70,75	74.0	4.44
(5) 方案的创造性	8	60,50,50,55,55	54.0	4.32	80,85,85,75,80	81.0	6.48
3. 人员配置	50						
(1) 总监理工程师	16	85,80,80,75,80	80.0	12.80	70,75,75,70,75	73.0	11.68
(2) 其他人员资质	10	80,85,75,75,80	79.0	7.90	80,80,85,80,85	82.0	8.20
(3) 专业满足程度	8	100,95,100,95,90	96.0	7.68	95,90,95,90,95	93.0	7.44
(4) 人员数量	8	95,90,90,90,95	92.0	7.36	90,85,90,85,85	87.0	6.96
(5) 人员计划	8	80,85,80,80,85	82.0	6.56	90,85,80,85,85	85.0	6.80
合 计	100			80.76			82.84

(2) 财务建议书评分。如果将报价也作为选定中标单位的条件，评标时应对技术建议书得分和财务建议书的得分合计值进行比较。通常的做法是：首先规定技术建议书和财务建议书的评分权重，然后根据各投标书报价计算出的报价折算分乘以权重后算出财务建议书的评分值，再与技术建议书评分值相加后得出综合评分值，最后根据综合评分值排出各标书的优劣次序。

如果建设单位在进行监理招标时未预先编制标底，则报价折算分可采用如下方法计算：

$$各投标书的报价折算分 = (最低报价/各家报价) \times 100\% \quad (4.1)$$

表 4.3 给出了某工程 5 家监理投标单位的技术评审分和各投标书的报价折算分。如果技术评审分的权重占 90%，报价评审分权重占 10%，则从表 4.4 可以看出，A 单位的分数最高；如果规定技术评审分权重占 70%，报价评审分权重占 30%，则依据表 4.5 的计算结果，B 单位的分数最高。

表 4.3　　　　　各投标单位的技术评审分和报价折算分

投标单位	A	B	C	D	E
技术评审分	92	90	83	76	68
报价/万元	15	12	10.5	11	16.5
报价折算分	70.00	87.50	100	95.45	63.64

表 4.4　　　　　价格的评分权重为 10% 时的综合评分

投标单位	权重	A	B	C	D	E
技术评审分	90%	82.80	81.00	74.70	68.40	61.20
报价评审分	10%	7.00	8.75	10.00	9.55	6.36
报价折算分		89.80	89.75	84.70	77.95	67.56

表 4.5　　　　　　　　　价格的评分权重为 30% 时的综合评分

投标单位	权重	A	B	C	D	E
技术评审分	70%	64.60	63.00	58.10	53.20	47.60
报价评审分	30%	21.00	26.25	30.00	28.64	19.09
报价折算分		85.40	89.25	88.10	81.84	66.69

4.2.5　项目监理合同谈判

建设单位与中标的监理单位洽谈建设监理合同是选聘过程的最后阶段。建设单位首先与评标中确定的第一中标候选人谈判，若双方能够达成一致，则签订监理合同，并相应通知其他未中标单位。如果第一中标候选人放弃，再与第二中标候选人进行谈判，以此类推，直到与某监理单位达成一致为止。一般说来，通过谈判已放弃中标的单位，以后不再与其进行谈判。建设单位在发出的谈判通知书中，应当说明监理单位在谈判时还需携带哪些补充材料，以及对其投标书建议的人员配备、工作计划等的主要保留意见，以便监理单位有时间考虑进行适当的修改或补充。

1. 项目监理服务内容的谈判

（1）细致讨论投标书中的完成计划和建议，根据讨论的结果形成正式的监理任务大纲。

（2）着重讨论监理单位提出的人员配备计划。包括主要人员的情况和职责、专业不足人员的补充方式，对建设单位认为不合格人员的更换等问题。

（3）确定各专业监理人员派驻现场的时间计划，落实各专业监理工程师派驻现场的时间。谈判中应当讲明，签订项目监理合同后，除非有正当的理由（如生病或确实不适应工作等），名单内的人员一律不许私自更换。确需更换时，监理单位应提出合格人选并由建设单位批准后才可替换。在履行项目监理合同过程中，如果建设单位认为监理人员中有不胜任者，可以随时据实提出更换人员要求。

（4）确定建设单位应为项目监理机构开展正常的服务工作提供的办公、生活条件，以及必要的设施、设备、物资等内容。如果有些设备可由监理单位提供，也应明确约定内容和计费标准。

（5）讨论双方关心的其他问题。

2. 项目监理合同的财务谈判

项目监理合同的财务谈判通常是在单纯按技术标准评选后进行的。当价格已经作为选择标准之一时，再降低价格的余地已经不大。若建设单位企图通过谈判而降低价格，就会损害项目监理服务的质量。如果觉得最佳的技术建议书报价较高，而想让报价最低的监理单位完成技术最佳建议书的工作内容，或是让提出最佳建议书的单位按最低价格承接项目监理任务，都是不适合的。工作计划虽然有一定的灵活性，但也不能为了迁就预算，而去削减所必需的投入。

财务谈判的主要内容包括以下方面：

（1）合同的计价方式和酬金的支付。

（2）附加监理工作的取费标准。

(3) 监理单位提供设备、仪器的取费标准。
(4) 应由监理单位缴纳税费的种类。
(5) 长期合同的价格调整方式。
(6) 预付款的支付和扣还。
(7) 建设单位（或项目法人）逾期付款的利息。
(8) 其他财务问题。

3. 谈判对象的优先次序

投标书经过评审后，应按先后次序分别与监理单位洽谈合同。由于招标文件中规定投标书的编制方法和确定中标原则不同，选择谈判对象的先后次序也不尽相同。

（1）技术建议书与财务建议书同时评审的方式。选择谈判对象的次序是按两项评分从高到低的顺序依次会谈，与某一投标单位达成一致后就不再与其他投标单位谈判。

（2）只报技术建议书的招标方式。要求投标单位在投标书内只含技术建议书而不带报价。在技术建议书评审后，按照评分高低的次序，分别与中标候选人就合同的计价方式、合同的价格进行谈判。这种方式适用于监理任务复杂，完成任务的好坏对项目的最终成果影响很大的情况。或者是由于要求各投标单位发挥较大的创造性，而使各家的技术建议书缺乏相互间的可比性，为了选择最佳的监理服务，不宜将价格作为一项评选标准。如委托可行性研究、咨询服务等任务时，在很大程度上取决于监理单位咨询专家的个人专业知识、与建设单位（或项目法人）的相互信任和密切的工作关系，因此在选聘时不宜考虑价格因素。

（3）进行技术建议书评审后再附带考虑财务建议书的方式。这种方式要求投标单位将技术建议书和财务建议书分别封装，并在封套上注明内容。在对各投标书的技术建议书评审结束之前，不得开封财务建议书，以确保技术建议书的评审不受价格因素的影响。技术建议书评审后，再开启财务建议书。评分未达到技术建议书评分预定标准的投标书，将不再启封财务建议书。对于这种评标方式，按照预定的评定原则，又可有以下两种情况。

1）只对与技术建议书最高得分相差某一百分比范围内的标书考虑报价因素，并且考虑报价较低者。以表 4.3 为例，若规定与技术建议书最高得分相差 5% 范围内的投标书才予以考虑财务建议书时，技术评审分最高者为 A 单位，技术评审分为 92 分，与其相差 5% 的最低标准分为 $92 \times 95\% = 87.4$ 分，评分结果中只有 A、B 两家单位在此分数线以上，则只开启这两家单位的财务建议书。由于 A 单位的报价为 15 万元，而 B 单位的报价为 12 万元，因此建设单位（或项目法人）应首先选 B 单位进行合同谈判。

2）规定技术建议书的评分达到某一最低分以上的标书，才考虑财务建议书。仍以表 4.3 为例，若招标文件中规定，只对技术建议书达到 80 分以上者考虑财务建议书时，A、B、C 三家单位的技术评审分均已达到 80 分以上，故应开启这 3 家单位的财务建议书。根据合同报价由低到高的次序，合同谈判按 C 单位、B 单位、A 单位的顺序。

以上两种方式的差异主要在于对及格线的要求不同，只要达到及格线以上，即认为该单位已具有顺利完成监理任务的资格。此时，报价因素将起主要作用。

建设单位（或项目法人）按顺序与某一家单位谈判达成一致，即可发中标通知书，在约定的时间内签订项目监理合同，并相应通知未中标的投标单位。

4.3 建设项目监理合同管理

4.3.1 《建设工程监理合同（示范文本）》

为了规范建筑市场的管理，国务院建设主管部门和工商行政管理部门联合颁布《建设工程监理合同（示范文本）》。示范文本由协议书、通用条件、专用条件及附录四部分组成。

1. 协议书

协议书不仅明确了委托人（建设单位或项目法人）和监理人（监理单位），而且明确了双方约定的委托工程监理与相关服务的工程概况（工程名称、工程地点、工程规模、工程概算投资额或建筑安装工程费）；总监理工程师（姓名、身份证号、注册号）；签约酬金（监理酬金、相关服务酬金）；服务期限（监理期限、相关服务期限）；双方对履行合同的承诺及合同订立的时间、地点、份数等。

协议书还明确了建设工程监理合同的组成文件：

（1）协议书。
（2）中标通知书（适用于招标工程）或委托书（适用于非招标工程）。
（3）投标文件（适用于招标工程）或监理与相关服务建议书（适用于非招标工程）。
（4）专用条件。
（5）通用条件。
（6）附录。
1）附录A：相关服务的范围和内容。
2）附录B：委托人派遣的人员和提供的房屋、资料、设备。

建设工程监理合同签订后，双方依法签订的补充协议也是建设工程监理合同文件的组成部分。

协议书是一份标准的格式文件，经当事人双方在空格处填写具体规定的内容并签字盖章后，即发生法律效力。

2. 通用条件

通用条件涵盖了建设工程监理合同中所用的词语定义与解释，监理人的义务，委托人的义务，签约双方的违约责任，酬金支付，合同的生效、变更、暂停、解除与终止，争议解决及其他诸如外出考察费用、检测费用、咨询费用、奖励、守法诚信、保密、通知、著作权等方面的约定。

通用条件作为通用性范本，各条款内容规定得明确、具体，双方在签订合同时不需要作任何改动或补充。建设单位（或项目法人）与监理单位都应当遵守。

3. 专用条件

由于通用条件适用于所有的工程建设监理委托，因此专用条件的某些条款规定得比较笼统，需要在签订具体工程项目的监理委托合同时，就地域特点、专业特点和委托监理项目的特点，对标准条件中的某些条款进行补充、修正。如对委托监理的工作内容而言，认为标准条件中的条款还不够全面，允许在专用条件中增加双方议定的条款内容。

所谓"补充"指标准条件中的某些条款明确规定，在该条款确定的原则下，在专用条件的条款中进一步明确具体内容，使两个条件中相同序号的条款共同组成一条内容完备的条款。

所谓"修改"指标准条件中规定的程序方面的内容,如果双方认为不合适,可以协议修改。

4. 附录

附录包括两部分,即附录 A 和附录 B。

(1) 附录 A。如果委托人委托监理人完成相关服务时,应在附录 A 中明确约定委托的工作内容和范围。委托人根据工程建设管理需要,可以自主委托全部内容,也可以委托某个阶段的工作或部分服务内容。如果委托人仅委托工程监理,则不需要填写附录 A。

(2) 附录 B。委托人为监理人开展正常监理工作派遣的人员和无偿提供的房屋、资料、设备,应在附录 B 中明确约定派遣或提供的对象、数量和时间。

4.3.2 建设项目监理合同的履行

项目监理合同签订后,建设单位除了为监理单位提供合同内约定的外部协调、物资和人员服务外,委托监理工作范围内的项目建设活动就由监理单位具体负责协调、管理和监督,建设单位仅对重大问题的决策做出决定,对超越监理授权范围的事项给予指示,对项目目标进行较为宏观的控制。为了保证建设项目的顺利实施,建设单位应依据项目监理合同对监理机构履行合同的行为进行监督和检查。

1. 开工前建设单位的义务

(1) 委托人在监理人开展监理业务之前应向监理人支付预付款。

(2) 委托人应当负责工程建设的所有外部关系的协调,为监理工作提供外部条件。如将部分或全部协调工作委托监理人承担,则应在专用条款中明确委托的工作和相应的报酬。

(3) 委托人应当在双方约定的时间内免费向监理人提供与工程有关的为监理工作所需要的工程资料。

(4) 委托人应当在专用条款约定的时间内就监理人书面提交并要求做出决定的一切事宜做出书面决定。

(5) 委托人应当授权一名熟悉工程情况、能在规定时间内做出决定的常驻代表(在专用条款中约定),负责与监理人联系。更换常驻代表,要提前通知监理人。

(6) 委托人应当将授予监理人的监理权利,以及监理人主要成员的职能分工、监理权限及时书面通知已选定的合同承包人,并在与第三人签订的合同中予以明确。

(7) 委托人应当在不影响监理人开展监理工作的时间内提供如下资料:与本工程合作的原材料、购配件、设备等生产厂家名录;提供与本工程有关的协作单位、配合单位的名录。

(8) 委托人应免费向监理人提供办公用房、通信设施、监理人员工地住房及合同专用条件约定的设施。对监理人自备的设施给予合理的经济补偿。

(9) 根据情况需要,如果双方约定由委托人免费向监理人提供其他人员,应在监理合同专用条件中予以明确。

(10) 审核并批准监理单位报送的总监理工程师及项目监理机构主要成员名单。总监理工程师应该是由与建设单位签订监理合同的单位派出的注册监理工程师。项目监理机构主要人员配备应合理。监理单位聘请的技术顾问或建设单位派遣的职员和服务人员不能作为项目监理机构的成员。合作监理单位必须是持有相应监理资质等级证书的监理单位。

(11) 审查监理单位报送的监理规划,对其中不满意之处提出修改意见,并最终批准项目监理规划。项目监理规划应包括的主要内容见表4.6。

表4.6 建设项目监理规划的内容

规划条目	主要内容	备注
工程概况	(1) 工程项目特征	项目名称、建设地点
	(2) 工程项目内容及规模	项目组成、主要建筑结构类型、项目结构图及编码系统、建设规模
	(3) 设计单位及施工单位	
监理工作的范围、内容、目标	(1) 监理工作范围	建设项目全部或某标段或某子项目
	(2) 监理工作内容	质量控制、投资控制、工期控制、安全生产管理等
	(3) 监理工作目标	质量目标、投资目标、工期目标
监理工作依据	(1) 工程建设法律法规	
	(2) 国家批准的工程建设文件	
	(3) 建设工程监理合同	
	(4) 建设工程施工合同等	
项目监理机构	(1) 机构组织形式	可用组织机构图表示
	(2) 人员配备及进退场计划	
	(3) 人员岗位职责	总监理工程师、专业监理工程师职权范围和监理员职责分工
监理工作制度	(1) 项目监理工作制度	
	(2) 项目监理机构内部工作制度	
工程质量控制	工程质量控制的内容、方法及措施	质量目标、质量控制风险分析、质量控制流程图、质量动态监测方法及质量控制措施
工程投资控制	工程投资控制的内容、方法及措施	投资目标分解、投资风险分析、投资控制流程图、投资动态比较方法及控制措施
工程进度控制	工程进度控制的内容、方法及措施	进度目标分解、进度目标风险分析、进度控制流程图、进度动态比较方法及控制措施
安全生产管理的监理工作	安全生产管理的内容、方法及措施	安全生产管理工作流程、安全生产状况的动态分析比较、安全事故处理程序
合同与信息管理	(1) 合同管理内容、方法及措施	合同结构、合同管理工作流程、合同执行状况的动态分析比较、合同争议的调解及索赔处理方法
	(2) 信息管理内容、方法及措施	信息分类与信息流程、信息管理措施
组织协调	协调管理方法及措施	项目组织系统、项目参建各方关系、协调工作程序
监理工作设施	(1) 办公设施	
	(2) 交通设施	
	(3) 通信设施	
	(4) 生活设施	

2. 工程实施阶段建设单位对项目监理合同的管理
(1) 合同正常履行过程中的管理。
1) 负责满足工程正常进行和开展监理工作所需外部环境条件的协调工作。

2) 选择可靠的承包商负责实施工程项目的建设或承担某一部分工作。建设单位有选定工程总设计单位和总承包单位，并与其签订合同的权利；监理单位在选择过程中只有建议权，并负责配合招标工作。但建设单位不与分包单位发生直接关系，而将总承包单位选择的设计分包单位和施工分包单位的确认或否定权授予监理单位。及时将自己对建设项目实施的某些意图或想法通知监理单位并与其协商，由监理单位在协调管理过程中贯彻实施。为了避免指令系统的多元化而造成合同履行过程中的管理混乱，合同正常履行过程中对承包单位的各种指令都应由监理单位发布。

3) 对监理单位提交的各种要求及时给予书面答复，不应因其延误而耽搁工程的进展。

4) 落实资金及时到位，按时支付承包商的工程进度款和监理单位的酬金，以保证各个合同的顺利履行。在工程承包合同约定的工程价款范围内，监理单位有对工程款支付的审核和签认权，以及结算工程款的复核确认权和否定权。未经总监理工程师签字确认，建设单位不应向承包单位支付工程款。但对属于承包合同价外支付的变更工程款和索赔款，虽已经过总监理工程师签字确认，还应进行严格审查后再支付。同样，对监理单位酬金支付通知书中的附加监理酬金部分，也需审查其费用的合理性和计划的正确性。如有异议时，应在项目监理合同规定的时间内发出异议通知，由双方通过协商解决，但不应拖延无异议部分的支付。

5) 参加协调会议。建设单位应定期与监理单位举行协调会议，交流信息及交换各自对工程进展中所发生问题的看法或建议，也可就某一问题召开临时会议。建设单位能及时与监理单位沟通是保障监理工作正常开展的有效措施，内容包括对风险的预测、应采取的防范措施以及特殊事件发生后的处理方法等。建设单位派驻工地的代表还应参加各种协调会议，包括第一次工地会议、工地协调例会和专业协调会议。第一次工地会议应由建设单位主持，项目建设所涉及的单位共同参加，包括监理人员、各总承包单位代表、设计单位代表，也可以邀请分包单位代表参加。会议的目的是检查工程的开工条件，创造良好的合作环境。以后的各次协调会议虽然由总监理工程师主持，但建设单位也应派人参加，一方面可以了解工程进展的实际情况，另一方面也可就某些问题发表自己的意见。第三类会议是由建设单位召集、监理单位代表和有关总承包单位参加的专题会议，这类会议的内容大多是协商工程实施过程中发生的某些特殊事件的解决措施，包括洽商对原合同某些条款的变更问题。

6) 文档管理工作。建设单位的项目管理机构应建立各种文件、报表等的管理系统，用计算机进行档案管理，及时发现工程实施过程中可能发生的各类风险，以便及时采取有效措施减小风险损失或预防风险事件的发生。

(2) 对监理单位授权范围之外事件的决策。建设单位的决策权表现在以下几个方面。

1) 建设单位有对工程规模、设计标准和设计使用功能要求的认定权，监理单位只有建议权。

2) 对工程结构设计和其他专业设计中的技术问题，监理单位可以按照安全、优化的原则，通过建设单位向设计单位提出建议。如果拟提出的建议会提高工程造价或延长工期，应当事先征得建设单位同意。也就是说，建设单位对工程设计变更拥有审定权。

3) 对于施工组织设计和技术方案，监理单位可以按照保质量、保工期和降低成本的原则，向承包商提出建议，并向建设单位提出书面报告。

4) 监理单位有对参与建设有关单位进行组织协调的主持权，但重要协调事项应事先向建设单位报告。

5）监理单位须报经建设单位同意，才能发布开工令、停工令和复工令。停工令和复工令的发布，都会对工程项目建设的预期目标造成一定的影响，因此应由建设单位作出决策。如果发生紧急情况，项目监理机构不能事先向建设单位报告时，则应在发布停工令后 24 小时内向建设单位作出书面报告。

6）项目监理机构在建设单位授权下，可对建设单位与任何承包方所签订的合同提出变更。但如果这种变更会严重影响工程投资或质量、进度，则须事先经过建设单位批准。

7）建设单位有权单方面中止监理合同。建设单位提出中止合同的原因可能基于以下 3 个方面的考虑：一是监理单位严重违约使得监理合同已无法顺利实施；二是项目实施过程中发生了不可抗力事件，导致双方无法再履行合同义务；三是由于国家政策的调整，工程项目停建或缓建。

3. 督促监理单位履行合同义务

（1）对项目监理机构的人员进行控制。控制的内容包括以下方面：对于建设单位批准的总监理工程师人选，监理单位不得随意更换；项目监理机构的监理工作人员必须按批准的人员进驻计划按时、按量提供监理服务；有权要求监理单位更换不称职的监理人员等。

（2）通过项目监理机构提供的监理月报，监督工程的进展情况和检查项目监理机构的工作质量，并对其不满意之处及时提出处理意见。监理月报应包括的内容见表 4.7。在确有必要时，建设单位还有权要求项目监理机构就其监理业务范围内的有关事项提交专项报告。

表 4.7 监理月报的主要内容

月报条目	主 要 内 容
本月工程实施情况	（1）工程进展情况，实际进度与计划进度的比较，施工单位人、机、料进场及使用情况，本期在施部位的工程照片
	（2）工程质量情况，分项分部工程验收情况，工程材料、设备、构配件进场检验情况，主要施工试验情况，本月工程质量分析
	（3）施工单位安全生产管理工作评述
	（4）已完工程量与已付工程款的统计及说明
本月监理工作情况	（1）工程进度控制方面的工作情况
	（2）工程质量控制方面的工作情况
	（3）安全生产管理方面的工作情况
	（4）工程计量与工程款支付方面的工作情况
	（5）合同及其他事项的管理工作情况
	（6）监理工作统计及工作照片
本月施工中存在的问题及处理情况	（1）工程进度控制方面的主要问题及处理情况
	（2）工程质量控制方面的主要问题及处理情况
	（3）施工单位安全生产管理方面的主要问题及处理情况
	（4）工程计量与工程款支付方面的主要问题及处理情况
	（5）合同及其他事项管理方面的主要问题及处理情况
下月监理工作重点	（1）在工程管理方面的监理工作重点
	（2）在项目监理机构内部管理方面的工作重点

（3）追加或减小对项目监理机构的授权范围。虽然在通用条件中已规定项目监理机构有权做出决定的内容，但要求其对工期和投资有较大影响的事件做出决定前须事先征得建设单位的批准。为了保证工程项目建设过程中的协调、监督、管理工作高效有序地进行，建设单位应授予工程监理单位独立自主做出决定的一定权限范围，不必对工期或投资产生某种程度影响的事件做出决定前事事请示建设单位。建设单位对工程监理单位的授权范围可根据工程项目的特点、工程进展的实际情况，以及工程监理单位的管理水平和能力，随时扩大或减少。但在授予权限或变更授权范围时均应通知工程承包单位。

复习思考题

1. 简述建设项目监理的中心任务和主要内容。
2. 简述建设项目监理的合同结构及其特点。
3. 简述项目监理单位资格审查的主要内容。
4. 简述项目监理投标书的评审方法。
5. 如何确定项目监理合同谈判对象的优先次序？
6. 简述建设项目开工前和施工过程中建设单位（或项目法人）对监理合同管理的内容。

第5章 建设项目设计管理

5.1 建设项目设计管理概述

项目建筑设计管理贯穿整个项目开发建设的所有阶段与过程，设计管理的任务由产品的市场定位、设计进度规划、建筑规划与方案、扩充与施工图设计、设计图纸的优化与审查、施工过程中的设计管控等构成。设计阶段是影响建筑工程造价和品质最重要的环节，通过在设计阶段管理过程中对设计关键点的有效预控，可以提高建设单位或开发商的投资效益，在设计阶段为开发商控制项目工程造价，实现降低项目总投资的目的。

我国的建设项目设计一般分为两个阶段，即初步设计阶段和施工图设计阶段。初步设计阶段完成初步设计和概算，施工图设计阶段完成施工图设计和预算。对于一些技术复杂，采用新工艺、新技术的重大项目，在初步设计批准后需要增加技术设计阶段，此时称为三阶段设计。技术设计阶段将完成技术设计和修正概算。对于一些特殊的大型工程项目，应当进行总体规划设计，但不作为一个设计阶段，仅作为可行性研究的一项内容和初步设计的依据。

5.1.1 业主设计管理工作纲要

建设单位通过招标或直接选定设计单位，并与其签订设计合同后，其设计管理工作纲要包含了建设项目设计、施工及后评价的全部过程，具体内容见表5.1。

表5.1 设计管理工作纲要

项目建设阶段	建 设 单 位	设 计 单 位
初步设计（扩大初步设计）	取得可行性研究报告批准书后，编制初步设计任务委托书，选定设计单位并签订设计合同 选定勘察、钻探单位，签订合同，取得勘测、钻探报告后组织专家审查，副本交设计单位，并与勘察、钻探单位结算费用 选定科研单位，签订合同，监督科研进展，对科研报告进行评审，副本交设计单位；并与科研单位结算费用，签订模型保留和保护合同 外部条件要取得地方政府、主管部门或国家同意建设的证明书，并注明能提供的资源、动力、水、电、通信、原材料、燃料、征地等有关的量、质条款，复印件交设计单位 协调各设计单位之间的协作关系，诸如互相提供设计条件、交接设计条件、提供结点设计等 控制设计单位所进行的建设规模、建设投资和建设工期安排 控制初步设计质量、费用和设计周期 审核初步设计和概算 与设计单位结算设计费用 报批初步设计文件	编制初步设计阶段测量、工程地质、水文地质、地震地质、矿藏地质、海洋水文、滨海观测、河流水文、气象气候等有关勘察、钻探任务委托书，交建设单位（或项目法人）或自行委托勘测、钻探工作 编制建设条件的科研、试验任务委托书和环境研究委托书，交建设单位（或项目法人）或自行委托科研、试验工作 编制初步设计文件，提出工程概算

续表

项目建设阶段	建 设 单 位	设 计 单 位
施工图设计	初步设计批准后，编制施工图设计任务委托书 选择设计单位，委托施工图设计，签订设计合同 选定测量、勘察单位，签订合同。取得的测量、勘察报告经审查合格后，副本交设计单位，并与测量、勘察单位结算费用 协调各设计单位之间的协作关系 控制建设项目的建设规模、建设投资和工期安排 控制设计质量、设计费用和设计周期 审核施工图设计和概算 预付和结算设计费用 办理施工许可手续	编制施工图设计阶段测量、工程地质勘察任务委托书，交建设单位（或项目法人）或自行委托测量、勘察工作 各专业全面展开施工图设计，并编制工程预算
施工配合和竣工验收	组织技术交底会 提出或审查设计变更 邀请设计单位参加试运转 邀请设计单位参加竣工验收 结清全部设计费用	向施工单位进行技术交底 处理工程变更 修改设计预算 解决施工中的有关设计问题，协助建设单位（或项目法人）控制质量 参加试运转 参加竣工验收
设计回访、设计总结和项目后评价	项目使用一段时间后，邀请设计单位进行回访，倾听设计单位的改进建议 根据设计单位意见，进一步完善有关条件	进行设计回访，并向建设单位（或项目法人）提出改进意见 对工程建设进行后评价 编写工程设计总结 检查已归档文件，完善档案材料

5.1.2 建设项目外部协作条件的取证

1. 外部协作条件及其取证

（1）外部协作条件的内容。外部协作条件取证是由建设项目业主与提供协作条件的各行政主管部门或单位签订协议或取得审批、承诺或供应协议。概括起来，建设项目的外部协作条件主要有以下6个方面。

1) 征集土地：涉及土地上建筑物、构筑物的拆迁，被拆迁人口的安置。

2) 原材料及燃料的供应：包括原料、主要辅助材料和燃料（煤、石油、天然气等）的来源、供应能力、供应方式等。

3) 动力供应：包括水和电两部分。水包括水源、供水管路、供应方式等；电包括供电电源、供电线路、供电方式等。

4) 通信：包括通信方式、通信线缆、信息网络等。

5) 交通运输条件：包括海、陆、空运输条件和港口航道、陆上交通车站枢纽、机场及仓储设施等。

6) 配套设施、辅助设施：包括机修、电修、汽修、供气、供气、供热等。

（2）外部协作条件的取证。所有外部协作条件都将服务于拟建项目。建设单位（或项目法人）要利用外部协作条件，需要事先征得有关主管部门的批准同意。由于拟建项目的上马，打破了外部条件的平衡。例如，原有的供电平衡系统，由于本项目的用电而受到破坏，供电部门必须建立新的平衡系统，以确保本项目的供电。这样，供电部门就必须要有发、供电的新投入，才能做出供电的保证。因此，项目建设伊始就要向外部条件的各主管部门申请立项供应，签订外部条件的协议书或供应合同，提供给设计单位。设计单位按此进行项目的外部条件设计，如供水、供电的接点、管路、设备的设计，专用交通线路的设计等，进而才能完成整个项目的系统设计。

与外部协作条件各主管部门签订协议书或合同，称为外部协作条件取证。这是一项迁延耗时、任务繁杂的工作，建设单位（或项目法人）必须付出大量精力，才能进行顺利并保证时效。

2. 外部协作条件的取证内容

可行性研究阶段的取证内容比较简单，主要是意向性的，数据也比较概括，故一般称为协议意向书。但即使是意向书，也具有法律效用，可作为建设项目可行性研究和签订正式供用合同的依据。

初步设计阶段签订的外部条件供用协议书或合同，要求按设计容量进行详细计算后取得正式数据，付诸实践，并保证建设项目正常运转的条件。协议书或合同要求条款详尽，操作性强，责任明确，索赔有据。

（1）土地征收、拆迁安置。任何单位或个人进行建设，需要使用土地的，必须依法申请使用国有土地。获取国有土地使用权的基本方式有两种：一是通过出让方式获取国有土地使用权；二是通过划拨方式获取国有土地使用权。

1）通过出让方式获取国有土地使用权指国家将国有土地使用权在一定年限内出让给土地使用者，由土地使用者向国家支付土地使用权出让金的行为。

通过出让方式获取国有土地使用权又可以分成两种具体方式：一是通过招标、拍卖、挂牌出让方式获取国有土地使用权；二是通过协议出让方式获取国有土地使用权。

2）通过划拨方式获取国有土地使用权指县级以上人民政府依法批准，在土地使用者缴纳补偿、安置等费用后将该幅土地交付其使用，或者将土地使用权无偿交付给土地使用者使用的行为。

初步设计阶段应签订建设用地协议。协议包括土地使用要求，划拨方法、期限，拆迁安置具体意见，土地价格，拆迁安置费用，土地地面和地下设施及建筑处理意见等内容。

（2）原材料、燃料的供应。原材料、燃料、辅助材料品种繁多，需用量庞大，须与当地政府有关主管部门以及生产基地签订供应协议或合同。协议内容应包括原材料、主要辅助材料和燃料（煤、天然气、石油等）的来源，供应数量和质量要求，货源地点和交货地点，供应时间，包装方式、运输方式、交货方式、验收方式，供应中的安全保证措施，供应过程中的环境保护，供应价格等内容。如需要使用天然气或输油管路，则要明确管路接点、输送方式、管理方式、安全运行方式、维护检验及环保措施等。

（3）动力供应。

1）建设项目供水。除由自来水公司供水外，供水水源可分为地表水（江河、湖、水库）和地下水两种。

2）建设项目供电。建设项目除自建电站外，一般均需外部供电。外部电源和供电方案一般由建设单位所在地供电部门，遵照《全国供用电规则》中的有关规定，从全局出发，与建设单位（或项目法人）密切配合，共同研究确定，并签订供电协议。

(4) 电信。建设项目需要新建通信光缆、电话局，租用卫星通信线路、信息网络或发射广播电视信息时，立项阶段要征得电信部门的同意，并签订同意建设的意向书。在初步设计前，要签订电信协议书或合同。内容包括新增中继线数量，新建电话局容量、运行方式，通信线路的敷设、产权、分工，以及租用卫星频道，信息网络接入，网络布置，发射频率、发射时间、使用方式，电信费用、计费方式等。对通信无特殊要求的中、小型项目，也可在施工图设计阶段办理有关手续。

(5) 交通运输条件。外部交通运输包括铁路运输、公路运输和航空运输。大、中型建设项目，一般很少考虑航空运输。无论是自建线路、车站、港口还是委托铁路部门、公路部门和港务部门运输货物，建设单位（或项目法人）均须在立项时到有关主管部门备案，在可行性研究阶段取得准建证或运输协议意向书，在初步设计阶段要取得运输协议书。自建铁路、公路和港口与自建电站一样，建设单位（或项目法人）要按建设程序，包括立项在内，按建设阶段申报审批。

(6) 配套设施、辅助设施。配套设施指项目所在地能为建设项目的原材料加工以及机械维修配套的设施；辅助设施指项目所在地能为建设项目提供生活服务的设施，诸如供热、供气等设施。如果项目所在地能为建设项目提供服务，则建设项目中属于此类的设施就可不建或少建，这样既节省了投资，又发展了地方工业。因此，应在可行性研究阶段与这些主管部门签订协作意向书，而在初步设计阶段则要签订正式协议书，并且还要与生产厂家直接签订供应和维修合同，纳入初步设计文件。

5.2 建设项目设计目标控制

5.2.1 建设项目设计目标

建设单位（或项目法人）对建设项目设计要求达到三大目标：安全可靠、适用和经济。建设单位（或项目法人）根据这三大目标要求，向设计单位提供设计基础资料、文件，全面检验设计成果的质量。

1. 安全可靠性——建设单位（或项目法人）对设计标准的控制

建设项目设计标准的选择是为了保证建设项目的安全可靠。所谓安全可靠性，就是要保证建设项目的大部分或全部的使用价值不致丧失、投资不致浪费。

(1) 设计标准的内容，包括建设规模、占地面积、工艺装备、建筑标准、配套工程、劳动定员、环境保护、安全防护、卫生标准，以及防灾抗灾级别等的标准或指标。

(2) 设计标准的类别。

1) 规范、规程、标准、规定：在总结前人实践的基础上，国家各级主管部门通过规范、规程或设计标准、规定等形式提出的标准。

2) 建设单位（或项目法人）标准：建设单位（或项目法人）根据工程的性质、规模、使用期限、企业形象等规划条件提出的宏观标准，以及根据设备类型、性能、备件配置、操作特点等生产条件提出的微观标准。

3) 厂家标准：设备生产厂家订立的与设备有关的标准。

(3) 设计标准与设计目标之间的关系。设计的三大目标是相互制约、相辅相成的。因此，建设单位（或项目法人）应要求设计单位在选定设计标准时，将三大目标通盘考虑，严格控制。既不能为了降低造价而降低设计标准,又不能为了安全而片面追求高标准。对于非规范性标准,建设单位(或项目法人)要经过详细调查、试验,并结合设计的三大目标,综合平衡后,监督设计单位采用。

建设单位(或项目法人)对工程可靠性的要求应从以下3方面考虑:
1)生产使用上要有效和耐久。
2)建筑结构上保证强度、刚度和稳定。
3)总体规划上满足防灾、抗灾的安全要求。

2. 适用性——建设单位(或项目法人)对使用功能的控制

适用性指建设项目要具有良好的使用功能和美观效果,既方便生产,又方便生活。建设项目的使用功能是第一位的,但优美的生产和生活环境则有利于提高生产效率和产品质量,两者不可偏废。

(1)建设单位(或项目法人)对适用性的控制。适用性主要是在项目决策阶段和初步设计阶段形成的。建设单位(或项目法人)应抓住以下环节:总体布置要便于交通和联系,避免干扰和矛盾;室内布置则要求有必要的工作面积和空间,有必要的通风、照明、空调、防尘、防毒、防煤气、防火等设施,保证营业人员的身体健康;建设项目的形象处理,要统一而有序,要有合适的体形,比例要适宜,装饰要明快,与外部空间和环境要协调,要给人以庄重大方、明快和充满活力、富有时代气息的感受。

(2)使用功能。适用性又表现为使用功能。使用功能包括基本使用功能和外部使用功能。以港口工程为例,基本使用功能是物资和人员的运输(吞吐量),要保证船舶的靠泊,要保证货物和乘客的使用方便;其外部使用功能则是货物的集疏运条件——地面运输(铁路、公路运输)、水上运输和空中运输的条件、能力,以及满足环境和社会的使用要求。使用功能必须满足市场需求,否则就失去了建设的意义。从这个意义上讲,货物运输和乘客旅游就是市场需求。

3. 经济性——建设单位(或项目法人)对主要参数的选择

经济性指在保证工程安全可靠和适用的前提下,做到建设周期短、工程投资低、交付使用后经济效益高。评价一个建设项目的经济性,不应只看一次性的建设投资,还要综合考虑交付使用后的日常费用,即应从全寿命期角度来考虑。

(1)经济性与设计参数的选择。建设投资和建成后使用成本的决定性因素是设计阶段设计参数的正确选择。有些设计参数是由客观自然条件决定的,应按实际情况采用,如气温、地质情况等;有些是人为的,如工作制度、管理方式等。建设单位(或项目法人)提供的原始数据必须准确、有根据且经过检验;设计单位选定的参数,必须要先进、合理、具有科学性。有些关键参数,建设单位(或项目法人)应负责审定。设计参数的来源如下:
1)勘探和科研部门提供的资料。
2)国家的规范、规程、标准、规定。
3)建设单位(或项目法人)(及设备厂家)提供的资料。

(2)经济性的评价标准。采用先进技术、降低造价是设计部门的职责。但是,投资省的设计并不等于是一个经济的设计。只有结合使用成本进行综合评价,才能评价设计的经济性。投资低、成本低的方案当然是最佳方案。但在通常情况下,投资低的方案,其使用成本往往高;使用成本低的方案,其投资又往往高,这就是建设单位(或项目法人)要把握的关键所在。设计单位要对方案进行技术经济分析,用投资回收期和内部收益率等指标来综合评价项目设计的经济性。项目的经济评价不仅要评价建设单位自身的效益,还要从社会效益来评价,对国民经济和整个社会的受益或受损(包括环境污染等)进行正确评价。建设单位(或项目法人)一定要认真审查设计单位的经济性评价文件,反复咨询调研,避免走入误区。

(3) 经济性的主要内涵。

1) 节约用地、能源。

2) 回收期短、内部收益率高(与国内同类建设项目以及国际常规相比)。

3) 投资省、工期短。

4) 成本低、维修少、使用费省。

5.2.2 建设单位(或项目法人)对工程设计的控制

在实际工作中,由于参与工程建设各方所处的位置不同,各自所关注的重点也有所不同,作为业主的主要任务之一,就是要以质量控制为纽带,协调设计、监理、施工单位三者关系,加强对设计、监理、施工的质量控制,以保证工程达到预期的质量目标。对设计过程的监督,主要是实行三大控制——进度控制、投资控制和质量控制。

1. 进度控制

建设项目的实施进度取决于设计单位所做的工程设计。设计所采用的总体规划、外部协作条件、主体工艺流程、设备制造及安装方式、主体建筑结构型式、施工方法等,都直接决定着项目实施进度。

建设单位(或项目法人)对设计文件形成的进度控制,主要是审核设计单位提交的设计进度控制计划和详细的出图计划,并在计划执行过程中对设计进度实施动态监测,以确保设计文件能按时提交。同时,还要审查项目实施过程安排,判断项目能否在决策阶段预定的计划工期内完成。

审查重点是,设计文件中编制的实施总工期和实施进度安排是否能保证实现,包括:劳动力来源、劳动力素质技能、劳动生产率等要求能否落实;建设材料来源、数量、运输和规格、性能、加工等的时间要求能否落实;施工准备能否按时完成;外部协作条件能否按时具备;临时设施等外部条件能否准时完成;主要设施国内外订货周期、生产周期及运输周期是否正确无误;主要建筑构件的预制、运输及安装是否能按期实现;主体设计及辅助设施的安装、调试、试生产各因素是否考虑充分;验收、生产准备时间是否落实;人员培训是否落实;有关施工、生产准备的时间是否在进度表中均有充分的反映。同时,与已建成的类似项目建设周期进行分析对比,论证设计编制的总进度安排是否合理可行。

2. 投资控制

(1) 建设项目投资控制目标。

1) 投资控制目标系统。建设项目投资指建设项目有计划地进行固定资产再生产和形成最低量流动资金的、一次性费用的总和,亦即进行某项工程建设所花费的全部费用。

由于工程项目建设期长、消耗物资多、价格变动范围大、技术进步速度快,不可能从项目建设开始,就确定一个固定的投资目标,而只能设置一个大致的投资控制目标。随着工程建设的不断进展,投资控制目标才逐渐清晰、准确,这就是投资估算、设计概算、承包合同价。因此,投资控制目标应分阶段设置。①投资估算:方案设计和初步设计的投资控制目标。②设计概算：技术设计和施工图设计的投资控制目标。③承包合同价：施工阶段的投资控制目标。

上述阶段目标之间相互制约、相互补充，前者控制后者，后者补充前者，共同组成投资控制的目标系统。

2）项目投资目标的形成期。建设项目投资目标是在项目设计前期和设计期形成的，通常占工程项目总工期的1/4。一般来说，可行性研究能影响整个投资目标，影响的可能性几乎为100%；初步设计阶段，影响项目投资的可能性为75%～95%；技术设计阶段，影响投资的可能性为35%～75%；施工图设计阶段，影响投资的可能性仅为10%左右。因此，投资控制的重点在设计前期和设计阶段。

(2) 设计概算的审查。设计概算的审查目标是概算不超过可行性研究的项目投资估算费用。

1）设计概算的组成。设计概算由三级概算组成：单位工程概算、单项工程综合概算和建设项目总概算。①单位工程概算。单位工程概算分建筑工程概算和设备及安装工程概算两部分，建筑工程概算又分为土建工程概算、给排水工程概算、采暖工程概算、通风工程概算、电器照明工程概算、管道工程概算、特构概算等。设备及安装工程概算又分为机械设备及安装工程概算、电气设备及安装工程概算等。一般按工程量依据概算定额编制。②单项工程综合概算。实际是将组成单项工程的单位工程概算列表汇总，也算至直接费。③建设项目总概算。它是单项工程综合概算（称第一部分工程费用）汇总后，加上第二部分工程建设其他费用、预备费用、税和利息及涨价因素。第一部分工程费用包括主要工程项目综合概算、辅助和服务性工程项目综合概算、生活福利设施工程综合概算、室外工程综合概算、场外工程综合概算。第二部分工程建设其他费用包括土地使用费、建设单位管理费、研究试验费、勘察设计费、工程监理费、工程保险费、建设单位临时设施费、供电费、引进技术和设备进口项目的其他费用、工程总承包费、联合试运转费、生产准备费、办公和生活家具购置费等。

2）设计概算的审核。设计概算编得准确合理，才能保证投资计划的真实性。审核概算的目的就是力求投资的准确、完整，防止扩大投资规模或出现漏项，减少投资缺口。要打足投资、不留缺口，提高建设项目的经济效益。①审查编制依据：审查编制依据是否合法，审查定额、标准、价格、取费标准的时效性，审查编制依据的适用范围。②审查概算构成：包括工程量、定额单价、收费标准；审查经济效益、"三废"投资和各项经济技术指标。③审查方式：掌握建设项目概况，在理解设计意图和概算编制说明的基础上，与国内外同类建设项目的投资进行对比分析，了解国内外的新情况、新问题，向上级主管部门报告，研究调整总概算，并报审批单位，催办审批下达文件。

(3) 施工图预算的审查。施工图预算的审查目标是施工图预算不超过设计概算。

1）审查的重点。审查编制依据是否合法及定额的时效性，工程量是否准确，预算单价是否正确，取费标准是否符合规定，有无重复计费，费用调整是否真实等。

2）审查的方式。审查方式有单审和会审两种。①单审：由建设银行、建设单位和承包单位单独进行，发现问题，按国家规定充分协商、实事求是地修正预算。②会审：由建设单位（或业主）牵头，邀请设计、监理、施工承包单位组成班子进行。一般来说，中、小型建设项目采用单审，会审仅用于复杂的大、中型建设项目。

施工图预算审查涉及的单位多、工作量大，因此选定审查方法非常重要。常用的方法有对比审查、利用手册审查、编制标准单元审查、编制标准工程做法审查、重点审查、逐项审查等。

（4）施工过程中预算修改的审查。建设单位（或业主）由于工程变化或要求修改设计；设计者本身对设计的变更和承包商在施工过程中要求的设计变动，均需由设计单位出具设计变更书，建设单位（或业主）认可后执行。由于这些变更所引起的工程费用的增减就是预算的修改。建设单位（或业主）对变更的费用要审查，使其尽量不超过批准的总投资额。

3. 质量控制

（1）设计质量目标要求。建设项目的质量目标和水平，要通过设计使其具体化，以此作为施工的依据。建设项目的设计质量要求是：本着"统一规划，合理布局，因地制宜，综合开发，配套建设"的方针，做到适用、经济、美观、防灾、抗灾、安全、节约用地与环境协调，做到"造价不高质量高、标准不高水平高、面积不大功能全、占地不多环境美"。

（2）设计质量控制程序和内容。

1）组织设计招标或方案竞赛。根据项目建设有关批文、资料，编制设计大纲或设计方案竞赛文件，组织设计招标或设计方案竞赛，评定设计方案。

2）优选勘察、设计、科研单位。进行勘察、设计、科研单位的资质审查，优选勘察、设计、科研单位，签订合同并履行合同。

（3）审查设计方案。审查设计方案，以保证项目设计符合设计大纲要求，符合国家有关工程建设的方针、政策，符合现行设计规范、标准，符合国情；结合工程实际，技术先进，能充分发挥建设项目的社会效益、经济效益和环境效益。①审查总体方案。重点审核设计依据、设计规模（对于生产性建设项目指设计年生产能力，对于非生产性建设项目指设计容量）、产品方案、工艺流程、项目组成及布局、设备配套、占地面积、建筑面积、建筑造型、协作条件、环保措施、防灾抗灾、建设期限、设计概算等的可靠性、合理性、经济性、先进性和协调性，判断其是否满足决策阶段所确定的质量目标和水平。②审查专业设计方案。重点审核专业设计方案的设计参数、设计标准、设备和结构造型、功能和使用价值等是否满足适用、经济、美观、安全、可靠的要求。

设计方案审核要结合工程概算资料进行，做好技术经济比较和多方案论证，以确保工程进度、投资和质量三大目标的合理匹配。

（4）审核设计图纸。设计图纸是设计工作的成果，同时又是施工的直接依据。因此，设计阶段的质量控制最终要体现在设计图纸的审核上。

1）初步设计图纸审核。初步设计是决定工程采用何种技术方案。审核的重点是：所采用的技术方案是否符合总体方案的要求，是否达到项目决策阶段的质量标准。同时，要审核工程概算是否在控制限额之内。

2）技术设计图纸审核。技术设计是初步设计技术方案的具体化。审核的重点是：各专业设计是否符合预定的质量标准和要求。同时，要审核修正概算是否在投资控制限额之内。

3）施工图审核。施工图是对设备、设施、建筑物、管线等工程对象的尺寸、布置、选材、构造、相互关系、施工及安装质量要求的详细描述和说明，是指导施工的直接依据，也是设计阶段质量控制的一个重点，其审核的重点是使用功能能否满足质量目标和水平。

（5）设计交底和图纸会审。目的是进一步提高质量，使施工单位熟悉图纸，了解工程特点和设计意图、关键部位的质量要求,发现图纸错误并进行改正。

1)程序。建设单位(或项目法人)组织施工单位和设计单位进行图纸会审,先由设计单位向施工单位进行技术交底,即由设计单位介绍工程概况、特点、设计意图、施工要求、技术措施等有关注意事项;然后由施工单位提出图纸中存在的问题和需要解决的技术难题。通过建设单位(或项目法人)及监理单位、设计单位、施工单位协商,拟订解决方案;最后,参会各方在会议纪要上签字。

2)图纸会审的主要内容。图纸会审的主要内容如下:①设计资格是否满足要求,图纸是否经设计单位签署意见,图纸与说明是否齐全,有无续图供应;②地质与外部资料是否齐全,抗震、防火、防灾、安全、卫生、环保是否满足要求;③总平面图和施工图是否一致;设计图之间、专业之间、图面之间有无矛盾,标志有否遗漏;总图布置中工艺管线、电气线路、设备位置、运输通路与构筑物之间有无矛盾,布局是否合理;④地基处理是否合理;施工与安装是否存在不能实现或难以实现的技术问题,或易于导致质量、安全及费用增加等方面的问题;材料来源是否有保证、能否代换;⑤标准图册、通用图集、详图做法是否齐全,非通用设计图纸是否齐全。

(6)施工配合和竣工验收。建设单位(或项目法人)组织设计单位配合施工,任务有两个:一是处理施工过程中发生的设计问题,解决施工单位、建设单位(或项目法人)提出的质量问题;二是处理设计变更和预算修改。

竣工验收既是对施工质量的最后考核,也是对设计质量的最后审定。验收期间发现的设计或施工质量问题有一个质量问题消除期,即限定设计单位与施工单位消除质量问题的期限。设计单位与施工单位要在该限定期限内采取有效措施消除工程质量问题,使其通过验收,达到预期的工程质量,设计质量控制工作也就宣告终止。

5.3 初步设计、技术设计及施工图设计管理

5.3.1 初步设计(技术设计)管理

1. 初步设计管理

(1)初步设计的必备条件。

1)委托初步设计的必备条件。

a. 建设项目可行性研究报告经过审查,建设单位(或项目法人)已获得可行性研究报告批准文件。

b. 已办理征地手续,并已取得规划行政主管部门和土地行政主管部门提供的建设用地规划许可证和建设用地红线图。

c. 建设单位(或项目法人)已取得规划行政主管部门提供的规划设计条件通知书。

2)初步设计完成时的必备条件。在初步设计过程中,建设单位(或项目法人)要办理各种外部协作条件的取证工作和完成科研、勘察任务,并转交设计单位,作为工程设计和编制概算的依据。

(2)初步设计的主要内容。初步设计的主要内容如下:

1)设计原则,设计中遵循的主要方针、政策和设计指导思想。

2)建设规模,分期建设及远景规划,建设地点,占地面积,征地数量,总平面布置和

内外交通、外部协作条件。

3)各专业主要设计方案和工艺流程。

4)原料、燃料、动力来源、用量、供应条件；主要材料用量；主要设备选型、数量、配置。

5)新技术、新工艺、新设备采用情况。

6)主要建筑物、构筑物，公用、辅助设施，生活区建设，抗震和人防措施。

7)综合利用，环境保护和"三废"治理。

8)生产组织，工作制度和劳动定员。

9)各项技术经济指标。

10)建设顺序，建设期限。

11)经济评价，成本、产值、税金、利润、投资回收期、借款偿还期、净现值、投资收益率、盈亏平衡点、敏感性分析，资金筹措、综合经济评价等。

12)总概算。

13)附件、附表、附图，包括设计依据的文件批文、各项协议批文、主要设备表、主要材料明细表、劳动定员表等。

(3)初步设计的审查。建设单位（或项目法人）对初步设计文件的审查，围绕着所设计的建设项目的质量、进度及投资进行。总目录和设计总说明审查，查核设计质量是否符合决策要求，项目是否齐全，有无漏项，设计标准、装备标准是否符合预定要求。针对建设单位（或项目法人）所提的委托条件和建设单位（或项目法人）对设计的原则要求，逐条对照，审核设计是否均已满足。审核初步设计中所安排的施工进度和交付使用时间是否确有可能实现，各种外部因素是否考虑周全。投资审查主要是审核总概算。要审核全部投资是否节约，外部条件设计是否经济，方案比较是否全面，经济评价是否合理；设备投资是否合理，主要设备的订货价格是否符合当前市场价格，能否用国产设备；订制国外设备的充要条件，运输费用是否合理，报关是否合理，有无替代途径。

要审查初步设计是否创造了一个良好的生产和生活环境，是否创造了高效、低耗和充满生机的条件。这主要体现在建筑设计的标准、建筑平面和空间的处理及环保要求等方面。一个建筑区域，以至一个新兴城市，要有完美、和谐、统一的建筑风格。

(4)初步设计的报批。根据《国务院关于投资体制改革的决定》，对于采用直接投资和资本金注入方式的政府投资项目，政府应严格审批其初步设计、概算；对于采用投资补助、转贷和贷款贴息方式的政府投资项目，则只审批资金申请报告，不需要审批建设项目的初步设计、概算。

2. 技术设计的管理

(1)开展技术设计的条件。

1)初步设计已被批准。

2)对于特大规模的建设项目，或工艺极为复杂，或采用新工艺、新设备、新技术而且有待试验研究的新开发项目，某些援外项目及极为特殊的项目，经上级机关或主管部门批准需要做技术设计的项目。

(2)技术设计的深度和主要解决的问题。技术设计是根据已批准的初步设计，对设计中比较复杂的项目、遗留问题或特殊需要，通过更详细的设计和计算，进一步研究和阐明其可靠性和合理性，准确地决定各主要技术问题。设计深度和范围基本上与初步设计一致。

（3）技术设计的报批。技术设计是初步设计的补充和深化，一般不再进行审核。建设单位（或项目法人）可直接上报审批技术设计的主管部门，经审批后转设计单位，开展施工图设计。

5.3.2 施工图设计管理

施工图设计管理涉及设计班子的组成与配合，设计内容及深度要求的满足，使用功能及质量要求的满足；设计进度管理，设计合同管理，设计标准化的推广，设计规范以及工程建设强制性标准的遵守；设计人员之间的协调配合、校对以及施工图的审核，施工图的出图、签字、盖章，施工图预算的编制等方面的管理内容。其中施工图设计质量的管理尤为重要。完成的施工图设计文件应具备相应的质量特性，如功能性、安全性、经济性、可信性、可实施性、适应性和时间性。设计单位要严格履行委托工程设计合同约定的日期，保质、保量、准时交付施工图及概（预）算文件。

1. 施工图设计的条件

施工图设计的主要任务是满足施工要求，即在初步设计或技术设计的基础上，综合建筑、结构、设备各工种，相互交底、核实核对，深入了解材料供应、施工技术、设备等条件，把满足工程施工的各项具体要求反映在图纸中，做到整套图纸齐全统一，明确无误。开展施工图设计的条件如下：

（1）上级文件，包括建设单位（或项目法人）已取得的上级机关或主管部门对初步设计的审核批准书、批准的年度建设计划和规划行政主管部门核发的施工图设计条件通知书。

（2）初步设计审查时提出的重大问题和初步设计的遗留问题，诸如补充钻探、勘察、试验、模型等已经解决；施工图阶段勘察及地形测绘图已经完成。

（3）外部协作条件，水、电、交通运输、征地、安置的各种协议已经签订或基本落实。

（4）主要设备订货基本落实，设备总装图、基础图资料已收集齐全，可满足施工图设计的要求。

2. 施工图设计的主要内容

施工图设计的内容主要包括工程施工、设备安装所需的全部图纸，重要施工、安装部位和生产环节的施工操作说明，施工图设计说明，预算书和设备、材料明细表。

在施工总图（平、剖面图）上应有设备、房屋或构筑物、结构、管线各部分的布置，以及它们的相互配合、标高、外形尺寸、坐标；设备和标准件清单；预制的建筑配构件明细表等。在施工详图中，应设计非标准详图、设备安装及工艺详图，设计建筑物、构筑物及一切配件和构件尺寸，联结、结构断面图，材料明细表及编制预算。图纸应按有关专业配套出齐，包括主体工艺、水、暖、风、电、通信、运输、自动化、设备、机械制造、水工、土建等专业。

3. 施工图设计文件的审查

施工图审查机构对施工图审查的内容包括以下方面：

（1）是否符合工程建设强制性标准。

（2）地基基础和主体结构的安全性。

（3）是否符合民用建筑节能强制性标准，对执行绿色建筑标准的项目，还应当审查是否符合绿色建筑标准。

（4）勘察设计单位和注册执业人员及相关人员是否按规定在施工图上加盖相应的图章和签字。

（5）法律、法规、规章规定必须审查的其他内容。

建设单位应当向审查机构提供的资料包括：作为勘察、设计依据的政府有关部门的批准文件及附件；全套施工图；其他应当提交的材料。

任何单位或者个人不得擅自修改审查合格的施工图。确需修改的，凡涉及上述审查内容的，建设单位应当将修改后的施工图送原审查机构审查。

复习思考题

1. 简述建设项目外部协作条件的内容。
2. 简述建设项目设计目标及其控制的内容。
3. 简述设计方案的审查内容和图纸会审的内容。
4. 建设项目投资控制的目标系统是什么？设计概算的审查包括哪些内容？
5. 初步设计和施工图设计的条件有哪些？
6. 简述施工图设计文件的审查内容。

第6章 建设项目招标管理

6.1 建设项目招标概述

6.1.1 建设项目招标及其方式

1. 建设项目招投标的概念

招标投标指招标人对工程建设、货物买卖、劳务承担等交易业务，事先公布选择采购的条件和要求，招引他人承接，若干或众多投标人作出愿意参加业务承接竞争的意思表示，招标人按照规定的程序和办法择优选定中标人的活动。建设项目招标指招标人在发包建设项目之前，公开招标或邀请投标人，根据招标人的意图和要求提出报价，择日当场开标，以便从中选定中标人的一种经济活动。建设项目投标是建设项目招标的对称概念，是指具有合法资格和能力的投标人根据招标条件，经过初步研究和估算，在指定期限内填写标书，提出报价，并等候开标，决定能否中标的经济活动。

从法律意义上讲，建设项目招标一般是建设单位（或业主）就拟建的工程发布通告，用法定方式吸引建设项目的承包单位参加竞争，进而通过法定程序从中选择条件优越者来完成工程建设任务的法律行为。建设项目投标一般是经过特定审查而获得投标资格的建设项目承包单位，按照招标文件的要求，在规定的时间、地点向招标单位填报投标书，并争取中标的法律行为。

2. 招标承包制的概念

招标承包制是在有计划的商品经济条件下，采用招标投标方式以实现工程建设承包的一种经营管理制度。在我国招标承包制的建立和实行，是对计划经济条件下单纯用行政办法分配建设任务的一项重大改革措施，是保护竞争、反对垄断、发展社会主义商品经济的一个重要标志。它是建立在现代科学管理基础上的、新型的承发包制。

招标承包含有招标发包和投标承包两方面的内容：一是由建设单位作为拟建工程的发包者，按规定的招标程序，采用一定的招标方式，择优选定设计或施工单位；二是由设计或施工单位作为该拟建工程的承包者，按相应规定的投标程序和投标方式，自行承揽设计或施工任务。招标承包制的根本原则是，招标投标双方坚持自愿、公平、等价有偿和诚实信用，讲求职业道德和社会主义精神文明。它作为一项制度，受到国家法律的约束和保护。建筑产品也是商品，招标承包是遵循和运用商品的经济规律和价值规律，并将实施过程纳入法制化轨道的一种社会化生产经营管理方式。

3. 招标范围及有关规定

2012年2月1日起颁布实施的《中华人民共和国招标投标法实施条例》（以下简称《条例》）规定，需要履行项目审批、核准手续的依法必须进行招标的项目，其招标范围、招标方式、招标组织形式应当报项目审批、核准部门审批、核准。项目审批、核准部门应当及时将审批、核准确定的招标范围、招标方式、招标组织形式通报有关行政监督部门。

(1) 必须进行招标的项目。我国《招标投标法》指出，凡在中华人民共和国境内进行下列工程建设项目，包括项目的勘察、设计、施工、监理以及与工程建设有关的重要设备、材料等的采购，必须进行招标。这些工程建设项目主要包括：大型基础设施、公用事业等关系社会公共利益、公众安全的项目；全部或者部分使用国有资金投资或者国家融资的项目；使用国际组织或者外国政府贷款、援助资金的项目。

根据《招标投标法》的规定，上面所列项目的具体范围和规模标准，由国务院发展计划部门会同国务院有关部门制订，报国务院批准。国家计委于2000年5月1日颁布实施了《工程建设项目招标范围和规模标准规定》（以下简称《规定》），其对上述工程建设项目招标范围和规模标准作出了具体规定，具体范围如下：

1) 关系社会公共利益、公众安全的基础设施项目的范围包括：①煤炭、石油、天然气、电力、新能源等能源项目；②铁路、公路、管道、水运、航空以及其他交通运输业等交通运输项目；③邮政、电信枢纽、通信、信息网络等邮电通信项目；④防洪、灌溉、排涝、引（供）水、滩涂治理、水土保持、水利枢纽等水利项目；⑤道路、桥梁、地铁和轻轨交通、污水排放及处理、垃圾处理、地下管道、公共停车场等城市设施项目；⑥生态环境保护项目；⑦其他基础设施项目。

2) 关系社会公共利益、公众安全的公用事业项目的范围包括：①供水、供电、供气、供热等市政工程项目；②科技、教育、文化等项目；③体育、旅游等项目；④卫生、社会福利等项目；⑤商品住宅，包括经济适用住房；⑥其他公用事业项目。

3) 使用国有资金投资项目的范围包括：①使用各级财政预算资金的项目；②使用纳入财政管理的各种政府性专项建设基金的项目；③使用国有企业、事业单位自有资金，并且国有资产投资者实际拥有控制权的项目。

4) 国家融资项目的范围包括：①使用国家发行债券所筹资金的项目；②使用国家对外借款或者担保所筹资金的项目；③使用国家政策性贷款的项目；④国家授权投资主体融资的项目；⑤国家特许的融资项目。

5) 使用国际组织或者外国政府资金的范围包括：①使用世界银行、亚洲开发银行等国际组织贷款资金的项目；②使用外国政府及其机构贷款资金的项目；③使用国际组织或者外国政府援助资金的项目。

《规定》中明确指出，对以上第1)条至第5)条规定范围内的各类工程建设项目，包括项目的勘察、设计、施工、监理以及与工程建设有关的重要设备、材料等的采购，达到下列标准之一的，必须进行招标：①施工单项合同估算价在200万元人民币以上的；②重要设备、材料等货物的采购，单项合同估算价在100万元人民币以上的；③勘察、设计、监理等服务的采购，单项合同估算价在50万元人民币以上的；④单项合同估算价低于第1)、2)、3)条规定的标准，但项目总投资额在3000万元人民币以上的。

(2) 必须公开招标的项目。根据《招标投标法》以及《条例》的规定，国有资金占控股或者主导地位的依法必须进行招标的项目，应当公开招标。

(3) 可以邀请招标的项目。《招标投标法》中规定，国务院发展计划部门确定的国家重点项目和省、自治区、直辖市人民政府确定的地方重点项目不适宜公开招标的，经国务院发展计划部门或者省、自治区、直辖市人民政府批准，可以进行邀请招标。

《条例》中规定,有下列情形之一的,可以邀请招标:
1) 技术复杂、有特殊要求或者受自然环境限制,只有少量潜在投标人可供选择。
2) 采用公开招标方式的费用占项目合同金额的比例过大。

(4) 可以不进行招标的项目。《招标投标法》中规定,涉及国家安全、国家秘密、抢险救灾或者属于利用扶贫资金实行以工代赈、需要使用农民工等特殊情况,不适宜进行招标的项目,按照国家有关规定可以不进行招标。

《条例》对《招标投标法》中可以不进行招标的情况进行了补充。《条例》规定,除《招标投标法》中规定的可以不进行招标的特殊情况外,有下列情形之一的,可以不进行招标:
1) 需要采用不可替代的专利或者专有技术。
2) 采购人依法能够自行建设、生产或者提供勘察、设计和监理等服务。
3) 已通过招标方式选定的特许经营项目投资人依法能够自行建设、生产或者提供勘察、设计和监理等服务。
4) 需要向原中标人采购工程、货物或者服务,否则将影响施工或者功能配套要求。
5) 国家规定的其他特殊情形。

4. 招标方式

根据《招标投标法》的规定,招标方式有两种,即公开招标和邀请招标。

(1) 公开招标。公开招标又称为无限竞争性招标,是由招标单位通过报刊、广播、电视、网络等方式发布招标广告,有投标意向的承包商均可参加投标资格审查,审查合格的承包商可购买或领取招标文件,参加投标的招标方式。

公开招标方式的优点是:有利于开展真正意义上的竞争,最充分地展示公开、公平、公正竞争的招标原则,防止和克服垄断;能有效地促使承包人努力提高工程质量,缩短工期,降低造价,求得节约和效率,创造最合理的利益回报;有利于防范招标投标活动中操作人员和监督人员的舞弊现象。但是与邀请招标相比,公开招标也有其自身的弊端,表现为:参加竞争的投标人越多,每个参加者中标的概率就越小,就会有越多的投标人白白损失投标费用;招标人审查投标人资格、投标文件的工作量比较大,耗费的时间长,招标费用支出也比较多。

(2) 邀请招标。邀请招标又称为有限竞争性招标。这种方式不发布广告,业主根据自己的经验和所掌握的各种信息资料,向有承担该项工程施工能力的三个以上(含三个)承包商发出投标邀请书,收到邀请书的单位有权利选择是否参加投标。邀请招标与公开招标一样都必须按规定的招标程序进行,要制定统一的招标文件,投标人都必须按招标文件的规定进行投标。

邀请招标方式的优点是:参加竞争的投标人数目可由招标单位控制,目标集中,招标的组织工作较容易,工作量比较小。相比公开招标,邀请招标的缺点表现为:由于参加的投标单位相对较少,竞争范围较小,招标单位对投标单位的选择余地较少,如果招标单位在选择被邀请的承包商前所掌握信息资料不足,则会失去发现最适合承担该项目的承包商的机会。

5. 自行招标与委托招标

建设单位(或项目法人)具备下列条件的,可以自行组织招标。

(1) 有与招标项目工程规模及复杂程度相适应的工程技术、工程造价、财务和工程管理人员，具备组织编写招标文件的能力。

（2）有组织评标的能力。

（3）建设单位（或项目法人）不具备上述规定条件的，应当委托具有相应资格的招标代理机构进行招标。

6. 建设项目招标的种类

（1）勘察、设计招标。勘察、设计招标指根据批准的可行性研究报告，择优选择勘察、设计单位的招标。勘察和设计是两种不同性质的工作，可由勘察单位和设计单位分别完成。勘察单位最终提供施工现场的地理位置、地形、地貌、地质、水文等在内的勘察报告。设计单位最终提供设计图纸和成本预算结果。设计招标还可以进一步分为建筑方案设计招标、施工图设计招标等。当施工图设计不是由专业的设计单位承担，而是由施工单位承担，一般不进行单独招标。

（2）监理招标。监理招标指招标人为了委托监理任务的完成，以法定方式吸引监理单位参加竞争，招标人从中选择条件优越者的法律行为。

（3）施工招标。施工招标是在工程项目的初步设计或施工图设计完成后，用招标的方式选择施工单位。施工单位最终向业主交付按招标设计文件规定的建筑产品。

（4）材料、设备采购招标。材料、设备采购招标指在工程项目初步设计完成后，对建设项目所需的建筑材料和设备采购任务进行的招标。投标方通常为材料供应商、成套设备供应商等。

7. 招标代理机构

招标代理机构是依法设立、从事招标代理业务并提供相关服务的社会中介组织。《招标投标法》规定，从事工程建设项目招标代理业务的招标代理机构，其资格由国务院或者省、自治区、直辖市人民政府的建设行政主管部门认定。

根据《招标投标法》规定，招标代理机构应当具备下列条件。

（1）有从事招标代理业务的营业场所和相应资金。

（2）有能够编制招标文件和组织评标的相应专业力量。

（3）有符合《招标投标法》规定的条件、可以作为评标委员会成员人选的技术、经济等方面的专家库。

根据《招标投标法》规定，招标人有权自行选择招标代理机构，委托其办理招标事宜。任何单位和个人不得以任何方式为招标人指定招标代理机构。招标人具有编制招标文件和组织评标能力的，可以自行办理招标事宜。任何单位和个人不得强制其委托招标代理机构办理招标事宜。依法必须进行招标的项目，招标人自行办理招标事宜的，应当向有关行政监督部门备案。

6.1.2 建设项目招投标的监督

为了加强国家重大建设项目招投标活动的监督，保证招投标活动依法进行，对于国家出资融资的、经国家投资主管部门审批或审核后报国务院审批的建设项目，由国家投资主管部门负责组织稽察特派员及其助理，对项目的招标投标活动进行监督检查。

水利稽察指水行政主管部门依据有关法律、法规、规章、规范性文件和技术标准等，对水利建设项目组织实施情况进行监督检查的活动，适用于有政府投资的水利建设项目。稽察工作坚持监督检查与指导帮助并重，遵循依法监督、严格规范、客观公正、廉洁高效的原则。

1. 项目稽察方式

稽察人员对建设项目招标投标活动的监督检查,可以采取经常性稽察和专项性稽察的方式。经常性稽察方式是对建设项目所有招标投标活动进行全过程的跟踪监控;专项性稽察方式是对建设项目招标投标活动实施抽查。经常性稽察项目名单由国家投资主管部门确定。

列入经常性稽察的项目,招标单位应当根据核准的招标事项编制招标文件,并在发售前15个工作日将招标文件、资格预审情况和时间安排及相关文件报国家投资主管部门备案。招标单位确定中标单位后,应当在15个工作日内向国家投资主管部门提交招标投标情况报告。水利稽察方式主要包括项目稽察和对项目稽察发现问题整改情况的回头看(以下简称回头看)。

项目稽察是水行政主管部门根据水利建设实际情况,对具体建设项目实施情况进行的全过程监督检查。回头看是现场检查被稽察单位对稽察发现问题的整改落实情况。

2. 稽察人员职责及监督检查方式

稽察组由稽察组长、专家组长、稽察助理和稽察专家等组成。稽察专家包含前期与设计、建设管理、计划管理、资金使用与管理、质量管理和安全管理等6个专业的专家。稽察人员依据国家有关招标投标的法律、法规、规章和政策情况对建设项目的招标投标活动进行监督检查,其主要职责如下:监督检查招标投标当事人和其他行政监督部门有关招标投标的行为是否符合法律、法规规定的权限、程序;监督检查招标投标的有关文件、资料,对其合法性、真实性进行核实;监督检查资格预审、开标、评标、定标过程是否合法以及是否符合招标文件、资格审查文件规定,并可进行相关的调查核实;监督检查招标投标结果的执行情况。

稽察人员对招标投标活动进行监督检查,可以采取下列方式:检查项目审批程序、资金拨付等资料和文件;检查招标公告、投标邀请书、招标文件、投标文件,核查投标单位的资质等级和资信等情况;监督开标、评标,并可以旁听与招标投标事项有关的重要会议;向招标单位、投标单位、招标代理机构、有关行政主管部门、招标公证机构调查了解情况,听取意见;审阅招标投标情况报告、合同及其有关文件;现场查验,调查、核实招标结果执行情况。

稽察人员在监督检查过程中不得泄露知悉的保密事项,不得作为评标委员会成员直接参与评标。

(1)稽察组长。稽察组长对现场稽察阶段工作负总责。主要职责为:审定现场稽察实施方案,协调解决现场稽察遇到的问题和困难;主持稽察组碰头会和与有关单位的座谈会及交换意见会等;审定稽察工作底稿、现场稽察阶段稽察报告、稽察发现的问题等稽察成果;对稽察组其他人员工作情况提出评价意见;负责工作纪律、安全管理和廉洁稽察有关规定的落实和监督;负责或委托专家组长汇报稽察成果或稽察组工作。根据稽察组次安排、个人情况以及工作要求,同一批次中一名稽察组长可同时担任不超过2个稽察组的组长。

(2)专家组长。专家组长对业务工作及成果质量负主要责任,协助稽察组长开展工作。主要职责为:组织制定现场稽察实施方案;协调专家之间、专家与助理之间的工作分工;指导、督促专家和助理按要求开展工作并提交成果;主持稽察业务讨论会,协助稽察组长或受稽察组长委托主持其他会议;负责对有关单位提出业务方面工作要求;审核稽察报告、稽察发现的问题，审定专家工作底稿；负责组织有关专家编写问题原因分析，提交有针对性的意见建议；针对被稽察项目和发现问题情况组织业务指导帮扶；对稽察组其他人员工作情况提出评价意见；协助稽察组长或受稽察组长委托汇报稽察成果或稽察组的工作。

（3）稽察助理。稽察助理协助稽察组长、专家组长组织开展现场稽察工作，负责联络、协调等服务保障工作。主要职责为：负责稽察组出发前的准备工作；负责稽察组内部协调和服务工作，承担稽察组有关管理和安全保障工作；负责与被稽察单位的联络和协调，协助专家组长制定现场实施方案；协助专家组长督促稽察专家提交工作底稿并进行汇总，起草、修改和完善稽察报告，解决稽察中发现的问题；对稽察组其他人员工作情况提出评价意见；向有关领导反映工作中的重要事项，配合稽察组长对稽察组的廉洁自律情况进行监督。

（4）稽察专家。稽察专家主要职责为：负责并完成本专业的稽察工作，编制稽察工作底稿，按要求提交工作成果，并对问题的真实性、准确性负责；按专家组长要求完成本专业稽察发现问题的原因分析工作；协助完成稽察报告；对本专业发现问题进行业务指导帮扶；按稽察组长和专家组长要求，配合完成其他稽察工作；对稽察组其他人员工作情况提出评价意见。

3. 稽察人员权利与义务

稽察人员必须按照国家有关法律、法规、规章、规范性文件和技术标准等开展工作，不得干预被稽察单位的正常建设管理事务。与稽察工作相关的组织和个人不得拒绝和阻碍稽察人员开展工作。

（1）稽察人员权利。

1）向被稽察单位及有关单位和人员调查、了解情况并取证。

2）要求被稽察单位和有关单位提供稽察需要的文件、资料、合同、数据、账簿、凭证、报表，复制、录音、拍照或摄像有关证明材料。

3）根据工作需要，进入与稽察有关的场所或地点，进行查验、取证、问询，对工程质量和安全进行检查，必要时可要求被稽察单位开展现场测量、试验、检验。

（2）稽察人员义务。

1）依法依规履行职责，坚持原则，秉公办事，自觉维护国家利益。

2）深入现场，客观公正、实事求是地反映工程建设情况和问题，认真完成稽察任务。

3）运用专业知识对被稽察单位给予业务指导。

4）自觉遵守廉洁自律有关规定。

5）保守国家秘密和被稽察单位的商业秘密。

4. 其他规定

招标单位与中标单位应按照我国《招标投标法》和《中华人民共和国民法典》（简称《民法典》）规定签订书面合同。合同中确定的建设标准、建设内容、合同价格必须控制在批准的设计及概算文件范围内。除因不可抗力等情况导致项目无法执行或中标单位不能履行合同外，任何单位和个人不得以其他任何理由将合同转让给他人，或要求中标单位放弃合同。

通过招标节省的概算投资，不得擅自挪作他用。

6.1.3 建设项目承包模式

在建设项目的实施过程中，往往不止一个承包单位。不同承包单位之间、承包单位与建设单位（或项目法人）之间的关系不同、地位不同，形成了不同的承包模式。

1. 传统承包模式

(1) 传统的DBB承发包模式（简称DBB模式）。DBB模式即设计—招标—建造模式，也称施工总承包模式。这种模式最突出的特点就是强调工程项目的实施必须按照设计—招标—建造的顺序方式进行，一个阶段结束后另一个阶段才能开始。采用这种方法时，业主与设计机构（建筑师/工程师）签订专业服务合同，建筑师/工程师负责提供项目的设计和施工文件。在设计机构的协助下，通过竞争性招标将工程施工任务交给报价和质量都满足要求或者最具资质的投标人（总承包商）来完成。在施工阶段，设计专业人员通常担任重要的监督角色，并且是业主与承包商沟通的桥梁。DBB模式组织结构如图6.1所示。

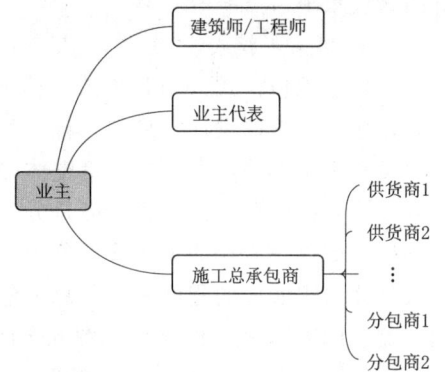

图 6.1 DBB 模式组织结构

1) DBB模式的优点。参与项目的业主、设计机构（建筑师/工程师）、承包商三方在合同的约定下行使各自的权利，履行各自的义务，旨在期望通过明确划分项目参与三方的权、责、利来提高项目效益；受利益目标和市场竞争的驱动，业主更愿意寻找信得过、技术过硬的咨询设计机构，这种需求推动了设计咨询公司产生和发展；长期而广泛地在世界各地采用DBB模式，经过大量工程实践的检验和修正，该模式的管理思想、组织模式、方法和技术都比较成熟，项目参与各方对该模式的运行程序都比较熟悉；在该模式中，业主可以自由选择咨询设计人员，对项目的设计程序和质量要求进行控制，可以自由选择监理人员对项目实施过程进行监督。

2) DBB模式的缺点。该模式在项目管理方面的技术基础是按照线性顺序进行设计、招标、施工的管理，因建设周期长而导致投资成本容易失控；设计的"可施工性"差，设计变更频繁；业主的前期投入较高，项目周期长以及频繁变更引起的索赔导致发生较高的管理成本。

(2) DB总承包模式（简称DB模式）。DB（设计—建造）模式是国际工程建设中常用的现代项目管理模式之一。在此模式中，业主在项目初始阶段邀请一位或者几位有资格的承包商或具备资格的管理咨询公司，提出要求或者提供设计大纲，由承包商或会同自己委托的设计咨询公司提出初步设计和成本概算。业主和DB承包商密切合作，完成项目的规划、设计、成本控制、进度安排等工作。该模式的主要特点是业主和某一实体（一般来说，该实体可以是大型承包商、具备项目管理能力的设计咨询公司或者是专门从事项目管理的公司）采用单一合同的管理方法，由该实体负责实施项目的设计和施工。DB模式组织结构如图6.2所示。

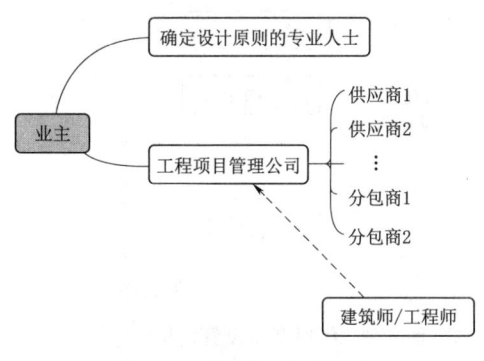

图 6.2 DB 模式组织结构

首先，这种模式一旦合同签订之后，承包商就据此进行施工图设计，即创造了高效率和高效益的条件，承包商作为甲方身份管理和协调设计工作，使得设计既能体现业主的意图又能利于施工,从而提高设计的可建造性,避免了设计与施工之间的矛盾,实现节约成本的目标。其次,这种模式的合同单一性清晰了业主和承包商之间的责任关系,承包商对项目建设的全过程负有全部的责任,并能避免工程建设中各方相互扯皮的现象,也能促使承包商不断提高自身的管理水平。

2. 新型承包模式

(1) 总承包模式(EPC 模式)。EPC 模式中,业主与工程总承包商签订工程总承包合同,把建设项目的设计、采购、施工和开车服务工作全部委托给工程总承包商,由工程总承包商负责组织实施,业主只负责整体的、原则的、目标的管理和控制。工程总承包商可以把部分工作委托给分包商完成,但是分包商的全部工作由总承包商对业主负责。业主自行组建管理机构或委托专业的项目管理公司对工程进行整体的、原则的、目标的管理和控制,业主介入具体组织实施的程度较低,总承包商更能发挥主观能动性,运用其管理经验可创造更多的效益。EPC 模式组织结构如图 6.3 所示。

EPC 模式最大的特点之一就是业主和承包商的风险责任划分有了明显的不同。在传统模式下,业主的风险大致包括政治风险、社会风险、经济风险、法律风险、外界风险等,其余风险由承包商承担。另外,出现不可抗力风险时,业主一般负担承包商的直接损失。但在EPC 模式下,上述传统模式中的外界风险、经济风险一般都要求承包商来承担,这样,项目的风险部分转嫁给了承包商,工程总承包商在经济和工期方面要承担更多的责任和风险。因此,承包商在 EPC 模式下的报价要比在传统模式下的报价高。

(2) 项目管理总承包模式(CM 模式)。在 CM 模式中,具有施工经验的 CM 单位在项目决策阶段就参与到建设工程实施过程中为设计专业人员提供施工方面的建议并负责随后的施工过程管理,改变了设计完成后才进行招标的传统模式。这种模式采取分阶段发包,由业主、CM 单位和设计单位组成一个联合小组,共同负责组织和管理工程的规划、设计和施工。CM 单位负责工程的监督、协调及管理工作,在施工阶段定期与承包商会晤,对成本、质量和进度进行监督,并预测和监控成本和进度变化。CM 模式适用于设计变更可能性较大、时间因素重要性突出以及因总体范围和规模不确定而无法确定价的建设工程。

1) 代理型建设管理模式(图 6.4)。在此种模式下,CM 经理是业主的代表,CM 经理与业主是信用委托关系,业主和 CM 经理的服务合同规定费用是固定酬金加管理费。业主在各施工阶段和承包商签订工程施工合同。业主选择代理型 CM 往往主要是因为其在进度

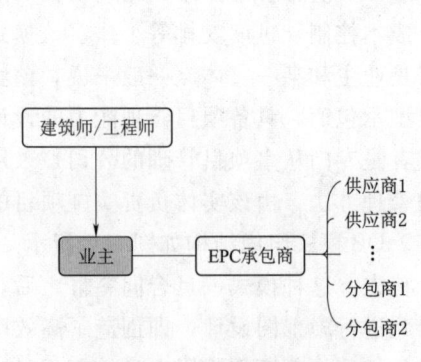

图 6.3 EPC 模式组织结构

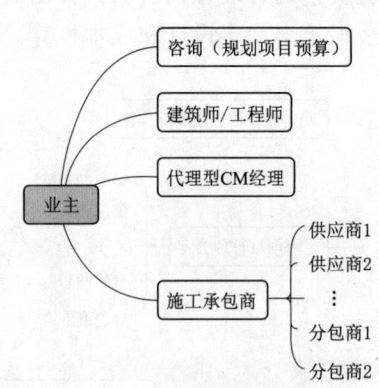

图 6.4 代理型建设管理模式

6.1 建设项目招标概述

计划和变更方面更具有灵活性。采用这种方式，CM 经理根据需要为业主提供项目某一阶段的服务或者全过程服务。

2) 风险型建设管理模式（图 6.5）。采用这种模式，CM 经理同时也担任施工总承包的角色。一般业主要求 CM 经理提出保证最高成本限额，以保证业主的投资控制。风险型 CM 中，各方的关系基本上介于传统的 DBB 模式与代理型 CM 模式之间，CM 经理与各专业承包商之间有着直接的合同关系，并负责使工程以不高于最高成本限额的成本竣工。

CM 模式的优点是可以缩短建设周期。在组织实施项目时采用设计一部分、招标一部分、施工一部分的"边设计、边施工"的方法，缩短了项目从规划、设计、施工到交付业主使用的周期。项目组工作方法提升了项目各参与方之间的协调性。

(3) 项目管理总承包模式（BOT 模式）。BOT 模式的基本思路是由项目所在国政府或所属机构为项目的建设和经营提供一种特许权协议作为项目融资的基础，由本国公司或者国外公司作为项目的投资者和经营者安排融资，承担风险，开发建设项目，并在有限的时间内经营项目获取商业利润，最后根据协议将该项目转让给相应的政府机构。BOT 模式主要用于基础设施项目，包括发电厂、机场、港口、收费公路、隧道、电信、供水和污水处理设施等。BOT 模式组织结构如图 6.6 所示。

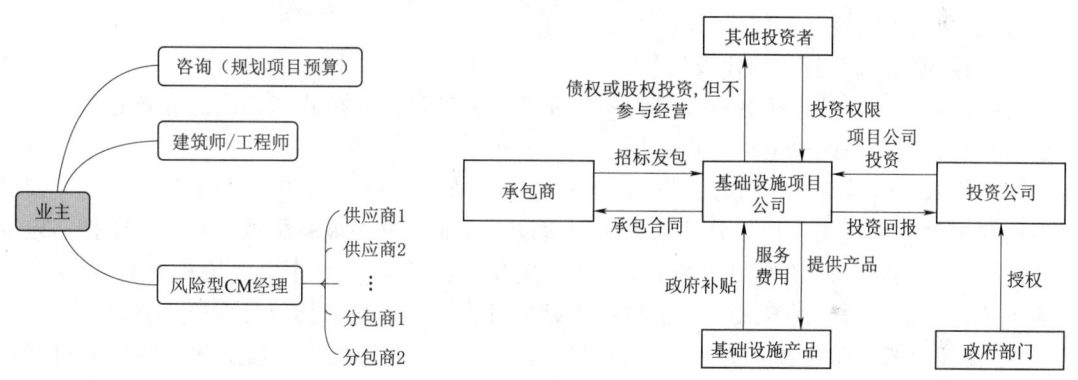

图 6.5　风险型建设管理模式　　　　图 6.6　BOT 模式组织结构

BOT 模式的优点如下：避免政府大量的项目风险，降低政府财政负担；项目回报率明确，同时提高了项目运作效率；有效促进承包商国际经营水平的提升。

BOT 模式不足之处如下：公共部门和私人企业往往都需要经过一个长期的调查了解、谈判和磋商过程，这将导致项目前期过长，使投标费用过高；参与各方存在某些利益冲突，使融资举步维艰，对融资造成障碍；在特许期内，如果机制不够灵活，就会降低私人企业引进先进技术和管理经验的积极性，政府对项目控制权不足也容易导致民间资本的逐利行为产生社会负效应等。

(4) 项目管理总承包模式（Partnering 模式）。Partnering 模式在充分考虑建设各方利益的基础上，要求业主与参建各方在相互信任、资源共享的基础上达成一种短期或长期的协定。这种协定突破了传统的组织界限，通过建立工作小组之间的相互合作，及时沟通以避免争议和诉讼的产生，共同解决建设工程实施过程中出现的问题，共同分担工程风险和有关费用，以保证参与各方目标和利益的实现。Partnering 模式组织结构如图 6.7 所示。

由于 Partnering 模式具有双方的自愿性、高层管理的参与以及信息的开放性等特征，因

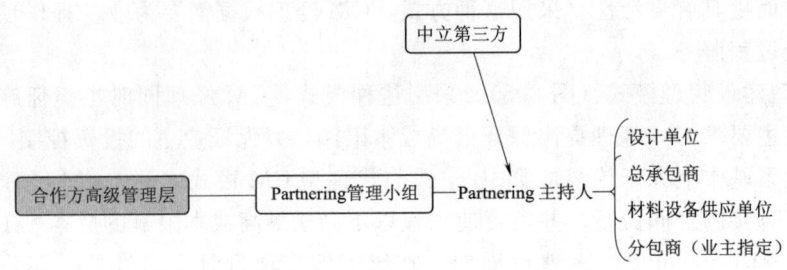

图 6.7 Partnering 模式组织结构

此它总是与其他管理模式结合使用的。Partnering 模式改善了项目的环境和参与工程建设各方的关系，明显减少了索赔和诉讼的发生。相对于传统的管理模式，Partnering 模式对于业主在投资、进度、质量控制方面有着非常显著的优越性。同时，相对于承包商而言，Partnering 模式也能够提高承包商的利润。

Partnering 模式特别适用于以下情况。

1) 业主长期有投资活动的建设工程。
2) 不宜采用分开招标或邀请招标的建设工程。
3) 复杂的不确定因素较多的建设工程。
4) 国际金融组织贷款的建设工程。

目前，在我国建筑市场管理体系尚不够完善、各种承发包模式运营缺乏有效竞争环境的情况下，有针对性地引进 Partnering 模式具有一定的建设意义。

(5) 模式项目管理总承包模式（PC 模式）。PC 模式是在项目管理基础上结合企业控制论发展起来的一种运用现代信息技术为大型建设工程业主方的最高决策者提供战略性、宏观性和总体性咨询服务的新型组织模式，PC 方实质上是建设工程业主的决策支持机构。PC 模式不能作为一种独立的模式取代常规的建设项目管理，而是与其他管理模式并存。

PC 模式以现代信息技术为手段对大型建设工程信息进行收集、加工和传输，通过对项目实施全过程所有环节调查分析，为项目的管理层决策提出切实可行的实施方案，围绕项目目标投资、进度和质量进行综合系统规划，以使项目的实施形成一种可靠安全的目标控制机制。PC 模式是工程咨询和信息技术相结合的产物，以强化项目目标控制和项目增值为目的，核心是以工程信息流处理的结果指导和控制工程的物质流。建设工程业主方的管理人员对工程目标的控制实际上就是通过及时掌握信息流来了解工程物质流的状况，从而进行多方面策划和控制决策，使工程的物质流按照预定的计划进展，最终实现建设工程的总体目标。

PC 模式的特点：为业主提供决策支持，总体性管理与控制好，关键点及界面控制把握性强。

6.1.4 建设项目承发包合同的类型

建设单位（或项目法人）与承包方所签订的承发包合同，按计价方式不同，可以划分为总价合同、单价合同和成本补偿合同三大类。设计合同和设备加工订购合同一般为总价合同；监理合同大多为成本补偿合同；而施工承包合同则根据招标准备情况和建设项目特点不同，可选用其中的任何一种。以下仅以施工承包为例，说明三类合同的特点。

1. 总价合同

总价合同指根据合同规定的工程施工内容和有关条件，业主应付给承包商的款额是一个规定的金额，即明确的总价。总价合同也称作总价包干合同，即根据施工招标时的要求和条件，当施工内容和有关条件不发生变化时，业主付给承包商的价款总额就不发生变化。

总价合同的主要特征如下：一是价格根据确定的由承包方实施的全部任务，按承包方在投标报价中提出的总价确定；二是待实施的工程性质和工程量应事先明确商定。

总价合同又分固定总价合同（FFP）和变动总价合同两种。变动总价合同又可分为总价加激励费用合同（FPIF）和总价加经济价格调整合同。

(1) 固定总价合同。固定总价合同适用于以下情况。

1) 工程量小，工期短，估计在施工过程中环境因素变化小，工程条件稳定并合理。

2) 工程设计详细，图纸完整、清楚，工程任务和范围明确。

3) 工程结构和技术简单，风险小。

4) 投标期相对宽裕，承包商可以有充足的时间详细考察现场、复核工程量，分析招标文件，拟订施工计划。

5) 施工图设计已审查批准。

(2) 变动总价合同。变动总价合同又称为可调总价合同，合同价格以图纸及规定、规范为基础，按照时价进行计算，得到包括全部工程任务和内容的暂定合同价格。它是一种相对固定的价格，在合同执行过程中，由于通货膨胀等原因而使所使用的工、料成本增加时，可以按照合同约定对合同总价进行相应的调整。当然，一般设计变更、工程量变化和其他工程条件变化所引起的费用变化也可以进行调整。因此，通货膨胀等不可预见因素的风险由业主承担，对承包商而言，其风险相对较小，但对业主而言，不利于其进行投资控制，突破投资的风险就增大了。

(3) 固定总价合同特点。固定总价合同的价格计算是以图纸及规定、规范为基础，承发包双方就施工项目协商一个固定的总价，由承包方一笔包死，不能变化。采用这种合同，合同总价只有在设计和工程范围有所变更的情况下才能随之做相应的变更，除此之外，合同总价是不能变动的。因此，作为合同价格计算依据的图纸及规定、规范应对工程作出详尽的描述，一般在施工图设计阶段，施工详图已完成的情况下采用固定总价合同，承包方要承担实物工程量、工程单价、地质条件、气候和其他一切客观因素造成亏损的风险。在合同执行过程中，承发包双方均不能因为工程量、设备、材料价格、工资等变动和地质条件恶劣、气候恶劣等理由，提出对合同总价调值的要求，因此承包方要在投标时对一切费用的上升因素做出估计并包含在投标报价之中。因此，这种形式的合同适用于工期较短（一般不超过一年），对最终产品的要求又非常明确的工程项目，这就要求项目的内涵清楚，项目设计图纸完整齐全，项目工作范围及工程量计算依据确切。

(4) 可调总价合同特点。可调值总价合同的总价一般也是以图纸及规定、规范为计算基础，但它是按"时价"进行计算的，是一种相对固定的价格。在合同执行过程中，由于通货膨胀而使所用的工料成本增加，因而对合同总价进行相应的调值，即合同总价依然不变，只是增加调值条款。因此可调总价合同均明确列出有关调值的特定条款，往往是在合同特别说明书中列明。调值工作必须按照这些特定的调值条款进行。这种合同与固定总价合同不同在于，它对合同实施中出现的风险做了分摊，发包方承担了通货膨胀这一不可预测费用因素的风险，而承包方只承担了实施中实物工程量成本和工期等因素的风险。可调值总价合同适用于工程内容和技术经济指标规定很明确的项目，由于合同中列明调值条款，所以工期一年以上的项目较适于采用这种合同形式。

2. 单价合同

单价合同亦称单价不变合同。由合同确定的实物工程量单价，在合同有效期间原则上不变，并作为工程结算时所用单价；而工程量则按实际完成的数量结算，即量变价不变。单价合同表式中，通常包括有单价一览表，发包单位只在表中列出分项工程名目，一般不列其工程量。投标人在填报时，逐项报出单价；有时招标人已在单价一览表上填有单价，则要求投标人相应填报逐项单价增减的百分比。单价合同形式被国际承包市场广为采用。其中投标人只承担单价方面的风险，与同行开展竞争。一旦中标签约，中标人按单价承包。但如完成的实际工程量与合同中的设计工程量出入较大而导致合同单价不合理时，则承包人可根据合同有关规定的条款，向建设单位（业主）要求调整单价。因此，在签约时，应当规定一个工程量增减的幅度而允许调整单价的范围，并作为合同条文确定下来，以共同遵守。单价合同的特点是单价优先，即初步的合同总价与各项单价乘以实际完成工程量之和发生矛盾时，则以后者为准，单价优先。

单价合同指发承包双方约定以工程量清单及综合单价进行合同价款计算、调整和确认的建设工程施工合同。因此，单价合同也可以分为固定单价合同和可调单价合同。

（1）固定单价合同。这也是经常采用的合同形式，特别是在设计或其他建设条件（如地质条件）还不太落实的情况（计算条件应明确）下，而以后又需增加工程内容或工程量时，可以按单价适当追加合同内容。在每月（或每阶段）工程结算时，根据实际完成的工程量结算，在工程全部完成时以竣工图的工程量最终结算工程总价款。

（2）可调单价合同。合同单价可调，一般在工程招标文件中规定。在合同中签订的单价，根据合同约定的条款，如在工程实施过程中物价发生变化等，可作调整。有的工程在招标或签约时，因某些不确定因素而在合同中暂定某些分部分项工程的单价，在工程结算时，再根据实际情况和合同约定合同单价进行调整，确定实际结算单价。

3. 成本补酬合同

成本加酬金合同是由业主向承包人支付工程项目的实际成本，并按事先约定的某一种方式支付酬金的合同类型，即工程最终合同价格按承包商的实际成本加一定比例的酬金计算，而在合同签订时不能确定一个具体的合同价格，只能确定酬金的比例。其中酬金由管理费、利润及奖金组成。

（1）定义。成本加酬金合同也称为成本补酬合同，是与固定总价合同正好相反的合同，工程施工的最终合同价格将按照工程实际成本再加上一定的酬金进行计算。在合同签订时，工程实际成本往往不能确定，只能确定酬金的取值比例或者计算原则，由业主向承包单位支付工程项目的实际成本，并按事先约定的某一种方式支付酬金。

（2）特点。这类合同中，业主承担项目实际发生的一切费用，因此也就承担了项目的全部风险。但是承包单位由于无风险，其报酬也就较低了。这类合同的缺点是业主对工程造价不易控制，承包商也就往往不注意降低项目的成本。对业主而言，这种合同也有一定的优点：

1）可以通过分段施工缩短工期，而不必等待所有施工图完成才开始招标和施工。

2）可以减少承包商对立情绪，承包商对工程变更和不可预见条件的反应会比较积极和快捷。

3) 可以利用承包商的施工技术专家,帮助改进或弥补设计中的不足。
4) 业主可以根据自身力量和需要,较深入地介入和控制工程施工和管理。
5) 也可以通过确定最大保证价格约束工程成本不超过某一限值,从而转移一部分风险。
(3) 适用条件。
1) 需要立即开展的项目(紧急工程)。时间特别紧迫,如抢险、救灾工程,来不及进行详细的计划和商谈。
2) 新型的工程项目。
3) 风险很大的项目(保密工程)。
(4) 形式。成本加酬金合同有许多种形式,主要有以下几种。
1) 成本加固定费用合同。
2) 成本加固定比例费用合同。
3) 成本加奖金合同。
4) 最大成本加费用合同。
(5) 应用。当实行施工总承包管理模式或 CM 模式时,业主与施工总承包管理单位或 CM 单位的合同一般采用成本加酬金合同。

6.2 建设项目勘察设计招标管理

6.2.1 勘察设计招标概述

建设项目立项报告批准后,进入实施阶段的第一项工作就是勘察、设计招标。以招标方式委托勘察、设计任务是为了使设计技术和成果作为有价值的技术商品进入市场,打破地区、部门的界限开展设计竞争,以降低工程造价、缩短建设周期和提高投资效益。

1. 招标承包范围

建设项目的设计一般分初步设计和施工图设计两个阶段进行。对于技术复杂而又缺乏经验的项目,在必要时还需增加技术设计阶段。业主可以将某一阶段设计任务或几个阶段的设计任务通过招标方式选择承包单位,与其签订承包合同后交予实施。为了保证设计指导思想能顺利贯彻于设计各阶段,设计招标一般较多采用技术设计招标或施工图设计招标,不单独进行初步设计招标,而是由中标的设计单位承担初步设计。

勘察任务可以单独发包给具有相应资质的勘察单位实施,也可以将其工作内容包括在设计招标任务中。由于勘察工作所取得的工程项目建设所需技术基础资料是设计的依据,直接为设计服务,满足设计的需要,因此目前较多采取将勘察任务包含在设计招标的承包范围内。业主可以将勘察任务和设计任务交给具有勘察能力的设计单位承担,也可以由设计单位总承包,由他再去选择承担勘察任务的分包单位。这种做法比业主分别招标委托勘察和设计任务的方式更为有利,一方面总承包比两个独立合同分别承包在合同履行过程中较易管理,业主和监理工程师可以摆脱两个合同实施过程可能遇到的协调义务;另一方面是勘察工作可以直接根据设计的要求进行,满足设计对勘察资料精度、内容和进度的需要,必要时还可以进行补充勘察工作。

2. 设计招标的特点

设计招标不同于施工招标和材料设备的采购供应招标,前者是承包者通过自己的智力劳动,将建设单位(或项目法人)对项目的设想转变为可实施的蓝图;而后者则是承包者按设计要求,去完成规定的物质生产劳动。设计招标时,建设单位(或项目法人)在招标文件中只是简单介绍建设项目的指标要求、投资限额和实施条件等,规定投标单位分别报出建设项目的构思方案和实施计划,然后由建设单位(或项目法人)通过开标、评标程序对各方案进行比选,再确定中标单位。鉴于设计任务本身的特点,设计招标主要采用设计方案竞赛的方式选择承包单位。设计招标与施工及材料、设备供应招标的区别主要表现在以下几方面:

1)招标文件中仅提出设计依据、建设项目应达到的技术指标、项目限定的工程范围、项目所在地的基本资料、要求完成的时间等内容,而无具体的工作量要求。

2)投标单位的投标报价不是按规定的工程量填报单价后算出总价,而是首先提出设计初步方案,论述该方案的优点和实施计划,在此基础上再进一步提出报价。

3)开标时,不是公布各投标书按报价高低排定的标价次序,而是由各投标单位分别介绍自己初步设计方案的构思和意图,而且不排定标价次序。

4)评标决标时,建设单位(或项目法人)不过分追求完成设计任务的报价额高低,更多关注于所提供方案的技术先进性、所达到的技术指标、方案的合理性以及对建设项目投资效益的影响。

6.2.2 勘察设计招标的主要工作内容

1. 准备招标文件

招标文件是指导设计单位进行正确投标的依据,也是对投标单位提出要求的文件。招标文件一经发出后,招标单位不得擅自修改。如果确需修改,应以补充文件的形式将修改内容通知每个投标单位,补充文件与招标文件具有同等的法律效力。若因修改招标文件导致投标单位产生经济损失,还应承担赔偿责任。

(1)招标文件的主要内容。为了使投标单位能够正确地进行投标,招标文件应包括以下几个方面的内容。

1)工程名称、地址、建设规模。

2)已批准的可行性研究报告。

3)项目说明书,包括对工程内容,工程项目的建设投资限额、设计范围和深度,图纸内容、张数和图幅,建设周期和设计进度等的要求。

4)城市规划管理部门确定的规划控制条件和用地红线图。

5)设计资料的供应内容、方式和时间。

6)招标文件答疑、踏勘现场的时间和地点。

7)投标文件编制要求及评标原则。

8)投标文件送达的截止时间。

9)拟签订合同的主要条款。

10)未中标方案的补偿办法。

(2)设计要求文件的编制。在招标过程中,最重要的文件是对项目的设计提出明确的要求,一般称之为设计要求文件或设计大纲。设计要求文件通常由咨询机构或监理单位从技术、经济等方面考虑后具体编写,作为设计招标的指导性文件。文件内容大致包括以下几个方面。

1)设计文件编制的依据。

2) 国家有关行政主管部门对规划方面的要求。
3) 技术经济指标。
4) 平面布局要求。
5) 结构型式方面的要求。
6) 结构设计方面的要求。
7) 设备设计方面的要求。
8) 特殊工程方面的要求。
9) 其他有关方面的要求。

经咨询机构或监理单位编制的设计要求文件须经过业主批准,如果不满足要求,还需重新核查设计原则,修改设计要求文件。设计要求文件编写应尽可能比较具体和详细,改变以往比较笼统或粗略的不好习惯。

2. 投标单位资格审查

资格审查的内容主要包括以下几方面。

(1) 资质审查。资质审查主要是审查申请投标单位的勘察和设计资质等级是否与拟建项目的等级相一致,不允许无资质单位或低资质单位越级承接工程设计任务。审查的内容包括资质证书的种类、级别以及允许承接设计工作的范围 3 个方面。

(2) 能力审查。能力审查包括设计人员的技术力量和主要技术设备两方面。设计人员的技术力量重点考虑设计主要负责人的资质能力和各专业设计人员的专业覆盖面、人员数量、中高级人员所占比例等是否能满足完成工程设计任务的需要。技术设备能力主要审查测量、制图、钻探设备的器材种类、数量、目前的使用情况等能否适应开展勘察设计工作的需要。

(3) 经验审查。审查该设计单位最近几年所完成的工程设计,包括工程名称、规模、标准、结构型式、质量评定等级、设计周期等内容。侧重于考虑已完成的工程设计与招标项目在规模、性质、结构型式等方面是否相适应,即有无此类工程的设计经验。

对于其他需要关注的问题,招标单位也可要求投标申请单位报送有关资料,作为资格审查的内容。资格审查合格的申请单位可以参加设计投标竞争;对不合格者,招标单位也应及时发出书面通知。

3. 设计投标

投标单位应当按照招标文件、方案设计文件要求的深度编制投标文件,投标文件应当由具有相应资格的注册建筑师签章,并加盖单位公章密封后在规定时间内递送给招标单位。设计投标文件的内容一般应包括以下几方面。

(1) 方案设计综合说明书。
(2) 方案设计内容及图纸。
(3) 建设工期。
(4) 主要的施工技术要求和施工组织方案。
(5) 工程投资估算和经济分析。
(6) 设计进度。
(7) 设计承包报价。
(8) 必要时还可提供设计的模型或沙盘。

4. 评标、定标

开标后就进入评标、定标阶段,从中优选出中标单位后业主即与其签订合同,因此该阶段也被称为决标成交阶段。评标由招标单位邀请有关部门的代表和专家组成评标小组或评标委员会来进行。评标委员会应当按照招标文件的要求,对投标设计方案的经济、技术、功能和造型等进行比选、评价,确定符合招标文件要求的最优设计方案,并向招标单位提出书面评标报告,向招标单位推荐1~3个中标候选方案。

招标单位根据评标委员会的书面评标报告和推荐的中标候选方案,结合投标单位的技术力量和业绩确定中标方案。招标单位也可以委托评标委员会直接确定中标方案。

招标单位认为评标委员会推荐的所有候选方案均不能最大限度满足招标文件规定要求的,应当依法重新招标。

评标时虽然需要评审的内容很多,但应侧重于以下几个方面。

(1) 设计方案的优劣,主要评审以下内容:

1) 设计的指导思想是否正确。

2) 设计方案的先进性,是否反映了国内外同类建设项目的先进水平。

3) 总体布置的合理性,场地的利用系数是否合理。

4) 设备选型的适用性。

5) 主要建筑物、构筑物的结构是否合理,造型是否美观大方,布局是否与周围环境协调。

6) "三废"治理方案是否有效。

7) 其他有关问题。

(2) 投入产出和经济效益的好坏,主要涉及以下几个方面:

1) 建设标准是否合理。

2) 投资估算是否可能超过投资限额。

3) 实施该方案能够获得的经济效益。

4) 实施该方案所需要的外汇额估算等。

(3) 设计进度的快慢。投标文件中的实施方案计划是否能满足招标单位的要求。尤其是某些大型复杂建设项目,建设单位(或项目法人)为了缩短项目的建设周期,往往在初步设计完成后就进行施工招标,在施工阶段陆续提供施工图。此时,应重点考察设计进度能否满足建设单位(或项目法人)实施建设项目总体进度计划的要求。

(4) 设计资历和社会信誉。没有设置资格预审程序的邀请招标,在评标时应当对设计单位的资历和社会信誉进行评审,作为对各申请投标单位的比较内容之一。

根据《招标投标法》,招标单位应当在中标方案确定之日起15日内,向中标单位发出中标通知,并将中标结果通知所有未中标单位。对达到招标文件规定要求的未中标方案,公开招标的,招标单位应当在招标公告中明确是否给予未中标单位经济补偿及补偿金额;邀请招标的,应当给予未中标单位经济补偿,补偿金额应当在招标邀请书中明确。

招标单位应当在中标通知书发出之日起30日内与中标单位签订工程设计合同。确需另择设计单位承担施工图设计的,应当在招标公告或招标邀请书中明确。

招标单位、中标单位使用未中标方案的,应当征得提交方案的招标单位同意并付给使用费。

6.3 建设项目施工招标管理

建设项目设计完成后,建设单位(或项目法人)就开始选择施工承包单位,进行施工和安装工程招标。施工招标过程可大致划分为3个阶段:招标准备阶段,从准备招标开始,到发出招标公告或邀请招标时发出投标邀请函为止;招标阶段,也是投标单位的投标阶段,从发布招标公告之日起,到投标截止日止;决标成交阶段,从开标之日起,到与中标单位签订施工承包合同止。

6.3.1 招标准备阶段的工作内容

1. 招标条件

建设项目施工招标由招标单位依法组织实施。招标单位不得以不合理条件限制或者排斥潜在投标单位,不得对潜在投标单位实行歧视待遇,不得对潜在投标单位提出与招标项目实际要求不符的过高的资质等级要求和其他要求。

建设项目施工招标应当具备下列条件。

1) 招标人已经依法成立。
2) 按照国家有关规定需要履行项目审批、核准、备案手续的,已经履行相应手续。
3) 建设资金或者资金来源已经落实。
4) 有满足施工招标需要的设计文件及其他技术资料。
5) 法律、法规规定的其他条件。

施工招标可以进行项目的全部工程招标、单位工程招标、特殊专业工程招标等,但不得肢解工程进行招标。

2. 招标方式的选择

建设单位(或项目法人)依据自身的管理能力、设计的进展情况、建设项目本身的特点、外部环境条件等因素,经过充分考虑比较后,首先决定施工阶段的标段数量和合同类型,然后再确定招标方式。建设项目的招标可以是全部工作内容一次性发包,也可以将工作内容分解成几个独立的阶段或独立的项目分别招标,例如单位工程招标、土建工程招标和安装工程招标、设备订购招标和材料采购招标,以及特殊专业工程施工招标等。全部工程一次性发包,建设单位(或项目法人)只与一个承包商(或承包商联合体)签订合同,施工过程中的合同管理比较简单,但有能力承包的投标单位相对较少。如果建设单位(或项目法人)有足够的管理能力,最好将整个工程分成几个单位工程或专项工程,采取分别招标方式比较有利。一来可以发挥不同承包商的专业特长;二来每个分项合同比总的合同更容易落实,从而减少了不可预见成分,可以减轻合同实施过程中的风险,即使出现问题也是局部性的,容易纠正或补救。对投标单位来说,多发一个合同包,每个投标单位就增加了一个中标机会。因此,将一个工程分成几个标段来招标,对建设单位(或项目法人)和承包商来说都有好处,但招标和发包数量的多少要适当,因为合同太多也会给招标工作以及项目施工阶段的合同管理工作带来麻烦或不必要的损失。

3. 合同的数量确定及类型选择

(1) 合同数量的确定。合同数量指建设项目施工阶段的全部工作内容分几次招标,每次招标时又发几个合同包。所谓"标"指一次选择承包商的全部委托任务;而"包"则指每次招标时允许投标人承包的基本单位。例如,某水电站建设施工,将全部工作分为土建工程、安装工程、送变电工程、机组设备四个标,分阶段进行招标,而在土建工程招标时又可划分成大坝工程和电站厂房工程两个合同包同时招标。投标人可以同时投两个合同包,也可以只投大坝工程或电站厂房工程其中之一的合同包。因此,标和包并不是同一个概念,有时一次招标时仅发一个合同包,但也可能一次招标同时发几个合同包,建设单位(或项目法人)就每个合同包分别与承包商签订施工承包合同。

建设单位(或项目法人)在确定合同数量时应主要应考虑以下几方面因素:

1) 工程特点。每一个建设项目从其使用功能来看,都有一定的专业要求,但从施工内容来看,又可划分成一般土建工程共性特点部分和有较强专业技术要求部分。如果将这两部分内容分别招标,则有利于建设单位(或项目法人)跨行业、跨地域在较广泛的范围内选择技术水平高、管理能力强而报价又低的可靠承包商来实施具有共性特点的工程。

2) 施工现场条件。划分标段时,应充分考虑几个独立承包商在现场施工的情况,尽量避免或减少交叉干扰,以利于监理单位在合同履行过程中对各标段的协调管理。如果施工场地比较集中,工程量不大,且技术上又不太复杂,一般不用分标段;当工作面分散、工程量大或有某些特殊技术要求时,则可以考虑分标段。

3) 对工程造价的影响。合同数量的多少对工程造价的影响,并不是一个绝对而能一概而论的问题,应根据工程项目的具体条件进行客观分析。如果工程项目实施总承包,则便于承包商的施工管理,人工、机械设备和临时施工设施便于统一调配使用,单位间的相互干扰少,并有可能获得较低报价。但对于大型复杂工程的施工总承包,由于有能力参与竞争的单位较少,也会使中标的合同价较高。如果采用细分标段的方法分别招标,可参与竞争的投标单位增多,建设单位(或项目法人)就能够获得具有竞争性的商业报价。

4) 注意发挥承包商的特长。一个施工单位往往在某一方面有其专长,如果按专业划分标段,可增加对某一专项有特长的承包商的吸引力,既能提高投标的竞争性,又有利于保证工程按期、优质、圆满地完成。甚至有时还可招请到在某一方面有先进专利施工技术的承包商,完成特定工程部位的施工任务。

5) 注意合同之间的衔接。建设项目由单项工程、单位工程或专业工程组成,在考虑确定标段的数量时,既要考虑各施工单位之间的交叉干扰,又要注意各标段之间的相互联系。标段之间的联系指各标段之间的空间衔接和时间衔接。在空间上,要明确划分每一标段的界限,避免在承包商之间对合同的平面或立面交接工作的责任产生推诿或扯皮。时间衔接指工程进度的衔接,特别是"关键线路"上的施工项目,要保证前一标段的工作内容能按期或提前完成,避免影响后续承包商的施工进度,以确保整个工程按计划有序完成。

6) 其他因素影响。影响标段划分的因素有很多,如资金的筹措、设计图纸完成的时间等。有时,为了照顾本国或本地区承包商的利益,也可能将其作为划分标段的考虑因素。

总之,建设单位(或项目法人)在划分标段时,应在综合考虑上述各影响因素的基础上,拟订几个方案进行比较,然后再确定合同数量。

(2) 合同类型的选择。施工承包合同的形式繁多、特点各异。每一个合同包采用哪种形式的合同,由建设单位(或项目法人)根据项目特点、技术经济指标研究的深度,以及确保工程投资、工期和质量上的要求等因素综合考虑后决定。

1) 项目的复杂程度。规模大且技术复杂的工程项目,承包风险较大,各项费用不易准确估算,因而不宜采用固定总价合同。最好是有把握的部分采用固定价合同,估算不准的部分采用单价合同或成本补酬合同。有时,在同一工程中采用不同的合同形式,是建设单位(或项目法人)与承包商合理分担施工风险因素的有效办法。

2)项目的设计深度。施工招标时所依据的项目设计深度经常是选择合同类型的重要因素。招标图纸和工程量清单的详细程度能否让投标单位进行合理报价,取决于已完成的设计深度。不同设计阶段与合同类型的选择关系见表6.1。

表 6.1 合同类型选择参考

合同类型	设计阶段	设计主要内容	设计应满足条件
总价合同	施工图设计	(1) 详细的设备清单 (2) 详细的材料清单 (3) 施工详图 (4) 施工图预算 (5) 施工组织设计	(1) 设备、材料的安排 (2) 非标准设备的制造 (3) 施工图预算的编制 (4) 施工组织设计的编制 (5) 其他施工要求
单价合同	技术设计	(1) 较详细的设备清单 (2) 较详细的材料清单 (3) 工程必需的设计内容 (4) 修正概率	(1) 设计方案中重大技术问题的要求 (2) 有关试验方面确定的要求 (3) 有关设备制造方面的要求
成本补酬合同或单价合同	初步设计	(1) 总概算 (2) 设计依据、指导思想 (3) 建设规模 (4) 主要设备选型和配置 (5) 主要材料需要量 (6) 主要建筑物、构筑物的形式和估计工程量 (7) 公用辅助设施 (8) 主要技术经济指标	(1) 主要材料、设备订购 (2) 项目总造价控制 (3) 技术设计的编制 (4) 施工组织设计的编制

3)施工技术的先进程度。如果施工中有较大部分采用新技术和新工艺,当建设单位(或项目法人)和承包商在这方面过去都没有经验,且在国家颁布的标准、规范、定额中又没有可作为依据的标准时,为了避免投标单位盲目地提高承包价款或由于对施工难度估计不足而导致承包亏损,不宜采用固定价合同,而应选用成本补酬合同。

4)施工工期的紧迫程度。公开招标和邀请招标对工程设计虽有一定的要求,但在招标过程中,一些紧急工程(如灾后恢复工程等)要求尽快开工且工期较紧,此时可能仅有实施方案,还没有施工图纸,因此不可能让承包商报出合理的价格,宜采用成本补酬合同。

对于一个建设项目而言,究竟采用何种合同形式不是固定不变的。在一个项目中各个不同的工程部分或不同阶段,可以采用不同形式的合同。在进行招标策划时,必须依据实际情况,权衡各种利弊,然后再作出最佳决策。

4. 编制招标有关文件

建设项目的发包数量、合同类型和招标方式一经确定以后,即应编制为招标服务的有关文件。这些有关文件主要包括招标公告、资格预审文件、招标文件、协议书及评标办法等。

(1)招标公告。依法必须进行施工公开招标的建设项目,应当在国家或者地方指定的报刊、信息网络或者其他媒介上发布招标公告。招标公告应当载明招标单位的名称和地址,招标项目的性质、规模、地点以及获取招标文件的办法等事项。

招标单位采用邀请招标方式的，应当向3个以上符合资质条件的施工单位发出投标邀请书。投标邀请书应当载明招标单位的名称和地址，招标项目的性质、规模、地点以及获取招标文件的办法等事项。

（2）资格预审文件。招标单位可以根据招标项目的需要，对投标申请人进行资格预审，也可以委托工程招标代理机构对投标申请人进行资格预审。实行资格预审的招标项目，招标单位应当在招标公告或者投标邀请书中载明资格预审的条件和获取资格预审文件的办法。

资格预审文件一般应当包括资格预审申请书格式、申请人须知，以及需要投标申请人提供的企业资质、业绩、技术装备、财务状况和拟派出的项目经理与主要技术人员的简历、业绩等证明材料。

（3）招标文件。招标文件是投标单位报价的依据，必须使文件中各项目内容明确而不含糊，以便最大限度地减少误解和争议。招标单位应当根据招标项目的特点和需要，自行或者委托工程招标代理机构编制招标文件。招标文件应当包括下列内容：

1）投标须知。投标须知是指导投标单位正确地进行投标报价的文件，告知投标时所应遵循的各项规定，以及编制标书和投标时所应注意、考虑的问题，避免投标单位对招标文件内容的疏忽或错误理解。投标须知一般包括：工程概况，招标范围，资格审查条件，工程资金来源或者落实情况（包括银行出具的资金证明），标段划分，工期要求，质量标准，现场踏勘和答疑安排，投标文件编制、提交、修改、撤回的要求，投标报价要求，投标保证金要求，投标有效期，开标的时间和地点，评标的方法和标准等。

2）招标项目的技术要求和设计文件。施工技术规范大多套用国家或部委、地方编制的规范、规程内容，作为指导承包商正确施工、确保工程质量的重要文件，也是工程验收的依据。

3）采用工程量清单招标的，应当提供工程量清单。工程量清单包括报价须知、分项工程报价单和汇总表等。可根据承包内容具体划分明细表，给出工作内容、单位和工程量后，由投标人填报单价、汇总合计，成为该投标人的报价。

4）投标函的格式及附录。投标文件格式应符合有关规定。

5）拟签订合同的主要条款。其目的是告知投标单位中标后将与建设单位（或项目法人）签订施工合同的有关权利和义务等规定，以便其在投标报价时予以充分考虑。招标文件中所包括的合同条件是双方签订承包合同的基础，允许双方在签订合同时通过协商对其中某些条款的约定适当做修改。

6）要求投标单位提交的其他材料。招标单位对已发出的招标文件进行必要的澄清或者修改的，应当在招标文件要求提交投标文件截止时间至少15日前，以书面形式通知所有招标文件收受人。该澄清或者修改的内容为招标文件的组成部分。

5. 编制招标控制价或标底

编制标底是建设项目招标前的一项重要准备工作，而且也是一项细致而复杂的工作。标底是建设项目的预期价格，通常由建设单位（或项目法人）委托工程造价咨询机构等编制。同时，招标单位设有标底的，应当依据国家规定的工程量计算规则及招标文件规定的计价方法和要求编制标底，并在开标前保密，不得泄露。一个招标项目只能编制一个标底。有些建设项目为了限制最高投标报价，需要确定招标控制价。

编制招标控制价或标底与设计及招标文件的编制有着密不可分的关系。编制一个先进、准确、合理、可行的标底需要认真、实事求是的精神。标底是否准确,首先取决于工程量清单中的工程量是否准确,因此工程量清单要尽量减少漏项,并尽可能将工程量计算准确。此外,招标控制价或标底的编制不同于概(预)算,它所取用的定额应建立在一个比较先进的施工方案基础上,能够反映预计参与竞争的承包商目前较为先进的施工水平,这样才可以作为评标的依据,否则就失去了编制招标控制价或标底的意义。只有所依据的施工方法、施工管理水平、技术规范都比较先进,编出的招标控制价或标底才切合实际。如果是国际招标,更应注意研究和调查国际上目前先进的施工方法、施工技术和设备能力。标底的另一个作用是衡量招标效果,如果中标的合同价低于标底,说明投标竞争的激烈程度较为理想。

6.3.2 招标阶段的工作内容

从发布招标公告或邀请招标发出投标邀请函之日起,到规定的投标截止日期,这一阶段为招标阶段。招标阶段的工作内容主要包括发布招标公告、进行投标申请人的资格预审、发售招标文件、组织投标单位到现场勘察、召开标前会议解答投标单位质疑和接受标书等工作。

1. 资格预审

(1) 资格预审程序。采用公开招标时,一般都要设置资格预审程序,其目的一是淘汰条件不合格的投标申请人;二是通过对各申请人的全面综合审查,优选出6~9家投标单位,再邀请他们参加投标竞争,减少评标工作量;三是通过预审投标单位的资历,作为决标时的重要参考条件。

为此,招标单位应先确定一个预计邀请投标单位的数量。各投标申请人递送资格预审文件后,经过综合评审编出汇总表,划分成完全符合要求、基本符合要求和不符合要求3类,然后从高分到低分按预计数目初步确定邀请投标单位的短名单。按照短名单及时发出通过资格预审合格通知,并要求他们在规定时间内回函予以确认是否参加投标。如经确认有个别不愿参加者,可由候补投标单位递补,并补发通知征询其意向。意向确认并不具有法律效力,投标单位一旦改变意向,建设单位(或项目法人)不能给予任何制裁。

(2) 资格预审的内容。资格预审的内容应考虑到评标的标准,凡评标时考虑的因素一般在资格预审时不予考虑。资格预审是对投标申请单位整体资格的综合评定,因此应包括以下几方面内容:

1) 法人地位。审查其企业的资质等级、批准的营业范围、机构及组织等是否与招标项目相适应。若为联合体投标,对联合体各方均要审查。

2) 商业信誉。主要审查投标单位在建设工程承包活动中已完成项目的情况;资信程度;严重违约行为;建设单位(或项目法人)对施工质量状况的满意程度;施工荣誉等。

3) 财务能力。审查财务能力一方面是防止企业中标后将得到的预付款用于非工程所需的方面,另一方面通过财务审查也可以看出该企业的经营和管理水平的高低。

4) 技术能力。主要是评价投标单位实施工程项目的潜在技术水平,包括人员能力和设备能力两方面。

5) 施工经验。不仅要看投标单位最近几年已完成工程的数量、规模,更要审查与招标项目相类似的工程施工经验,因此在资格预审须知中往往规定有强制性合格标准。必须注意,施工经验的强制性标准应定得合理、分寸适当。

(3) 资格预审的方法。对投标单位的资格一般采取评分的方法进行综合评审。

1) 首先淘汰报送资料极不完整的投标申请人。因为资料不全，难以在机会均等的条件下进行评分。

2) 根据招标项目的特点，将资格预审所要考虑的各种因素进行分类，并确定各项内容在评定中所占的比例，即确定权重系数。每一大项下还可进一步划分若干小项，对各个资格预审申请人分别给予打分，进而得出综合评分。

3) 淘汰总分低于预定及格线的投标申请人。

4) 对及格线以上的投标单位进行分项审查。为了能将施工任务交给可靠的承包商完成，不仅要看其综合能力评分，还要审查其各分项得分是否满足最低要求。例如，某投标申请人虽然总分达到及格标准（60分），但施工经验项低于该项所要求的最低分（20分），此时，或者予以淘汰，或者要求该投标申请人补送资料，给予再次审查的机会。

评审结果要报请建设单位（或项目法人）批准，如为使用国际金融组织贷款的建设项目，还需报请该组织批准。经资格预审后，招标单位应当向资格预审合格的投标申请人发出资格预审合格通知书，告知获取招标文件的时间、地点和方法，并同时向资格预审不合格的投标申请人告知资格预审结果。

(4) 资格预审应注意的问题。

1) 有的申请人得标心切，在填报资格预审文件时，不仅只填那些工程质量好、造价低、工期短的工程，甚至还会出现言过其实的现象。因此，在审查时，不仅要审阅其文字材料，还应有选择地做一些考察和调查工作。

2) 投标单位的商业信誉很重要，但这方面的信息往往不容易得到。应通过各种渠道了解投标申请人有无严重违约或毁约的历史记录，在合同履行过程中是否有过多的无理索赔和扯皮现象。

3) 对拟承担本项目的主要负责人和设备情况应特别注意。有的投标单位将施工设备按其拥有总量填报，可能包含应报废的设备或施工机具，一旦中标却不能完全兑现。另外，还要注意分析投标单位正在履行的合同与招标项目在管理人员、技术人员和施工设备方面是否发生冲突，以及是否还有足够的财务能力再承接本项目。

4) 联合体申请投标时，必须审查其合作声明和各合作者的资格。

5) 应重视各投标单位过去的施工经历是否与招标项目的规模、专业要求相适应，施工机具，工程技术及管理人员的数量、水平能否满足本项目的要求，以及具有专长的专项施工经验是否比其他投标单位占有优势。

2. 组织现场勘察

招标单位负责组织各投标单位，在招标文件中规定的时间到施工现场进行考察。组织现场考察的目的，一方面是让投标单位了解招标现场的自然条件、施工条件、周围环境和调查当地的市场价格等，以便于编标报价；另一方面是要求投标单位通过自己的实地考察，决定投标策略和确定投标原则，避免实施过程中承包商以不了解现场情况为理由，推卸应承担的合同责任。

为此，招标单位在组织现场考察过程中，除了对现场情况进行简要介绍外，不对投标单位提出的有关问题做进一步的说明，以免干扰投标单位的决策。这些问题一般都留待标前会议上解答。

3. 召开标前会议

标前会议指招标单位在招标文件规定的日期（投标截止日期前），为解答投标单位研究招标文件和现场勘察中所提出的有关质疑问题而举行的会议，又称交底会。在正式会议上，除了向投标单位介绍工程概况外，还可对招标文件中的某些内容加以修改或补充说明，有针对性地解答投标单位书面提出的各种问题，以及会议上投标单位即席提出的有关问题。会议结束后，招标单位应按其口头解答的内容以书面补充通知的形式发给每个投标单位，作为招标文件的组成部分，与招标文件具有同等的效力。书面补充通知应在投标截止日期前一段时间发出，以便让投标单位有时间作出反应。时间长短应视工程规模大小和复杂程度而定，若发出时间太短且对招标文件有重大改动而使投标单位没有足够合理的时间编标报价，投标截止日期应相应顺延。

标前会议上，招标单位对每个单位的解答都必须慎重、认真，因为其所说的任何一句话都可能影响投标单位的报价决策。为此，在召开标前会议之前，招标单位应组织人员对投标单位的书面质疑所提的全部问题归类研究，列出解答提纲，由主答人解答。对会上投标单位即席提出的问题，主答人有把握时可予以扼要答复，其他人不宜轻率插话；对把握性不大的问题，则可以宣布临时休会，由招标单位研究之后再复会答复；与招标和现场勘察无关的问题，一律拒绝解答。

6.3.3 决标成交阶段的工作内容

从开标到建设单位（或项目法人）与中标人签订施工合同这一期间，属于决标成交阶段。决标成交阶段的工作内容包括开标、评标、决标和授标，其中，评标和决标工作都是在建设单位（或项目法人）的主持下秘密进行的。

1. 开标

开标的方式可有投标单位参加的公开开标和没有投标单位参加的非公开开标两种，但开标方式应在招标文件内说明。公开开标符合平等竞争原则，使每位投标单位都知道自己的报价所处的位置，其他人的报价有何优势。而非公开开标，投标单位往往被蒙在鼓里，在不知道其他人报价的情况下，应建设单位（或项目法人）的要求进行压价时，可使建设单位（或项目法人）处于有利地位，但这种方式只有在特殊情况下经过招标管理部门批准后才能采用。

（1）开标程序。开标应当在招标文件确定的提交投标文件截止时间的同一时间公开进行。开标地点应当为招标文件中预先确定的地点。

开标由招标单位主持，邀请所有投标单位参加。开标时，首先由投标单位或其推选的代表检查投标文件的密封情况，也可以由招标单位委托的公证机构进行检查并公证。经确认无误后，由有关工作人员当众拆封，宣读投标单位名称、投标价格和投标文件的其他主要内容，并由记录人在预先准备好的表册上逐一登记。表册内容一般包括投标单位、总标价、总工期、主要材料用量、附加条件、补充声明、优惠条件等内容，同时按报价金额排出标价顺序。登记表册由读标人、记录人和公证人签名后作为开标的正式记录，由招标单位存档备查。在宣读各投标书时，对投标致函中的有关内容，如临时降价声明、替代方案、优惠条件、其他"可议"条件等均应予以宣读，因为这些内容都直接关系到招标单位和投标单位的切身利益。

招标单位在招标文件要求提交投标文件的截止时间前收到的所有有效投标文件，开标时都应当当众予以拆封、宣读。

(2) 公布标底。开标时是否公布标底，要根据招标文件中说明的评标原则而定。对于单位工程量价格或单位平方米造价较为固定的中、小型工程，经常采用评标价（而非投标报价）最接近标底者中标，同时，规定超过标底一定范围的投标均为废标，则开标时必须公布标底，以使每个投标单位都知道自己标价所处的位置。但对于大型复杂的建设项目，标底仅为评标的一个尺度，一般最优评标价者中标，此时没有必要公布标底。因为对于大型复杂的工程，采用先进技术、合理的施工组织和施工方法、科学的管理措施等，完全可以突破常规而达到优质价廉的目的。先进与落后反映在标价上会有很大出入，而且投标单位所采用的施工组织和方法可能与编制标底时所依据的原则完全不同，因此不能完全以标底价格判别报价的优劣。

(3) 废标处理。开标时如果发现有下列情况之一者，均应宣布投标书作废。

1) 投标文件密封不符合招标文件要求。

2) 逾期送达。

3) 投标单位法定代表人或其授权代表人未参加开标会议。

4) 未按照招标文件规定加盖单位公章和法定代表人（或其授权人）的签字（或印鉴）。

5) 招标文件规定不得标明投标单位名称，但投标文件上标明投标单位名称或有任何可能透露投标单位名称的标记。

6) 未按照招标文件要求编写或字迹模糊导致无法确认关键技术方案、关键工期工程质量保证措施、投标价格。

7) 未按照规定交纳投标保证金。

8) 超出招标文件规定，违反国家有关规定。

9) 投标单位提供虚假资料。

所有被宣布为废标的标书，招标单位应原封不动地退回，不予评审。

2. 评标

评标的目的是根据招标文件中确定的标准和方法，对每个投标单位的标书进行评审，以选出最低评标价的中标单位。根据我国《招标投标法》规定，评标委员会应由招标单位代表和有关技术、经济等方面的专家组成，成员人数为5人以上单数，其中技术、经济等方面的专家不得少于成员总数的三分之二。评标委员会的专家成员，应当由招标单位从建设行政主管部门及其他有关政府部门确定的专家名册或者工程招标代理机构的专家库内相关专业的专家名单中确定。确定专家成员一般应当采取随机抽取的方式。

与投标单位有利害关系的人员不得进入相关项目的评标委员会。评标委员会成员的名单在中标结果确定前应当保密。

评标工作可分为初评和详评两个阶段。

(1) 评标工作的一般程序。

1) 招标人宣布评标委员会成员名单并确定主任委员会人选。

2) 招标人宣布有关评标纪律。

3) 在主任委员主持下，根据需要，讨论通过成立有关专业组和工作组。

4) 听取招标人介绍招标文件。

5) 组织评标人员学习评标标准和方法。

6) 经评标委员会讨论，并经二分之一以上委员同意，提出需投标人澄清的问题，以书面形式送达投标人。

7) 对需要文字澄清的问题，投标人应当以书面形式送达评标委员会。

8) 评标委员会按照招标文件确定的评标标准和方法，对投标文件进行评审，确定中标候选人推荐顺序。

9) 在评标委员会三分之二以上委员同意并签字的情况下，通过评标委员会工作报告，并报招标人。评标委员会工作报告附件包括有关评标的往来澄清函、有关评标资料及推荐意见等。

(2) 初评。初评也称"审标"，是为了从所有标书内筛选出符合最低要求标准的合格标书，淘汰那些不合格的标书，以免在详评阶段浪费时间和精力。评审合格标书的主要条件如下：

1) 投标书的有效性。审查标书单位是否与资格预审短名单一致；递交的投标保函在金额和有效期方面是否符合招标文件的规定；如果以标底衡量有效标，投标报价是否在规定的标底上下百分比幅度范围内。

2) 投标书的完整性。审查投标书是否包括了招标文件中规定应递交的全部文件，如果缺少一项内容，则无法进行客观、公正的评价，只能按无效标处理。

3) 投标书与招标文件的一致性。如果招标文件指明是"响应标"，则投标书必须严格地按招标文件的每一空白栏作出回答，不得有任何修改或附带条件。如果投标单位对任何栏目的规定有说明要求时，只能在完全应答原标书的基础上，以投标致函的方式另行提出自己的建议。对原标书私自作出任何修改或用括号注明条件，都将与建设单位（或项目法人）的招标要求不相一致，也按无效标对待。

4) 报价计算的正确性。由于只是初评审标，不过细地研究各项目报价金额是否合理、准确，仅审核是否有计算统计错误。若出现的错误在允许范围之内，由评标委员会予以改正，并请投标单位签字确认。若其拒绝改正，不仅按无效标处理，而且按投标单位违约对待。当错误值超过允许范围时，也按无效标对待。

修改报价统计错误的原则如下：如果数字表示的金额和文字表示的金额有出入，以文字表示的金额为准；如果单价和数量的乘积和总价不一致，要以单价为准；若属于明显的小数点错误，则以标书的总价为准；副本与正本不一致，以正本为准。

经过初评，对合格的标书再按报价由低到高的顺序重新排列名次。由于排除了一些无效标和对报价错误进行了某些修正，此时的排列顺序可能和开标时的排列顺序不一致。在一般情况下，评标委员会将新名单中的前几名作为初步备选的潜在中标单位，在详评阶段作为重点评审对象。

(3) 详评。施工招标的评标，除了考虑投标价的组成之外，还要对技术条件、财务能力等进行全面评审和综合分析，最后选出最低评标价的投标。因对投标人在这几方面的资格、实施能力已经认可了，此时的重点是评定投标人准备怎样实施招标工程，因此应该围绕投标书中有关施工方案、计划，各项技术保障措施，对合同条件的响应程度，报价的合理性等方面进行详细评定和比较。详评的内容涉及以下几个方面。

1) 技术评审。主要是对投标单位的实施方案进行评定，包括其施工方法和技术措施是否可靠、合理、科学和先进，能否保证施工的顺利进行，确保施工质量和安全；是否充分考虑了气候、水文、地质等各种因素的影响，并对施工中可能遇到的问题进行了充分的估计，是否同时也设计了妥善的预处理方案；施工进度计划是否科学、可行；材料、设备、劳动力的供应是否有保障；施工场地平面图设计是否科学、合理等。

2) 价格分析。不仅对各标书进行报价数额的比较，还要对主要工作内容及主要工程量的单价进行分析，并对价格组成中各部分比例的合理性进行评价。分析投标价的目的在于鉴定各投标价的合理性，并找出报价高与低的主要原因。

3) 管理和技术能力评审。主要审查承包商实施本项目的具体组织机构是否合适，所配备的管理人员的能力和数量是否满足施工需要；是否建立起满足项目管理需要的质量、工期、安全、成本等保证体系。

4) 商务法律评审。即对投标书进行响应性检查，主要审查投标书与招标文件是否有重大偏离。当承包商采用多方案报价时，要充分审查评价对招标文件中双方某些权利义务条款修改后，其方案的可行性以及可能产生的经济效益与随之而来的风险。

（4）评标方法。评标委员会对标书的以上各方面进行审核分析后，再以一定的方法对标书进行定量分析，以确定出各标书的优劣。评标的方法很多，方式有繁有简，究竟采用哪种方法要根据招标项目的复杂程度、专业特点等来决定。目前施工招标的评标方法多采用的有以下几种：

1) 专家评议法。由评标委员会预先确定拟评定的内容，如工程报价、合理工期、主要材料消耗、施工方案、工程质量和安全保证措施等项目，经过对共同分项的认真分析、横向比较和调查后进行综合评议。最终通过协商和投票，选择各项都较优良的投标单位作为中标候选人推荐给建设单位（或项目法人）。这种方法实际上是一种定性的优选法，虽然能深入地听取各方面的意见，但容易发生众说纷纭、意见难以统一的情况。由于没有进行量化评定和比较，评标的科学性较差。其优点是评标过程简单，在较短时间内即可完成，一般仅适用于小型工程或规模较小的改扩建项目。

2) 综合评分法。评标委员会事先根据招标项目特点将准备评审的内容进行分类，各类内容再细化成小项，并确定各类及小项的评分标准。如某工程评标的分值划分是：工程报价30分；工期30分；工程质量15分；材料15分；施工组织10分。评分标准确定后，再根据对标书的评审进行打分，各项统计之和即为该标书得分。如报价以标底价为标准，报价低于标底5%范围内为满分；报价高于标底8%范围内和低于标底10%范围内，比标底每增加1%或比95%的标底每减少1%均扣减2分；报价高于标底的8%以上或低于10%以下均为0分。最终以得分的多少排出次序，作为综合评分的结果。这种定量的评标方法，在评定因素较多而且繁杂的情况下，可以综合评定出各投标单位的素质情况，既是一种科学的评标方法，又能充分体现平等竞争的原则。

3) 低标价法。以评审价（或称评标价）作为衡量标准，选取最低评标价者作为推荐中标单位。评标价并非投标价，它是将一些因素折算为价格，然后再评定标书次序。由于很多因素不能折算为价格，如施工组织机构、管理体系、人员素质等，因此采用这种方法必须建立在严格的资格预审基础上。只要投标单位通过资格预审，就被认为已具备可靠承包商的条件，投标竞争只是一个价格的比较。投标单位的报价虽然是评标价的基本构成要素，但如果发现有明显漏项时，可予相应地补项而增加其报价值。

评标价的其他构成要素还包括工期的提前量、标书中的优惠条件、技术建议产生的经济效益等，这些条件都折算成价格作为评标价内的扣减因素。如标书中工期提前较多，可以月为单位将建设单位（或项目法人）所得收益按一定比例折合为优惠价格计入评标价内；技术建议的实际经济效益也按一定的比例折算。以工程报价为基础，对可以折合成价格的因素经换算后加以增减，就组成了该标书的评标价。

但应注意，评标价仅是评标过程中以货币为单位的评定比较方法，而不是与中标单位签订合同的价格。建设单位（或项目法人）接受最低评标价的投标单位后，合同价格仍为该投标单位的报价值。

4）A+B值法。当评标委员会对所有标书进行全面审查评定后，凡满足要求条件的标书均被认为具备投标资格。此时，就以标书中报价的合理性作为选定最终中标者的依据。通常的做法是以标底价格作为衡量标准，与标底最接近的为最优标书。但如果出现多家具有授标资格的投标单位，其投标报价均低于标底时，则很有可能是标底编制得不够科学，不能充分地反映出较为先进的施工技术和管理水平，若以标底作为衡量标准就显得有失公允。为了弥补这一缺陷，可以以标底价的修正值作为衡量标准，即"A+B值法"。它是将低于标底某一预定百分比范围内的投标报价算术平均值作为A，将标底或评标委员会在评标前确定的标价作为B，然后将A和B的加权平均值作为衡量标准，再选定与A+B值最接近的为最优标书。

5）记分法。该方法一般从6个方面进行评议，即投标价、企业素质、主要施工机械设备、施工组织设计、商业信誉和附加优惠条件。根据国际工程招标常采用的公式，结合国内的实际情况，有些工程在评标时以如下公式计算各标书的评分：

$$P=Q+[(B-b)/B]\times 200+S+m+n \tag{6.1}$$

式中　P——最终得分；

Q——投标报价，一般该项占40~70分；

B——标底价；

b——分析报价，分析报价=投标价-优惠条件折算价；

S——投标单位素质（包括技术人员素质、设备情况、财务情况三项指标）得分，一般取10~25分；

m——投标单位的信誉，上限一般为10~25分；

n——投标单位的施工经验，特别应注意与招标项目类似的工程施工经验，上限一般取10~25分。

采用这个公式计分时，大多还要考虑以下几点。

a. S、m、n的取值应与工程干扰情况、工程规模、施工难度联系起来。如果工程干扰大但施工难度一般，S应取下限10，m取15。

b. Q、S、m、n的取值应在开标前就予以确定，各评标人依据对标书的理解打分。

c. $(B-b)/B\times 200$指当报价高于或低于标底1%时，增加或扣减2分。乘以多少，也可以根据招标项目工程特点，考虑报价应占多大比重来调整。

根据我国《招标投标法》规定，评标一般采用综合评估法或经评审的最低投标价法。

采用综合评估法的，应当对投标文件提出的工程质量、施工工期、投标价格、施工组织设计或者施工方案、投标单位及项目经理业绩等，能否最大限度地满足招标文件中规定的各项要求和评价标准进行评审和比较。采用经评审的最低投标价法的，应当在投标文件能够满足招标文件实质性要求的投标单位中，评审出投标价格最低的投标单位，但投标价格低于其企业成本的除外。

在评标过程中，评标委员会可以用书面形式要求投标单位对投标文件中含义不明确的内容作必要的澄清或者说明。投标单位应当采用书面形式进行澄清或者说明，其澄清或者说明不得超出投标文件的范围或者改变投标文件的实质性内容。

(5) 评标准则。

1) 不应盲目追求低标价，应以评标价来客观地进行综合评定。因为工程的实际成本在保证质量的条件下，只能在某一幅度内浮动，对过低的报价值应进行细致的分析，即若将合同授予他后，实施过程中是否可能给建设单位（或项目法人）带来不必要的风险。

2) 达不到工期要求的投标一般不予考虑，但工期提前较多时，也应慎重对待，研究是否有可靠的技术组织措施保障施工质量与施工安全。

3) 以什么标准来衡量投标人的报价是否合理，是一个应予以注意的问题。目前采用较多的是以标底价作为标准，但往往发生标底编制依据并不能客观地反映实际情况或不够科学，没能反映出较为先进的施工技术水平和管理水平，尤其是以标底上下某一百分比幅度作衡量废标标准时，就更显得有失公允。为了弥补这一缺陷，可采用"A＋B值评标法"，即以低于标底的某一百分数内各标书报价的算术平均值为A；以标底价为B，然后以"A＋B"的均值作为价格项的评定标准，定出低于或高于这个标准的有效标上下幅度，进而再择优选定。

4) 评审报价组成时，应以标底与标书中各项工作内容的分项报价进行对照比较，以判定该项报价是否合理。有时可能发生标书中的总报价排在前三标范围内，但经过与标底对比后，发现很多单项报价不是高几倍，就是低几倍，此时主标委员会应认真分析差异原因和若予授标可能带来的风险。出现这种单价不平衡的原因可能有两种情况：一是投标人没经验，报价缺乏科学依据；二是投标人拟利用严重不平衡报价策略增加建设初期的收益。

5) 投标人写入标书内的优惠条件是他的竞争优势，开标时予以宣读并作为评标的考虑因素。但有时开标后往往有投标人再提出一些优惠条件来吸引建设单位（或项目法人），一般称为"标后优惠"，如何对待标后优惠是个原则问题。开标应当是报价竞争的结束，而不应是新一轮竞争的开始，建设单位（或项目法人）不应当从无休止的竞争中去捞取额外的好处，否则就丧失了投标竞争的公平性。根据招标文件中规定投标截止日期后不得对标书有实质性的改动这一原则，标后优惠在评标时就不应考虑。

6) 评标委员会可就评标中发现的疑问分别约请投标人召开澄清问题会，要求他对某些问题作出说明。澄清问题会并不意味着议标或允许修改投标书，纯粹是一种评标过程中的技术安排。澄清问题的范围没有任何限制，可以要求投标人补充报送某些报价计算的细节资料，特别是报价过高或过低的子项目工程单价分析表；也可以要求投标人对其技术方案建议提供进一步的详细说明；还可以要求补充其选用设备的技术数据或说明书等。评标委员会成员在约见投标人澄清问题时，不得透露任何评审情况。澄清内容也要整理成文字资料作为投标书的组成部分。

(6) 评标报告。评标委员会完成评标后，应当向招标单位提出书面评标报告，阐明评标委员会对各投标文件的评审和比较意见，并按照招标文件中规定的评标方法，推荐不超过3名有排序的合格的中标候选人。招标单位根据评标委员会提出的书面评标报告和推荐的中标候选人确定中标单位。评标报告应当如实记载以下内容：
  1) 基本情况和数据表。
  2) 评标委员会成员名单。
  3) 开标记录。
  4) 符合要求的投标一览表。
  5) 废标情况说明。
  6) 评标标准、评标方法或者评标因素一览表。
  7) 经评审的价格或者评分比较一览表。
  8) 经评审的投标单位排。
  9) 推荐的中标候选人名单与签订合同前要处理的事宜。
  10) 澄清、说明、补正事项纪要。

评标报告由评标委员会全体成员签字。对评标结论持有异议的评标委员会成员可以书面方式阐述其不同意见和理由。评标委员会成员拒绝在评标报告上签字且不陈述其不同意见和理由的，视为同意评标结论。评标委员会应当对此作出书面说明并记录在案。使用国有资金投资或者国家融资的项目，招标单位应当确定排名第一的中标候选人为中标单位。排名第一的中标候选人放弃中标、因不可抗力提出不能履行合同，或者招标文件规定应当提交履约保证金而在规定的期限内未能提交的，招标单位可以确定排名第二的中标候选人为中标单位。排名第二的中标候选人因同样的原因不能签订合同的，招标单位可以确定排名第三的中标候选人为中标单位。

招标单位也可以授权评标委员会直接确定中标单位。

3. 决标和授标

（1）决标。建设单位（或项目法人）根据评标报告所推荐的中标单位名单，约请中标候选人进行决标前谈判，建设单位（或项目法人）谈判的主要目的如下：

1) 标书通过评审，虽然从总体上可以接受投标单位的报价，但仍可能发现有某些不够合理之处，希望通过谈判压低报价而成为正式合同价格。

2) 发现标书中某些建议（包括技术建议或商务建议）是可以采纳的，有些也可能是其他投标单位的建议，建设单位（或项目法人）希望备选的中标单位也能接受，需要与其讨论这些建议的实施方案，并确定由于采纳建议导致的价格变更。

3) 进一步了解和审查中标候选人的施工组织设计和各项技术措施是否能保证工程质量和工期要求。

建设单位（或项目法人）经过与中标候选人谈判后，最后确定中标单位，并向其发出中标通知书。同时，将中标结果通知所有未中标的投标单位，并退还其投标保证金。中标通知书对招标单位和中标单位具有法律效力。中标通知书发出后，招标单位改变中标结果的，或者中标单位放弃中标项目的，应当依法承担法律责任。

（2）授标。中标单位接到授标通知书后，即成为该招标项目的施工承包商，应在规定时间内与建设单位（或项目法人）签订施工合同。此时，建设单位（或项目法人）和中标单位还要进行决标后的谈判，将双方以前谈判过程中达成的协议具体落实到合同中，并最后签署合同。在决标后的谈判中，如果中标单位拒签合同，建设单位（或项目法人）有权没收其投标保证金，再与其他单位签订合同。

根据我国《招标投标法》规定，招标单位与中标单位应当自中标通知书发出之日起 30 日内，按照招标文件和中标单位的投标文件订立书面合同。招标单位和中标单位不得再行订立背离合同实质性内容的其他协议。招标文件要求中标单位提交履约保证金的，中标单位应当提交。

6.4 建设项目材料、设备采购招标管理

采购工程项目建设过程中所需的材料和设备，以满足施工的需要，是招标工作的内容之一。采购货物质量的好坏和价格的高低，对项目建设的成败和经济效益都有着直接、重大的影响。根据建设项目的特点和要求，采购的内容可划分为单纯采购大宗建筑材料和定型生产的中、小型设备。采购类型包括生产、运输、安装、调试各阶段的综合采购和大型复杂设备的"交钥匙"采购，即完成设计、设备制造、土建施工、安装调试等实施阶段全过程工作的采购。

货物采购招标与工程施工招标有很多相似之处，但由于采购的标的物不同，故在具体运作过程中又有其独特性。

6.4.1 采购方式与分标原则

1. 采购方式

为建设项目采购材料、设备而选择供货商，并与其签订物资购销合同或加工订购合同，大多采用如下 3 种方式之一。

（1）招标选择供货商。这种方式大多适用于采购建设项目的大型货物或永久设备、标的金额较大、市场竞争激烈的情况。招标方式可以是公开招标，也可以是邀请招标。在招标程序上与施工招标基本相同。

（2）询价选择供货商。这种方式是采用询价—报价—签订合同的程序，即采购方对 3 家以上的供货商就采购的标的物进行询价，比较其报价后，选择其中一家与其签订供货合同。这种方式实际上是一种议标的方式，无须采用复杂的招标程序，又可以保证价格有一定的竞争性。一般适用于采购建筑材料或价值较小的标准规格产品。

（3）直接订购。由于这种方式不能进行产品的质量和价格比较，因此是一种非竞争性采购方式。一般适用于以下几种情况：

1）为了使设备或零配件标准化，向原经过招标或询价选择的供货商增加购货，以便满足现有设备的要求。

2）所需设备具有专卖性质，并只能从一家制造商获得。

3）负责工艺设计的承包单位要求从指定供货商处采购关键性部件，并以此作为保证工程质量的条件。

4）尽管询价通常是获得最合理价格的较好方法，但在特殊情况下，由于需要某些特定货物早日交货，也可直接签订合同，以免由于时间延误而增加开支。

2. 采购分标原则

货物采购的分标是为了吸引更多的投标单位参加竞争，以发挥各个供货商的专长，达到降低货物价格、保证供货时间和质量的目的，同时也是为了便于招标工作的管理。

工程项目所需的各种货物首先按需求时间划分为几个标，如施工机具招标、主要材料供应招标、永久工程设备招标等，分别编制招标文件，陆续招请供货商。每次招标时，可根据货物的性质只发一个合同包或划分成几个合同包分别发包，如电气设备包、电梯包等。在每

个包内又可以细分成若干个项,如钢材采购的合同包内包括型钢、带钢、线材、管材、板材等项。供货商投标的基本单位是包,在一次招标时他可以投全部的合同包,也可以只投一个或其中几个包,但不能仅投一个包中的某几项。

建设单位(或项目法人)在进行货物采购的分标和分包时,主要应考虑以下几方面因素。

(1) 招标项目的规模。根据建设项目所需设备之间的关系、预计金额的大小进行适当的分标。如果标段划分得过大,会使一般中小供货商无力问津,而有实力参与竞争的承包商过少,就会引起投标价格提高。反之,如果标段划分得过小,虽可以吸引较多的中小供货商,但很难吸引实力较强的供货商,尤其是外国供货商来参加投标,而且不可避免地会增大招标、评标的工作量。

(2) 货物性质和质量要求。工程项目建设所需的材料、设备可划分为通用产品和专用产品两大类。通用产品可有较多的供货商参与竞争,而专用产品由于对货物的性能和质量有特殊要求,则应按行业来划分。对于成套设备,为了保证零部件的标准化和机组连接性能,最好确定为一个标,由某一供货商来承包。在既要保证质量又要降低造价的原则下,凡国内制造厂家可以达到技术要求的设备,应单列一个标进行国内招标;国内制造有困难的设备,则需进行国际招标。

(3) 工程进度与供货时间。按时供应质量合格的货物,是建设项目能够顺利实施的物质保证。如何恰当分标?应按供货进度计划满足施工进度计划要求的原则,综合考虑资金、制造周期、运输、仓储能力等条件,既不能延误施工的需要,也不应过早到货。过早到货虽然能满足施工进度计划的实施要求,但它会影响资金的周转,并需要额外支出对货物的保管与保养费用。

(4) 供货地点。如果建设项目的施工点比较分散,则所需货物的供货地点也势必分散,因此应考虑外埠供货商和当地供货商的供货能力、运输条件、仓储条件等进行分标,以利于保证供应和降低成本。

(5) 市场供应情况。大型建设项目需要大量建筑材料和较多的设备,如果一次采购,可能会因需求过大而引起价格上涨,因此应合理计划、分批采购。

(6) 资金来源。由于建设项目投资来源多元化,应考虑资金的到位情况和周转计划,合理分标,分项采购。

6.4.2 资格审查与评标

1. 资格审查

货物采购招标程序中,对投标单位的资格审查包括投标单位资质的合格性审查和所提供货物的合格性审查两个方面。

(1) 投标单位资质审查。投标单位填报的"资格证明文件"应能表明其有资格参加投标和一旦投标被接受后有履行合同的能力。如果投标单位是生产厂家,则必须具有履行合同所必需的财务、技术和生产能力;若投标单位按合同提供的货物不是自己制造或生产的,则应提供货物制造厂家或生产厂家正式授权同意提供该货物的证明资料。主要包括以下内容:

1) 营业执照复印件。
2) 法人代表的授权书或制造厂家的授权信。
3) 银行出具的资信证明。
4) 产品鉴定书。

5）生产许可证。

6）产品荣获国优、部优的荣誉证书。

7）制造厂家的资格证明。除了厂家的名称、地址、注册或成立的时间、主管部门等情况外，还应有以下内容：①职工情况调查，主要指技术工人、管理人员的数量调查；②近期资产负债表；③生产能力调查，包括生产项目，年生产能力，哪些货物可以自己生产，哪些自己不能生产而需从其他厂家购买主要零部件；④近三年该货物主要销售给国内外单位的情况；⑤近三年的年营业额；⑥易损件的供应条件；⑦其他情况；⑧贸易公司（作为代理）的资格证明；⑨审定资格时需提供的其他证明材料。

（2）货物合格性审查。投标单位应提交根据招标要求提供的所有货物及其辅助服务的合格性证明文件，这些文件可以是手册、图纸和资料说明等。证明资料应说明以下情况：

1）标明货物的主要技术指标和操作性能。

2）为使货物正常、连续使用，应提供货物使用两年期内所需的零配件和特种工具等清单，包括货源和现行价格情况。

3）资格预审文件或招标文件中指出的工艺、材料、设备、参照的商标或样本目录号码仅作为基本要求的说明，并不作为严格的限制条件。投标单位可以在标书说明文件中选用替代标准，但替代标准必须优于或相当于技术规范所要求的标准。

2. 评标

货物采购评标与施工评标有很大差异，它不仅要考虑采购时所报的现价，还要考虑设备在使用寿命期内可能投入的运营和管理费的高低。尽管投标单位所报的货物价格较低，但运营费很高时，仍不符合建设单位（或项目法人）以最合理价格采购的原则，因此在评标过程中所考虑的因素和评审方法与施工评标不同。评标过程中的初评程序与施工评标基本相同，下面仅介绍详评阶段的工作。

（1）评审的主要内容。

1）投标价。投标单位的报价既包括生产制造的出厂价格，也包括其所报的安装、调试、协作等售后服务的价格。

2）运输费。运输费包括运费、保险费和其他费用，如对超大件运输时道路、桥梁加固所需的费用等。

3）交付期。以招标文件中规定的交货期为标准，如投标书中所提出的交货期早于规定时间，一般不给予评标优惠，因为当施工还不需要时，要增加建设单位（或项目法人）的仓储管理费和货物的保养费。如果迟于规定的交货日期，但推迟日期尚属于可接受的范围之内，则应在评标时考虑这一因素。

4）设备的性能和质量。主要比较设备的生产效率和适应能力。还应考虑设备的运营费用，即设备的燃料、原材料消耗、维修费用和所需运行人员费等。如果设备性能超过招标文件要求，使建设单位（或项目法人）受益，评标时也应考虑这一因素。

5）备件价格。各类备件（特别是易损备件）在两年内取得的途径和价格，在评标时也要予以考虑。

6）支付要求。合同中规定了购买货物的付款条件，如果标书中投标单位提出了付款的优惠条件或其他支付要求，而这种与招标文件规定的偏离是建设单位（或项目法人）可以接受的，也应在评标时加以计算和比较。

7) 售后服务。售后服务包括可否提供备件、进行维修服务，以及安装监督、调试、人员培训等的可能性和价格。

8) 其他与招标文件偏离或不符合的因素等。

(2) 评标方法。货物采购的评标方法通常有以下几种：

1) 最低标价法。采购简单商品、半成品、原材料，以及其他性能、质量相同或容易进行比较的货物时，价格可以作为评标时考虑的唯一因素，以此作为选择中标单位的尺度。

国内生产的货物，报价应为出厂价。出厂价包括为生产所提供的货物购买的原材料和零配件所支付的费用，以及各种税款，但不包括货物售出后所征收的销售税以及其他类似税款。如果所提供的货物是投标单位早已从国外进口、目前已在国内的，则应报仓库交货价或展室价，该价格应包括进口货物时所交付的进口关税，但不包括销售税。

2) 综合标价法。以报价为基础，将评标时所考虑的其他因素也折算为一定价格而加到投标价上，得到综合标价，然后再根据综合标价的高低决定中标单位。采购机组、车辆等大型设备时，大多采用这种方法。评标时具体的处理办法如下：

a. 运费、保险及其他费用。按照铁路（公路、水运）运输、保险公司，以及其他部门公布的费用标准，计算货物运抵最终目的地将要发生的运费、保险费及其他费用。

b. 交货期。以招标文件中"供货一览表"规定的具体交货时间为标准，若标书中的交货时间早于标准时间，评标时不给予优惠；如果迟于标准时间，每迟交货一个月，可按报价的一定百分比（货物一般为2%）计算折算价，将其加到报价上。

c. 付款条件。投标单位必须按照招标文件中规定的付款条件来报价，对于不符合规定的投标，可视为非响应性投标而予以拒绝。但采购大型设备的招标中，如果投标单位在投标致函中提出采用不同的付款条件可使其报价降低而供建设单位（或项目法人）选择时，这一付款要求在评标过程中应该予以考虑。当投标单位提出的付款要求偏离招标文件的规定不是很大、尚属可接受范围时，应根据偏离条件给建设单位（或项目法人）增加的费用，按招标文件中规定的贴现率换算成评标时的净现值，加到投标单位在致函中提出的修改报价上，作为评标价格。

d. 零配件和售后服务。零配件的供应和售后服务费用要视招标文件的规定而异。如果用这笔费用已要求投标单位包括在报价之内，则评标时不再考虑这一因素。若要求投标单位单报这笔费用，则应将其加到报价上。如果招标文件中没有上述规定，则在评标时要按技术规范附件中开列的、由投标单位填报的、该设备在运行前两年可能需要的主要部件、零配件的名称、数量，计算可能需支付的总价格，并将其加到报价中去。售后服务费用如果需要建设单位（或项目法人）自己安排，这笔费用也应加到报价中去。

e. 设备性能、生产能力。投标设备应具备技术规范中规定的起码生产效率，评标时应以投标设备实际生产效率单位成本为基础。投标单位应在标书内说明其所投设备的保证运营能力或效率，若设备的性能、生产能力没有达到技术规范要求的基准参数，凡每种参数比基准参数降低1%时，将在报价中增加若干金额。

f. 技术服务和培训。投标单位在标书中应报出设备安装、调试等方面的技术服务费用，以及有关培训费。如果这些费用未包括在总报价内，评标时应将其加到报价中作为评标价来考虑。

3) 以寿命周期成本为基础的标价法。在采购生产线、成套设备、车辆等运行期内各种后续费用（零配件、油料及燃料、维修等）很高的货物时，可采用以设备寿命周期成本为基础的标价法。评标时应首先确定一个统一的设备运行期，然后再根据各标书的实际情况，在标书报价上加上一定年限运行期间所发生的各项费用，再减去一定年限运行期后的设备残值。在计算各项费用或残值时，都应按招标文件中规定的贴现率折算成现值。

这种方法是在综合标价法的基础上，再加上运行期内的费用。这些以贴现值计算的费用包括3部分：①寿命期内所需的燃料估算费用；②寿命期内所需零件及维修估算费用；③寿命期末的估算残值。

4) 打分法。打分法是评标前将各评分因素按其重要性确定评分标准，然后按此标准对各投标单位提供的报价和各种服务进行打分，得分最高者中标。

采用打分法时，首先要确定各种因素所占的比例，再以计分评标。表6.2列出了世界银行贷款项目通常采用的比例，供参考。

打分法简便易行，能从难以用金额表示的各个标书中，将各种因素量化后进行比较，从中选出最好的投标单位。缺点是各评标人独立给分，对评标人的水平和知识面要求高，否则，主观随意性较大。另外，难以合理确定不同技术性能的有关分值和每一性能应得的分数，有时会忽视一些重要的指标。若采用打分法评标，评分因素和各个因素的分值分配均应在招标文件中明确说明。

表 6.2 世界银行贷款项目通常采用的比例参考

投标价	60~70 分
零配件价格	0~10 分
技术性能、维修、运行费	0~10 分
售后服务	0~5 分
标准备件等	0~5 分
总分	100 分

复习思考题

1. 简述何为招标承包制，其招标方式具体分为几种。
2. 简述建设项目的稽察方式及其相关规定。
3. 简述建设项目承发包模式及其特点。
4. 简述勘察设计招标的特点及设计招标的主要工作内容。
5. 简述建设单位（或项目法人）在确定合同数量和选择合同类型时应考虑哪些因素。
6. 简述招标阶段对报价单位进行资格预审的主要内容。
7. 简述施工投标文件中评标报告的主要内容。
8. 简述投标文件出现哪些情形时属于无效投标文件。
9. 简述决标成交阶段评标的主要方法。
10. 简述建设项目材料、设备分标和分包时应考虑的因素。
11. 简述建设项目材料、设备主要评审内容和评标方法。

第 7 章 建设项目合同管理

7.1 建设项目合同管理简述

7.1.1 建设项目合同

1. 合同以及合同的形式

(1) 合同的定义及其分类。合同是民事主体之间设立、变更、终止民事法律关系的协议。依法成立的合同,受法律保护。

合同分为:买卖合同,供用电、水、气、热力合同,赠与合同,借款合同,租赁合同,融资租赁合同,承揽合同,建设工程合同,运输合同,技术合同,保管合同,仓储合同,委托合同,行纪合同,居间合同。

(2) 合同的形式。合同有书面形式、口头形式和其他形式。法律、行政法规规定采用书面形式的,应当采用书面形式。当事人约定采用书面形式的,应当采用书面形式。书面形式指合同书、信件和数据电文(包括电报、电传、传真、电子数据交换和电子邮件)等可以有形地表现所载内容的形式。

2. 建设项目合同及其特征

建设项目合同指的是承包人进行工程建设,发包人支付价款的合同。项目合同确立了建设项目有关各方之间的权利及义务关系,是建设项目管理最重要的依据。建设项目管理的核心,就是按照建设项目合同的规定对建设进行管理和控制。合同管理指为了工程项目的顺利实施,严格按照合同文件约定的工期、质量、成本等,完成建设工程的活动。合同管理工作对工程项目建设顺利实施关系重大。虽然不同的工程项目管理模式和不同的合同类型,对项目管理的要求及项目管理的内容不同,但合同管理的基本原理及性质却是一致的。

建设项目合同具有以下法律特征。

(1) 合同标的物的特殊性。建设工程合同标的物是各类建设项目,建设项目具有固定性的特点,由此决定了生产的流动性。建设项目大多结构复杂,建筑产品形体庞大,消耗资源多,投资大。建筑产品具有单件性,同时受自然条件的影响大,不确定因素多。这决定了建设合同的标的物有别于其他经济合同的标的物。

(2) 合同履行的长期性。建设工程结构复杂、规模较大,所需材料和设备类型多,建设过程往往会受到场地周围环境、气候条件等影响,导致合同履行期限都比较长。不仅合同订立和履行需要较长的准备期,而且在合同的履行过程中,还可能因为不可抗力、工程变更、材料设备供应不及时等原因,导致合同履行期限延长。

(3) 合同主体的严格性。建设工程合同主体一般只能是法人。发包人应是经过批准能够进行工程建设的法人,必须有国家批准的项目建设文件,并具有相应的组织协调能力。承包人必须具备法人资格,同时具有从事相应工程勘察、设计、施工的资质条件。由于建设项目合同所要完成的是投资大、周期长、质量要求高的建设项目，公民个人无能力承揽，无营业执照或无承包资质的单位不能作为建设项目的承包人，资质等级低的单位也不能越级承包建设项目。

（4）合同管理的计划性和程序性。由于建设项目对国民经济的发展和人民生活有着重大的影响，因此国家对建设项目投资计划有着严格的管理制度。对于国家重大建设工程合同，应当根据国家规定的程序和国家批准的投资计划签订。即使是国家投资以外、以其他方式投资建设的工程项目，也要按国家规定的建设程序订立和履行合同。

7.1.2 合同的谈判与签订

1. 合同的谈判

合同谈判是业主与承包商面对面的直接较量，谈判的结果直接关系到合同条款的订立是否于己有利，因此，在合同正式谈判前，无论是业主还是承包商，都必须深入细致地做好充分的思想准备、组织准备、资料准备等，做到知己知彼，心中有数，为合同谈判的成功奠定坚实的基础。

（1）合同谈判的准备。

1）合同谈判的思想准备。合同谈判是一项艰苦复杂的工作，只有做好充分的思想准备，才能在谈判中坚持立场，适当妥协，最后达到目的。谈判前，必须对以下问题进行充分准备。

a. 明确谈判的目的。这是必须明确的首要问题。因为不同的目的决定了谈判的方式和最终的谈判结果，一切具体的谈判行为方式与技巧都是为谈判的目的服务的。因此，谈判前首先要确定自己的目标，同时也要尽可能摸清对方的谈判目标，从而有针对性地进行准备并采取相应的谈判方式和谈判策略。明确目标是思想准备的首要环节。

b. 确定谈判的原则和态度。确定了谈判目标之后，谈判原则和态度的确定就成了实现目标的重要环节。围绕着谈判目标的实现，要确立自己在谈判中的基本立场和原则，从而确定谈判中哪些问题是必须坚持的、哪些问题可以做出一定的合理让步，以及让步的程度等。同时，还应具体分析在谈判中可能遇到的各种复杂情况及其对谈判目标实现的影响，谈判有无失败的可能，遇到实质性问题争执不下时如何解决等。这些问题都应在谈判前有充分的思想准备。

c. 确定对手的谈判意图。知己知彼，百战不殆。合同谈判也是一种斗智斗勇的活动，只有在充分了解对手的意图，并对此已有充分的思想准备之后，才能在谈判中始终掌握主动权。这里所说的意图包含对方谈判的诚意和动机两个方面。判断对方参加这次谈判有无诚意，是主动接洽还是被动应付，持积极态度还是消极态度；对方谈判的动机是只为了摸底还是为了正式与自己商谈具体事宜，是希望应付一次后通过函电达成协议，还是希望在面对面的会谈中取得成果等。

2）合同谈判的组织准备。在明确谈判目标并做好应付各种复杂局面的思想准备之后，谈判者就需要着手组织一个精明强干、经验丰富的谈判班子，具体进行谈判准备和谈判工作。谈判班子的知识专业结构、基本素质和综合业务能力对谈判结果有着重要的影响。一个合格的谈判小组通常由技术人员、财务人员、法律人员以及懂业务的人员组成，在谈判组中，领导的作用是至关重要的。领导作为主谈人，其思路一定要始终清楚，对谈判内容要熟悉，还必须有丰富的谈判技巧和经验；同时，还需要具备很强的组织能力和应变能力，以便在遇到意外情况时，能够调动谈判组成员的思路进行妥善处理。

3) 合同谈判的资料准备。合同谈判必须有理有据，因此谈判前必须收集整理各种基础资料和背景材料，包括对方的资信状况、履约能力、发展阶段、项目由来及资金来源、土地获得情况、项目目前进展情况等，以及在前期接触过程中已经达成的意向书、会议纪要、备忘录等。并将资料分成类：一是准备原招标文件中的合同条件、技术规范及投标文件、中标函等文件，以及向对方提出的建议等资料；二是准备好谈判时对方可能索取的资料以及在充分估计对方可能提出各种问题的基础上准备好适当的资料论据，以便对这些问题做出恰如其分的回答；三是准备好能够证明自己能力和资信程度等的资料，使对方能够确信自己具备履约能力。

4) 背景材料的分析。在获得上述基础资料及背景材料后，必须对这些资料进行详细分析。

a. 对己方的分析。签订工程合同之前，必须对自己的情况进行详细分析。对发包人来说，应按照可行性研究的有关规定，做定性和定量的分析研究，论证项目在技术上、经济上的可行性，经过方案比较，推荐最佳方案。在此基础上，了解自己建设准备工作情况，包括技术准备、征地拆迁、现场准备及资金准备等情况，以及自己对项目在质量、工期、造价等方面的要求，以确定己方的谈判方案。对承包商而言，在接到中标函后，应当详细分析项目的合法性与有效性，项目的自然条件和施工条件，己方在承包该项目有哪些优势，存在哪些不足，以确立己方在谈判中的地位。同时，必须熟悉合同审查表中的内容，以确立己方的谈判原则和立场。

b. 对对方的分析。对对方的基本情况的分析主要从以下几个方面入手：①对方是否为合法主体，资信情况如何。这是首先必须要确定的问题。如果承包人越级承包，或者承包人履约能力极差，就可能会造成工程质量低劣，工期严重延误，从而导致合同根本无法顺利进行，给发包人带来巨大损失。相反，如果工程项目本身因为缺少政府批文而不合法，发包主体不合法，或者发包人的资信状况不良，也会给承包人带来巨大损失。因此在谈判前必须确认对方是履约能力强、资信情况好的合法主体；否则，就要慎重考虑是否与对方签订合同。②谈判对手的真实意图。只有在充分了解对手的谈判诚意和谈判动机后，并对此做好充分的思想准备，才能在谈判中始终掌握主动权。③对方谈判人员的基本情况，包括对方谈判人员的组成，谈判人员的身份、年龄、健康状况、性格、资历、专业水平、谈判风格等，以便己方有针对性地安排谈判人员并做好思想上和技术上的准备，并注意与对方建立良好的关系，发展谈判双方的友谊，争取在到达谈判桌以前就有亲切感和信任感，为谈判创造良好的氛围。同时，还要了解对方是否熟悉己方。另外，必须了解对方各谈判人员对谈判所持的态度、意见，从而尽量分析并确定谈判的关键问题和关键人物的意见和倾向。

5) 谈判方案的准备。在具体会谈开始前，要仔细研究分析有关合同谈判的各种文件资料，拟定谈判提纲。同时，要根据会谈的目标要求，准备几个不同的谈判方案，并研究和考虑其中哪个方案较好，以及对方可能会倾向于哪一个方案。这样，当对方不愿接受某一方案时，就可以改换另一方案。谈判中切忌只有一种方案，当对方不接受时，容易使谈判陷入僵局。

6) 会议具体事务的安排准备。主要包括三方面内容。一是选择谈判的时机。谈判主要考虑双方的横向联系情况，对方将与几家公司商谈，己方将面对几家公司，何时与某一公司会谈,这是一种谈判策略。二是谈判地点的选择。一般来说,应选在对己方有利的地点。三是会谈议程的安排。议程要安排得松紧适度,不要拖得时间太长,同时要避免过于紧张、连续作战,还要注意到双方谈判的习惯。

(2) 合同谈判过程。

1) 一般讨论。谈判开始阶段通常都是先广泛交换意见,各方提出自己的设想方案,探讨各种可能性,经过商讨逐步将双方意见综合并统一起来,形成共同的问题和目标,为下一步详细谈判做好准备。不要一开始就使会谈进入实质性问题的争论,或逐条讨论合同条款。要先搞清基本概念和双方的基本观点,在双方相互了解基本观点之后,再逐条逐项仔细地讨论。

2) 技术谈判。在一般讨论之后,就要进入技术谈判阶段。主要对原合同中技术方面的条款进行讨论,包括工程范围、技术规范、标准、施工条件、施工方案、施工进度、质量检查、竣工验收等。

3) 商务谈判。主要对原合同中商务方面的条款进行讨论,包括工程合同价款、支付条件、支付方式、预付款、履约保证、保留金、货币风险的防范、合同价格的调整等。需要注意的是,技术条款与商务条款往往是密不可分的,因此,在进行技术谈判和商务谈判时,不能将两者分割开来。

4) 合同拟定。谈判进行到一定阶段后,在双方都已表明了观点,对原则问题双方意见基本一致的情况下,相互之间就可以交换书面意见或合同稿。然后以书面意见或合同稿为基础,逐条逐项审查讨论合同条款。先审查一致性问题,后审查讨论不一致的问题。对双方不能确定、达不成一致意见的问题,请示上级审定,下次谈判继续讨论,直至双方对新形成的合同条款一致同意并形成合同草案为止。

(3) 合同拟订与签约阶段。项目合同必须尽可能明确、具体,条款完备,避免使用含糊不清的词句。一般应严格控制合同中的限制性条款,明确规定合同生效条件,合同有效期以及延长的条件、程序,对仲裁和法律适用条款作出明确的规定,对选择仲裁或诉讼作出明确的约定。另外,在合同文件正式签订前,应组织有关专业人员、律师等对合同进行仔细推敲,在双方对合同内容达成一致意见后进行签字盖章。

2. 合同的签订

(1) 合同签订的一般程序。双方当事人就合同的主要条款经过反复协商和谈判,才能最终达成一致意见。订立合同要经过要约和承诺两个阶段才能完成。

1) 要约,是希望和他人订立合同的意思表示,该意思表示的内容必须确定并表明经特定人同意后即受其约束。商品带有标价的陈列、投标书的寄送等,一般都被视为要约。

要约对受要约人而言,并无承诺的义务,但其一旦承诺(同意)后,即应受其约束。要约对要约人有约束力,受要约人如果接受要约,要约人负有与对方签订合同的义务。对有些合同,当事人为获得要约而发出要约邀请。要约邀请是订立合同的内容不确定,或者虽然内容确定、但表明经特定人同意后不受其约束的意思表示,该意思表示的目的是希望他人向自己发出要约。招标公告、价目表的寄送、商品广告等,一般被视为要约邀请。

2) 承诺,是受要约人做出的同意要约的意思表示。承诺必须以明示方式做出。承诺的表示方式应当符合要约的要求。承诺应当在要约规定的期限内做出。要约没有规定期限的,承诺应当在以下期限内做出:①要约以对话方式做出的,应当立即承诺,要约以电话方式做出的,视为对话方式;②要约以非对话方式做出的,应当在合理的期限内做出承诺。该期限应当根据交易的性质、习惯以及要约采用的通信方式予以确定。

(2) 合同订立应遵循的原则。

1) 平等原则。合同当事人法律地位平等首先指当事人之间在合同关系中不存在管理与被管理、服从与被服从的关系。即使当事人之间在其他方面具有不平等的关系,如行政上的领导与被领导的关系,而在订立合同时,也必须具有平等的法律地位,一方不能凌驾于另一方之上,不得将自己的意志强加给另一方,否则会影响合同的效力。

2) 自愿原则。所谓自愿原则,即当事人有是否订立和与谁订立合同的自由,任何人和任何单位均不得强迫对方与之订立合同。在不违反法律规定的情况下,当事人对合同的内容、合同的订立等均应遵循自愿原则,任何单位和个人不得非法干预。自愿原则和平等原则是相辅相成、不可分割的,平等体现了自愿,自愿要求平等。自愿原则也不是绝对的,自愿只有在合法的前提下才能得以实现,也就是说自愿原则要受到一定的干预与限制。

3) 公平原则。公平原则指本着社会公认的公平观念确定当事人之间的权利义务。主要体现为:当事人在订立合同时,应当按照公平合理的标准确定合同的权利义务,不能使合同的权利义务显失公平;当事人发生纠纷时,法院应当按照公平原则对当事人确定的权利和义务进行价值判断,以决定其法律效力。

4) 诚信原则。诚实信用原则要求合同当事人在合同订立和合同履行的过程中,遵守法律法规和双方的约定,本着诚实、信用、实事求是的精神以善意的方式履行合同义务,不搞欺诈行为,不乘人之危进行不正当竞争等。

诚实信用原则在《民法典》中有着许多具体的体现,如第六十条:"当事人应当遵循诚实信用的原则,根据合同的性质、目的和交易习惯履行通知、协助、保密等义务。"

诚实信用原则另一个重要的功能是作为解释合同的重要依据。在合同的内容含糊不清、发生歧义等情况下,就需要对当事人的真实意思表示进行解释,诚实信用原则就是一条极为重要的解释原则。

5) 合法原则。当事人订立、履行合同应当遵守法律、行政法规,主要是指遵守法律的强制性规定。这里所说的法律法规,包括现行的所有有效的法律法规,只要涉及当事人的合同行为,都应当予以遵守,而不仅仅指遵守《民法典》。

7.1.3 合同的履行与担保

1. 合同的履行

合同的履行指当事人双方按照合同规定的标的、数量和质量、价款或酬金、履行期限、履行地点、履行方式等,全面地完成各自承担的义务。严格履行合同是双方当事人的义务,因此合同当事人必须共同按计划履行合同,实现合同所要达到的各类预定目标。

建设项目合同的履行原则是实际履行和全面履行。

(1) 实际履行。要求当事人按合同规定的标的来履行,不能以其他标的代替约定标的。一方违约时也不能以偿付违约金、赔偿金的方式代替履约;对要求继续履行合同的,仍应继续履行。

(2) 全面履行。全面履行也称适当履行或正确履行,要求当事人必须按照法律和合同规定的标的按质、按量地履行。债务人不得以次充好,以假乱真,否则债权人有权拒绝接受。

因此，在签订合同时，必须对标的物的规格、数量、质量作出具体规定，以便债务人按规定履行，债权人按规定验收。

2. 合同的担保

合同的担保指由国家法律、法规规定的或由双方当事人协商确定的，保证合同能够切实履行的一种法律措施。合同担保方式有抵押、保证、质押、定金和留置5种。

(1) 抵押。抵押指债务人或者第三人不转移对提供财产的占有，将该财产作为债权的担保。债务人不履行债务时，债权人有权依法以该财产折价或者以拍卖、变卖该财产的价款优先受偿。

可以抵押的财产有：抵押人所有的房屋和其他地上定着物；抵押人所有的机器、交通运输工具和其他财产；抵押人依法有权处置的国有土地使用权、房屋或其他地上定着物；抵押人依法有权处置的国有机器、交通运输工具和其他财产；抵押人依法承包并经发包方同意抵押的荒山、荒沟、荒丘、荒滩等荒地的土地使用权；依法可以抵押的其他财产。

(2) 保证。保证指保证人和债权人约定，当债务人不履行债务时，保证人按照约定履行债务或者承担责任的行为。具有代为清偿债务能力的法人、其他组织或者公民，可以做保证人。

同一债务有两个以上保证人的，保证人应当按照保证合同约定的保证份额，承担保证责任。没有约定保证份额的，保证人承担连带责任，债权人可以要求任何一个保证人承担全部保证责任，保证人都负有担保全部债权实血的义务。

(3) 质押。质押指债务人或者第三人将其动产或者权利凭证移交债权人占有，将该动产或者权利作为债权的担保。质押分为动产质押和权利质押两类。

可以质押的权利包括：汇票、支票、本票、债券、存款单、仓单、提单；依法可以转让的股份、股票；依法可以转让的商标专用权、专利权、著作权中的财产权；依法可以质押的其他权利。

(4) 定金。定金指在债权债务关系中，一方当事人在债务未履行之前交付给另一方当事人的一定数额货币的担保。债务人履行债务后，定金应当抵作价款或者收回。给付定金的一方不履行约定债务的，无权要求返还定金；收受定金的一方不履行约定债务的，应当双倍返还定金。

定金应以书面形式约定。当事人在定金合同中应当约定交付定金的期限，定金合同从实际交付定金之日起生效。定金的数额由当事人约定，但不得超过主合同标的额的20%。

(5) 留置。留置指债权人按照合同约定占有债务人的动产，债务人不按照合同约定的期限履行合同债务的，债权人有权依照法律规定留置该财产，以该财产折价或者以拍卖、变卖该财产的价款优先受偿。

7.2 建设项目勘察、设计合同管理

建设项目勘察、设计合同指建设单位（或项目法人）与勘察设计单位为完成一定的勘察、设计任务，明确双方权利、义务关系的协议。业主或有关单位称为委托人，勘察、设计单位称为承包人。根据双方签订的勘察、设计合同，承包人应完成委托人委托的勘察、设计任务，委托人接受符合合同约定要求的勘察、设计成果，并向承包人支付报酬。

7.2 建设项目勘察、设计合同管理

7.2.1 勘察、设计合同的签订

合同双方当事人必须是具有法人资格的社会组织，而且勘察、设计单位必须是具有相应资质证书的勘察、设计单位，通过招标或设计方案竞赛确定勘察、设计单位。

签订勘察、设计合同，要符合工程建设程序。对于勘察设计合同，由建设单位（或项目法人）提出委托，与勘察设计单位协商即可签订合同。对于设计合同，须有经批准的可行性研究报告才能签订。如果单独委托施工图设计，应同时具有经批准的初步设计文件才能签订合同。

编制建设项目勘察、设计合同可参照所推荐使用的示范文本，必须采用书面形式，并由合同双方法人代表签字、盖章后才能生效。

酬金按国家规定并经协商决定。委托人须先付定金，定金为勘察费用的30%或估算的设计费用的20%。委托人不履行合同，无权请求退回定金；承包人不履行合同，应双倍返还定金。

7.2.2 勘察、设计合同的履行

合同双方都有规定的权利和义务，双方均须履行合同规定的义务。

1. 委托人的义务

按合同约定的时间向承包人提供勘察、设计所需的有关建设项目的设计依据和基础资料，并对基础资料承担责任。主要内容见表7.1。

表7.1　　　　　　　　勘察、设计合同所需提供的基础资料

合同名称	编制依据及基础资料内容
勘察合同	勘察技术要求及附图（勘察范围的地形图和建筑平面布置图）
初步设计合同	批准的可行性研究报告，批准的选址报告，初步勘察资料，外部协作条件，与地方政府的协议书，建设规模和有关的技术经济条件
施工图设计合同	批准的初步设计，详细勘察报告，施工条件，有关设备的各种技术资料
勘察作业期间和施工期间的合同	向勘察设计单位提供所需的生产和生活条件

2. 承包人的义务

（1）勘察单位应按现行已颁发的有关标准、规范、规程和技术条例，开展所承担的勘察工作，并按合同规定的时间与质量要求向委托人提交勘察成果。

（2）设计单位依据批准的可行性研究报告或相应前阶段设计的文件，以及有关设计的技术经济文件、设计标准与定额、技术规范与规程、勘察成果资料等进行设计，并满足合同规定的深度与质量要求，按进度要求提交设计文件。对有重大工程变更，需重做或修改设计的情况，可由合同双方协商，补充合同或另订立合同完成。

（3）设计单位对所承担设计任务的建设项目，应按业主、监理工程师的要求配合施工，进行设计技术交底，将施工过程中有关设计的问题予以解决，并负责完成设计变更和修改或预算。

承包人的勘察、设计单位应按设计进度的要求提交所完成的勘察报告、设计成果，并承担其合同责任。设计文件批准后，未经委托人同意不得擅自修改或变更。委托人不得随意变更设计范围或设计标准，若需变更，须经有关批准部门同意，并经合同双方协商后另订立合

同完成。对已经进行了的设计费用，由委托人负责支付。委托人应保护承包人的利益，对承包人所提供的勘察、设计成果，不得擅自修改，不得任意转让给第三方。

7.2.3 违约责任

双方各自违约给对方造成损失的，违约方都要给对方以赔偿。

1. 委托人的违约责任

因计划变更、所提委托资料不准或未按期提供资料或工作条件，造成承包人返工、停工、窝工或修改的，委托人应按承包人实际消耗的工作量增付费用。因委托人责任而造成重大返工或重做设计时，应按合同另行增加勘察、设计费。委托人应按合同约定，按期、按量交付勘察费、设计费。若超过合同规定的日期付款时，委托人应偿付逾期违约金。偿付办法与金额由双方按有关规定协商确定。

2. 承包人的违约责任

因勘察、设计质量低劣，引起工程返工或未按期提交勘察、设计文件而拖延工期造成损失，由承包人继续完善勘察设计工作，并视造成损失、浪费的大小，减收或免收勘察、设计费。对因勘察、设计错误而造成工程重大质量事故者，承包人除免收受损部分勘察、设计费外，还应支付与直接受损部分勘察、设计费相等的赔偿金。承包人不履行合同的，应当双倍返还定金。

根据《建设工程质量管理条例》，勘察、设计单位有下列行为之一的，责令其改正，并处10万元以上30万元以下的罚款：

(1) 勘察单位未按照工程建设强制性标准条文进行勘察的。

(2) 设计单位未根据勘察成果文件进行工程设计的。

(3) 设计单位指定建筑材料、建筑构配件的生产厂、供应商的。

(4) 设计单位未按照工程建设强制性标准条文进行设计的。

如果因上述行为造成工程质量事故的，责令其停业整顿、降低资质等级；情节严重的，吊销资质证书；造成损失的，依法承担赔偿责任。如果造成重大安全事故、构成犯罪的，还要对直接责任人员依法追究刑事责任。

7.3 建设项目施工合同管理

施工合同指建筑安装工程承包合同，它是建设项目的主要合同，是由具有法人资格的发包人（建设单位或总承包单位等）和承包人（施工单位或分包单位）为完成商定的建筑安装工程，明确双方权利、义务关系的合同。施工合同是控制建设项目进度、投资、质量的主要凭据。发包人对合同范围内工程的建设必须具备组织协调能力；承包人必须具备有关部门核定的资质等级并持有营业执照，有能力完成所承包的工程建设任务。

由于施工合同具有合同标的特殊性、合同履行期限的长期性、合同内容的多样性与复杂性、合同管理的严格性（包括对合同的签订、合同的履行管理、对合同主体的管理）等特点，因此，对施工合同的签订、履行与管理，应更为谨慎、严格与负责。

7.3.1 施工合同的签订

建设项目施工合同按其所涉及的施工内容不同，可分为土木工程施工合同、设备安装施工合同、管道线路敷设施工合同等。无论施工合同的种类如何，签订施工合同所遵循的程序是基本相同的。

1. 签订施工合同应具备的条件

签订施工合同必须具备以下条件：

（1）初步设计已经批准。

（2）有能够满足施工需要的设计文件和有关技术资料。

（3）建设资金和主要建筑材料设备来源已经落实。

（4）通过招标选择承包单位的工程，其中标通知书已经下达。

除此之外，承发包双方签订施工合同，必须具备相应资质条件和履行施工合同的能力。承办人员签订合同，应取得法定代表人的授权委托书。

2. 签订施工合同的程序

施工合同作为合同的一种，其签订也应经过要约和承诺两个阶段。依法必须进行招标的项目，发包人应通过招标方式选择施工承包人。

中标通知书发出后，中标单位应当与发包人及时签订施工合同，对双方的责任、义务、权益等合同内容作出进一步的文字明确。根据《招标投标法》，中标通知书发出 30 天内，中标单位应与发包人依据招标文件、投标书等，签订施工合同。投标书中已确定的合同条款在签订时不得更改，确定的合同价应与中标价相一致。如果中标单位拒绝与发包人签订合同，发包人有权不再返还其投标保证金，中标单位还应当依法承担法律责任。

3. 合同双方当事人的责任和义务

（1）发包人的义务和责任。

1）发包人及时向承包人提供所需的指令、批准、图纸并履行其他约定的义务。

2）按协议条款约定的时间和要求一次或分阶段完成土地征用、房屋拆迁、场地平整及水、电、通信、道路等畅通工作。

3）向承包人提供施工场地所需的工程地质、水文地质和地下管网资料，并保证资料数据真实准确。

4）办理施工所需的各种证件、批件、施工临时用地、道路挤占及铁路专线的申报批准手续。

5）以书面形式将水准点、坐标控制点等交给承包人，并进行现场交验。

6）协调处理施工现场周围地下管线和邻近建筑物、构筑物的保护，并承担有关费用。

7）组织承包人、设计单位进行图纸会审与技术交底。

8）按工程进度支付工程款，并有权要求承包人的施工质量达到合同所规定的质量标准。

发包人不按合同约定完成以上工作造成施工进度拖后，应承担由此造成的经济支出，赔偿承包人有关损失，工期相应顺延。

（2）承包人的义务和责任。

1）在其资格证书允许的范围内，按发包人要求完成施工组织设计及所需要完成的施工图设计或配套设计，并经发包人代表或监理工程师批准后使用。

2）向发包人代表或监理工程师提供年、季、月工程进度计划和相应进度统计报表、工程事故报告。

3）按工程需要，提供和维修施工使用的照明、围栏、值班看守警卫等。

4）按协议条款约定的数量和要求，向发包人代表或监理工程师提供施工现场办公和生活的房屋及设施，发生的费用由发包人负责。

5）遵守地方政府和有关部门对施工场地交通和施工噪声等管理规定，经发包人同意后办理有关手续，除因承包人责任罚款外应由发包人承担有关费用。

6）按协议条款约定，负责对已完工程的成品保护工作，并对其间所发生的工程损坏进行维修。

7）保证施工现场的清洁符合有关规定，交工前清理现场达到合同文件的要求，承担因违反有关规定造成的损失和罚款。

8）按合同协议条款约定，有权按进度获得工程价款。与发包人签订提前竣工协议，有权获得工期提前奖励或提前竣工收益的分享。

9）对发生的不可预见事件而引起合同中断或延期履行，承包人有权提出解除施工合同或提出赔偿要求。

4．签订施工合同应遵守的原则

签订施工合同应遵守以下原则。

（1）遵守国家的法律、法规和国家计划原则。签订施工合同，必须遵守国家的法律、法规，也应遵守国家的建设计划和其他计划（如贷款计划等）。《建设工程施工合同管理办法》规定：签订施工合同，必须按照《建设工程施工合同示范文本》的"合同条件"，明确约定合同条款。对此规定，当事人也应遵守。

（2）平等互利、协商一致的原则。签订施工合同的当事人双方，都具有平等的法律地位，任何一方都不得强迫对方接受不平等的合同条件。合同的内容应当是互利的，不能单纯损害一方的利益。协商一致则要求施工合同必须是双方协商一致达成的协议，并且应当是当事人双方真实意思的表示。

（3）签订施工合同的程序。建设工程施工合同作为经济合同的一种，其签订也应经过要约和承诺两个阶段，发包方都应通过招标投标的方式选择施工承包方。

中标通知书发出后，中标的承包方应当与发包方及时签订施工合同，对双方的责任、义务、权益等合同内容作出进一步的文字明确。依照《工程建设施工招标投标管理办法》的规定，中标通知书发出30天内，中标的承包方应与发包方依据招标文件、投标书等签订施工合同。投标书中已确定的合同条款在签订时不得更改，确定的合同价应与中标价相一致。如果中标的承包方拒绝与发包方签订合同，则发包方有权不再返回其投标保证金，建设行政主管部门或有关机构还可给予一定的行政处罚。

7.3.2 施工合同的管理

施工合同的管理指各级工商行政管理机关、建设行政主管机关和金融机构，以及工程发包单位、社会监理单位、承包企业依照法律和行政法规、规章制度，采取法律的、行政的手段，对施工合同关系进行组织、指导、协调及监督，保护施工合同当事人的合法权益，处理施工合同纠纷，防止和制裁违法行为，保证施工合同法规的贯彻实施等一系列活动。施工合同的管理，既包括各级工商行政管理机关、建设行政主管机关、金融机构对施工合同的管理，也包括发包单位、社会监理单位、承包企业对施工合同的管理。可将这些管理划分为以下两个层次：第一层次为国家机关及金融机构对施工合同的管理；第二层次则为建设工程施工合同当事人及监理单位等对施工合同的管理。

下面仅对发包方（和监理单位）、承包方对施工合同的管理进行明确。

1. 发包方和监理单位对施工合同的管理

(1) 施工合同的签订管理。在发包方具备了与承包方签订施工合同的情况下,发包方或者监理单位可以对承包方的资格、资信和履约能力进行预审。对承包方的预审,招标工程可以通过招标预审进行,非招标工程可以通过社会调查进行。

发包方和监理工程师还应做好施工合同的谈判签订管理。使用施工合同示范文本时,要依据《合同条件》,逐条与承包方进行谈判。经过谈判后,双方对施工合同内容取得完全一致意见后,即可正式签订施工合同文件,经双方签字、盖章后,施工合同即正式签订完毕。

(2) 施工合同的履行管理。发包方和监理工程师在合同履行中,应当严格按照施工合同的规定,履行应尽的义务。施工合同内规定应由发包方负责的工作,都是合同履行的基础,是为承包方开工、施工创造的先决条件,发包方必须严格履行。在履行管理中,发包方、甲方代表、监理工程师也应实现自己的权利、履行自己的职责,对承包方的施工活动进行监督、检查。发包方对施工合同履行的管理主要是通过甲方代表(总监理工程师)进行的。在合同履行中进行以下管理工作:

1) 在工期管理方面:按合同规定,要求承包方在开工前提出包括分月、分阶段进度施工的总进度计划,并加以审核;按照分月、分阶段进度计划,进行实际检查;对影响进度计划的因素进行分析,属于发包方的原因,应及时主动解决,属于承包方的原因,应督促其迅速解决;在同意承包方修改进度计划时,审批承包方修改的进度计划;确认竣工日期的延误等。

2) 在质量管理方面:检验工程使用的材料、设备质量;检验工程使用的半成品及构件质量;按合同规定的规范、规程,监督检验施工质量;按合同规定的程序,验收隐蔽工程和需要中间验收工程的质量;验收单项竣工工程和全部竣工工程的质量等。

3) 在费用管理方面:严格进行合同约定的价款的管理;当出现合同约定的情况时,对合同价款进行调整;对预付工程款进行管理,包括批准和扣还;对工程量进行核实确认,进行工程款的结算和支付;对变更价款进行确定;对施工中涉及的其他费用,如安全施工方面的费用、专利技术等涉及的费用,办理竣工结算;对保修金进行管理等。

(3) 施工合同的档案管理。发包方和监理工程师应做好施工合同的档案管理工作。工程项目全部竣工之后,应将全部合同文件加以系统整理,建档保管。在合同的履行过程中,对合同文件,包括有关的签证、记录、协议、补充合同、备忘录、函件、电报、电传等都应做好系统分类,认真管理。

2. 承包方对施工合同的管理

(1) 施工合同的签订管理。在施工合同签订前(投标前),应对发包方和工程项目进行了解和分析,包括工程项目是否列入国家投资计划、施工所需资金等是否落实、施工条件是否已经具备等,以免导致重大损失。

承包方投标中标后,在施工合同正式签订前还需与发包方进行谈判。当使用《示范文本》时,同样需逐条与发包方谈判,双方达成一致意见后,即可正式签订合同。

(2) 施工合同的履行管理。在合同履行过程中,为确保合同各项指标的顺利实现,承包方需建立一套完整的施工合同管理制度。主要有以下几方面:

1) 工作岗位责任制度。这是承包方的基本管理制度。它具体规定承包方内部具有施工合同管理任务的部门和有关管理人员的工作范围,履行合同中应负的责任,以及拥有的职权。只有建立起这一制度,才能使分工明确、责任落实,促进承包方施工合同管理工作正常开展,保证合同指标顺利实现。

2)检查制度。承包方应建立施工合同履行的监督检查制度,通过检查发现问题、督促有关部门和人员改进工作。

3)奖惩制度。奖优罚劣是奖惩制度的基本内容。建立奖惩制度有利于增强有关部门和人员在履行施工合同中的责任心。

4)统计考核制度。运用科学的方法,利用统计数字,反馈施工合同的履行情况。通过对统计数字的分析,总结经验,吸取教训,为企业的经营决策提供重要依据。

(3)施工合同的档案管理。施工企业同样应做好施工合同的档案管理工作。不但应做好施工合同的归档工作,还应以此指导生产、安排计划,使其发挥重要作用。

7.3.3 FIDIC 合同条件

1. FIDIC 合同条件简介

(1)国际咨询工程师联合会及其合同条款。国际咨询工程师联合会(Fédération Internationale Des Ingénieurs Conseils,FIDIC)是各国咨询工程师协会创建的,其目标是共同促进成员协会的专业影响,并向各成员协会传播他们感兴趣的信息。第二次世界大战以后,成员的数目迅速发展,到 20 世纪末,已成为拥有遍布全球 67 个成员的协会,是世界上最具有权威性的国际工程咨询工程师组织。

FIDIC 下设五个永久性专业委员会,即业主与咨询工程师关系委员会(CCRC)、合同委员会(CC)、风险管理委员会(RMC)、质量管理委员会(QMC)和环境委员会(ENVC)。各专业委员会编制出版了许多规范性的和指南性的文件,对合同条款而言,主要有以下几种:

1)《业主/咨询工程师标准服务协议书》,1990 年。

2)《电气和机械工程合同条件》(第三版),1988 年。

3)《土木工程施工合同条件》(第四版),1988 年。

4)《土木工程施工分包合同条件》,1994 年。

5)《设计—建造与交钥匙工程合同条件》,1995 年。

6)《施工合同条件》,1999 年。

7)《EPC/交钥匙工程合同条件》,1999 年。

8)《工程设备和设计—建造合同条件》,1999 年。

9)《合同简短格式》,1999 年。

(2)FIDIC 系列合同条件的特点。

1)国际性、广泛的使用性和权威性。FIDIC 系列合同条件是在总结国际工程合同管理各方面经验教训的基础上制定的,是在总结各个国家和地区的业主、咨询工程师和承包商各个方面经验的基础上编制出来的,并且不断地修改完善,是国际上最有权威性的合同文件,也是世界上国际招标的工程项目中使用最多的合同条件。我国有关部委编制的合同条件和协议书范本也都把 FIDIC 系列合同条件作为重要的参考文本。世界银行、亚洲开发银行、非洲开发银行等国际金融机构组织的贷款项目,规定必须采用 FIDIC 系列合同条件。同时,FIDIC 系列合同条件既保证了一般的、普遍的使用性,又照顾了合同双方的特殊要求和工程特点,因此,使用范围非常广泛。

2) 程序严谨，易于操作。合同条件中处理各种问题的程序非常严谨，特别强调要及时地处理和解决问题，以避免由于拖拉而产生的不良后果。另外，还特别强调各种书面文件及证据的重要性，这些规定使各方有章可循，易于操作和实施。

3) 强化了工程师的作用。FIDIC合同条件明确规定了工程师的权利和职责，赋予工程师在工程管理方面的充分权利。工程师是独立的、公正的第三方，受业主聘用，负责合同管理和工程监督。要求承包商严格遵守和执行工程师的指令，简化了工程项目管理中一些不必要的环节，为工程项目的顺利实施创造了条件。

4) 公正合理。FIDIC合同条件较为公正地考虑了合同双方的利益，包括合理地分配工程责任，合理地分配工程风险，为双方确定一个合理的价格奠定了良好的基础。合同在确定工程师权利的同时，又要求其必须公正地行事，从而进一步保证了合同条件的公正性。

(3) FIDIC《施工合同条件》的内容构成。FIDIC合同条件适用于国内外公开招标的土木工程项目承包管理。FIDIC合同条件的内容构成为：第一部分通用条件，第二部分专用条件，以及一套标准格式。下面分别予以简要介绍。

1) 通用条件。FIDIC《施工合同条件》中的通用条件是固定不变的，工业民用建筑、水利水电工程、路桥工程等都适用。通用条件共包括20条163款，包括了土木工程项目施工合同中双方的权利、义务和责任，明确规定了执行合同时的法律、经济、技术等各方面的内容与管理方法，以保证工程项目顺利进行。在国际土木工程项目的招标文件中，FIDIC合同通用条件一般可直接进入招标文件，不需再重新去编写合同通用条件。例如，我国的鲁布革水电站工程、引大入秦水利工程、京津塘高速公路工程等项目，都直接引用FIDIC合同通用条件，并得到世界银行的认可。

2) 专用条件。FIDIC《施工合同条件》的专用条件共有20条，其20条编号和通用条件的20条相对应，是对通用条件各相应条款的补充或进一步的明确化。一般土木工程项目的合同专用条件，大都由工程项目的招标委员会或咨询公司根据工程项目所在国的情况，或者项目自身的特性，对照第一部分合同通用条件，参考工程项目再具体编写。特别是当通用条件中的某些条款不适合时，就可在专用条件中换上本项目合适的内容。另外，当通用条件中一些条款写得不具体不细致时，可以对专用条件相对应的条款进行补充和完善。因此，在阅读合同条件时，应仔细慎重地读懂合同专用条件的具体规定。从法律意义上讲，合同专用条件的法律地位高于合同通用条件。

由此可知，通用条件和专用条件是统一的整体，相互补充完善而不可分割。专用条件的各条款也给出了不同的措辞，供编写工程项目合同专用条件时参考选择，以适应工程项目所在国的具体情况。对有些条款，提出了应注意的事项；对于一些特殊情况，还提出补充性的条款，如保密的要求，对联营体的责任划分，以及对领头公司的要求等；对于疏浚工程和填筑工程，可以在专用条件中予以专门考虑。

3) 合同的标准格式，FIDIC《施工合同条件》通用条件和专用条件的后面，还给出了土木工程承包合同文件的一些标准格式，例如，承包商投标书的标准格式，业主和承包商双方的"协议书"标准格式，以及投标书的附表和附录，反映投标书中的一些重要数据资料等，以便对国际公开招标的工程项目给予指导，也便于评标比较。合同文件包括的范围，构成合同的几个文件之间应能互相解释。当它们之间出现矛盾和不一致时，FIDIC合同条件第5.2款对合同文件及其优先顺序规定如下："构成合同的若干文件应被认为是互相说明的，但在出现含糊或歧义时,则应由工程师(监理工程师)对之做出解释或订正,工程师并应就此向承包商发出有关指示。"在此情况下,除合同另有规定外,构成合同的各文件的优先解释顺序应如下:①协议书;②中标函;③投标书及其附件;④合同的专用条件;⑤合同的通用条件;⑥构成合同组成部分的其他任何文件。

(4) FIDIC 合同条件的应用范围。FIDIC 合同条件的应用范围如下:

1) 土木工程项目。

2) 业主授权工程师对合同实施监督的项目。

3) 主要使用于单价合同,但单价合同也可带有若干总价(包干)合同。

2. FIDIC《施工合同条件》

(1) 业主的权利。

1) 业主有权要求承包商按照合同规定的工期提交质量合格的工程。

2) 业主有权批准合同的转让。未经业主同意,承包商不得将合同的任何部分的权利义务转让,并不得对合同中或合同名义下的任何权益进行转让。

3) 业主有权指定分包商。指定分包商是由业主指定、选定完成某项特定工作内容并与承包商签订分包合同的特殊分包商。业主有权对在暂定金额中列出的任何工程的施工,或者任何货物、材料、工程设备或服务的提供分项指定承担人。该分包商仍与承包商签订分包合同,指定分包商应向承包商负责。承包商应负责管理和协调。对指定分包商的付款,仍由承包商按分包合同进行。然后,承包商提出已向分包商付款的证明,由工程师批准在暂定金额中向承包商支付。如果指定分包商失误,造成承包商损失,承包商可以向业主索赔。同时,承包商如果有理由,可以反对雇佣业主指定的分包商。

4) 在承包商无力或不愿意执行工程师指令时,业主有权雇佣他人完成任务。如果承包商未执行工程师指令,在规定时间内未更换不符合合同的材料和工程设备,未拆除任何不符合合同规定的工程并重新施工的,业主有权雇佣他人完成上述指令,其费用全部由承包商支付。同时,无论在工程施工期间或在保修期间,如果发生工程事故、故障或其他事件,而承包商没有(无能力或不愿意)执行工程师指令去立即执行修补工作,则业主有权雇佣其他人去完成该项工作并支付费用。如果上述问题由承包商责任引起,则应由承包商负担费用。

5) 除属于业主风险和特殊风险外,业主对承包商的设备、材料和临时工程的损失或损坏不承担责任。

6) 在一定条件下,业主可以终止合同。如果工程师证明承包商存在下列情况之一,业主有权终止合同:承包商破产或失去偿付能力;承包商未经业主同意转让合同;承包商无视工程师的警告,固执地或公然地忽视合同中规定的义务;承包商无正当理由,在接到工程师开工指令后拒不开工;承包商拖延工期,而又无视工程师的指示,拒不采取加快施工的措施;承包商否认合同有效,在合同履行过程中如发生了双方都无法控制的情况,如战争、地震等,业主有权提出终止合同。在业主和承包商之间发生合同争议,或者承包商未能执行工程师的决定,业主有权提出仲裁。这是业主借助于法律手段保障合同实施的措施。

(2) 业主的义务。

1) 业主应编制双方实施项目的合同协议书。

2) 业主应承担拟订和签订合同的费用,并承担合同规定的设计文件以外的其他设计的费用。

3) 业主应委派工程师管理工程施工。在工程实施过程中，业主通过工程师管理工程，下达指令，行使权利。通常情况下，业主赋予工程师在 FIDIC 合同中明确规定的，或者由该合同引申的权力。但是，如果业主要限定工程师的权力，或者要求工程师在行使某些权力之前，需得到业主的批准，则可在 FIDIC 专用条件中予以明确。但 FIDIC 合同是业主和承包商之间的合同，业主必须为工程师的行为承担责任。如果工程师在工程管理中失误，业主必须承担赔偿责任。

4) 业主应批准承包商的履约担保、担保机构及保险条件。在承包商没有足够的保险证明文件的情况下，业主应代为保险（随后可从承包商处扣回该项费用）。

5) 业主应配合承包商办理有关事务。在承包商提交投标文件前，业主有义务向承包商提供有关该工程勘察所得的水文地质资料，并协助承包商进行现场勘察工作。在向承包商授标后，业主应尽力协助承包商办理有关设备和材料等工程所需物品进口的海关手续。

6) 业主应按时提供施工现场。业主可以在施工开始前一次性移交全部施工现场；也允许随着施工进展的实际需要，在合理的时间内分段陆续移交。如果业主没有依据合同约定履行义务，不仅要对承包商因此而受到的损失给予费用补偿和顺延合同工期，而且要由承包商提出新的合理施工进度计划和开工时间。为了明确合同责任，应在合同专用条件内具体规定移交施工现场区域和通行道路的范围、陆续移交的时间、现场和通行道路所应达到的标准等详细条件。

7) 业主应按合同约定时间及时提供施工图纸。虽然通用条件中规定，工程师应在合理的时间内向承包商提供施工图纸，但图纸大多由业主准备或委托设计单位完成，经工程师审核后发放给承包商。大型工程为了缩短施工周期，初步设计完成后就可以开始施工招标，施工图纸在施工阶段陆续发送给承包商。如果施工图纸不能在合理的时间内提供，就会打乱承包商的施工计划，尤其是施工过程中出现的重大设计变更，在相当长时间内不能提供施工图纸就可能会导致施工中断。因此，业主应妥善处理好提供图纸的组织工作。

8) 业主应按时支付工程款。通用条件规定，首次拨付预付款，业主应在中标函发出之日起 42 天内，或者根据履约担保及预付款的规定，在收到相关的文件之日起 21 天内，二者中较晚时间内支付；工程师在收到承包商的报表和证明文件后 28 天内，应向业主签发工程进度款支付证书；在工程师收到工程进度款支付报表和证明文件 56 天内，业主应向承包商支付工程款；收到最终支付证书后，要在 56 天内支付工程款。如果业主拖欠支付工程款，在规定日期内未能支付，承包商有权就未付款额按月计复利收取延误期的利息作为融资费，此项融资费的年利率以支付货币所在国中央银行的贴现率加上三个百分点计算而得。

9) 业主应负责移交工程的照管责任。业主根据工程师颁发的工程移交证书，接收按合同规定已基本竣工的任何部分工程或全部工程，并从此承担这些工程的照管责任。

10) 业主应承担有关工程风险。业主对因自己的风险因素造成的承包商的损失应负有补偿义务。对其他不能合理预见到的风险导致承包商的实际投入成本增加给予相应补偿。

11) 业主应对自己授权在现场的工作人员的安全负全部责任。

(3) 承包商的权利。

1) 进入现场的权利。

2) 对已完工程有按时得到工程款的权利。承包商在施工过程中，有权得到经过工程师证明质量合格的已完工程的付款。

3）有提出工期和费用索赔的权利。在施工过程中，对于非承包商原因造成的工程费用增加或工期延长，承包商有提出工期和费用索赔的权利，以保护自己的正当利益。

4）有终止受雇或者暂停工作的权利。

5）对业主准备撤换的工程师有拒绝的权利。

6）有提出仲裁的权利。

（4）承包商的义务。

1）遵守工程所在地的法规、法令。承包商的一切行为都必须遵守工程所在地的法律和法规，不应因自己的任何违反法规的行为而使业主承担责任或罚款。承包商的守法行为包括：按规定交纳除了专用条件中写明可以免交以外的所有税金；不得因自己的行为而侵犯专利权；交纳公共交通设施的使用费及损坏赔偿费；承担施工料场的使用费或赔偿费；采取一切合理措施，遵守环境保护法的有关规定等。

2）确认签订合同的完备性和正确性。合同协议书是承包商经过现场考察后编制投标书，并与业主就合同文件的内容协商达成一致后签署的。因此，承包商必须承认合同的完备性和正确性。也就是说，除了合同中另有规定的情况以外，合同价格已包括了完成承包任务的全部施工、竣工和修补任何缺陷工作的所需费用。

3）对工程图纸和设计文件应承担的责任。通用条件规定，设计文件和图纸由工程师单独保管，免费提供给承包商两套复制件。承包商必须将其中的一套保存在施工现场，随时供工程师和其授权的其他监理人员进行施工检查之用。承包商不得将本工程的图纸、技术规范和其他文件，在取得工程师同意前用于其他工程或传播给第三方。按照合同规定，由承包商设计的部分永久性工程，承包商应将设计文件按质、按量、按期完成，报经工程师批准后用于施工。工程师对承包商设计图纸的批准认可，不能解除承包商应负的施工或图纸设计的任何责任。工程施工达到竣工条件时，只有当承包商将其负责设计那部分永久工程竣工图及使用和维修手册提交后，经工程师批准，才能认为达到竣工要求。如果承包商负责的设计涉及使用了他人的专利技术，则应与业主和工程师就设计资料的保密和专利权等问题达成协议。

4）提交进度计划和现金流量估算。承包商在接到工程师的开工通知后在规定时间内应尽快开工。同时，承包商应按照合同及工程师的要求，在规定的时间内，向工程师提交一份详细的施工进度计划，并取得工程师的同意，同时提交对其工程施工拟采用的方案及施工总说明；在任何时候，如果工程师认为工程的实际进度不符合已同意的施工进度计划，只要工程师要求，承包商应提交一份经过修改的进度计划。承包商应每个月向工程师提交月进度报告，此报告应随进度款支付报表的申请一并提交。月进度报告包括的内容应很全面，主要有施工进度的图表和详细说明，照片，工程设备制造、加工进度和其他情况，承包商的人员和设备数量，质量保证文件，材料检验结果，双方索赔通知，安全情况，实际进度与计划进度对比情况等。

此外，承包商应按进度向工程师提交其根据合同规定，有权得到的全部将由业主支付的详细现金流量估算；如果工程师以后提出要求，承包商还应提交经过修正的现金流量估算。

5）任命项目经理。承包商应任命一名合格的并被授权的代表全面负责工程的施工，此代表须经工程师批准，代表承包商接受工程师的各项指示。如果该代表不胜任、渎职等，工程师有权要求承包商将其撤回，并且以后不能再在此项目工作，而另外再派一名经工程师批准的代表。

6) 放线。承包商根据工程师给定的原始基准点、基准线、参考标高等，对工程进行准确的放线。尽管工程师要检查承包商的放线工作，但承包商仍然要对放线的正确性负责。除非是由于工程师提供了错误的原始数据，否则，承包商应对放线错误引起的一切差错自费纠正。

7) 对工程质量负责。承包商应按照合同建立一套质量保证体系，在每一项工程的设计和施工实施阶段开始之前，均应将所有程序的细节和执行文件提交工程师。工程师有权审查该质量保证体系的各个方面，但这并不能解除承包商在合同中的任何职责、义务和责任。这对承包商的施工质量管理提出了更高的要求，同时也便于工程师检查工作和保证工程质量。

承包商应按照合同的各项规定，以应有的精力对承包范围的工程进行设计和施工。合同中规定的由承包商提供的一切材料、工程设备和工艺，都应符合合同规定的质量要求。对不符合合同规定而被工程师拒收的材料和工程设备，承包商应立即纠正缺陷，并保证使它们符合合同规定。如果工程师要求，应对它们进行复检，其费用由承包商负责。承包商应执行工程师的指令，更换不符合合同规定的任何材料和工程设备，拆除不符合合同规定的工程，并应重新施工。缺陷责任期满之前，承包商负有施工、竣工及修补任何所发现缺陷的全部责任。施工过程中，工程师对施工质量的认可，以及"工程接收证书"的颁发，都不能解除承包商对施工质量应承担的责任。只有工程圆满地通过了试运转的考验，工程师颁发了"履约证书"，才是对施工质量的最终确认。

8) 必须执行工程师发布的各项指令并为工程师的各种检验提供条件。工程师有权就涉及合同工程的任何事项发布有关指令，包括合同内未予说明的内容。对工程师发布的无论是书面指令或是口头指令，承包商都必须遵照执行。不过，对于口头指令，承包商应在发布后的2天内以书面形式要求予以确认。如果工程师在接到请求确认函后的2天内未做出书面答复，则可以认为这一口头指示是工程师的一项书面指令，承包商的请求确认函将作为变更工程结算的依据，成为合同文件的一个组成部分。若工程师的书面答复指出，口头指示的原因属于承包商应承担的责任，则承包商就不能获得额外支付。

承包商应为工程师及任何授权人进入现场和为工程制造、装配和准备材料或工程设备的车间和场所提供便利。同时，对承包商提供的一切材料、工程设备和工艺，承包商必须为工程师指令的各种检查、测量和检验提供通常需要的协助、劳务、燃料、仪器等条件，并在用于工程前，按工程师要求提交有关材料样品，以供检验。

9) 承担其责任范围内的相关费用。承包商负责工程所用的或与工程有关的任何承包商的设备、材料或工程设备侵犯专利或其他权利而引起的一切索赔和诉讼；承担工程用建筑材料和其他各种材料的一切吨位费、矿区使用费、租金及其他费用。承包商承担取得进出现场所需专用或临时道路通行权的一切费用和开支，自费提供其所需的供工程施工使用的位于现场以外的附加设施。

10) 按期完成施工任务。承包商必须按照合同约定的工期完成施工任务。若因承包商原因延误竣工日期的，将依据合同内约定的日延期赔偿额乘以延误天数后承担违约赔偿责任。但当延误天数较多时，以合同约定的最高赔偿限额为赔偿业主延迟发挥工程效益的最高款项。提前竣工的，承包商是否得到奖励，要看合同内对此是否有约定。

11) 负责对材料、设备等的照管工作。从工程开始到颁发工程的接收证书为止，承包商对工程及材料和待安装的工程设备的照管负完全责任。在此期间，如果发生任何损失或损坏，除属于业主的风险情况外，应由承包商承担责任。

12) 对施工现场的安全、卫生负责。承包商应高度重视施工安全，做到文明施工。要使现场的施工井然有序，保障已完成工程不受损害，而且还应自费采取一切合理的安全措施，保证施工人员和所有有权进入现场人员的生命安全。例如，按工程师或有关当局要求，自费提供防护围栏、警告信号和警卫人员，以及采取一切适当措施保护环境，限制由其施工作业引起的污染、噪声和其他后果对公众和财产造成的损害，确保排污量、噪声不超过规范和法律规定的标准。

同时，承包商应对工程和设备进行保险，应办理第三方保险，办理施工人员事故保险，并应在开工前提供保险证据。此外，在施工期间，承包商还应保持现场整洁。在颁发任何接收证书时，承包商应对该接收证书所涉及的那部分现场进行清理，达到工程师满意的使用状态。

13) 为其他承包商提供方便。一个综合性大型工程，经常会有几个独立承包商同时在现场施工。为了保证工程项目整体计划的实现，通用条件规定每个承包商都应给其他承包商提供合理的方便条件。为了使各承包商在编制标书时能够恰当地计划自己的工作，每个独立合同的招标文件中均给出了同时在现场进行施工活动的有关信息。通常的做法是在某一合同的招标文件中规定为其他承包商提供必要施工方便的条件和服务责任，让承包商将这些费用考虑在报价之内。如果各招标文件中均未对此作出规定，而施工过程中又出现需要某一承包商为另一承包商提供服务时，工程师可向提供服务方发出书面指示，待其执行后批准一笔追加费用，计入到该合同的承包价格中去。但两个承包商之间通过私下协商而提供的方便服务，则不属于该条款所约定的承包商应尽义务。

14) 及时通知工程师在工程现场发现的意外事件并做出响应。在工程现场挖掘出来的所有化石、硬币、有价值的物品或文物，属于业主的绝对财产。承包商应采取措施防止其工人或其他任何人员移动或损坏这些物品，承包商必须立即通知工程师，并按工程师的指示进行保护。由于执行此类指令造成承包商工期延长和费用增加，承包商有权提出索赔要求。

(5) 工程师的权力和职责。工程师是受业主委托，负责合同履行的协调管理和监督施工独立的第三方。FIDIC《施工合同条件》的一个突出特点，就是在众多的条款中赋予了不属于合同签约当事人的工程师在合同管理方面的充分权力。工程师可以行使合同内规定的所有权力，也可以行使合同引申的权力。不仅承包商要严格遵守并执行工程师指令，而且工程师的决定对业主也同样具有约束力。

1) 工程师的任务和权力。工程师的任务和权力如下：①工程师无权修改合同；②工程师可以行使合同中规定的或必然隐含的应属于工程师的权力，如果要求工程师在行使规定的权力前必须取得业主的批准，这些要求应在专用条件中写明；③除得到承包商的同意外，业主承诺不对工程师的权力做进一步的限制，但是，每当工程师行使需由业主批准的规定权力时，则应视为业主已予批准，除非合同条件中另有说明；④工程师在工程管理中具体的权力在质量管理方面，主要表现在对运抵施工现场材料、设备质量的检查和检验，对承包商施工过程中的工艺操作进行监督，对已完成工程部位质量的确认或拒收，发布指令要求对不合格工程部位采取补救措施。

2) 工程师代表或助手。业主应任命工程师，工程师应履行合同中指派给他的任务。工程师的职员应包括具有资质的工程师和能承担这些任务的其他专业人员。工程师有时可以向其助手指派任务和托付权力，也可以撤销这种指派或托付。这些助手可以包括驻地工程师、被任命为检查和试验各项工程设备或材料的独立检查员。以上指派、托付或撤销应用书面形式，在双方收到抄件后才生效。但是，除非另经双方同意，工程师一般不得将应由其本人确定的任何事项的权力托付给他人。助手应是具有适当资质，能履行这些任务，行使此项权力，遵守法律，流利地使用合同条款中规定的语言进行交流的人员。

已被指派任务或托付权利的每个助手，只能在授权托付规定的范围内对承包商发出指示。由助手按照托付做出的任何批准、校核、证明、同意、检查、检验、指示、通知、建议、要求、试验或类似行动，应具有工程师做出行动的同样效力。如承包商对助手的确定或指示质疑，承包商可将此事提交工程师，工程师应及时对该确定或指示进行确认、取消或改变。

3）工程师的指示。工程师可随时按照合同规定向承包商发出指示和实施工程及修补缺陷可能需要的附加说明或修正图纸。承包商必须接受工程师或根据合同条款托付适当权力的助手的指示。

承包商应执行工程师或托付助手对合同有关的任何事物发出的指示。这些指示一般应采用书面形式。如果工程师或托付助手给出口头指示，承包商或其代表应在2个工作日内向工程师发出指示的书面内容，并要求对指示的书面确认。工程师在收到书面确认后2个工作日内，如果未发出书面拒绝或未对指示进行答复，这时该确认成为工程师或托付助手的书面指示。

4）工程师的替换。如果业主拟替换工程师，业主应在拟替换日期42天前通知承包商，告知拟替换工程师的名称、地址和有关经验。如果承包商向业主提出所替换工程师不适合该工程的合理理由，并附有详细依据，业主就不应用该人替换工程师。

(6) FIDIC《施工合同条件》中的其他主要条款。

1）合同的转让和分包。

a. 合同的转让。合同的转让指承包商在中标签约后，将其所签合同中的权利和义务转让给第三者。由于合同转让可能招致不合格的承包商，所以以合同条件中规定，没有取得业主的事先书面同意，承包商不得自行将合同或合同的任何部分，包括合同中的任何权益或利益转让给他人，否则可视为承包商违约，业主有权和他解除合同关系。

b. 合同的分包。由于一般工程施工涉及工种繁多，有些工种的专业性很强，单靠承包商自身的力量难以胜任，所以，在合同实施中，承包商需要将一部分工作分包给某些分包商，但是这种分包必须经过批准；如果在订立合同时已列入分包项目，则意味着业主已经批准；如果在工程开工后再分包给分包商，则必须经过工程师事先同意。承包商不得将整个工程或工程的主要部分分包出去。承包商应对任何分包商的行为或违约负责，除非专用条款中另有规定。

2）工程的开工、延期、暂停及赶工。

a. 工程的开工。承包商应在合同约定的日期或接到中标函后的42天内开工。工程师应至少提前7天通知承包商开工日期，而承包商收到此开工通知规定的日期即为开工日期，竣工时间是从开工日期算起。承包商应在合理可能的情况下尽快开工。

b. 工程的延期。如果由于业主方面的原因未能按承包商的施工进度表的要求做好征地、拆迁工作，未能及时提供施工现场及有关通道，导致承包商延误工期或增加开支，则工程师应及时与业主和承包商商量后,给予承包商延长工期并补偿由此引起的开支。

如果由于下列原因,承包商有权得到延长工期:额外的或附加的工作的数量或性质;合同中提到的导致工期延误的原因;异常恶劣的气候条件;由业主造成的任何延误、干扰或阻碍;非承包商方面的过失或违约引起的延误;由于传染病或其他政府行为导致人员或货物的不可预见的短缺。

承包商必须在上述导致延期的事件开始发生后28天内将要求延期的报告送给工程师(副本送业主),并在上述通知后42天内或工程师可能同意的其他合理期限内,向工程师提交要求延期的详细申请,以便工程师进行调查,否则,工程师可以不受理这一要求。在收到承包商的索赔详细报告之后42天内,工程师应对承包商的索赔表示批准或不批准,不批准时要给予详细的评价,并可能要求进一步的详细报告。

3) 工程的计量与支付。工程的计量与支付条款是FIDIC合同条件的核心条款。FIDIC施工合同条件规定的支付结算和程序包括预付款,每个月末支付工程进度款,竣工移交时办理竣工结算,解除缺陷责任后进行最终决算四大类。支付结算过程中涉及的费用又可分为两大类:一类是工程量清单中列明的费用;另一类属于工程量清单内未注明,但条款中有明确规定的费用,如变更工程款、物价浮动调整款、预付款、保留金、逾期付款利息、索赔款、违约赔偿款等。

a. 工程计量。FIDIC合同是单价合同,工程款的支付是根据承包商实际完成的工程量计算的。因此,工程计量显得格外重要。除非合同中另有规定,否则,工程量均应计算净值。工程量表中列出的工程量都是在图纸和规范的基础上估算出来的,工程实施后,实际完成的工程量要通过测量来核实并以此作为支付依据。工程师测量时应通知承包商一方派人参加。如承包商未能派人参加测量,即应承认工程师或由他批准的测量数据是正确的。有时,也可以在工程师的监督和管理下,由承包商进行测量,工程师审核签字确认。在对永久工程进行测量时,工程师应在工作过程中准备好所需的记录和图纸,承包商应在接到参加该项工作的书面通知后14天内对这些记录和图纸进行审查并确认。若承包商未参加,则这些记录和图纸被认为是正确的。若承包商不同意这些记录和图纸,应及时向工程师提出申诉,由工程师进行复查、修改或确认。对于工程量表中的包干项目,工程师可要求承包商在接到中标函后28天内将投标文件中的每一包干项目进行详细分解,提交给工程师一份包干项目分解表,以便在合同执行过程中按照该分解表的内容逐月付款。该分解表应得到工程师的批准。

b. 保留金。保留金是按合同约定从承包商所得工程款中扣减相应的一笔金额保留在业主手中,作为约束承包商严格履行合同义务的措施之一。保留金的扣留从首次支付工程进度款开始,用该月承包商有权获得的所有款项减去调价款后的金额,乘以合同约定保留金的百分比作为本次支付时应扣留的保留金(通常为10%),逐月累计扣到合同约定的保留金最高限额为止(通常为5%)。保留金的返还从颁发工程接收证书开始。颁发工程接收证书后,退还承包商一半保留金。颁发履约证书后,退还剩余的全部保留金。

c. 预付款。FIDIC《施工合同条件》中,将预付款分为动员预付款和材料预付款两部分。动员预付款是业主为了解决承包商进行施工时的资金短缺,从未来的工程款中提前支付的一笔款项。动员预付款的数额由承包商在投标书内确认,一般在合同价的10%~15%范围内。同时,为了帮助承包商解决订购大宗主要材料和设备的资金周转,订购物资运抵施工现场经工程师确认合格后,按发票价值乘以合同约定的百分比(60%~90%)作为材料预付款,包括在当月应支付的工程进度款内。预付材料款的扣还方式通常在 FIDIC 专用条件中约定,具体规定在约定的后续月内(一般为三个月)每月按平均值扣还或从已计量支付的工程量内扣除其中的材料费等方法,直至扣完为止。

d. 计日工费。计日工费指承包商在工程量清单的附件中,按工种或设备填报单价的日工劳务费和机械台班费,一般用于工程量清单中没有合适项目,且不能安排大批量的流水施工的零星附加工作。只有当工程师根据施工进展的实际情况指示承包商实施以日计价的工作时,承包商才有权获得用工计价的付款。

e. 合同价格的调整。长期合同计价调价条款中,每次支付工程进度款均应按合同约定的方法计算价格调整费用。如果工程施工因承包商责任延误工期,则在合同约定的全部工程应竣工日后的施工期间内,不再考虑价格调整,各项指数采用应竣工日当月所采用值;对于不属于承包商责任的施工延期,在工程师批准的展延期限内仍应考虑价格调整。

f. 暂定金额。FIDIC 合同条件中暂定金额指包括在合同中并在工程量表中以该名称标明,供工程任何不可预见事件施工的一项金额。该金额按照工程师的指示可能全部或部分地使用,或者根本不予动用。

g. 支付工程进度款。承包商报表并提出支付申请。进度付款也称中间支付,应根据已完工作的单价按月进行支付。每个月的月末,承包商应按工程师规定的格式提交一式六份的本月支付报表,每份均由承包商代表签字,内容包括以下几个方面:截至当月末已实施的工程及承包商的文件估算合同价值;根据法规及费用变化引起的调整价款,由于立法和费用变化应增加或减扣的任何款项;应扣减的保留金;根据预付款条款,为预付款的支付和偿还应增加或减扣的款项;为永久设备和材料应增加或减扣的款项;本月实施的永久工程的价值;对所有以前的支付证书中证明的款额的扣减;按合同或其他规定应付的其他任何增加或减扣的款项。工程师接到报表后,要审查款项内容的合理性和计算的正确性。在承包商本月应得款的基础上,再扣除保留金、动员预付款,以及所有承包商责任而应扣减的款项后,据此签发中期支付的临时支付凭证。如果本月承包商应获得的支付金额小于投标书附件中规定的中期支付最小金额,工程师可不签发本月进度款的支付凭证,这笔进度款将结转下月一并支付。工程师的审查和签证工作应在收到承包商报表后 28 天内完成。工程进度款的支付凭证属于临时支付凭证,工程师有权对以前签发过的证书进行修改。若对某项工作的完成情况不满意,也可以在后续证书内删去或减少这项工作的价值。承包商的报表经过工程师认可并签发工程进度款的支付证书后,业主应在接到证书的 28 天内给承包商付款。如果逾期支付,将按投标书附件约定的利率计算延期付款利息。

h. 竣工结算。在收到工程接收证书后的 84 天内,承包商应按工程师规定格式报送报表。报表内容主要包括:截至工程接收证书中指明的竣工日期,根据合同完成全部工作的最终价值;承包商认为应该获得的其他款项,如要求的索赔款、应退还的部分保留金等;承包商认为根据合同应支付给他的估算总额。工程师在接到竣工报表后,应对照竣工图详细核算工程量,对其他支付要求进行审查,然后再根据检查结果签署竣工结算的支付凭证。此项签证工作,工程师也应在收到竣工报表后 28 天内完成。业主依据工程师的签证予以支付。

4) 质量检查及工程照管。施工中,所有的材料、永久工程的设备和施工工艺均应符合合同要求及工程师的指示。承包商并应随时按照工程师的要求在施工现场及为工程加工制造设备的所有场所为其质量检查提供方便。

对施工现场一般施工工序的常规检查，由现场值班的工程师代表或助理进行，不需事先约定。但对于某些专项检查，工程师应在24h前将参加检查的人员和检验的计划通知承包商，若工程师或其授权代表未能按时前往（除非事先通知承包商外），承包商可以自己进行检查和验收，工程师应确认此次检查和验收的结果。如果工程师或其授权的代表经过检查认为质量不合格，承包商应及时补救，直到下一次验收合格为止。对于隐蔽工程、基础工程和工程的任何部位，在工程师检查验收前，均不得覆盖。工程师有权指示承包商从现场运走不合格的材料或工程设备，同时，应以合格的产品代替。

工程质量检查和检验的费用，根据情况分别由业主或承包商负担，下面分别予以说明。①在下列情况下，检查和验收的费用由业主支付：工程师要求检验的项目是合同中没有规定的，检验结果合格时的费用；工程师要求进行的检验虽然合同中有说明，但是检验地点在现场以外或在材料、设备的制造、装配或准备地点以外，检验结果合格时的全部费用；工程师要求对工程的任何部位进行剥露或开孔以检查工程质量，如果该部位经检验合格，剥露、开孔及还原的费用。②在下列情况下，检查和验收的费用由承包商支付：合同中明确规定的；合同中有详细说明允许承包商可以在投标文件中报价的；由于第一次检验不合格而需要重复检验所导致的业主开支的费用；工程师要求对工程的任何部位进行剥露或开孔以检查工程质量，如果该部位经检验不合格时所有有关的费用；承包商在规定时间内不执行工程师的指示或违约情况下，业主雇佣其他人员来完成此项任务时的有关费用；工程师要求检验的项目在合同中没有规定或合同中虽有规定，但检验地点在现场以外或在材料、设备的制造、装配或准备地点以外，检验结果不合格时的全部费用。

从开工之日起到颁发工程接收证书之日止，承包商负有照管工程的责任。缺陷责任期内，业主对移交工程承担照管责任。

5）工程的接收证书与履约证书。

a. 工程的接收证书。当全部工程基本完工并圆满通过合同规定的竣工检验时，承包商在他认为可以完成移交工作前14天，可将此结果通知工程师及业主，将此通知书同时附上一份对在缺陷责任期内以应有的速度及时地完成任何未完工作而做出的书面保证，作为要求工程师颁发工程接收证书的申请。工程师接到承包商申请后的28天内，如果认为已满足竣工条件，即可颁发工程接收证书；若不满意，则书面通知承包商，指出还需要完成哪些工作后才达到基本竣工条件。承包商按指示完成相应工作并被工程师认可后，不需再次申请颁发证书，工程师应在指示工作最后一项完成的28天内主动颁发证书。工程接收证书应说明以下主要内容：确认工程已基本竣工；注明达到基本竣工的具体日期；详细列出按照合同规定承包商在缺陷责任期内还需完成工作的项目一览表。

b. 工程的履约证书。缺陷责任期指正式颁发的工程接收证书中注明的缺陷责任期开始日期后的一段时间。缺陷责任期时间长短应在投标文件附件中注明，一般为一年（根据工程情况也有更长时间）。在缺陷责任期内，承包商除应继续完成在工程接收证书上写明的扫尾工作外，还应对工程由于施工原因所产生的各种缺陷负责维修。

缺陷责任期内工程圆满地通过运行考验，工程师应在期满后的28天内，向承包商颁发履约证书，并将副本送给业主。履约证书是承包商已按合同规定完成全部施工义务的证明，因此该证书颁发后工程师就无权再指示承包商进行该工程项目的任何施工工作，承包商即可办理最终结算手续。业主应在证书颁发后的21天内，退还承包商的履约担保。

6）变更与索赔。

a. 变更。工程变更指施工过程中出现了与签订合同时的预计条件不一致的情况，而需要改变原定施工承包范围内的某些工作内容。工程师可以通过发布指示或要求承包商提交建议书的方式，提出工程变更。工程变更不同于合同变更，对合同条件约定的业主和承包商的权利、义务没有改动，只是对施工方法、内容做局部变更，属于正常的合同管理。变更指令一般由工程师以书面形式发出。如果是口头指示，承包商也应遵照执行，但在规定时限内，工程师应尽快以书面形式确认。承包商按照工程师的变更指令实施变更工作后，往往会涉及变更工程的价款结算问题。工程师在发出变更指令之前或发布后的14天内，可以要求承包商提出变更工程的取费标准和变更项目价格，或者将自己确定的费率和估价额通知承包商，以此作为双方协商变更工程价格的基础。

b. 索赔。索赔就是索取赔偿或补偿，即在经济合同履行过程中，如果任何一方没有按照合同或法律的规定履行合同，他就违反了合同和法律，构成"违法行为"。对这种违法行为给另一方所造成的损失，违约方当然应根据合同和法律的规定，给另一方以赔偿或补偿。索赔对合同双方都是正当合法的权利要求。施工索赔是双方面的，索赔既包括承包商向业主的索赔，也包括业主向承包商的索赔。但常见的、有代表性的、处理和解决比较困难的，是承包商向业主的索赔。

7）争端的解决。争端的解决有许多方法，如谈判、调解、仲裁或诉讼等。在工程承包合同中，应该规定争端的解决办法，一般均是双方协商解决或通过工程师调解，不能解决时再诉诸仲裁。合同中应对仲裁地点、机构、程序和仲裁裁决效力等方面都作出具体明确的规定。

8）风险。业主和承包商都应研究和分析工程项目风险的来源及风险的偶然性与必然性，对具体的工程项目来说，对明示和潜在的风险进行调查、分析研究和评价，特别是潜在的工程风险，更应注意去发现和分析，然后从合同条款中明确风险责任的分担。

合同履行过程中可能发生的某些风险是业主和承包商在招标投标时无法合理预见的，就业主而言，不应要求承包商在其报价中计入这些不可合理预见风险的损害补偿费，以取得有竞争性的合理报价。合同履行过程中发生此类风险事件后，根据合同条款中风险责任分担的具体要求，如果合同规定，该风险由业主承担，业主应按承包商受到影响的实际情况给予补偿或进行风险转移；如果该风险由承包商承担，那么承包商应自费承担工程项目维修的全部费用或进行风险转移。

7.3.4 施工合同的索赔管理

1. 索赔的概念

一般说，索赔指在合同实施过程中，当事人一方不履行或未正确履行其义务，而使另一方受到损失，受损失的一方向违约方提出的赔偿要求。

从上述概念可以看出，索赔具有下列几个特性：

（1）索赔作为一种合同赋予双方的具有法律意义的权利主张，其主体是双向的。在工程施工合同中，业主与承包商存在相互间索赔的可能性，承包商可向业主提出索赔，业主也可向承包商提出索赔。施工实际中发生的索赔，多数是承包商向业主提出的索赔，而且由于业主向承包商的索赔一般无须经过烦琐的索赔程序，其遭受的损失可以从业主向承包商的支付款中扣除或由履约保函中兑取，所以合同条款多数是只规定承包商向业主索赔的处理程序和方法。

（2）索赔必须以法律或合同为根据。只有一方有违约或违法事实，受损害方才能向违约方提出索赔。

（3）索赔必须建立在损害后果已客观存在的基础上，不论是经济损失或时间损失，没有损失的实质而提出索赔也是不能成立的。

（4）索赔应采用明示的方式，即索赔应该有书面文件，索赔的内容和要求应该明确而又肯定。

（5）索赔的结果一般是索赔方应获得经济或其他赔偿。

2. 索赔是合同管理的一项正常业务

索赔的发生是由工程建设的复杂性所决定的。尤其是水利工程，受自然条件的影响很大，而很多因素却又难以在事先完全清楚。如水文气象条件，无法精确预测；又如地质条件，尽管有 勘测资料，也难以完全正确反映地下情况，因而设计也很难完全符合实际情况，导致在施工过程中经常出现变更。水利工程一般规模较大，工作繁多，涉及面广，合同文件内容多，篇幅大，难免会有缺陷和不完备之处。在履行过程中，业主也难免会有某些违约或应负责任而未能做好的工作。水利工程的工期较长，在此期间，国家、地方政府的法规政策变化更是业主无法估计的，凡此种种，都可能引起承包商的索赔。根据经验数字，一般工程索赔额为合同价的7％～8％是很正常的。

工程建设中出现索赔是很正常的，合同条款将索赔视为一种正常的业务，规定了索赔的程序，以及有关条款中涉及索赔事项的具体措施，使索赔成为合同双方维护自身权益、解决不可预见事项的途径，从而保证合同的顺利进行。合同中写入索赔条款体现了风险分摊的原则，保证了承包商在不是由于本身的原因或责任而遭受损失时，可以得到补偿的权利，也可以使承包商在投标时提出一个中肯的报价。反之，如果合同规定不允许索赔，如卡尔伏学说的"禁止索赔法"承担全部风险，这明显是不合理的；另一方面，它也使承包商在投标时会普遍抬高报价，以应付可能发生的各种风险，在中标后会设法降低成本借以补偿所遭受的损失，而使质量受到影响，这对业主当然也是不利的。所以，合同中写入索赔条款不仅是公平合理的，而且也是对双方都有利的。

3. 施工索赔

索赔的分类方法很多，按索赔的目标不同可以分为工期索赔、经济索赔和综合索赔三种。工期索赔指承包商对一个事件的索赔要求是延长竣工时间，而没有费用赔偿问题；经济索赔则是仅要求费用赔偿，而无工期延长的要求；综合索赔则是对某一事件，承包商对费用赔偿与工期延长均有索赔要求。按国际惯例，一份索赔报告只能提出一种索赔要求，所以对于综合索赔，虽然是同一件事，但是涉及工期及经济的索赔，要分别编写两份报告。

按索赔的依据的不同可以分为合同规定的索赔、非合同规定的索赔和道义索赔三种。合同规定的索赔指承包商提出索赔的根据是明确规定应由业主承担责任或风险的合同条款；非合同规定的索赔则是虽然合同条款中未明确写明，但根据条款隐含的意思可以推定出应由业主承担赔偿责任的情况，以及根据适用法律业主应承担责任的情况；道义索赔亦称通融索赔，它是在承包商明显有大量亏损的情况下，业主给予一定的补偿以有利于施工的一种特殊的索赔形式。工程建设中最常见的是以合同条款为根据的合同规定的索赔。

(1) 工期索赔。

1) 工程延期及工期索赔。在合同条款中，工期的概念是：原合同所规定的竣工期加上工程延期。其中，工程延期指按合同有关规定，由于并非承包商自身原因所造成的、经监理工程师书面批准的合同竣工期限的延长。

在工程施工过程中，往往会发生一些未能预见的干扰事件使施工不能顺利进行，使预定的施工计划受到干扰，因而造成工期延误。对于并非承包商自身原因所引起的工期延误，承包商有权提出工期索赔，监理工程师则应在与业主和承包商协商一致后，决定竣工期延长的时间。导致工期延长的原因有：①任何形式的额外或附加工程；②合同条款所提到的任何延误理由，如延期交图、工程暂停、延迟提供现场等；③异常恶劣的气候条件；④由业主造成的任何延误、干扰或阻碍；⑤非承包商的原因或责任的其他不可预见事件。

工期延误对合同双方都会造成一定的损失，业主因工程不能及时交付使用、投入生产，不能按计划实现投资目的，失去盈利的机会；承包商则因工期延误增加管理成本及其他费用支出。如果工期延误的原因是承包商的失误，则承包商必须设法自费赶上工期，或者按规定缴纳误期赔偿金并继续完成工程，或者按照业主的安排另行委托第三方完成所延误的工作并承担费用。如果工期延长的原因并非承包商所致，则承包商可按合同规定和具体情况提出工期索赔，并进行因工期延长而造成费用损失的索赔。

2) 工期索赔。工期索赔除了必须符合条款规定的索赔根据和索赔程序外，在具体分析应延长工期的时间时，还必须注意如下几个问题。工期延误指总工期的延误。索赔的工期延误指的是总工期的延误，对水利水电工程而言，也可以指重要的阶段工期，如截流、第一台机组发电等，因为这种延误会影响竣工期。在实际工程中，工期延误总是发生在一项具体的工序或作业上，因此工期索赔分析必须要判断发生在工序或作业上的延误是否会引起总工期或重要阶段工期的延误。用网络计划分析，一般说，发生在关键线路上关键工序的延误会影响到总工期，因此是可以索赔的。而发生在非关键线路上工序的延误，因其不影响总工期就不能索赔。但是，关键线路是动态的，施工进度的变化也可能使非关键线路变成关键线路，因而发生在非关键线路上工序的延误，也可能导致总工期的延误。这取决于工序的时差与延误时间的长短，须进行具体分析才能确定。在工程施工索赔工作中，通常把工期延误分成两类。①可原谅的延误。这类工期延误不是承包商的责任，承包商是可以得到原谅的，这就是指由于业主原因或客观影响引起的工期延误。对于这类延误，承包商可以索赔。②不可原谅的延误。这一类工期延误是由承包商的原因引起的，如施工组织不好，工效不高，设备材料供应不足，以及由承包商承担风险的工期延误（如一般性的天气不好，影响了施工进度）。对于不可原谅的延误，承包商是无权索赔的。

处理原则：①按照延误类型的不同处理。对于上述两类不同的延误，索赔处理的原则是截然不同的。可原谅的延误情况，如果延误的责任者是业主或咨询工程师，则承包商不仅可以得到工期延长，还可以得到经济补偿。这种延误被称为"可原谅并给予补偿的延误"。虽然是可原谅的延误，但其责任者不是业主，而是由于客观原因时，承包商可以得到工期延长，但得不到经济补偿。这种延误被称为"可原谅但不给予补偿的延误"。不可原谅的延误情况，由于责任者是承包商，而不是由于业主或客观的原因，承包商不但得不到工期延长，也得不到经济补偿。这种延误造成的损失，则完全由承包商负担。②共同延误的处理。在实际施工过程中，工期延误有时是由两种（甚至三种）原因（承包商的原因、业主的原因、客观的原因）同时发生而造成的，这就是所谓的"共同性的延误"。在共同延误的情况下，要具体分析哪一种情况的延误是有效的，一般遵照以下的原则，即在共同延误的情况下，应该判别哪一种原因是最先发生的，即找出"初始延误"者，它对延误负责。在初始延误发生作用的期间，其他并发的延误不承担延误的责任。

（2）经济索赔。

1）索赔金额分析的原则。在确定赔偿金额时，应遵循下述两个原则：①所有赔偿金额，都应该是承包商为履行合同所必须支出的费用；②按此金额赔偿后，应使承包商恢复到假如未发生事件的财务状况，即承包商不致因索赔事件而遭受任何损失，但也不得因索赔事件而获得额外收益。

根据上述原则可以看出，索赔金额是用于赔偿承包商因索赔事件而受到的实际损失（包括支出的额外成本和损失的可得利润），而不考虑利润。所以，索赔金额计算的基础是成本，用有索赔事件影响所发生的成本减去无索赔事件影响时所应有的成本，其差值即为赔偿金额。

2）合同价的组成分析。在索赔工作中，当计算或协商确定索赔金额时，经常要对原合同价进行分析和测算，以取得合同价中各组成部分的金额及其所占比例，从而推算索赔金额。①人工费。人工费的索赔通常包括：因事件影响而直接导致额外劳动力雇佣的费用和加班费，由于事件影响而造成人员闲置和劳动生产率降低引起的损失，以及有关的费用，如税收、人员的人身保险、各种社会保险和福利支出等。如工资调升，亦应计入索赔金额内。②材料费。材料费的索赔包括：因事件影响而直接导致材料消耗量增加的费用、材料价格上涨所增加的费用，所增加的材料运输费和储存费等，以及合理损耗的费用。材料费索赔的计算一般是将实际所用材料的数量及单价与原计划的数量及单价相比。③施工设备费。施工设备费的索赔包括因事件影响使设备增加运转时数的费用、进出现场费用、由于事件影响引起设备闲置损失费用和新增设备的增加费用，一般也包括小型工具和低值易耗品的费用。在计算中，对承包商自有的设备，通常按有关的标准手册中关于设备工作效率、折旧、大修、保养及保险等定额标准进行计算，有时也可用台班费计价。闲置损失可按折旧费计算。对租赁的设备，只要租赁价格合理，就可以按租赁价格计算。对于新购设备，要计算其采购费、运输费、运转费等，增加的款额甚大，要慎重对待，必须得到工程师或业主的正式批准。④现场管理费，通常按索赔的直接费金额乘以现场管理费率计算。国际工程中，此费率一般为10%～15%。⑤总部管理费。⑥保险费、担保费，指由于事件影响而增加工程费用或延长工期时，承包商必须相应地办理各种保险和保函的延期或增加金额的手续，由此而支出的费用。此费用能否索赔，取决于原合同对保险费、担保费的规定，如合同规定，此费用在工程量清单中单列，则可以索赔；但如合同规定，保险、担保费用归入管理费，不予以单列时，则此费用不能列入索赔费用项目。⑦融资成本。由于事件影响增加了工程费用，承包商因此需加大贷款或垫支金额，从而多付出的利息及因业主延迟付款的利息，也可向业主提出索赔。前者按贷款数额、银行利率及贷款时间计算，后者按迟付款额及合同规定的利率予以计算。⑧现场延期管理费。现场延期管理费指由于工期延长而导致管理工作也相应延长所增加的费用。现场延期管理费可由下式进行计算：

$$现场延期管理费 = \frac{原工程直接费 \times 现场管理费率(\%)}{原工程工期(日数)} \times 延长时间(日数) \qquad (7.1)$$

4. 索赔与工程变更

工程变更是对原工程设计做出任何方面的变更，而由监理工程师指令承包商实施。承包商完成变更工作后，业主应予以支付费用。从这个意义上讲，工程变更支付与索赔相类似，都是在工程量清单以外，业主对承包商的额外费用进行补偿。但是，二者是有区别的，主要表现在以下两方面：

（1）起因与内容上的不同。索赔是承包商为履行合同，由于不是承包商的原因或责任受到损失而要求的补偿；而工程变更是承包商接受监理工程师的指令，完成了与合同有关但又不是合同规定的额外工作，为此而取得业主的支付。

（2）处理与费用上的不同。一般工程变更是事先处理，即监理工程师在下达工程变更指令时，通常已事先与业主、承包商就工期或金额的补偿问题进行过协商，而把协商结果包括在指令之内下达给承包商；而索赔则是事后处理，即承包商由于事件发生受到了损失因而提出要求，再经业主同意取得补偿的。

从补偿的费用说，工程变更是多做或少做了某些工作，其补偿除了工程成本外还应包括相应的利润；而索赔则纯属赔偿损失，其费用只计成本而不包括利润。

7.4 建设项目物资采购合同管理

建设项目物资采购合同指具有平等民事主体的法人及其他经济组织相互之间为实现建设物资买卖，通过平等协商明确相互权利义务关系的协议。依照协议，卖方（供货单位）将建设物资交付给买方（采购单位），买方接受该项建设物资并支付价款。

建设项目物资采购合同属于买卖合同，除具有买卖合同的一般特点外，又具有一些独特的特点。如应依据工程承包合同订立；合同以转移财物和支付价款为基本内容；标的物品种繁多、数量巨大，供货条件与质量要求复杂；合同的卖方必须以实物的方式履行合同等。因此，物资采购合同的签订与履行显得尤为重要。

7.4.1 物资采购合同的签订

物资采购合同按其采购物资的类别，可分为材料采购合同、设备采购合同和成套设备采购合同。

1. 材料采购合同

（1）签订方式。材料采购合同的签订方式可有以下几种：

1）公开招标。由招标单位通过新闻媒介公开发布招标广告，采用公开招标方式进行大宗材料的采购。通过投标报价、开标、确定中标单位、签订合同，由供货单位履行对大宗材料的供货。

2）询价、报价、签订合同。采购单位向供货单位发出询价函，要求他们在规定的期限内作出报价，并对报价进行比较，选定报价合理的厂商作为供货单位与其签订合同。

3）直接订购。由材料采购方直接向材料生产厂商或经销公司报价，生产厂商或经销公司接受报价，签订合同。

（2）签订内容。材料采购合同签订所涉及的内容可见以下条款：

1）双方当事人的名称、地址，代理人的姓名与职务，法定代表人的姓名与授权委托书等。

2) 材料的名称、品种、型号与规格等,应符合采购单的规定。
3) 明确技术标准和质量要求。
4) 材料数量与计量方法的规定。
5) 材料的包装要求。
6) 材料的交付方式与交货期限。
7) 材料的价格与付款方式。
8) 违约责任及其他有关的特殊条款。

2. 设备采购合同

设备采购合同指以建设项目所需设备为标的,以设备买卖为目的,明确当事人双方相互权利义务关系的协议。设备采购合同的主要内容可分为两部分:第一部分是约首,即合同开头部分,包括项目名称、合同号、签约日期、签约地点、当事人双方名称等条款;第二部分为本文,即合同的主要内容,包括合同文件、合同范围和条件、货物及数量、合同金额、付款条件、交货时间和交货地点及合同生效等条款。其中,合同文件包括合同条款、投标格式和投标人提交的投标报价表、要求一览表、技术规范、履约保证金、规格响应表、买方授权通知书等;货物及数量、交货时间和交货地点等均在要求一览表中明确;合同金额指合同的总价,分项价格则在投标报价表中确定;合同生效条款规定本合同经双方授权部分为合同约尾,即合同的结尾部分,包括双方的名称、签字盖章及签字时间、地点等。

3. 成套设备采购合同

成套设备采购合同与建设材料采购合同一样,都是买卖合同,但它本身具有特殊性。首先,成套设备采购合同的需方必须是已经列入国家基本建设计划的建设单位,其次,成套设备采购合同的供方一般是国家为工程建设服务而专门组织的设备成套公司。

设备成套公司根据项目建设单位的要求,可分别采取下列方式:

(1) 委托承包。设备成套公司根据发包单位按设计委托的成套设备清单进行承包供应,收取一定的成套业务费。其费率为成套设备总价的1%。少数要求供应时间紧、供应难度较大的设备,或按机组、系统、生产线组织成套设备的,以及需要进行技术咨询、开展现场服务的,可适当增加费率,具体由承发包双方商定。

(2) 采购招标。发包单位对需要的成套设备进行招标,设备成套公司参加投标,按照中标结果承包供应。

中标单位在接到中标通知书后,应在规定的时间内由招标单位组织与设备需方签订设备采购合同。如果投标单位中标后拒签合同,按违约处理,招标单位和设备需方可不予退还投标保证金,也可要求中标单位赔偿经济损失,赔偿额不超过中标金额的2%。如果设备需方在中标通知发出后拒签合同,亦应承担赔偿责任,赔偿额为中标金额的2%。合同生效后,招标单位可向中标单位收取少量服务费。服务费一般不超过中标设备金额的1.5%。

除上述方式外,设备成套公司还是根据建设单位的要求以及自身的能力,联合科研单位、设计单位、制造厂家和设备安装企业等,从产品设计到现场设备安装调试实行设备成套总承包。成套设备采购合同条款的内容一般包括:产品的名称、品种、型号、规格、等级、技术标准或技术性能指标;数量和计量单位;包装标准及包装物的供应与回收规定;交货单位、交货方法、运输方式、到货地点、接(提)货单位;交(提)货期限;验收方法;产品价格;结算方式、开户银行、账户名称、账号、结算单位;违约责任;其他事项。

除上述内容外，还应包括成套设备价格的确定；成套设备数量及需配置的辅机、附配件等；成套设备所应达到的技术标准和技术性能指标；交货单位；现场服务及保修的规定等。

7.4.2 物资采购合同的履行

1. 设备采购合同的履行

设备采购合同的履行包括以下内容。

（1）交付货物。供货方应按合同规定，按时、按质、按量地履行供货义务，并做好现场服务工作，及时解决有关设备的技术质量、缺损件等问题。

（2）验收采购方对供货方交货应及时进行验收，依据合同规定，对设备的质量及数量进行核实检验，如有异议，应及时与供货方协商解决。

（3）结算采购方对供货方交付的货物检验没有发现问题，应按合同的规定及时付款；如果发现问题，在供货方及时处理、达到合同要求后，也应及时履行付款义务。

（4）违约责任。在合同履行过程中，任何一方都不应借故延迟履约或拒绝履行合同义务，否则应追究违约当事人的法律责任。

由于供货方交货不符合合同规定，如交付的设备不符合合同的标的，或交付的设备未达到质量技术要求，或数量、交货日期等与合同规定不符时，供货方应承担违约责任；由于供货方中途解除合同，采购方可采取合理的补救措施，并要求供货方赔偿损失；采购方在验收货物后，不能按期付款，应按有关规定支付违约金；采购方中途退货，供货方可采取合理的补救措施，并要求采购方赔偿损失。

2. 成套设备采购合同的履行

（1）设备成套公司的职责。设备成套公司承包的设备如因自身的原因未能按承包合同规定的质量、数量、时间供应而影响项目建设进度的，设备成套公司要承担经济责任。在项目建设过程中，设备成套公司对承包项目要派驻现场服务组或驻厂员，负责现场成套技术服务。现场服务的主要职责如下：

1）了解、掌握工程建设进度和设备到货、安装进度，协助联系设备的交、到货等工作。

2）参与大型、专用、关键设备的开箱验收，配合建设单位或安装单位处理设备在接运过程中发现的设备质量和缺损件等问题，并明确产品质量责任。

3）及时向主管部门报告重大设备质量问题，以及项目现场不能解决的其他问题。当出现重大意见分歧时，施工单位或用户单方坚持处理的，应及时写出备忘录备查。

4）参加工程的竣工验收，处理工程验收中发现的有关设备问题。

5）关心和了解生产企业派往现场的技术服务人员的工作情况和表现，建议有关部门或生产企业予以表扬和批评。

6）做好现场服务工作日志，及时记录日常服务工作情况、现场发生的设备质量问题和处理结果，定期向上级主管部门和有关单位报送报表、汇报工作情况，做好现场服务工作总结。

（2）项目监理机构对成套设备采购合同的管理。

1）对设备供应合同及时编号，统一管理。

2）参与合同的编写、签订，并就设备的技术要求及交货期限、质量标准提出要求。

3）驻厂监造，监督设备采购合同的履行。

（3）建设单位（或项目法人）对成套设备采购合同的管理。建设单位（或项目法人）要向设备成套公司提供设备的详尽设计技术资料和施工要求；要配合设备成套部门做好接运计划工作，安置并协助驻现场服务组开展工作；要按照合同要求督促施工安装单位按进度计划组织施工安装并试车；牵头组织各有关单位完成验收工作等。

3. 材料采购合同的履行

材料采购的履行包括以下内容：

（1）按约定的标的履行：供货方交付的货物必须与合同规定的名称、品种、规格、型号相一致，不得擅自以其他货物、违约金或赔偿金的方式代替履行合同。

（2）按合同规定的期限、地点交付货物。提前交付货物，采购方可拒绝接受；逾期交付，供货方应承担逾期交付的责任。采购方若不再需要，应在接到供货方交货通知后15天内通知供货方。

（3）按合同规定的数量和质量交付货物，对交付货物的数员与质量应当场检验，必要时还须做化学或物理试验以检验其内在质量，检验的结果作为验收的依据，由当事人双方签字。

（4）按约定的价格与结算条款履行合同义务。

（5）明确双方违约的责任。

复习思考题

1. 建设工程合同及其特征是什么？
2. 简述合同谈判的准备和合同谈判的过程。
3. 合同担保的方式有哪些？
4. 建设项目勘察设计合同中委托人和承包人的违约责任是什么？
5. 发包人、项目监理机构、承包人如何履行施工合同？
6. 简述FIDIC合同条件下的质量管理。
7. 施工合同的索赔的分类及处理有哪些？
8. 建设项目物资采购合同该如何履行？

第8章 建设项目施工前期管理

8.1 建设规划及施工许可报批手续

建设单位只有严格遵守各级政府主管规定的建设规划设计审批制度和手续，才能通过立案、立项、设计，最终获得施工许可证。

8.1.1 建设规划申报审批的程序和内容

1. 申报审批制度

根据《城乡规划法》，建设单位在实施建设项目前，需要向政府城乡规划主管部门申请办理建设项目选址意见书、建设用地规划许可证和建设工程规划许可证。

（1）建设项目选址意见书。按照国家规定需要有关部门批准或者核准的建设项目，以划拨方式提供国有土地使用权的，建设单位在报送有关部门批准或者核准前，应当向城乡规划主管部门申请核发选址意见书。其他建设项目不需要申请选址意见书。

（2）建设用地规划许可证。在城市、镇规划区内以划拨方式提供国有土地使用权的建设项目，经有关部门批准、核准、备案后，建设单位应当向城市、县人民政府城乡规划主管部门提出建设用地规划许可申请，由市、县人民政府城乡规划主管部门依据控制性详细规划核定建设用地的位置、面积、允许建设的范围，核发建设用地规划许可证。建设单位在取得建设用地规划许可证后，方可向县级以上地方人民政府土地主管部门申请用地，经县级以上人民政府审批后，由土地主管部门划拨土地。

（3）建设工程规划许可证。在城市、镇规划区内进行建筑物、构筑物、道路、管线和其他工程建设的，建设单位或者个人应当向城市、县人民政府城乡规划主管部门或者省、自治区、直辖市人民政府确定的镇人民政府申请办理建设工程规划许可证。

2. 申报审批的程序和内容

项目建设程序指国家制定的工程项目从设想、选择、评估、决策、设计、施工到投入生产或交付使用的整个建设过程中，各项工作必须遵循的先后工作次序。项目建设程序是工程项目建设客观规律的反映，是建设项目科学决策和管理的重要保证。工程项目建设的很多环节都要按照有关规定，办理审批手续，这也是工程项目前期管理的重要内容。建设规划申报审批的程序和内容见表8.1。

8.1.2 建设用地办理程序

办理用地手续，要区别建设用地的所有权和使用权。按照我国《土地管理法》规定，我国土地的所有权分为国家全民所有和集体所有；城市市区的土地属于国家全民所有；农村和城郊区土地，除法律规定属于国家全民所有的以外，其他皆属农村集体所有。使用国家全民所有土地进行建设，称为土地划拨；使用农村集体所有的土地进行建设，称为土地征收。

表 8.1　　　　　　　　　　建设规划申报审批的程序和内容

申报项目	选址定点	建设用地规划许可证	建设工程规划许可证
申报条件	(1) 投资主管部门批准的立项文件 (2) 建设单位或上级主管部门申请征地的函件	(1) 投资主管部门批准的征地计划任务书 (2) 持选址规划意见通知书向政府房产管理部门办理征地事宜，取得政府批文 (3) 使用国有土地时，持上述通知书向政府房地产管理部门征询居民拆迁安置意见 (4) 使用农田经政府批准同意的文件 (5) 审定设计方案通知书	(1) 年度施工任务批准文件 (2) 人防、消防、环保、园林、市政、文物、通信、教育等行政主管部门的审批意见和要求，以及取得上述各种协议书
申报内容	(1) 工程概况和选址要求 (2) 拟建方案 (3) 意向位置的 1∶2000 或 1∶500 地形图 (4) 其他须说明的文件	(1) 1∶2000 或 1∶500 地形图 (2) 其他	1∶500 或 1∶1000 工程施工图（总平面图）；各部立剖图，基础图，设计图纸目录
申报程序	(1) 填写规划审批申报表，交选址地点文件后受理方出示立案表 (2) 持立案表按规定日期领取批文	(1) 填写审批申报表，交征地文件后取得建设用地规划许可证立案表 (2) 按规定日期持立案表领取批文	(1) 填写审批申报表，交各种文件图纸后取得立案表 (2) 按期持立案表取得修改工程施工图通知书，修改设计后，按上述步骤重新申报，取得新的立案表 (3) 持新立案表按时取得批文 (4) 须报竣工图的，报送城市建设档案馆
批准文件	选址意见通知书	(1) 建设用地规划许可证 (2) 建设用地规划许可证附件	(1) 建设工程规划许可证 (2) 建筑用地钉桩通知单 (3) 验线通知单 (4) 测量结果记录单

1. 建设用地的要求和依据

凡是建设项目在自有土地、使用权属于本单位的土地上进行建设，应在上报的建设项目建议书中说明。凡是建设项目在使用权不属于国有和集体所有的土地上进行建设，应在上报的建设项目建议书中说明征收土地。征收土地按《土地管理法》办理。

2. 办理临时用地程序

为了维护社会经济秩序，严肃承包合同，遵守国家法规，符合国家政策，除办理好建设单位所属义务范围内的用地许可证外，若施工场地小，料场、弃渣场等无地方，就必须办理临时设施范围内的土地征用、租用的申请及施工使用许可执照与占道的许可证。

(1) 关于办理临时用地事项。

1) 凡是建设单位和施工单位在施工过程中，需要设置临时用地，堆放建筑材料，堆物，堆放渣土或者临时性建房和其他临时设施等，均要按临时用地申请，由批准建设项目征用土地机关审批，核发临时用地许可证。

2) 凡是临时用地和临时建设工程，均经有关政府规划管理机构审批，规定使用期限，核发临时用地规划许可证和临时建设工程许可证,再到公安交通管理部门办理占地手续。

3)凡是临时用地,使用期限一般为2年,因工程需要,特殊情况可延长使用期。但是,必须在使用期满前2个月向批准部门提出要求,申述理由,经批准后方可继续使用。

4)凡是临时用地,应遵守有关市政设施管理单位规定,如通信、电缆、煤气管线、供水管线等不准堆料,不准损坏树木、道路等。

5)凡是临时用地和临时建设工程,不能任意改变使用性质,不得转让,不得交换使用、租赁、买卖,不得建成永久性工程等。使用完后,使用单位应无条件地恢复地貌,办理交回手续。

6)凡是临时用地和临时建设工程,均缴纳用地费。

7)凡是临时用地和临时建设工程,未办任何用地手续或者擅自转让、交换、买卖等扩大使用地范围以及逾期不交回,改变用地性质的,均视为违章用地。

(2)对违章罚款的规定。

1)违章建设,以建设工程总面积交$5\sim50$元$/m^2$的罚款。

2)违章单位的主管负责人、直接负责人员均要受到经济处罚。

3)未经批准擅自占地、建设临时工程、任意改变用地性质等,按规定标准加10倍收取临时用地费和临时建设工程费。

4)单位拒不接受违法检查,不执行违章处理决定的,有关规划管理部门有权暂停建设单位的其他建设工程许可证。

8.1.3 建设用水、用电、通信、煤气、中水设施等的办理程序

在建设项目设计中,专业设计的内容是有所区别的,例如,外部供电线路和变电室、电信外部线路、外部自来水管线、外部煤气管线、外部热力交换站、热力管线、园林绿化、消防报警系统、闭路电视及天线系统、道路及雨水、污水管线等专业设计都有方案设计和施工图设计,而以上专业均由专业的设计单位负责设计。根据现行规定,建设单位(或项目法人)要按不同要求和规定去办理各种手续。

1. 办理供水设计和报装程序

建设项目批准立项后,应委托自来水设计部门确定供水方案。将供水方案设计和施工设计图与其他市政配套方案一起按规定程序报有关部门审批。建设单位(或项目法人)委托任务时,首先将建设项目文件、建设地点、建设项目的用水量,标明建筑红线、建筑位置的地形图,建设地点周围的自来水管网图等提供给自来水设计单位,由自来水设计单位进行供水方案设计。自来水供水方案经政府规划管理机构综合审查、批准后,由建设单位(或项目法人)到自来水公司办理报装手续,按规定缴纳自来水建费费。供水方案设计后进行施工图设计,确定自来水管线的位置、高程、供水协议。

办理报装程序如下:必须将建设用地许可证、地形图(比例尺1:500,1:2000)两张、总平面图、施工许可证,以及供水方案批准的文件等,同时上报,办完手续后即可组织施工。在施工过程中接受自来水公司的检查与监督,工程竣工时,由自来水公司进行验收,合格后交给建设单位(或项目法人)。若由非自来水设计单位设计的自来水工程施工图,应经自来水公司审查批准,才可进行施工。

2. 办理供电设计和报装程序

凡是建设项目,就必须考虑供电问题,对供电方式和供电的可能性等作出切合实际的分

析论证。设计方案完成后，用电项目和用电量基本落实，这时建设单位（或项目法人）要检查需电员是否能满足，并持立项批准文件、现场地形图、建筑总平面图、用电量资料等到供电部门办理供电报装，填写有关表格，进行报装，并委托电力设计单位进行方案设计，办理书面委托手续。

电力设计单位按书面委托书，进行现场调查研究后，提出供电方案、进线与出线的方式。供电方式与其他市政配套方案一样，应作为初步设计的组成部分进行报批。供电部门批准后，通知建设单位（或项目法人），然后由建设单位（或项目法人）送政府规划管理机构批准，方可进行供电设计。若不需要增电，建设单位（或项目法人）书面说明，供电部门盖章同意即可。进行报装过程中，还要到供电部门办理申请用电指标手续，经供电部门同意并发给用电指标批准书后，用电工程方可接电。供电工程开工要经供电部门的同意，施工单位必须选择经过审查，并具有承包供电工程资格的正式施工单位，施工过程中，接受供电部门的检查和监督，竣工时，由供电部门验收，合格后交给建设单位（或项目法人）。

3. 办理电信设计和报装程序

建设单位（或项目法人）向城市电信主管部门提供建设项目批准文件、地形图、建筑物位置图、建筑总平面图及报装的电话线路和数量。一般情况下，建设单位（或项目法人）需要电话总机、中继线按电话装机容量10%考虑，另外加上所需直拨电话、非电话业务用线（加电传、图文传真、电子计算机远程联网等），就构成申请电话局线的总数。而电话管理部根据建设项目地点的通信线路状况，结合规划要求提出电信线路方案。

电话设计方案同市政配套的外部设计方案一起送交政府规划管理机构进行审批，获准后，建设单位（或项目法人）可委托通信设计单位进行施工图设计，设计范围包括外线、进户线、机房及总机房和各组线箱的电缆线路。从组线箱到分机的线路一般由专业建筑设计单位负责。

4. 办理天然气设计和报装程序

建设单位（或项目法人）根据本单位需求的实际情况和初步设计要求，向天然气公司提出申请，由天然气设计部门计算天然气用量，确定天然气供气方案，并将建设项目内天然气的用途、用量向天然气公司详细说明，同时报送文件和资料，如建设项目批准的施工许可证文件、建设地点的地形图（比例尺为1∶500和1∶2000）、建设用地文件和城市规划管理部门核发用地范围以及建筑物总平面图。天然气公司根据用户要求和建设单位具体情况提出方案设计，如果建设项目附近已有天然气管道和调压站，容量允许新建设项目使用，可就近接管使用。否则，需另选择天然气调压站，新建天然气管道。天然气调压站与建筑物要保持一定安全距离。初步设计和接用天然气的方案经规划管理部门审查批准后，即可委托天然气公司进行天然气管线和天然气调压站的施工图设计。

建筑物内部的天然气管道和使用天然气设备的设计图纸，如果是由建筑设计单位设计的，要送天然气公司审核同意才能进行施工。建设单位（或项目法人）根据设计情况，办理施工手续，缴纳建设费用，在施工过程中由天然气公司检查与监督。工程竣工后，由建设单位、天然气公司、施工单位等联合进行验收，工程质量合格后，交付使用。然后，建设单位（或项目法人）申请办理通气手续，并缴纳通气的各种费用，条件成熟后即可供天然气使用。

5. 办理"中水"处理设施程序

中水指生活污水经过一定的理化处理后，达到规定要求的水质标准，可在一定范围内重复使用的非饮用水，主要用于冲厕所、灌溉园林、道路养护、冲洗汽车及冷却设备补充用水。进行中水处理，对于推动城市污水综合利用、节约用水具有一定的意义。

按现行规定，建筑面积在3万m^2以上的机关，科研单位，大专院校和文化、体育设施等，以及建筑面积在2万m^2以上的旅馆、饭店、公寓住宅小区、集中建筑区等建筑，均应有中水处理配套建设。中水处理设施要与主体工程同时设计、同时施工、同时交付使用，建设投资纳入主体工程预决算内。建设单位（或项目法人）办理手续时，应报送建设项目批准文件、中水设施的设计等，经审查同意后进行施工。竣工后须经市政部门验收合格，方可投入运行。

8.1.4 建设项目质量监督

建设项目质量监督是建设行政主管部门或其委托的工程质量监督机构（统称质量监督机构）根据国家的法律、法规和工程建设强制性标准，对责任主体和有关机构履行质量责任的行为以及建设项目实体质量进行监督检查、维护公众利益的行政执法行为。

1. 质量监督的主要内容

（1）对责任主体和有关机构履行质量责任的行为的监督检查。

（2）对工程实体质量的监督检查。

（3）对施工技术资料、监理资料以及检测报告等有关工程质量的文件和资料的监督检查。

（4）对工程竣工验收的监督检查。

（5）对混凝土预制构件及预拌混凝土质量的监督检查。

（6）对责任主体和有关机构违法、违规行为调查取证和核实，提出处罚建议或按委托权限实施行政处罚。

（7）提交工程质量监督报告。

（8）随时了解和掌握本地区工程质量状况。

（9）其他内容。

2. 办理质量监督注册手续时需提供的资料

建设单位（或项目法人）在办理施工许可证之前应当到规定的工程质量监督机构办理工程质量监督注册手续。办理质量监督注册手续时需提供下列资料：

（1）施工图设计文件审查报告和批准书。

（2）中标通知书和施工、监理合同。

（3）建设单位、施工单位和监理单位工程项目的负责人和机构组成。

（4）施工组织设计和监理规划（监理实施细则）。

（5）其他需要的文件资料。

8.1.5 建设项目施工许可证

建设项目开工前，建设单位（或项目法人）应当按照国家有关规定向工程所在地县级以上人民政府建设行政主管部门申请领取施工许可证。但是，国务院建设行政主管部门确定的限额以下的小型工程除外。按照国务院规定的权限和程序批准开工报告的建设项目，不再领取施工许可证。

1. 申领施工许可证的条件

申请领取施工许可证,应当具备下列条件,并提交相应的证明文件:

(1) 已经办理建设项目用地批准手续。

(2) 在城市规划区的建设项目已经取得建设工程规划许可证。

(3) 施工场地已经基本具备施工条件,需要拆迁的,其拆迁进度符合施工要求。

(4) 已经确定施工承包单位。

(5) 有满足施工需要的施工图纸及技术资料,施工图设计文件已按规定进行了审查。

(6) 有保证工程质量和安全的具体措施。施工承包单位编制的施工组织设计中有根据建设项目特点制定的相应质量、安全技术措施,专业性较强的项目编制了专项质量、安全施工组织设计,并按照规定办理了工程质量、安全监督手续。

(7) 按照规定应该委托监理的项目已委托监理单位。

(8) 建设资金已经落实。建设工期不足一年的,到位资金原则上不得少于工程合同价的50%,建设工期超过一年的,到位资金原则上不得少于工程合同价的30%。建设单位(或项目法人)应当提供银行出具的到位资金证明,有条件的可以实行银行付款保函或者其他第三方担保。

(9) 法律、行政法规规定的其他条件。必须申请领取施工许可证的建设项目,未取得施工许可证的,一律不得开工。任何单位和个人不得将应该申请领取施工许可证的建设项目分解为若干限额以下的工程项目,规避申请领取施工许可证。

2. 关于施工许可证的有关规定

建设单位(或项目法人)应当自领取施工许可证之日起 3 个月内开工。因故不能按期开工的,应当向发证机关申请延期;延期以两次为限,每次不超过 3 个月。既不开工又不申请延期或者超过延期时限的,施工许可证自行废止。按照国务院有关规定批准开工报告的建筑工程,因故不能按期开工或者中止施工的,应当及时向批准机关报告情况。因故不能按期开工超过 6 个月的,应当重新办理开工报告的批准手续。

建设工程在施工过程中,建设单位(或项目法人)或者施工单位发生变更的,应当重新申请领取施工许可证。在建的建设工程因故中止施工的,建设单位(或项目法人)应当自中止施工之日起 2 个月内向发证机关报告,报告内容包括中止施工的时间、原因、在施部位、维修管理措施等,并按照规定做好建设工程的维护管理工作。

建设工程恢复施工时,应当向发证机关报告。中止施工满一年的工程恢复施工前,建设单位(或项目法人)应当报发证机关核验施工许可证。

8.2 建设项目计划

8.2.1 建设项目计划的分类和管理

1. 建设项目计划的分类

按照不同的原则和需要,建设项目计划可按不同的角度进行分类,如图 8.1 所示。

2. 建设项目计划的编制原则和措施

(1) 计划编制的原则。

1) 根据建设项目的特点、协作条件和发展需要,在计划编制中必须遵循一些准则,体现出计划期工作的重点和建设项目管理的一般规律。

2) 安排计划要坚持实事求是、量力而行的原则，建设项目列入年度计划前，必须对初步设计和总概算进行"五定"，即定建设规模、定总投资、定建设工期、定投资效益、定外部协作条件。

(2) 计划编制的措施。

1) 对建设周期较短的项目，在计划年度内可以竣工投产、交付使用的项目和配套项目同时安排，相互衔接，保证当年投资发挥效益。

2) 对建设周期较长的项目，要千方百计压缩在建工程的资金占用。建设中占有一定数量的资金是合理的，如果占用过多，时间越长，投资效果越差。因此，要合理安排年度投资。

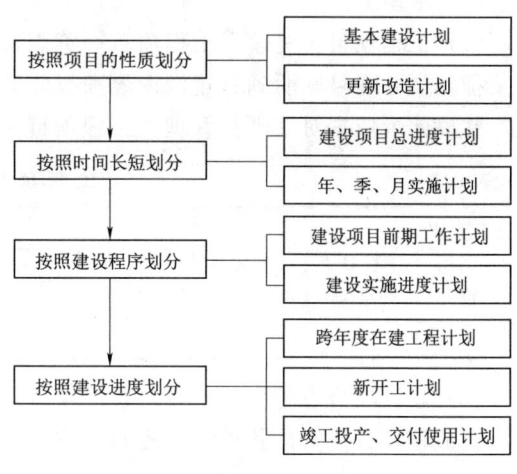

图 8.1 建设项目计划的分类

3) 根据不同情况，提出年度投资计划分配方案。

8.2.2 建设项目计划的内容

1. 建设项目前期工作计划

建设项目前期工作计划指对建设项目可行性研究、项目评估及初步设计的工作进度安排，它可使建设项目前期决策阶段各项工作的时间得到控制。建设项目前期工作计划需要在预测的基础上编制，其格式见表8.2。其中"建设性质"指新建、改建或扩建；"建设规模"指生产能力、使用规模或建筑面积等。

表 8.2　　　　　　　　　　建设项目前期工作计划

项目名称	建设性质	建设规模	可行性研究		项目评估		初步设计	
			进度要求	负责单位负责人	进度要求	负责单位负责人	进度要求	负责单位负责人

2. 建设项目总进度计划

建设项目总进度计划指初步设计被批准后，在编报建设项目年度计划之前，根据初步设计对建设项目从开始建设（设计、施工准备）至竣工投产（动用）全过程的统一部署。其主要目的是安排各单项工程和单位工程的建设进度，合理分配年度投资，组织各方面的协作，保证初步设计确定的各项建设任务的完成。它对于保证工程建设的连续性，增强工程建设的预见性，确保建设项目按期动用，都具有十分重要的作用。

建设项目总进度计划是编报建设项目年度计划的依据，其主要内容包括文字和表格两部分。文字部分包括建设项目的概况和特点，安排建设总进度的原则和依据，建设投资来源和资金年度安排情况，技术设计、施工图设计、设备交付和施工力量进场时间的安排，道路、供电、供水等方面的协作配合及进度的衔接，计划中存在的主要问题及采取的措施，需要上级及有关部门解决的重大问题等。

表格部分包括：工程项目一览表、建设项目总进度计划表、投资计划年度分配表及建设项目进度平衡表。

（1）工程项目一览表。工程项目一览表将初步设计中确定的建设内容按照单项工程、单位工程归类并编号，明确其建设内容和投资额，以便各部门按统一的口径确定工程项目投资额，并以此为依据对其进行管理。工程项目一览表见表 8.3。

表 8.3 工程项目一览表

单项工程或单位工程名称	工程编号	工程内容	概算额/千元					备注
			合计	建筑工程费	安装工程费	设备工程费	工器具购置费	工程建设其他费用	

（2）建设项目总进度计划表。建设项目总进度计划表是根据初步设计中确定的建设工期和工艺流程，具体安排各单项工程和单位工程的开工日期和竣工日期。其格式见表 8.4。

表 8.4 建设项目总进度计划表

工程编号	单项工程或单位工程名称	工程量		××年				××年				…
		单位	数量	一季	二季	三季	四季	一季	二季	三季	四季	…

（3）投资计划年度分配表。投资计划年度分配表是根据建设项目总进度计划表安排各个年度的投资，以便预测各个年度的投资规模，为筹集建设资金或与银行签订借款合同及制定分年用款计划提供依据。其格式见表 8.5。

表 8.5 投资计划年度分配表

工程编号	单位工程或单项工程名称	投资额/万元	投资分配/万元					…
			××年	××年	××年	××年	××年	…
	合计 其中： 建安工程投资 设备投资 工器具投资 其他投资							

（4）建设项目进度平衡表。建设项目进度平衡表用来明确各种设计文件交付日期、主要设备交货日期、施工单位进场日期、水电及道路接通日期等，以保证工程建设中各个环节相互衔接，确保建设项目按期投产或交付使用。其格式见表 8.6。

表 8.6 建设项目进度平衡表

工程编号	单项工程或单位工程名称	开工日期	竣工日期	要求设计进度			要求设备进度			要求施工进度			协作配合进度				
				交付日期			设计单位	数量	交货日期	供货单位	进场日期	竣工日期	施工单位	道路通行日期	供电		供水	
				技术设计	施工图	设备清单									数量	日期	数量	日期

在此基础上，可以分别编制综合进度控制计划、设计进度计划、采购进度控制计划、施工进度控制计划和验收投资进度计划等。

3. 建设项目年度计划

建设项目年度计划是依据建设项目总进度计划、国家年度建设计划和批准的设计文件进行编制的。该计划既要满足建设项目总进度计划的要求，又要与当年可能获得的资金、设备、材料、施工力量相适应。应根据分批配套投产或交付使用的要求，合理安排本年度建设的工程项目。建设项目年度计划主要包括文字和表格两部分内容。

(1) 文字部分。说明编制年度计划的依据和原则，建设进度，本年计划投资额及计划建造的建筑面积，施工图、设备、材料、施工力量等建设条件的落实情况，动力资源情况，对外部协作配合项目建设进度的安排或要求，需要上级主管部门协助解决的问题，计划中存在的其他问题，以及为完成计划而采取的各项措施等。

(2) 表格部分。包括年度计划项目表、年度竣工投产交付使用计划表、年度建设资金平衡表和年度设备平衡表。

1) 年度计划项目表。年度计划项目表确定年度施工项目的投资额和年末形象进度，并阐明建设条件（图纸、设备、材料、施工力量）的落实情况。其格式见表 8.7。

表 8.7　　　　　　　　　　　　年度计划项目表

工程编号	单位工程名称	开工日期	竣工日期	投资额/万元	年初完成			本年计划						年末形象进度	建设条件落实			
					投资额/万元	建筑安装投资/万元	设备投资/万元	投资额/万元		建筑面积/m²					施工图	设备	材料	施工力量
								合计	建筑安装	设备	新开工	续建	竣工					

2) 年度竣工投产交付使用计划表。年度竣工投产交付使用计划表阐明各单位工程的建筑面积、投资额、新增固定资产、新增生产能力等建筑总规模及本年计划完成情况，并阐明其竣工日期。其格式见表 8.8。

表 8.8　　　　　　　　　　　年度竣工投产交付使用计划表

工程编号	单位工程名称	总规模		新增固定资产	新增生产能力	本年计划完成				
		建筑面积/m²	投资额/万元			竣工日期	建筑面积/m²	投资额/万元	新增固定资产	新增生产能力

3) 年度建设资金平衡表。年度建设资金平衡表的格式见表 8.9。

表 8.9　　　　　　　　年度建设资金平衡表　　　　　　　　　　单位：万元

工程编号	单位工程名称	本年计划投资	动用内部资金	储备资金	本年计划需要资金	资金来源				
						预算拨款	自筹资金	基建贷款	国外贷款	…

4) 年度设备平衡表。年度设备平衡表的格式见表8.10。

表 8.10　　　　　　　　　　　年 度 设 备 平 衡 表

工程编号	单位工程名称	设备名称规格	要求到货		利用库存	自制		已订货		采购数量
			数量	时间		数量	完成时间	数量	到货时间	

在年度计划的基础上，还应根据年度计划的实际执行情况，分解、落实、调整年度计划，编制季度计划，保证年度计划的圆满实施，必要时还要编制月计划。

8.3　建设项目审计与稽察

8.3.1　建设项目审计

审计工作是宏观经济管理、调控和监督的需要，同时也是维护社会经济持续、健康和快速发展的保证。

无论是国家审计机关、内部审计机构，还是社会审计组织，对某个建设项目实施审计，完成审计任务后，应按照一定程序提出审计报告。

1. 建设项目审计的有关规定

(1) 凡是国家规定必须进行开工前审计的建设项目，未取得审计机关出具开工前审计意见书而擅自开工建设的，建议有关主管部门责令停工。

(2) 凡是建设项目不按规定办理审计手续的，按不同情节处以总投资1%以下的罚款，罚款由建设单位（或项目法人）自筹资金支付。

(3) 建设单位（或项目法人）违反有关批准文件规定，以合同形式要求设计单位扩大规模和提高标准而增加概算投资，应由建设单位（或项目法人）报原审批部门予以批准；否则，应停止建设。

(4) 国家重点建设项目在竣工决算审计后方可办理竣工验收手续。

(5) 建设项目实行投资包干的，需调整投资的，经审计批准可相应调整包干基数。

(6) 其他要求按规定执行。

2. 建设项目审计的主要内容

(1) 重点审计建设项目资金来源及其他资金来源是否符合国家有关规定，资金是否落实。

(2) 审计建设项目审批程序和手续是否完备。

(3) 审计建设项目概算中多计、重计、少计和漏计的投资及不应由建设项目负担的费用。

8.3.2　建设项目稽察

国家对重大建设项目的监督，实行稽察特派员制度。稽察特派员与被稽察单位是监督与被监督的关系。稽察特派员不参与、不干预被稽察单位的日常业务活动和经营管理活动。

1. 稽察特派员的职责

稽察特派员履行下列职责：

(1) 监督被稽察单位贯彻执行国家有关法律、行政法规和方针政策的情况，监督被稽察单位有关建设项目的决定是否符合法律、行政法规和规章制度规定的权限、程序。

(2) 检查建设项目的招标投标、工程质量、进度等情况，跟踪监测建设项目的实施情况。

(3) 检查被稽察单位的财务会计资料以及与建设项目有关的其他资料，监督其资金使用、概算控制的真实性、合法性。

(4) 对被稽察单位主要负责人的经营管理行为进行评价，提出奖惩建议。

一名稽察特派员一般负责5个建设项目的稽察工作，每年对每个建设项目进行1~2次现场稽察。稽察特派员可以根据实际需要，不定期开展专项稽察。

2. 稽察工作方式

稽察特派员开展稽察工作，可以采取下列方式：

(1) 听取被稽察单位主要负责人有关建设项目的情况汇报，在被稽察单位召开与稽察事项有关的会议，参加被稽察单位与稽察事项有关的会议。

(2) 查阅被稽察单位有关建设项目的财务报告、会计凭证、会计账簿等财务会计资料以及其他有关资料。

(3) 进入建设项目现场进行查验，调查、核实建设项目的招标投标、工程质量、进度等情况。

(4) 核查被稽察单位的财务、资金状况，向职工了解情况、听取意见，必要时要求被稽察单位主要负责人作出说明。

(5) 向财政、审计、建设等有关部门及银行调查了解被稽察单位的资金使用、工程质量和经营管理情况。

3. 稽察报告的内容

稽察特派员每次对建设项目进行的稽察工作结束后，应当及时提交稽察报告。稽察报告的内容包括：

(1) 建设项目是否履行了法定审批程序。

(2) 建设项目资金使用、概算控制的分析评价，招标投标、工程质量、进度等情况的分析评价。

(3) 被稽察单位主要负责人经营管理业绩的分析评价。

(4) 建设项目存在的问题及处理建议。

(5) 国家投资主管部门要求报告的或者稽察特派员认为需要报告的其他事项。

复习思考题

1. 建设规划申报审批的程序包括哪些？
2. 建设用水、用电和中水设施的办理程序是什么？
3. 建设项目质量监督的主要内容是什么？
4. 建设项目申请施工许可证的条件是什么？
5. 建设项目计划的主要内容以及分类有哪些？
6. 建设项目审计的主要内容有哪些？
7. 稽察特派员的职责有哪些？稽察报告包括哪些内容？

第9章 建设项目施工过程管理

9.1 施 工 准 备

9.1.1 图纸会审和技术交底

建设单位（或项目法人）应在开工前向有关部门送审初步设计文件及施工图。初步设计文件审批后，根据批准的年度建设计划，组织进行施工图设计。施工图是进行施工的重要依据，图纸会审是施工前的一项重要准备工作。

图纸会审工作由建设单位（或项目法人）主持，监理单位、设计单位、施工承包单位等有关单位参加。对于复杂的大型工程，建设单位（或项目法人）应先组织技术部门的各专业技术人员预审，将问题汇总，并提出初步处理意见，做到在会审前对设计心中有数。会审各方都应充分准备、认真对待，对设计意图及技术要求彻底了解、融会贯通，并能发现问题，提出建议与意见，提高图纸会审的工作质量，在施工之前对图纸上的差错、缺陷完成纠正和补充。设计单位应将图纸的设计意图、工程技术与质量要求等向施工单位作出明确的设计交底。通过图纸会审，应重点解决以下问题。

(1) 理解设计意图和建设单位（或项目法人）对工程建设的要求。

(2) 审查设计深度是否满足指导施工的要求，采用新技术、新工艺、新材料、新设备的情况，工程结构是否安全合理。

(3) 审查设计方案及技术措施贯彻工程建设标准的情况。

(4) 根据设计图纸要求，审查施工单位是否具备组织施工的条件，施工现场能否满足施工需要。

(5) 审查图纸上的工程部位、高程、尺寸及材料标准等数据是否准确一致，各类图纸在结构、管线、设备标注上有无矛盾，各种管线走向是否合理，与地上建筑、地下构筑物的交叉有无矛盾等。如发现错误，应提出更正，避免影响工期及增加投资。

图纸会审时要有专人做好记录，会后作出会审纪要，注明会审时间、地点、主持单位及参加单位、参会人员。针对会审中提出的问题，着重说明处理和解决的意见与办法。会审纪要经参加会审的单位签字认同后，一式若干份，分别送交有关单位执行及存档，作为竣工验收依据文件的组成部分。在图纸会审的基础上，施工承包单位应按施工技术管理程序，在单位工程或分部、分项工程施工前逐级进行技术交底。施工承包单位应对施工组织设计中涉及的工艺要求、质量标准、技术安全措施、规范要求、采用的施工方法、图纸会审中涉及的要求及变更等内容向有关施工人员交底。

9.1.2 审查施工组织设计

项目监理机构应在下达工程开工令前审查施工组织设计。审查的内容包括施工方案、施工进度计划、施工平面图以及材料、劳动力、设备需用计划等。

9.1 施 工 准 备

1. 施工方案的审查

施工方案是施工组织设计的核心,方案的优劣直接影响到现场的施工组织及工期。施工方案的审查重点包括以下内容。

(1) 主要施工过程的施工方法和施工机械的确定。在施工过程中选择施工方法和施工机械时,应考虑工程的特点、结构性质和要求,工程量,气候与地形、地貌、地质,现场及周围的施工环境,工期,施工单位技术装备和管理水平等。

(2) 施工流向的确定。施工流向指在工程立体空间及平面位置施工开始的部位及其流动方向。施工流向的确定应满足施工组织及建设单位(或项目法人)对工程分期分批竣工投产的要求。

(3) 施工顺序的确定。施工顺序指在各施工阶段主要施工过程中客观存在的先后顺序及相互间的制约关系。确定施工顺序应遵循以下原则:应符合施工技术和施工工艺的要求;应与选择的施工方法及施工机械相适应;应满足施工组织与施工进度的要求;应符合施工质量及安全施工的要求;应考虑现场不利自然条件的影响。

(4) 各项施工技术组织措施的确定。应重点审查施工方案中为保证工程质量、工期、降低成本、现场安全施工与文明施工所采取的技术组织措施。

2. 施工进度计划的审查

施工进度计划反映完成工程项目的各施工过程的组成、施工顺序、逻辑关系及完成所需要的时间,同时也反映各施工过程的劳动组织及配备的施工机械台班数。施工进度计划应采用网络计划技术编制,应合理地利用流水作业和交叉作业,以获得最优的施工组织效果。施工进度计划编制后,即可编制各种资源的需要量计划。

施工进度计划应符合招标文件及施工合同中对工期的要求,必须具备真实性和科学性。真实性要求施工承包单位根据现场的施工条件和组织管理能力进行编制,真实反映施工承包单位按进度计划组织施工的可能性;科学性要求施工进度计划安排得既合理、又符合施工合同的要求,确保工程质量。因此,建设单位(或项目法人)应要求项目监理机构细致、认真地审核施工进度计划。审查要点见表9.1。

表 9.1 施工进度计划的审查要点

审查要点	具 体 内 容
工期	(1) 计划工期及阶段工期目标是否符合合同规定的要求 (2) 计划工期完成的可靠性,计划是否留有余地
施工顺序	各施工过程的施工顺序是否符合施工技术与组织的要求
持续时间	主导施工过程的起止时间及持续时间安排是否合理
技术间歇	应有的技术和组织间歇时间是否合理安排,并且是否符合有关规定的要求
交叉作业	按施工工艺、质量与安全的要求,审核平行、搭接、立体交叉作业的施工项目安排是否合理
需提供的场地与交通	(1) 建设单位(或项目法人)提供的施工场地与进度计划所需的场地供需是否一致 (2) 各承包商施工场地的利用是否相互干扰,影响进度 (3) 运输路线的数量、距离及路况是否满足进度计划的要求
资源	劳动力、材料、机械及气、水、电等的需要量是否落实及均衡利用

3. 施工平面图的审查

施工平面图是安排和布置施工现场的基本依据,也是施工现场组织文明施工和加强科学管理的重要条件。在施工的不同阶段，现场的施工内容不同，要求具备反映相应内容的施工平面图。施工平面图的审查重点包括以下几个方面。

（1）施工平面图的内容是否全面。施工平面图应以主体工程为目标，统筹安排、合理布置施工现场。其内容应包括：在施工用地范围内，一切已建及拟建的建筑物、构筑物和各管线的平面位置及尺寸；移动式起重机开行路线及轨道铺设，固定式垂直运输设施的平面位置，以及各类起重机的工作幅度；拟建工程的定位桩、测量基桩及取弃土方地点；为施工服务的生产、生活临时设施的位置、大小及相互关系。

（2）空间利用是否合理。应节约用地、统筹兼顾布置临时设施，既要利于生产、管理，方便生活，也要减少临时设施的费用。

（3）料场、取弃土方地点、路线等安排是否合理。应尽量缩短运距，减少二次搬运。

（4）安全、消防、环保等方面要求是否满足。施工平面布置应遵守国家有关的法规，如劳动保护、技术安全、防火条例、市容卫生和环境保护等。

4．材料、劳动力、设备需用计划的审查

主要审查建设项目所需的材料、劳动力和设备是否能得到供应，主要建筑材料的规格型号、性能技术参数及质量标准能否满足工程需求；材料、劳动力、设备供应计划是否与施工进度计划相协调，能否保证施工进度计划的顺利实施。

9.1.3 施工现场准备

建设单位（或项目法人）应协助施工承包单位做好现场准备工作，并委托项目监理机构对施工承包单位的施工现场准备工作进行检查和监督。

1．施工现场的补充勘探及测量放线

（1）现场补充勘探。为保证基础工程能按期保质地完成，为主体工程施工创造有利条件，应对施工现场进行补充勘探。勘探的内容主要是在施工范围内寻找枯井、地下管道、旧河道与暗沟、古墓等隐蔽物的位置与范围，以便及时拟定处理方案。

（2）现场的控制网测量。按照提供的建筑总平面图、现场红线标桩、基准高程标桩和经纬坐标控制网，对全场做进一步的测量，设置各类施工基桩及测量控制网。

（3）建筑物定位放线。根据场地平面控制网或设计给定的作为建筑物定位放线依据的建筑物以及构筑物的平面图，进行建筑物的定位、放线，这是确定建筑物平面位置和开挖基础的关键环节。施工测量中必须保证精度，避免出现难以处理的技术错误。

2．施工道路及管线

在完成施工现场的"四通一平"后，应进一步检查以下内容：

（1）施工道路是否满足主要材料、设备及劳动力进场需要；各种材料能否减少二次搬运，直接按施工平面图运到堆放地点。

（2）施工给水与排水设施的能力及管网的铺设是否合理及满足施工需要。

（3）施工供电设施应满足用电量需要，做到合理安排供电，不影响施工进度。为了节约投资，施工道路及各种管线的铺设应尽量利用永久性设施。

3．施工临时设施的建设

根据工程规模、特点及施工管理要求，对施工临时设施应进行平面布置规划，并报有关部门审批。临时设施的规划与建设应尽量利用原有的建筑物与设施，做到既能满足施工需要，又能降低成本。

临时设施可分为生产设施和办公与生活设施。生产设施主要包括水平与垂直运输设施、搅拌站、原材料堆场与库存设施、各类加工厂与车间等；办公与生活设施主要包括用于施工管理的各类办公室、休息室、宿舍、食堂等。临时设施的规模与布置应满足施工阶段生产的需要，同时还应满足防火与施工安全的要求。

4. 落实施工安全与环保措施

(1) 落实安全施工的宣传、教育措施和有关的规章制度。

(2) 审查易燃、易爆、有毒、腐蚀等危险物品管理和使用的安全技术措施。

(3) 现场临时设施工程应严格按施工组织设计确定的施工平面图布置，并必须符合安全、防火要求。

(4) 落实土方与高空作业、上下立体交叉作业、土建与设备安装作业等的施工安全措施。

(5) 施工与生活垃圾、废弃水的处理应符合当地环境保护的要求。

通过对安全与环保措施的监督检查，应使施工现场各级人员认识到，安全生产、文明施工是实现高速度、高质量、高工效、低成本目标的前提。

9.1.4 施工材料、设备准备

材料、施工机械和设备由建设单位（或项目法人）负责供应，建设单位（或项目法人）应做好施工材料、设备的准备工作。施工材料、设备准备主要包括建筑材料、施工机具和永久设备3个方面的准备工作，均应在工程开工之前完成落实，并安排开工必备的材料、机具先期进场。

1. 材料、设备准备工作的程序

材料、设备准备工作流程如图9.1所示。

2. 材料、设备准备工作的内容

(1) 建筑材料与构件。施工前应认真核算材料、构件的品种、规格和数量，按需求量计划保证如期送到现场，并符合质量要求。存储量应保证正常施工和存储经济的原则，存储的堆场、仓库布置应符合平面图的要求。

(2) 施工机械与模具。施工机械配备是大、中型项目建设的必要保证。应根据施工进度计划所需的时间、类型、数量协助承包单位组织施工机械进场，所缺或不配套的机械可通过采购或租赁方式解决。在施工之前，应对所使用的施工机械完成安装与调试，并做好易损零配件的供应。施工模具的数量与规模应满足施工需要，施工模具要合理堆放。

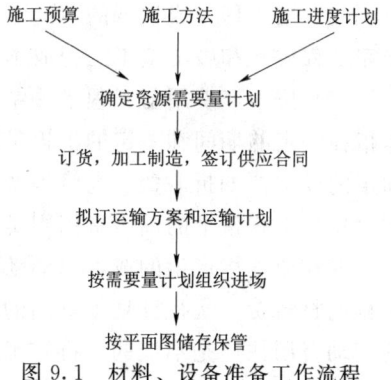

图 9.1 材料、设备准备工作流程

(3) 永久设备与金属结构。永久设备制造与金属结构加工是完成建设项目的重要工作内容，应进一步落实加工制造厂商，组织进厂监造，以保证按施工进度要求组织进场安装。

9.2 施工项目成本管理

9.2.1 概述

1. 施工项目成本

成本是一个价值范畴，它同价值有着密切联系。施工项目成本指建筑企业以施工项目成本为核算对象，在施工过程中所耗费的生产资料转移价值和劳动者的必要劳动所创造价值的货币形式，也就是某施工项目在施工中所发生的全部生产费用的总和，包括所消耗的主、辅材料，构配件，周转材料的摊销或租赁费，施工机械的台班（时）费或租赁费，支付给生产工人的工资、奖金，以及项目经理部为组织和管理工程施工所发生的全部费用支出。施工项目成本不包括劳动者为社会所创造的价值（如税金和计划利润），也不应包括不构成施工项目价值的一切非生产性支出。

施工项目成本是施工综合企业的产品成本，亦称工程成本，一般以项目的单位工程作为成本核算对象，通过综合各单位工程成本的核算来反映施工项目成本。根据建筑产品的特点和成本管理的要求，施工项目成本可按不同标准的应用范围进行划分。

（1）按成本计价的定额标准划分，施工项目成本可分为预算成本、计划成本和实际成本。预算成本是按建筑安装工程实物量和国家、地区或企业制定的预算定额及取费标准计算的社会平均成本或企业平均成本，是以施工图预算为基础进行分析、预测、归集和计算确定的。预算成本包括直接成本和间接成本，是控制成本支出、衡量和考核项目实际成本节约或超支的重要尺度。计划成本是在预算成本的基础上，根据企业自身的要求，结合施工项目的技术特征、自然地理特征、劳动力素质、设备情况等确定的标准成本，亦称目标成本。计划成本是控制施工项目成本支出的标准，也是成本管理的目标。实际成本是工程项目在施工过程中实际发生的可以列入成本支出的各项费用的总和。它是工程项目施工活动中劳动耗费的综合反映。

（2）按施工项目成本的对象划分，施工项目成本可分为建设工程成本、单项工程成本、单位工程成本、分部工程成本和分项工程成本。

（3）按工程完成程度的不同划分，施工项目成本可分为本期施工成本、已完施工成本、未完工程成本和竣工施工工程成本。

（4）按生产费用与工程量关系划分，施工项目成本可分为固定成本和变动成本。固定成本指在一定的期间和一定的工程量范围内，其产生的成本额不受工程量增减变动影响而相对固定的成本，如折旧费、大修理费、管理人员工资、办公费等。固定指其总额，分配到每个项目单位工程量上的固定费用则是变动的。

变动成本指产生的成本总额随着工程量的增减变动而成正比例变动的费用，如直接用于工程的材料费、实行计划工资制的人工费等。所谓变动也是就其总额而言，单位分项工程上的变动费用往往是不变的。将施工过程中发生的全部费用划分为固定成本和变动成本，对于成本管理和成本决策具有重要作用。它是成本控制的前提条件。由于固定成本是维持生产能力所必需的费用，要降低单位工程量的固定费用，只有通过提高劳动生产率，增加企业总工程量数额并降低固定成本的绝对值。降低成本只能从降低单位分项工程的消耗定额入手。

（5）按成本的经济性质，施工项目成本由直接成本和间接成本组成。直接成本指施工过程中直接耗费的构成工程实体或有助于工程形成的各项支出，包括人工费、材料费、机械使用费和其他直接费。所谓其他直接费指施工过程中发生的其他费用，包括冬雨季施工增加费、特殊地区施工增加费、夜间施工增加费、小型临时设施摊销费等。

间接成本指企业的各项目经理部为施工准备、组织和管理施工生产所发生的全部施工间接费用支出。施工项目间接成本应包括施工现场管理人员的人工费、教育费、办公费、差旅费、固定资产使用费、管理工具用具使用费、保险费、工程保修费、劳动保护费、施工队伍调遣费、流动资金贷款利息及其他费用等。

2. 施工项目成本管理的内容

施工项目成本管理指在保证满足工程质量、工程施工工期的前提下，通过施工技术、施工工艺、施工组织管理、合同管理和经济手段等活动来最终达到施工项目成本控制的预定目标，获得最大限度的经济利益。

施工项目成本管理是施工企业项目管理中的一部分，具体包括施工项目成本预测、决策、计划、控制、核算、分析和考核等一系列工作环节。

(1) 施工项目成本预测。施工项目成本预测是对施工项目未来水平及其发展趋势所做的描述与判断。它是施工项目成本管理的第一个工作环节，是进行成本决策和编制成本计划的基础。

(2) 施工项目成本决策。施工项目成本决策是对项目施工生产活动与成本相关的总和做出判断和选择。其实质就是工程项目实施前对成本进行核算，是降低项目成本、提高经济效益的有效途径。

(3) 施工项目成本计划。施工项目成本计划是以施工生产计划和有关资料为基础，对计划期施工项目的成本水平所做的筹划。它是对施工项目制定的成本管理目标，是项目全面计划管理的核心，是优化和实现项目目标成本的依据。

(4) 施工项目成本控制。施工项目成本控制是在满足工程承包条款要求的前提下，根据施工项目的成本计划，对项目施工过程中所发生的各种费用支出，采取一系列的措施来进行严格的监督和控制。它能及时纠正偏差，总结经验，保证施工项目成本目标的实现。

(5) 施工项目成本核算。施工项目成本核算是利用会计核算体系，对项目施工过程中所发生的各种消耗进行记录、分类，并采用适当的成本计算方法，计算出各个成本核算的总成本和单位成本的过程，是施工项目成本管理中最基础的工作，是施工项目制订成本计划和实行成本控制所需数据的重要来源，是施工项目进行成本分析和成本考核的基本依据。

(6) 施工项目成本分析。施工项目成本分析是以会计核算提供的成本信息为依据，按照一定程序，运用专门科学的方法，对成本计算（预算）的执行过程、结果和原因进行研究，寻找降低或纠正成本偏差方法的过程。

(7) 施工项目成本考核。施工项目成本考核是施工项目完成后，对施工项目成本形成的各级单位成本的成绩或失误进行总结和评价。它是实现成本目标责任制的保证和实现决策目标的重要手段。

施工项目成本管理的实施是从成本估算开始，经编制成本计划，采取降低成本的措施，进行成本控制，直到成本核算与分析为止的一系列管理工作步骤。要达到施工项目成本控制的预定目标，必须做好以下工作。

(1) 搞好成本预测，确定成本控制目标。要结合中标价，根据项目施工条件、机械设备、人员素质等情况对项目的成本目标进行科学预测，通过预测确定工、料、机及间接费的控制标准，制定出费用限额控制方案，依据投入和产出费用额，做到量效挂钩。

(2) 围绕成本目标，确立成本控制原则。施工项目成本控制是在实施过程中对资源的投入、施工过程及成果进行监督、检查和衡量，并采取措施保证项目成本实现。搞好成本控制就必须把握好五项原则，即项目全面控制原则，成本最低化原则，项目责、权、利相结合原则，项目动态控制原则，项目目标控制原则。

(3) 查找有效途径，实现成本控制目标。为了有效降低项目成本，必须采取以下办法和措施进行控制：采取组织措施控制工程成本；采取新技术、新材料、新工艺措施控制工程成本；采取经济措施控制工程成本；加大质量管理力度；控制返工率，控制工程成本；加强合同管理力度，控制工程成本。

除此之外，在项目成本管理工作中，应及时制定、落实相配套的各项行之有效的管理制度，将成本目标层层分解，签订项目成本目标管理责任书，并与经济利益挂钩，奖罚分明，强化全员项目成本控制意识，落实完善各项定额，定期召开经济活动分析会，及时总结，不断完善，最大限度确保项目经营管理工作的良性运作。

9.2.2 施工项目成本控制方法

"成本控制"是一个引进词语，它源于美国《会计控制法》，此法是在 20 世纪 30 年代由美国哈佛大学企业管理研究院制定的。所谓成本控制，就是在成本的形成过程中，对成本形成的各项具体活动进行指导、限制和监督。如果发现偏差，就能迅速采取有效措施，推广先进经验，改进工作缺点，使各项具体的和全部的费用消耗符合有关成本的各项法令、方针和政策，控制在原来规定的范围内，达到以较少的劳动消耗，创造较多的社会适用产品的目的。

在施工企业中，加强对施工项目成本管理，不断降低成本，具有十分重要的意义。首先，施工项目成本的降低表明施工企业在施工过程中的活劳动和物化劳动的节约。活劳动的节约说明企业劳动生产率的提高，物化劳动的节约说明企业机械设备利用率的提高和建筑材料消耗率的降低。由此可见，施工项目成本是反映企业经营效果的综合指标。成本控制的方法很多，而且有一定的随机性。也就是在什么情况下，就要采取与之相适应的控制手段和控制方法。这里就一般常用的成本控制方法论述如下。

1. 施工图预算控制法

可用施工图预算控制施工项目的成本，实行"以收定支"，或者叫"量入为出"。具体的实施办法如下。

(1) 人工费的控制。人工费的控制实行"量价分离"的方法，对作业用工及零星用工按照定额工日的一定比例综合确定用工数量与单价，通过劳务合同进行控制。假定预算定额规定的人工费单价为 13.80 元，合同规定人工费补贴为 20 元/工日，则人工费的预算收入为 33.80 元/工日。在这种情况下，项目经理部与施工队签订劳务合同时，应该将人工费单价定在 30 元以下（辅工还可再低一些），其余部分考虑用于定额外人工费和关键工序的奖励费。如此安排，人工费就不会超支，而且还留有余地，以备关键工序的不时之需。加强劳动定额管理，提高劳动生产率，降低工程耗用人工工时，是控制人工费支出的主要手段。

(2) 材料费的控制。材料费的控制是施工降低成本的重要环节。材料费一般占建筑安装工程造价的 60% 左右，做好材料的管理，降低材料费用是降低施工成本的最重要的途径。材料费的控制同样按照"量价分离"的原则，从材料的用量和材料价格两方面进行控制。

1) 材料用量的控制。在保证符合设计规格和质量标准的前提下，合理使用材料和节约使用材料，通过定额管理、计量管理等手段，施工质量控制及避免返工等，有效控制材料物资的消耗。

a. 限额领料控制。对于有消耗定额的材料，项目以消耗定额为依据，实行限额发料制度。对于没有消耗定额的材料，则实行计划管理和按指标控制的办法，根据长期实际耗用，结合当月具体情况和节约要求，制定领用材料指标，据此控制发料。超过限额领用的材料，必须经过一定的审批手续方可领用。施工班组严格实行限额领料，控制用料，凡超额使用的材料，由班组自行负责费用，节约的费用可以由项目部与施工班组分成，使员工充分认识到节约与自身利益相联系，在日常工作中主动掌握节约材料的方法，降低材料废品率。

b. 计量控制。为准确核算项目实际材料成本，保证材料消耗准确，在各种材料进场时，项目材料员必须准确计量，查明是否发生损耗或短缺，如有发生，要查明原因，明确责任。发料过程中，要严格计量，防止多发或少发。

c. 以钱代物，包干控制。在材料使用过程中，对部分小型及零星材料（如铁钉、铁丝等）采用以钱代物、包干控制的办法。其具体做法是：根据工程量结算出所需材料，将其折算成现金，每月结算时发给施工班组，一次包死，班组需要用料时，再向项目材料员购买，超支部分由班组自负，节约部分归班组所得。

d. 技术措施控制。采用先进的施工工艺等可降低材料消耗，例如改进材料配合比设计，合理使用化学添加剂；精心施工，控制构筑物和构件尺寸，减少材料消耗；改进装卸作业，节约装卸费用，减少材料损耗，提高运输效率；经常分析材料使用情况，核定和修订材料消耗定额，使施工定额保持平均先进水平。

2) 材料价格的控制。材料价格主要由材料采购部门在采购中加以控制。由于材料价格由买价、运杂费、运输中的合理损耗等所组成，因此控制材料价格，主要是通过市场询价，应用竞争机制和经济合同手段等控制材料、设备、工程用品的采购价格，包括买价控制、运费控制和损耗控制等。

a. 买价控制。买价的变动主要由市场因素引起，但在内部控制方面，应事先对供应商进行考察，建立合格供应商名册。采购材料时，必须在合格供应商名册中选定供应商，实行货比三家，在保质保量的前提下，争取最低买价。同时实现项目监督，项目对材料部门采购的物资有权过问与询价，对买价过高的物质，可以根据双方签订的横向合同处理。此外，材料部门对各个项目所需的物资可以分类批量采购，以降低买价。

b. 运费控制。合理组织材料运输，就近购买材料，选用最经济的运输方法，借以降低成本。为此，材料采购部门要求供应商按规定的包装条件和指定的地点交货，供应单位如降低包装质量，则按质论价付款，因变更指定地点所增加的费用均由供应商自付。

c. 损耗控制。要求项目现场材料验收人员及时严格办理验收手续，准确计量，以防止将损耗或短缺计入材料成本。材料管理工作是一项业务性较强、工作量较大的工作，降低材料单价和减少消耗量绝不是以次充好、偷工减料，而是在保质、保量、按期、配套地供应施工生产所需材料的基础上，监督和促进材料的合理使用，进一步达到材料成本最低的目标。

(3) 钢管脚手架和模板等周转设备使用费的控制。施工图预算中的周转设备使用费和实际的周转设备使用费计量基础和计价方法各不相同，只能以周转设备预算收费的总量来控制实际的周转设备使用费的总量。

(4) 施工机械使用费的控制。施工图预算中的机械使用费＝工程量×定额台班单价。由于项目施工的特殊性，实际的机械利用率不可能达到预算定额的取值水平，再加上预算定额所设定的施工机械原值和折旧率又有较大的滞后性，因而施工图预算的机械使用费往往小于实际发生的机械使用费，形成机械使用费超支。在施工过程中要严格管理，尽量控制机械费支出。施工机械使用费的控制主要从台班数量和台班单价两方面控制。为有效控制施工机械使用费支出，主要从以下几个方面进行控制：

1) 合理安排施工生产，加强设备租赁计划管理，减少因安排不当引起的设备闲置。

2) 加强机械设备的调度工作，尽量避免窝工，提高现场设备利用率。

3) 加强现场设备的维护保养，降低大修、经常性修理等各项开支，保障机械的正常工作，避免因不正确使用造成机械设备的停置。

4) 做好机上人员与辅助生产人员的协调与配合，实行超产奖励方法，加强培训，提高机上人员技能，提高施工机械台班产量。

5) 加强配件管理，建立健全配件领发料制度，严格按油料消耗定额控制油料消耗。

(5) 构件加工费和分包工程费的控制。在签订构件加工费和分包工程费经济合同的时候，特别要坚持"以施工图预算控制合同金额"的原则，绝不允许合同金额超过施工图预算。

2. 施工预算控制法

资源消耗数量的货币表现就是成本费用。因此，资源消耗的减少，就等于成本费用的节约，控制了资源消耗，也等于是控制了成本费用。施工预算控制资源消耗的实施步骤和方法如下。

(1) 项目开工以前，应根据设计图纸计算工程量，并按照企业定额或上级统一规定的施工预算定额编制整个工程项目的施工预算，作为指导和管理施工的依据。在施工过程中，如遇工程变更或改变施工方法，应由预算员对施工预算作统一调整和补充，其他人不得任意修改施工预算，或者故意不执行施工预算。施工预算对分部分项工程的划分，原则上应与施工工序相吻合，或者直接使用施工作业计划的"分项工程工序名称"，以便与生产班组的任务安排和施工任务单的签发取得一致。

(2) 对生产班组的任务安排，必须签发施工任务单和限额领料单，并向生产班组进行技术交底。施工任务单和限额领料单的内容，应与施工预算完全相符，不允许篡改施工预算。

(3) 在施工任务单和限额领料单的执行过程中，要求生产班组根据实际完成的工程量和实耗人工、实耗材料做好原始记录，作为施工任务单和限额领料单结算的依据。

(4) 任务完成后，根据回收的施工任务单和限额领料单进行结算，并按照结算内容支付报酬（包括奖金）。一般情况下，绝大多数生产班组能按质按量提前完成生产任务。因此，施工任务单和限额领料单不仅能控制资源消耗，还能促进班组全面完成施工任务。为了保证施工任务单和限额领料单结算的正确性，要求对施工任务单和限额领料单的执行情况进行认真的验收和核查。

为了便于任务完成后进行施工任务单和限额领料单与施工预算的逐项对比，要求在编制施工预算时对每一个分项工程工序名称统一编号，在签发施工任务单和限额领料单时也要按照施工预算的统一编号对每一个分项工程工序名称进行编号，以便对号检索对比，分析节超。

3. 成本分析表控制法

作为成本分析控制手段之一的成本分析表，包括月度成本分析表和最终成本控制报告表。月度成本分析表又分月度直接成本分析表和月度间接成本分析表两种。

(1) 月度直接成本分析表。主要反映分部分项工程实际完成的实物量与成本相对应的情况，以及与预算成本和计划成本相对比的实际偏差和目标偏差，为分析偏差产生的原因和针对偏差采取相应的措施提供依据。

(2) 月度间接成本分析表。主要反映间接成本的发生情况，以及与预算成本和计划成本相对比的实际偏差和目标偏差,为分析偏差产生的原因和针对偏差采取相应的措施提供依据。此外,还要通过间接成本占产值的比例来分析其支用水平。

最终成本控制报告表主要是通过已完实物进度、已完产值和已完累计成本,联系尚需完成的实物进度、尚可上报的产值和还将发生的成本,进行最终成本预测,以检验实现成本目标的可能性,并为项目成本控制提出新的要求。这种预测,工期短的项目应该每季度进行一次,工期长的项目不妨每半年进行一次。以上项目成本的控制方法,不可能也没有必要在一个工程项目中全部同时使用,可由各工程项目根据自己的具体情况和客观需要,选用具有针对性的、简单实用的方法,这将会产生事半功倍的效果。

4. 成本与进度同步跟踪控制法

长期以来,计划工作都被认为是为安排施工进度和组织流水作业服务的,与成本控制的要求和管理方法截然不同。其实,成本控制与计划管理、成本与进度之间有着必然的同步关系,即施工到什么阶段,就应该发生相应的成本费用。如果成本与进度不对应,就要作为"不正常"现象进行分析,找出原因,并加以纠正。为了便于在分部分项工程的施工中同时进行进度与费用的控制,掌握进度与费用的变化过程,可以按照横道图或网络图的特点分别进行处理。

(1) 横道图计划的进度与成本的同步控制。在横道图计划中,表示作业进度的横线有两条,一条为计划线,一条为实际线,可用颜色或单线和双线(或细线和粗线)来区别,计划线上的"C",表示与计划进度相对应的计划成本;实际线下的"C",表示与实际进度相对应的实际成本。从横道图可以掌握以下信息:

1) 每道工序(分项工程)的进度与成本的同步关系,即施工到什么阶段,就将发生多少成本。

2) 每道工序的计划成本与实际成本比较(节约或超支),以及对完成某一时期责任成本的影响。

3) 每道工序的计划施工时间与实际施工时间(从开始到结束)比较(提前或拖后),以及对紧后工序的影响。

4) 每道工序施工进度的提前或拖后对成本的影响程度,如提前一天完成该工序可以节约多少人工费与机械设备使用费。

5) 整个施工阶段的进度和成本情况。

通过进度与成本同步跟踪的横道图,要求实现:

1) 以计划成本控制实际成本。

2) 以计划进度控制实际进度。

3) 随着每道工序进度的提前或拖后,对每个分项工程的成本实行动态控制,以保证项目成本目标的实现。

(2) 网络图计划的进度与成本的同步控制。网络图计划的进度与成本的同步控制与横道图计划有异曲同工之处。所不同的是,网络计划在施工进度的安排上更具逻辑性,而且可在破网后随时进行优化和调整,因而对每道工序的成本控制也更为有效。

双代号网络图中箭杆的下方为本工序的计划施工时间,箭杆上方数字为本工序的计划成本;实际施工的时间和成本则在箭杆附近的方格中按实填写,这样,就能从网络图中看到每道工序的计划进度与实际进度、计划成本与实际成本的对比情况,同时也可清楚地看出今后控制进度、控制成本的方向。

5. 用款计划控制法

(1) 建立项目月度财务收支计划制度，以用款计划控制成本费用支出。

1) 以月度施工作业计划为龙头，并以月度计划产值为当月财务收入计划，同时由项目各部门根据月度施工作业计划的具体内容编制本部门的用款计划。

2) 项目财务成本员应根据各部门的月度用款计划进行汇总，并按照用途的轻重缓急平衡调度，同时提出具体的实施意见，经项目经理审批后执行。

3) 在月度财务收支计划的执行过程中，项目财务成本员应根据各部门的实际用款做好记录，并于下月初反馈给相关部门，由各部门自行检查分析节超原因，吸取经验教训。对于节超幅度较大的部门，应以书面分析报告分送项目经理和财务部门，以便项目经理和财务部门采取针对性的措施。

(2) 建立项目月度财务收支计划制度的优点。

1) 根据月度施工作业计划编制财务收支计划，可以做到收支同步，避免支大于收，形成资金紧张。

2) 在实行月度财务收支计划的过程中，各部门既要按照施工生产的需要编制用款计划，又要在项目经理批准后认真贯彻执行，这就将使资金使用（成本费用开支）更趋合理。

3) 用款计划经过财务部门的综合平衡，又经过项目经理的审批，可使一些不必要的费用开支得到严格的控制。

6. 项目成本审核签证控制法

引进项目经理责任制以后，需要建立以项目为成本中心的核算体系。这就是所有的经济业务，不论是对内或对外，都要与项目直接对口。在发生经济业务的时候，首先要由有关项目管理人员审核，最后经项目经理签证后支付。这是项目成本控制的最后一关，必须十分重视。其中，以有关项目管理人员的审核尤为重要，因为他们熟悉自己分管的业务，有一定的权威性。审核成本费用的支出必须以有关规定和合同为依据。主要依据如下：

(1) 国家规定的成本开支范围。

(2) 国家和地方规定的费用开支标准和财务制度。

(3) 内部经济合同。

(4) 对外经济合同。

由于项目的经济业务比较繁忙，如果事无巨细都要由项目经理"一支笔"审批，难免分散项目经理的精力，不利于项目管理的整体工作。因此，可从实际出发，在需要与可能的条件下，将不太重要、金额又小的经济业务授权财务部门或业务主管部门代为处理。

7. 加强质量管理

质量成本指项目为保证和提高产品质量而支出的一切费用，以及未达到质量标准而产生的一切损失费用之和。质量成本包括两个主要方面：控制成本和故障成本。控制成本包括预防成本和鉴定成本，属于质量保证费用，与质量水平成正比关系，即工程质量越高，鉴定成本和预防成本就越大。故障成本包括内部故障成本和外部故障成本，属于损失性费用，与质量水平成反比关系，即工程质量越高，故障成本就越低。控制质量成本，首先要从质量成本核算开始，而后是质量成本分析和质量成本控制。

(1) 质量成本核算。质量成本核算即将施工过程中发生的质量成本费用，按照预防成本、鉴定成本、内部故障成本和外部故障成本的明细科目归集，然后计算各个时期各项质量成本的发生情况。质量成本的明细科目可根据实际支付的具体内容来确定。预防成本下设置质量管理工作费、质量情报费、质量培训费、质量技术宣传费、质量管理活动费等子目。鉴定成本下设置材料检验试验费、工序监测和计量服务费、质量评审活动费等子目。内部故障成本下设置返工损失、返修损失、停工损失、质量过剩损失、技术超前支出和事故分析处理等子目。外部故障成本下设置保修费、赔偿费、诉讼费和因违反环境保护法而发生的罚款等子目。进行质量成本核算的原始资料，主要来自会计账簿和财务报表，或者利用会计账簿和财务报表的资料整理加工而得。但是，也有一部分资料需要依靠技术、技监等有关部门提供，如质量过剩损失和技术超前支出等。

（2）质量成本分析。质量成本分析即根据质量成本核算的资料进行归纳、比较和分析，共包括四个分析内容：

1）质量成本总额的构成内容分析。

2）质量成本总额的构成比例分析。

3）质量成本各要素之间的比例关系分析。

4）质量成本占预算成本的比例分析。

上述分析内容，可在一张质量成本分析表中反映。

（3）质量成本控制。根据以上分析资料，对影响质量成本较大的关键因素，采取有效措施，进行质量成本控制。

8. 坚持现场管理标准化，堵塞浪费漏洞

（1）现场平面布置管理。施工现场的平面布置是根据工程特点和场地条件，以配合施工为前提合理安排的，有一定的科学根据。但是，在施工过程中，往往会出现不执行现场平面布置，造成人力、物力浪费的情况。例如：

1）材料、构件不按规定地点堆放，造成二次搬运，不仅浪费人力，材料、构件在搬运中还会受到损失。

2）钢模和钢管脚手架等周转设备，用后不予整修，未堆放整齐，而是任意乱堆乱放，既影响场容整洁，又容易造成损失。特别是将周转设备放在路边，一旦车辆碰、轧，轻则变形，重则报废。

3）任意开挖道路，又不采取措施，造成交通中断，影响物资运输。

4）排水系统不畅，一旦下雨，现场积水严重，造成机电设备受潮，容易触电，水泥受潮就会变质报废，至于用钢模铺路的现象更是比比皆是。

由此可见，施工项目一定要强化现场平面布置的管理，堵塞一切可能发生的漏洞，争创"文明工地"。

（2）现场安全生产管理。现场安全生产管理的目的在于保护施工现场的人身安全和设备安全，减少和避免不必要的损失。要达到这个目的，就必须强调按规定的标准去管理，不允许有任何细小的疏忽；否则，将会造成难以估量的损失。例如：

1）不遵守现场安全操作规程，容易发生工伤事故，甚至死亡事故，不仅使本人痛苦，使家属痛苦，项目还要支付一笔可观的医药、抚恤费用，有时还会造成停工损失。

2）不遵守机电设备的操作规程，容易发生一般设备事故，甚至重大设备事故，不仅会损坏机电设备，还会影响正常施工。

3）忽视对消防工作和消防设施的检查，容易发生火灾，其后果更是不可想象。

4）不注意食堂卫生管理，有可能发生食物中毒，危害职工的身体健康，也将影响施工生产。

诸如此类的事情，都是不利于项目成本的因素，必须从现场标准化管理着手，切实做好预防工作，把可能发生的经济损失减少到最低限度。

9. 实行资源消耗的中间控制

根据"必需、实用、简便"的原则，施工项目成本核算应设立资源消耗辅助记录台账，这里以"材料消耗台账"为例，说明资源消耗台账在成本控制中的应用。

（1）材料消耗台账。材料消耗台账的账面第一、第二两项分别为施工图预算数和施工预算数，也是整个项目用料的控制依据；第三项为第一个月的材料消耗数；第四、第五两项为第二个月的材料消耗数和到第二个月为止的累计耗用数；第五项以下，以此类推，直至项目竣工为止。

（2）材料消耗情况的信息反馈。项目财务成本员应于每月初根据材料消耗台账的记录，填制"材料消耗情况信息表"，向项目经理和材料部门反馈。

（3）材料消耗的中间控制。由于材料成本是整个项目成本的重要环节，不仅比重大，而且有潜力可挖。如果材料成本出现亏损，必将使整个成本陷入被动。因此，项目经理应对材料成本有足够的重视，材料部门更是责无旁贷。

按照以上要求，项目经理和材料部门收到材料消耗情况信息表以后，应该做好以下两件事：

1）根据本月材料消耗数，联系本月实际完成的工程量，分析材料消耗水平和节超原因，制定材料节约使用的措施，分别落实给有关人员和生产班组。

2）根据尚可使用数，联系项目施工的形象进度，从总量上控制今后的材料消耗，而且要保证有所节约。这是降低材料成本的重要环节，也是实现施工项目成本目标的关键。

10. 定期开展"三同步"检查，防止项目成本盈亏异常

项目经济核算的"三同步"就是统计核算、业务核算、会计核算的"三同步"。统计核算即产值统计，业务核算即人力资源和物质资源的消耗统计，会计核算即成本会计核算。根据项目经济活动的规律，这三者之间表现为规律性的同步关系，即完成多少产值，消耗多少资源，发生多少成本；否则，项目成本就会出现盈亏异常。开展"三同步"检查的目的，就在于查明不同步的原因，纠正项目成本盈亏异常的偏差。"三同步"的检查方法，可从以下三方面入手：

（1）时间上的同步，即产值统计、资源消耗统计和成本核算的时间应该统一。如果在时间上不统一，就不可能实现核算口径的同步。

（2）分部分项工程直接费的同步，即检查产值统计是否与施工任务单的实际工程量和形象进度相符；资源消耗统计是否与施工任务单的实耗人工和限额领料单的实耗材料相符；机械和周转设备的租赁费是否与施工任务单的施工时间相符。如果不符，应查明原因，予以纠正，直到同步为止。

（3）其他费用是否同步。这要通过统计报表与财务付款逐项核对才能查明原因。

在选用控制方法时，应该充分考虑与各项施工管理工作相结合。例如，在计划管理、施工任务单管理、限额领料单管理、合同预算管理等工作中，跟踪原有的业务管理程序，利用

业务管理所取得的资料进行成本控制，不仅省时省力，还能帮助各业务管理部门落实责任成本，从而得到他们有力的配合和支持。

9.3 施工项目进度管理

9.3.1 施工项目进度管理概述

1. 施工项目进度管理概念

施工项目进度管理指在项目实施过程中，对各阶段的进展程度和项目最终完成的期限所进行的管理。其目的是保证项目能在满足时间约束条件前提下实现其总体目标，是保证项目如期完成和合理安排资源供应、节约工程成本的重要措施之一。

2. 施工项目进度管理的内容

工程项目进度管理是项目管理的一个重要方面，它与项目投资管理、项目质量管理等同为项目管理的重要组成部分。它们之间有着相互依赖和相互制约的关系，工程管理人员在实际工作中要对这三项工作全面、系统、综合地加以考虑，正确处理好进度、质量和投资的关系，提高工程建设的综合效益。特别是对一些投资较大的工程，如何确保进度目标的实现，往往对经济效益产生很大影响。在这三大管理目标中，不能只片面强调某一方面的管理，而是要相互兼顾、相辅相成，这样才能真正实现项目管理的总目标。施工项目进度管理包括施工项目进度计划和施工项目进度控制两大任务。

(1) 施工项目进度计划。在项目实施之前，必须先对工程项目各建设阶段的工作内容、工作程序、持续时间和衔接关系等制订出一个切实可行的、科学的进度计划，然后再按计划逐步实施。施工项目进度计划的作用有：①为项目实施过程中的进度控制提供依据；②为项目实施过程中的劳动力和各种资源的配置提供依据；③为项目实施过程中有关各方在时间上的协调配合提供依据；④为在规定期限内保质、高效地完成项目提供保障。

(2) 施工项目进度控制。工程项目进度控制指在既定的工期内，编制出最优的施工进度计划，在执行该计划的施工中，按时检查施工实际进度情况，并将其与计划进度相比较，若出现偏差，就分析产生的原因及对工期的影响程度，提出必要的调整措施，修改原计划，如此不断地循环，直至工程竣工验收。施工项目进度控制是保证施工项目按期完成、合理安排资源供应、节约工程成本的重要措施。工程项目进度控制最终目的是确保项目进度计划目标的实现，保证施工合同约定的竣工日期，其总目标是建设工期。

3. 影响工程项目进度的因素、责任和处理

(1) 影响工程项目进度的因素。由于水利水电工程项目的施工特点，尤其是大型和复杂的施工项目，工期较长，影响进度的因素较多，编制和控制计划时必须充分认识和考虑这些因素，才能克服其影响，使施工进度尽可能按计划进行。工程项目进度的主要影响因素如下：

1) 有关单位的影响。项目经理部的外层关系单位很多，如设计单位，监理单位，材料供应商，银行信贷、通信、供水、供电等协作单位，项目的顺利进行离不开其对项目的密切配合与支持，如勘察设计资料不准确、银行贷款不及时到位、材料供应不及时、施工现场无水电等，都将影响项目目标的实现。对于这些因素，项目经理部应以合同的方式明确双方权利与义务，在法律的保护和约束下，避免或减少损失。

2) 施工条件的变化。在施工中工程地质条件和水文地质条件与勘察设计不符，发现断

层、溶洞、地下障碍物,以及恶劣的气候、暴雨和洪水等都对施工进度产生影响,造成临时停工或破坏。

3) 技术失误。施工单位采用技术措施不当,施工中发生技术事故;应用新技术、新材料,但不能保证质量等都能够影响施工进度。

4) 施工组织管理不力。劳动力和施工机械调配不当、施工平面布置不合理等将影响施工进度计划的执行。

5) 意外事件的出现。施工中出现意外事件如战争、严重自然灾害、火灾、重大工程事故等都会影响施工进度计划。影响工程项目进度的因素很多,除以上因素外,如业主资金方面存在问题,未及时向施工单位或供应商拨款;业主越过监理职权无端干涉,造成指挥混乱等也会影响工程项目进度。

6) 项目经理部内部因素的影响。项目经理部的工作对进度起决定性作用,对这类因素,可通过提高项目经理部的管理水平、技术水平来保证。

(2) 影响工程项目进度的责任和处理。工程进度的推迟一般分为工程延误和工程延期,其责任及处理方法不同。

1) 工程延误。由承包商自身的原因造成的工期延长,称为工程延误。由于工程延误所造成的一切损失由承包商自己承担,包括承包商在监理工程师的同意下采取加快工程进度的措施所增加的费用。同时,由于工程延误所造成的工期延长,承包商还要向业主支付误期损失补偿费。

2) 工程延期。由承包商以外的原因造成施工期的延长,称为工程延期。经过监理工程师批准的延期,所延长的时间属于合同工期的一部分,即工程竣工的时间等于标书中规定的时间加上监理工程师批准的工程延期时间。可能导致工程延期的原因有工程量增加,未按时向承包商提供图样,恶劣的气候条件,业主的干扰和阻碍等。判断工程延期总的原则就是除承包商自身以外的任何原因造成的工程延长或中断,工程中出现的工程延长是否为工程延期对承包商和业主都很重要。因此应按照有关的合同条件,正确地区分工程延误与工程延期,合理地确定工程延期的时间。

9.3.2 施工项目进度控制

1. 施工项目进度计划控制原理

项目进度计划控制时,计划不变是相对的,变化是绝对的;平衡是相对的,不平衡是绝对的。而且,制订项目进度计划时所依据的条件在不断变化,工程项目的进度受许多因素的影响,必须事先对影响进度的各种因素进行调查,预测它们对进度可能产生的影响,编制可行的进度计划,指导工程建设按进度计划进行。同时,在施工项目进度控制时,必须经常地、定期地针对变化的情况,采取对策,对原有的进度计划进行调整。

在进度计划执行过程中,必然会出现一些新的或意想不到的情况,它既有人为因素的影响,也有自然因素的影响和突发事件的发生,往往难以按照原定的进度计划进行。因此,在确定进度计划制订的条件时,要具有一定的预见性和前瞻性,使制订出的进度计划尽量接近变化后的实施条件;在项目实施过程中,掌握动态控制原理,不断进行检查,将实际情况与计划安排进行对比,找出偏离进度计划的原因,特别是找出主要原因,然后采取相应的措施。措施的确定有两个前提:一是通过采取措施,维持原进度计划,使之正常实施;二是采取措施后不能维持原进度计划,要对进度计划进行调整或修正,再按新的进度计划实施。不能完全拘泥于原进度计划的完全实施，也就是要有动态管理思想，按照进度控制的原理进行管理，不断地计划、执行、检查、分析、调整进度计划，达到工程进度计划管理的最终目标。

施工项目进度计划控制原理包括下面几个方面：

(1) 动态原理。动态原理指在工程建设项目进度管理过程中应该始终遵循反馈原则和弹性原则，以确保进度控制工作的实际效果。反馈原则指在实施进度计划的过程中应随时注重统计整理进度资料并将其与进度计划进行比较，从而及时得出工程实际进度与计划进度的比较结果，以利于项目管理者灵敏、准确地捕捉进度管理过程中的情况变化，并对其做出迅速正确的反应和决策。弹性原则指借助统计经验和风险分析，尽量把握各种进度影响因素的发生可能性及其作用规律，并以其为据在进行目标工期制定和进度计划安排时留有余地，使之具有必要弹性。这种出于对实际情况的应变考虑而设置的弹性，将有助于项目管理者在进度管理过程中始终处于主动地位，通过利用有效的时空余裕，缩短有关工作的持续时间或改变不同工作之间的衔接关系，使项目建设过程中已经形成的进度延误能够通过缩短后续施工过程的持续时间来得以弥补，使项目的计划工期仍然能被控制在事先确定的目标工期范围之内。

(2) 系统原理。将系统原理运用于工程建设项目进度管理过程的主要含义是：①为确保工程建设项目的目标工期得以顺利实现，进度管理过程中应按管理主体和工程建设阶段的不同分别编制计划，从而形成严密的进度计划系统；②为确保以上各个不同管理主体进度计划的顺利实施，必须建立由各个管理主体及其不同管理层次组成的进度控制组织实施系统；③进度管理自计划编制开始，经过计划实施过程中的跟踪检查、发现进度偏差、分析偏差原因、找出解决办法、调整或修正等一系列环节再回到对原进度计划的执行或调整，从而构成一个封闭的循环系统；④采用工程网络计划技术编制进度计划并对其执行情况实施严格的量化管理。

(3) 信息反馈原理。信息反馈是进度控制的依据，施工的实际进度通过信息反馈给基层进度控制人员，在分工范围内，加工整理逐级向上反馈，直到主控制室，主控制室对反馈信息分析，做出决策，调整进度计划，达到预定目标。施工项目控制的过程就是信息反馈的过程。

(4) 封闭循环原理。项目进度计划控制的全过程是计划、实施、检查、分析、确定调整措施、再计划，形成一个封闭的循环系统。

(5) 网络计划技术原理。在项目进度的控制中利用网络计划技术原理编制进度计划，根据收集的信息，比较分析进度计划，再利用网络工期优化、工期与成本优化、资源优化调整计划。网络计划技术原理是施工项目进度控制的完整计划管理和分析计算理论基础。

2. 施工项目进度控制内容

进度控制指管理人员为了保证实际工作进度与计划一致，有效地实现目标而采取的一切行动。建设项目管理系统及其外部环境是复杂多变的，管理系统在运行中会出现大量的管理主体不可控的随机因素，即系统的实际运行轨迹是由预期量和干扰量共同作用而决定的。在项目实施过程中，得到的中间结果可能与预期进度目标不符甚至相差甚远，因此必须及时调整人力、时间及其他资源，改变施工方法，以期达到预期的进度目标，必要时应修正进度计划。这个过程称为施工进度动态控制。

根据进度控制方式的不同，可以将进度控制过程分为预先进度控制、同步进度控制和反馈进度控制。

(1) 预先进度控制的内容。预先进度控制指项目正式施工前所进行的进度控制，其行为

主体是监理单位和施工单位的进度控制人员,其具体内容如下:

1)编制施工阶段进度控制工作细则。施工阶段进度控制工作细则是进度管理人员在施工阶段对项目实施进度控制的一个指导性文件。其总的内容应包括:①施工阶段进度目标系统分解图;②施工阶段进度控制的主要任务和管理组织部门机构划分与人员职责分工;③施工阶段与进度控制有关的各项相关工作的时间安排,项目总的工作流程;④施工阶段进度控制所采用的具体措施(包括进度检查日期、信息采集方式、进度报表形式、信息分配计划、统计分析方法等);⑤进度目标实现的风险分析;⑥尚待解决的有关问题。

施工阶段进度控制工作细则使项目在开工之前的一切准备工作(包括人员挑选与配置、材料物资准备、技术资金准备等)皆处于预先控制状态。

2)编制或审核施工总进度计划。施工阶段进度管理人员的主要任务就是保证施工总进度计划的开、竣工日期与项目合同工期的时间要求一致。当采用多标发包形式施工时,施工总进度计划的编制要保证标与标之间的施工进度保持衔接关系。

3)审核单位工程施工进度计划。承包商根据施工总进度计划编制单位工程施工进度计划,监理工程师对承包商提交的施工进度计划进行审核认定后方可执行。

4)进行进度计划系统的综合。施工进度计划进行审核以后,往往要把若干个有相互关系的处于同一层次或不同层次的施工进度综合成一个多阶施工总进度计划,以利于进行总体控制。

(2)同步进度控制的内容。同步进度控制指项目施工过程中进行的进度控制,这是施工进度计划能否付诸实现的关键过程。进度控制人员一旦发现实际进度与目标偏离,必须及时采取措施以纠正这种偏差。施工单位按照进度要求及时组织人员、设备、材料进场,并及时上报分析进度资料,确保进度的正常进行,监理单位同步进行进度控制。

对收集的进度数据进行整理和统计,并将计划进度与实际进度进行比较,从中发现是否出现进度偏差。分析进度偏差将会带来的影响并进行工程进度预测,从而提出可行的修改措施。组织定期和不定期的现场会议,及时分析、通报工程施工进度状况,并协调各承包商之间的生产活动。

(3)反馈进度控制的内容。反馈进度控制指完成整个施工任务后进行的进度控制工作,具体内容如下:

1)及时组织验收工作。

2)处理施工索赔。

3)整理工程进度资料。

4)根据实际施工进度,及时修改和调整验收阶段进度计划及监理工作计划,以保证下一阶段工作的顺利开展。

3. 进度控制的主要方法

工程项目进度控制的主要方法有行政方法、经济方法和管理技术方法等。

(1)进度控制的行政方法。用行政方法管理工程进度,重点是进行进度目标的决策和指导。如国家有关部门审批项目建议书和项目可行性研究报告、对重大建设项目进行工期决策、批准项目年度基本建设计划、制定工期定额、招投标办公室批准标底文件中的项目总工期等等都属于项目进度管理的行政方法范畴。需要注意的是,由于项目管理者在工程进度管理过程中的主体地位并不会随着不同管理方法的应用而改变,因此不能简单地将进度管理的行政方法理解为"行政干预"。

（2）进度控制的经济方法。经济方法指通过应用经济手段制约或影响工程进度。如建设银行通过调节项目建设资金的投放速度以影响工程建设进程；建设单位在工程承发包合同中写明结合工期完成情况进行经济奖惩的专门条款等均体现了工程建设项目进度管理的经济方法。

（3）进度控制的管理技术方法。管理技术方法指在工程建设项目进度管理过程中进行的规划、控制和协调。所谓规划，指确定项目的总进度和分进度目标，并编制其进度计划；所谓控制，指在工程建设全过程中不断进行实际进度和计划进度的比较，一旦出现偏差则及时采取措施进行调整；所谓协调，则指协调项目建设过程中必然产生的种种复杂关系，以确保工程建设项目进度管理目标的顺利实现。需要特别强调的是，管理技术方法中的"控制"是工程建设项目进度管理的核心环节，工程进度控制基于其本身特点可区分为多种不同的方式，如按控制的结构可分为集中控制和分散控制；按控制时效可分为事前、事中、事后控制；按控制范围可分为全面控制和重点控制；按控制程度可分为直接控制和间接控制；按有无信息反馈，可分为开环控制和闭环控制；按控制所依据原则的不同，可分为规划控制、随机控制和适应性控制等。

4. 进度控制的措施

进度控制的措施包括组织措施、技术措施、合同措施、经济措施和信息管理措施等。

（1）组织措施。工程项目进度控制的组织措施主要如下：

1）落实进度控制部门人员、具体控制任务和管理职责分工。

2）进行项目分解，如按项目结构分、按项目进展阶段分、按合同结构分，并建立编码体系。

3）确定进度协调工作制度，包括协调会议举行的时间，协调会议的参加人员等。

4）对影响进度目标实现的干扰和风险因素进行分析。风险分析要有依据，主要是根据多年统计资料的积累，对各种因素影响进度的概率及进度拖延的损失值进行计算和预测，并应考虑有关项目审批部门对进度的影响等。

（2）技术措施。工程项目进度控制的技术措施指采用先进的施工工艺、方法等，以加快施工进度，以技术方法保证进度目标的实现。落实施工方案的部署，尽可能选用新技术、新工艺、新材料，调整工作之间的逻辑关系，缩短持续时间，加快施工进度。

（3）合同措施。合同措施是以合同形式保证工期进度的实现，如签订勘察设计合同、施工承包合同、材料供应合同等，以合同形式保证各项工作按计划进行。工程项目进度控制的合同措施主要有分段发包，提前施工，以及合同的合同期与进度计划的协调等。

（4）经济措施。工程项目进度控制的经济措施指保证资金供应的措施。

（5）信息管理措施。建立监测、分析、调整、反馈系统，通过计划进度与实际进度的动态比较，提供进度比较信息，实现连续、动态的全过程进度目标控制。工程项目进度控制的信息管理措施主要是通过计划进度与实际进度的动态比较，收集有关进度的信息等。

5. 建设项目进度控制实施系统

建设项目进度控制的实施系统如图9.2所示。图9.2所示的系统关系是建设单位委托监理单位进行进度控制。监理单位根据建设监理合同分别对建设单位、设计单位、施工单位的进度控制实施监督。各单位都按本单位编制的各种进度计划实施，并接受监理单位监督。各单位的进度控制实施又相互衔接和联系,进行合理而协调的运行,从而保证进度控制总目标的实现。

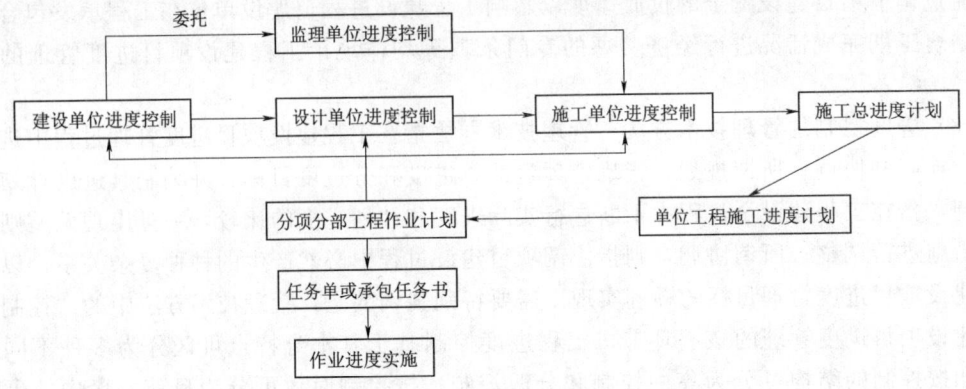

图 9.2 建设项目进度控制实施系统

9.3.3 施工进度计划实施及其监测

1. 水利工程施工进度计划的实施

施工进度计划的实施就是施工活动的开展,就是用施工进度计划指导施工活动,落实和完成计划。施工进度计划逐步实施的过程就是施工项目建造逐步完成的过程。为了保证施工进度计划的实施、保证各进度目标的实现,应做好以下工作。

(1) 施工进度计划的审核。项目经理应进行施工项目进度计划的审核,其主要内容包括:

1) 进度安排是否符合施工合同确定的建设项目总目标和分目标的要求,是否符合其开、竣工日期的规定。

2) 施工进度计划中的内容是否有遗漏,分期施工是否满足分批交工的需要和配套交工的要求。

3) 施工顺序安排是否符合施工程序的要求。

4) 资源供应计划是否能保证施工进度计划的实现,供应是否均衡,分包人供应的资源是否能满足进度的要求。

5) 施工图设计的进度是否满足施工进度计划要求。

6) 总分包之间的进度计划是否相协调,专业分工与计划的衔接是否明确、合理。

7) 对实施进度计划的风险是否分析清楚,是否有相应的对策。

8) 各项保证进度计划实现的措施设计是否周到、可行、有效。

(2) 施工项目进度计划的贯彻。

1) 检查各层次的计划,形成严密的计划保证系统。施工项目所有的施工总进度计划、单项工程施工进度计划、分部分项工程施工进度计划,都是围绕一个总任务编制的,它们之间的关系是:高层次计划为低层次计划提供依据,低层次计划是高层次计划的具体化。在贯彻执行时,应当首先检查其是否协调一致,计划目标是否层层分解、互相衔接,组成一个计划实施的保证体系。施工项目进度计划以施工任务书的方式下达施工队,保证施工进度计划的实施。

2) 层层明确责任并充分利用施工任务书。施工项目经理、作业队和作业班组之间分别签订责任状,按计划目标规定工期、质量标准、承担的责任、权限和利益。用施工任务书将作业任务下达到作业班组,明确具体施工任务、技术措施、质量要求等内容,使施工班组必须保证按作业计划时间完成规定的任务。

3)进行计划的交底,促进计划全面、彻底实施。施工进度计划的实施是全体工作人员的共同行动,要使有关部门人员都明确各项计划的目标、任务、实施方案和措施,使管理层和作业层协调一致,将计划变成全体员工的自觉行动。在计划实施前可以根据计划的范围进行计划交底工作,使计划得到全面、彻底的实施。

(3)施工项目进度计划的实施。

1)编制月(旬)作业计划。为了实施施工计划,结合规定的任务和现场施工条件,如施工场地的情况、劳动力、机械等资源条件和实际的施工进度,在施工开始前和过程中不断地编制本月(旬)作业计划,这是使施工计划更具体、更实际和更可行的重要环节。在月(旬)计划中要明确本月(旬)应完成的任务;所需要的各种资源量;提高劳动生产率和节约措施等。

2)签发施工任务书。编制好月(旬)作业计划以后,将每项具体任务通过签发施工任务书的方式下达班组进一步落实、实施。施工任务书是向班组下达任务,实行责任承包、全面管理和原始记录的综合性文件。施工班组必须保证指令任务的完成。它是计划和实施的纽带。

施工任务书应由工长编制并下达。在实施过程中要做好记录,任务完成后回收,作为原始记录和业务核算资料。施工任务书应按班组编制和下达。它包括施工任务单、限额领料单和考勤表。施工任务单包括:分项工程施工任务,工程量,劳动量,开工日期,完工日期,工艺、质量、安全要求。限额领料单是根据施工任务书编制的控制班组领用材料的依据,应具体列明材料名称、规格、型号、单位、数量和领用记录、退料记录等。考勤表可附在施工任务书背面,按班组人名排列,供考勤时填写。

3)做好施工进度记录,填好施工进度统计表。在计划任务完成的过程中,各级施工进度计划的执行者都要跟踪做好施工记录,即记录计划中的每项工作开始日期、每日完成数量和完成日期;记录施工现场发生的各种情况、干扰因素的排除情况;跟踪做好工程形象进度,工程量,总产值,耗用的人工、材料和机械台班等的数量统计与分析,为施工项目进度检查和控制分析提供反馈信息。因此,要求实事求是记载,并填好上报统计报表。

4)做好施工中的调度工作。施工中的调度是组织施工中各阶段、环节、专业和工种的配合、进度协调的指挥核心。调度工作内容主要有:督促作业计划的实施,调整协调各方面的进度关系;监督检查施工准备工作;督促资源供应单位按计划供应劳动力、施工机具、运输车辆、材料构配件等,并对临时出现的问题采取调配措施;按施工平面图管理现场,结合实际情况进行必要的调整,保证文明施工;了解气候、水、电、气的情况,采取相应的防范和保证措施;及时发现和处理施工中各种事故和意外事件;调节各薄弱环节;定期及时召开现场调度会议,贯彻施工项目主管人员的决策,发布调度令。

2. 施工进度计划的检查

在施工项目的实施过程中,为了进行进度控制,进度控制人员应经常地、定期地跟踪检查施工实际进度情况,主要是收集施工进度材料,进行统计整理和对比分析,确定实际进度与计划进度之间的关系,其主要工作包括:

(1) 跟踪检查施工实际进度。对施工进度计划的完成情况进行统计，为进度分析和调整计划提供信息，应依据实施记录对施工进度计划进行跟踪检查。

跟踪检查施工实际进度是项目施工进度控制的关键措施。一般检查的时间间隔与施工项目的类型、规模、施工条件和对进度执行要求程度有关。通常可以确定1个月、半月、旬或周进行一次。若施工中遇到天气、资源供应等不利因素的严重影响，检查的时间间隔可临时缩短，次数应频繁，甚至可以每日进行检查，或派人员驻现场督阵。检查和收集资料的方式一般采用进度报表方式或定期召开进度工作汇报会。为了保证汇报资料的准确性，进度控制人员要经常到现场察看施工项目的实际进度情况，从而保证经常地、定期地准确掌握施工项目的实际进度。

根据不同需要，进行每日检查或定期检查的内容包括：
1）检查期内实际完成和累计完成工程量。
2）实际参加施工的人力、机械数量和生产效率。
3）窝工人数、窝工机械台班数及其原因分析。
4）进度偏差情况。
5）进度管理情况。
6）影响进度的特殊原因及分析。
7）整理统计检查数据。

对收集到的施工项目实际进度数据要进行必要的整理，按计划控制的工作项目进行统计，形成与计划进度具有可比性的数据、相同的量纲和形象进度。一般按实物工程量、工作量和劳动消耗量及累计百分比整理和统计实际检查的数据，以便与相应的计划完成量相对比。

(2) 对比实际进度与计划进度。将收集的资料整理和统计成具有与计划进度可比性的数据后，用施工项目实际进度与计划进度进行比较。通常用的比较方法有横道图比较法、S形曲线比较法、香蕉曲线比较法、前锋线比较法和列表比较法等。通过比较得出实际进度与计划进度相一致、超前、拖后三种情况。

(3) 施工进度检查结果的处理。对于施工进度检查的结果，按照检查报告制度的规定，形成进度控制报告向有关主管人员和部门汇报。进度控制报告是把检查比较结果、有关施工进度现状和发展趋势，提供给项目经理及各级业务职能负责人的最简单的书面形式报告。

进度控制报告是根据报告对象的不同，确定不同的编制范围和内容而分别编制的。其中，项目概要级进度控制报告，是报给项目经理、企业经理或业务部门及建设单位（业主）的，它是以整个施工项目为对象说明进度计划执行情况的报告；项目管理级的进度控制报告是报给项目经理及企业业务部门的，它是以单位工程或项目分区为对象说明进度计划执行情况的报告；业务管理级的进度控制报告是就某个重点部位或重点问题为对象编写的报告，供项目管理者及各业务部门采取应急措施使用。

进度控制报告由计划负责人或进度管理人员与其他项目管理人员协作编写。报告时间一般与进度检查时间相协调，也可按月、旬、周等间隔时间进行编写上报。通过检查应向企业提供的施工进度控制报告的内容主要包括：项目实施概况、管理概况、进度概要的总说明；项目施工进度、形象进度及简要说明；施工图纸提供进度；材料物资、构配件供应进度；劳务记录及预测；日历计划；对建设单位、监理和施工者的工程变更指令，价格调整，索赔及工程款收支情况；进度偏差的状况和导致偏差的原因分析；解决的措施；计划调整意见等。

9.3.4 实际进度与计划进度的比较方法

实际进度与计划进度的比较是建设工程进度监测的主要环节。常用的进度比较方法有横道图比较法、S形曲线比较法、香蕉曲线比较法、前锋线比较法和列表比较法。

1. 横道图比较法

横道图比较法指将项目实施过程中检查实际进度收集到的数据，经加工整理后直接用横道线平行绘于原计划的横道线处，进行实际进度与计划进度比较的方法。采用横道图比较法，可以形象、直观地反映实际进度与计划进度的比较情况。

例如，某工程项目基础工程的计划进度和截至第9周末的实际进度如图9.3所示，其中双线条表示该工程计划进度，粗实线表示实际进度。从图9.3中实际进度与计划进度的比较可以看出，到第9周末进行实际进度检查时，挖土方和做垫层两项工作已经完成；支模板按计划也应该完成，但实际只完成75%，任务量拖欠25%；绑扎钢筋按计划应该完成60%，而实际只完成20%，任务量拖欠40%。

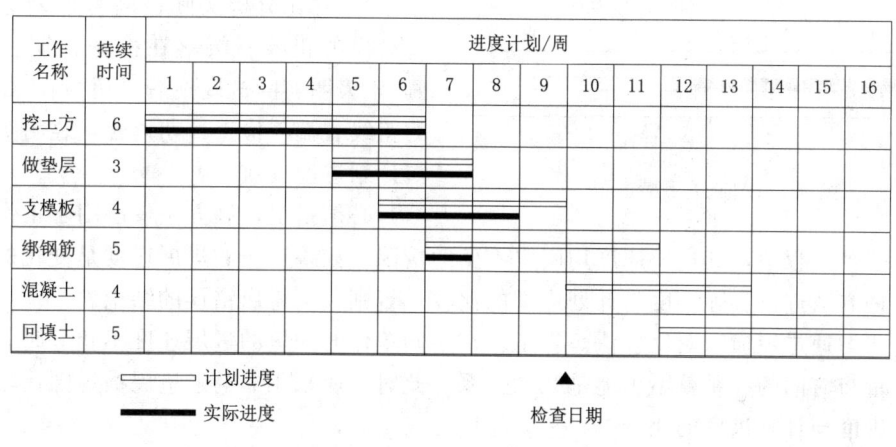

图 9.3 某基础工程实际进度与计划进度比较

根据各项工作的进度偏差，进度控制者可以采取相应的纠偏措施对进度计划进行调整，以确保该工程按期完成。图9.3所表达的比较方法仅适用于工程项目中的各项工作都是均匀进展的情况，即每项工作在单位时间内完成的任务量都相等的情况。事实上，工程项目中各项工作的进展不一定是匀速的。根据工程项目中各项工作的进展是否匀速，可分别采用以下两种方法进行实际进度与计划进度的比较。

(1) 匀速进展横道图比较法。匀速进展指在工程项目中，每项工作在单位时间内完成的任务量都是相等的，即工作的进展速度是均匀的。此时，每项工作累计完成的任务量与时间成线性比例关系，如图9.4所示。完成的任务量可以用实物工程量、劳动消耗量或费用支出表示。为了便于比较，常用上述物理量的百分比表示。

采用匀速进展横道图比较法时，其步骤如下：

1) 编制横道图进度计划。
2) 在进度计划上标出检查日期。
3) 将检查收集到的实际进度数据经过加工整理后按比例用粗黑线标于计划进度的上方，如图9.5所示。

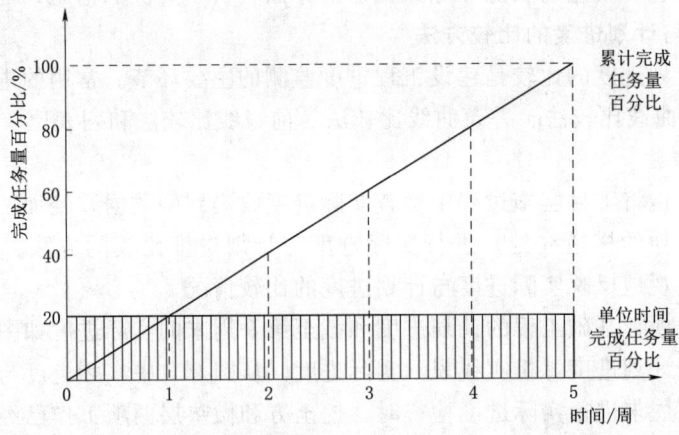

图 9.4 工作匀速进展时任务量与时间关系曲线

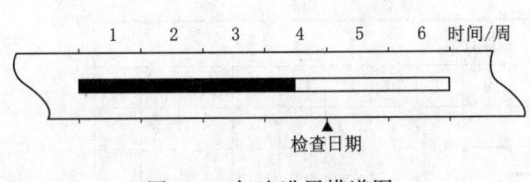

图 9.5 匀速进展横道图

4）对比分析实际进度与计划进度。如果涂黑的粗线右端落在检查日期左侧（右侧），表明实际进度拖后（超前）；如果涂黑的粗线右端与检查日期重合，表明实际进度与计划进度一致。

必须指出，该方法仅适用于工作从开始到结束的整个过程中，其进展速度均固定不变的情况。如果工作的进展速度是变化的，则不能采用这种方法进行实际进度与计划进度的比较；否则，会得出错误的结论。

（2）非匀速进展横道图比较法。当工作在不同单位时间里的进展速度不相等时，累计完成的任务量与时间的关系就不可能是线性关系。此时，应采用非匀速进展横道图比较法进行工作实际进度与计划进度的比较。

非匀速进展横道图比较法在用涂黑粗线表示工作实际进度的同时，还要标出其对应时刻完成任务量的累计百分比，并将该百分比与其同时刻计划完成任务量的累计百分比相比较，判断工作实际进度与计划进度之间的关系。下面以一简例说明非匀速进展横道图比较法的步骤。

【例 9.1】 某工程项目中的基槽开挖工作按施工进度计划安排需要 7 周完成，每周计划完成的任务量百分比如图 9.6 所示。

解：（1）编制横道图进度计划，如图 9.7 所示。

（2）在横道线上方标出基槽开挖工作每周计划累计完成任务量的百分比，分别为 10%、25%、45%、65%、80%、90% 和 100%。

（3）在横道线下方标出第 1 周至检查日期（第 4 周）每周实际累计完成任务量的百分比，分别为 8%、22%、42%、60%。

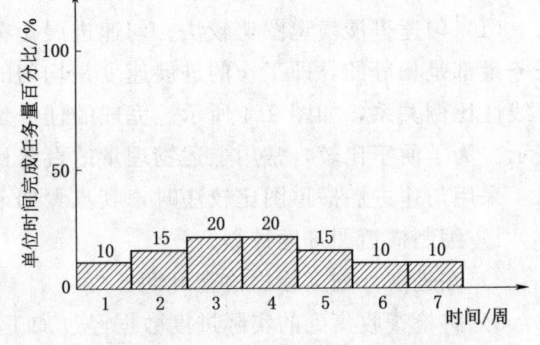

图 9.6 基槽开挖工作进展时间与完成任务量关系

9.3 施工项目进度管理

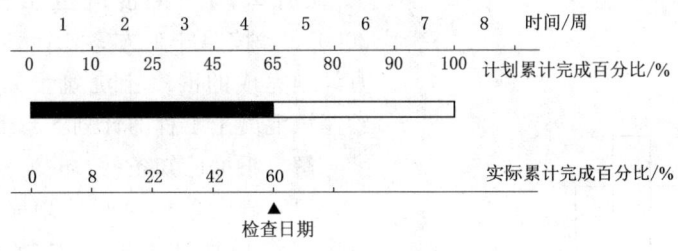

图9.7 非匀速进展横道图

(4) 用涂黑粗线标出实际投入的时间。

(5) 比较实际进度与计划进度。从图9.7中可以看出,该工作在第一周实际进度比计划进度拖后2%,以后各周末累计拖后分别为3%、3%和5%。

由于工作进展速度是变化的,因此,图9.7中的横道线,无论是计划的还是实际的,只能表示工作的开始时间、完成时间和持续时间,并不表示计划完成的任务量和实际完成的任务量。此外,采用非匀速进展横道图比较法,不仅可以进行某一时刻(如检查日期)实际进度与计划进度的比较,而且还能进行某一时间段实际进度与计划进度的比较。当然,这需要实施部门按规定的时间记录当时的任务完成情况。

横道图比较法虽有记录和比较简单、形象直观、易于掌握、使用方便等优点,但由于其以横道计划为基础,因而带有不可克服的局限性。在横道计划中,各项工作之间的逻辑关系表达不明确,关键工作和关键线路无法确定。一旦某些工作实际进度出现偏差时,难以预测其对后续工作和工程总工期的影响,也就难以确定相应的进度计划调整方法。因此,横道图比较法主要用于工程项目中某些工作实际进度与计划进度的局部比较。

2. S形曲线比较法

S形曲线比较法是以横坐标表示时间,纵坐标表示累计完成任务量,绘制一条按计划时间累计完成任务量的S形曲线;然后将工程项目实施过程中各检查时间实际累计完成任务量的S形曲线也绘制在同一坐标系中,进行实际进度与计划进度比较的一种方法。

从整个工程项目进展全过程来看,单位时间投入的资源量一般是开始和结束时较少,中间阶段较多,与其相对应,单位时间完成的任务量也呈现相同的变化规律,如图9.8(a)所示。而随工程进展累计完成的任务量则应呈S形变化,如图9.8(b)所示。

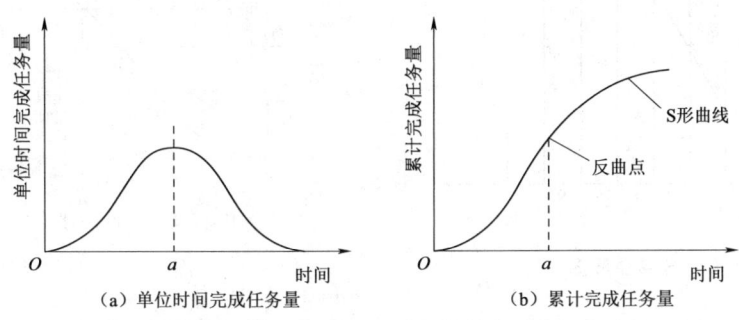

图9.8 时间与完成任务量关系曲线

(1) S形曲线的绘制方法。下面以一简例说明S形曲线的绘制方法。

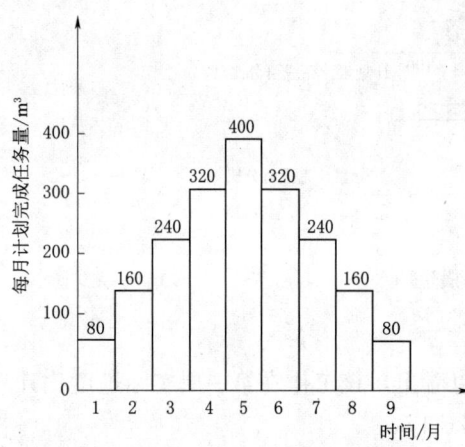

图 9.9 时间与计划完成任务量关系

【例 9.2】 某混凝土工程的浇筑总量为 $2000m^3$，按照施工方案，计划 9 个月完成，每月计划完成的混凝土浇筑量如图 9.9 所示，试绘制该混凝土工程的计划 S 形曲线。

解 根据已知条件：

（1）确定单位时间计划完成任务量。在本例中，将每月计划完成混凝土浇筑量列于表 9.2 中。

（2）计算不同时间累计完成任务量。在本例中，依次计算每月计划累计完成的混凝土浇筑量，结果列于表 9.2 中。

（3）根据累计完成任务量绘制 S 形曲线。在本例中，根据每月计划累计完成混凝土浇筑量而绘制的 S 形曲线如图 9.10 所示。

表 9.2 计划完成任务量汇总

时间/月	1	2	3	4	5	6	7	8	9
每月完成量/m^3	80	160	240	320	400	320	240	160	80
累计完成量/m^3	80	240	480	800	1200	1520	1760	1920	2000

（2）实际进度与计划进度的比较。同横道图比较法一样，S 形曲线比较法也是在图上进行工程项目实际进度与计划进度的直观比较。在工程项目实施过程中，按照规定时间将检查收集到的实际累计完成任务量绘制在计划 S 形曲线图上，即可得到实际进度 S 形曲线，如图 9.11 所示。

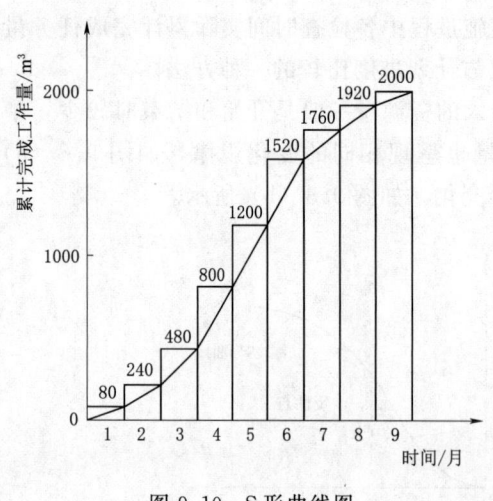

图 9.10 S 形曲线图　　　　图 9.11 S 形曲线图

通过比较实际进度 S 形曲线和计划进度 S 形曲线，可以获得如下信息：

1）工程项目实际进展状况。如果工程实际进展点落在计划 S 形曲线左侧，表明此时实际进度比计划进度超前，如图 9.11 中的 a 点；如果工程实际进展点落在 S 形曲线右侧，表明此时实际进度拖后,如图 9.11 中的 b 点;如果工程实际进展点正好落在计划 S 形曲线上,则表示此时实际进度与计划进度一致。

2) 工程项目实际进度超前或拖后的时间。在 S 形曲线比较图中可以直接读出实际进度比计划进度超前或拖后的时间。如图 9.11 中,ΔT_a 表示 T_a 时刻实际进度超前的时间;ΔT_b 表示 T_b 时刻实际进度拖后的时间。

3) 工程项目实际超额或拖欠的任务量。在 S 形曲线比较图中也可直接读出实际进度比计划进度超额或拖欠的任务量。如图 9.11 中,ΔQ_a 表示 T_a 时刻超额完成的任务量,ΔQ_b 表示 T_b 时刻拖欠的任务量。

4) 后期工程进度预测。如果后期工程按原计划速度进行,则可作出后期工程计划 S 形曲线,如图 9.11 中虚线所示,从而可以确定工期拖延预测值 ΔT。

3. 香蕉曲线比较法

香蕉曲线是由两条 S 形曲线组合而成的闭合曲线。由 S 形曲线比较法可知,工程项目累计完成的任务量与计划时间的关系,可以用一条 S 形曲线表示。对于一个工程项目的网络计划来说,如果以其中各项工作的最早开始时间安排进度而绘制 S 形曲线,称为 ES 曲线;如果以其中各项工作的最迟开始时间安排进度而绘制 S 形曲线,称为 LS 曲线。两条 S 形曲线具有相同的起点和终点,因此,两条曲线是闭合的。在一般情况下,ES 曲线上的其余各点均落在 LS 曲线的相应点的左侧。由于该闭合曲线形似"香蕉",故称为香蕉曲线。

(1) 香蕉曲线比较法的作用。香蕉曲线比较法能直观地反映工程项目的实际进展情况,并可以获得比 S 形曲线更多的信息。其主要作用如下:

1) 合理安排工程项目进度计划。如果工程项目中的各项工作均按其最早开始时间安排进度,将导致项目的投资加大;而如果各项工作都按其最迟开始时间安排进度,则一旦受到进度影响因素的干扰,又将导致工期拖延,使工程进度风险加大。因此,一个科学合理的进度计划优化曲线应处于香蕉曲线所包络的区域之内。

2) 定期比较工程项目的实际进度与计划进度。在工程项目的实施过程中,根据每次检查收集到的实际完成任务量,绘制出实际进度 S 形曲线,便可以与计划进度进行比较。工程项目实施进度的理想状态是任意时刻工程实际进展点应落在香蕉曲线图的范围之内。如果工程实际进展点落在 ES 曲线的左侧,表明此刻实际进度比各项工作按其最早开始时间安排的计划进度超前;如果工程实际进展点落在 LS 曲线的右侧,则表明此刻实际进度比各项工作按其最迟开始时间安排的计划进度拖后。

3) 预测后期工程进展趋势。利用香蕉曲线可以对后期工程的进展情况进行预测。该工程项目在检查日实际进度超前。检查日期之后的后期工程进度安排如图 9.12 中虚线所示,预计该工程项目将提前完成。

(2) 香蕉曲线的绘制方法。香蕉曲线的绘制方法与 S 形曲线的绘制方法基本相同,所不同之处在于香蕉曲线由按工作最早开始时间安排进度和按工作最迟开始时间安排进度分别绘制的两条 S 形曲线组合而成。

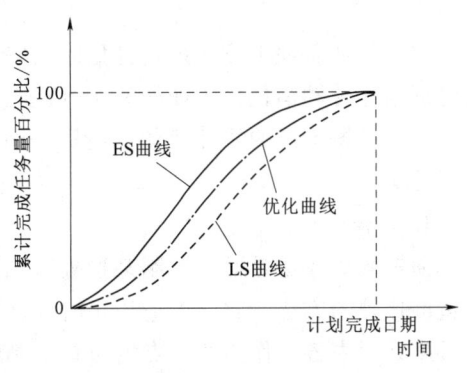

图 9.12 工程进展趋势预测

在工程项目实施过程中,根据检查得到的实际累计完成任务量,在原计划香蕉曲线图上绘出实际进度曲线,便可以进行实际进度与计划进度的比较。

【例 9.3】 某工程项目网络计划如图 9.13 所示,图中箭线上方括号内数字表示各项工作计划完成的任务量,以劳动消耗量表示;箭线下方数字表示各项工作的持续时间(周)。试绘制香蕉曲线。

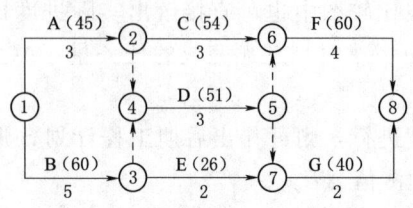

图 9.13 某工程项目网络计划

解 假设各项目工作都匀速进展,即各项工作每周的劳动消耗量相等。

(1) 确定各项工作每周的劳动消耗量:

工作 A:$45 \div 3 = 15$

工作 B:$60 \div 5 = 12$

工作 C:$54 \div 3 = 18$

工作 D:$51 \div 3 = 17$

工作 E:$40 \div 2 = 20$

工作 F:$60 \div 4 = 15$

工作 G:$40 \div 2 = 20$

(2) 计算工程项目劳动消耗总量:

$$Q = 45 + 60 + 54 + 51 + 26 + 60 + 40 = 336$$

(3) 根据各项工作按最早开始时间安排的进度计划,确定工程项目每周计划劳动消耗量及各周累计劳动消耗量,如图 9.14 所示。

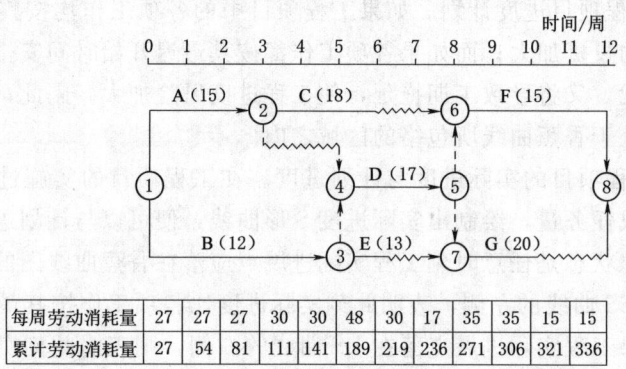

每周劳动消耗量	27	27	27	30	30	48	30	17	35	35	15	15
累计劳动消耗量	27	54	81	111	141	189	219	236	271	306	321	336

图 9.14 按工作最早开始时间安排的进度计划及劳动消耗量

(4) 根据各项工作按最迟开始时间安排的进度计划,确定工程项目每周计划劳动消耗量及各周累计劳动消耗量,如图 9.15 所示。

(5) 根据不同的累计劳动消耗量分别绘制 ES 曲线和 LS 曲线,便得到香蕉曲线,如图 9.16 所示。

4. 前锋线比较法

前锋线比较法是通过绘制某检查时刻工程项目实际进度前锋线,进行工程实际进度与计划进度比较的方法,它主要适用于时标网络计划。前锋线比较法就是通过实际进度前锋线与原进度计划中各工作箭线交点的位置来判断工作实际进度与计划进度的偏差,进而判定该偏差对后续工作及总工期影响程度的一种方法。

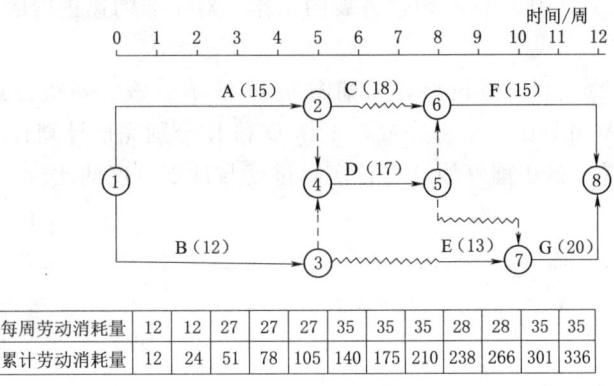

每周劳动消耗量	12	12	27	27	27	35	35	35	28	28	35	35
累计劳动消耗量	12	24	51	78	105	140	175	210	238	266	301	336

图 9.15　按工作最迟开始时间安排的进度计划及劳动消耗量

采用前锋线比较法进行实际进度与计划进度的比较，其步骤如下：

(1) 绘制时标网络计划图。工程项目实际进度前锋线在时标网络计划图上标示，为清楚起见，可在时标网络计划图的上方和下方各设一时间坐标。

(2) 绘制实际进度前锋线。一般从时标网络计划图上方时间坐标的检查日期开始绘制，依次连接相邻工作的实际进展位置点，最后与时标网络计划图下方坐标的检查日期相连接。

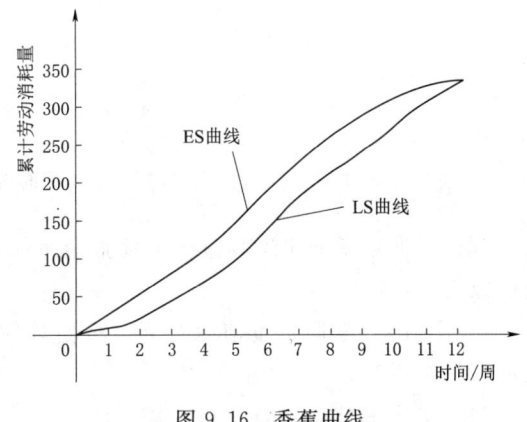

图 9.16　香蕉曲线

工作实际进展位置点的标定方法有两种：

1) 按该工作已完成任务量比例进行标定。假设工程项目中各项工作均为匀速进展，根据实际进度检查时刻该工作已完成任务量占其计划完成总任务量的比例，在工作箭线上从左至右按相同的比例标定其实际进展位置点。

2) 按尚需作业时间进行标定。当某些工作的持续时间难以按实物工程量来计算而只能凭经验估算时，可以先估算出检查时刻到该工作全部完成尚需作业的时间，然后在该工作箭线上从右向左逆向标定其实际进展位置点。

(3) 进行实际进度与计划进度的比较。前锋线可以直观地反映出检查日期有关工作实际进度与计划进度之间的关系。对某项工作来说，其实际进度与计划进度之间的关系可能存在以下三种情况：

1) 工作实际进展位置点落在检查日期的左侧（右侧），表明该工作实际进度拖后（超前），拖后（超前）的时间为二者之差。

2) 工作实际进展位置点与检查日期重合，表明该工作实际进度与计划进度一致。

(4) 预测进度偏差对后续工作及总工期的影响。通过实际进度与计划进度的比较确定进度偏差后，还可根据工作的自由时差和总时差预测该进度偏差对后续工作及项目总工期的影响。由此可见，前锋线比较法既适用于工作实际进度与计划进度之间的局部比较，又可用来分析和预测工程项目整体进度状况。

值得注意的是，以上比较针对匀速进展的工作。对于非匀速进展的工作，比较方法较复杂，此处不赘述。

【例 9.4】 某工程项目时标网络计划如图 9.17 所示。该计划执行到第 6 周末检查实际进度时，发现工作 A 和 B 已经全部完成，工作 D 和 E 分别完成计划任务量的 20% 和 50%，工作 G 尚需 3 周完成，试用前锋线法进行实际进度与计划进度的比较。

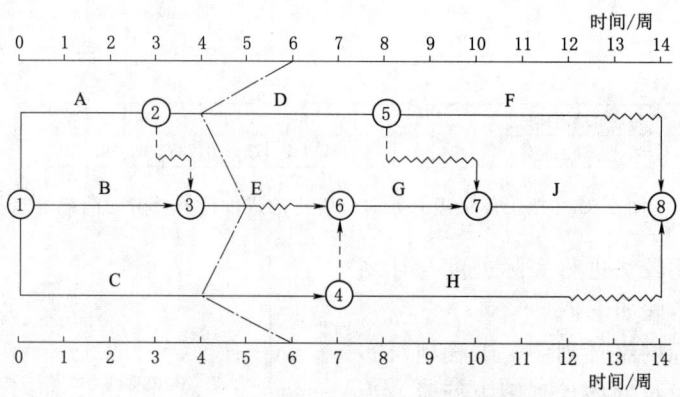

图 9.17　某工程时标网络计划及前锋线

解：根据第 6 周末实际进度的检查结果绘制前锋线，如图 9.16 中点画线所示。通过比较可以看出：

（1）工作 D 实际进度拖后 2 周，将使其后续工作 F 的最早开始时间推迟 2 周，并使总工期延长 1 周。

（2）工作 E 实际进度拖后 1 周，既不影响总工期，也不影响其后续工作的正常进行。

（3）工作 C 实际进度拖后 2 周，将使其后续工作 G、H 的最早开始时间推迟 2 周。由于工作 G 开始时间的推迟，从而使总工期延长 2 周。

综上所述，如果不采取措施加快进度，该工程项目的总工期将延长 2 周。

5. 列表比较法

当工程进度计划用非时标网络图表示时，可以采用列表比较法进行实际进度与计划进度的比较。这种方法是记录检查日期应该进行的工作名称及其已经作业的时间，然后列表计算有关时间参数，并根据工作总时差进行实际进度与计划进度比较的方法。

采用列表比较法进行实际进度与计划进度的比较，其步骤如下：

（1）对于实际进度检查日期应该进行的工作，根据已经作业的时间，确定其尚需作业时间。

（2）根据原进度计划计算检查日期应该进行的工作，从检查日期到原计划最迟完成时尚余时间。

（3）计算工作尚有总时差，其值等于工作从检查日期到原计划最迟完成时间尚余时间与该工作尚需作业时间之差。

（4）比较实际进度与计划进度，可能有以下几种情况：

1）如果工作尚有总时差与原有总时差相等，说明该工作实际进度与计划进度一致。

2）如果工作尚有总时差大于原有总时差，说明该工作实际进度超前，超前的时间为二者之差。

3) 如果工作尚有总时差小于原有总时差，且仍为非负值，说明该工作实际进度拖后，拖后的时间为二者之差，但不影响总工期。

4) 如果工作尚有总时差小于原有总时差，且为负值，说明该工作实际进度拖后，拖后的时间为二者之差，此时工作实际进度偏差将影响总工期。

【例 9.5】 某工程项目进度计划如图 9.17 所示。该计划执行到第 10 周末检查实际进度时，发现工作 A、B、C、D、E 已经全部完成，工作 F 已进行 1 周，工作 G 和工作 H 均已进行 2 周，试用列表比较法进行实际进度与计划进度的比较。

解： 根据工程项目进度计划及实际进度检查结果，可以计算出检查日期应进行工作的尚需作业时间、原有总时差及尚有总时差等，计算结果见表 9.3。通过比较尚有总时差和原有总时差，即可判断目前工程实际进展状况。

表 9.3　　　　　　　　　工程进度检查比较表

工作代号	工作名称	检查计划时尚需作业周数	到计划最迟完成时尚余周数	原有总时差	尚有总时差	情 况 判 断
5—8	F	4	4	1	0	拖后1周，但不影响工期
6—7	G	1	0	0	−1	拖后1周，影响工期1周
4—8	H	3	4	2	1	拖后1周，但不影响工期

9.4　施工项目质量管理

9.4.1　质量管理的基本概念

1. 现代质量管理是一项系统工程

系统工程是从系统的观点出发，运用运筹学、控制论和信息论等技术方法，使系统的设计、规划、管理、运行和控制等都能达到最优状态，从而实现最优设计、最优管理和最佳功能的目的。

目前，系统工程已广泛应用于工农业生产、水利水电工程、城市工程建设、国防建设和企业管理等各个方面，并都取得显著的效果系统工程。系统工程也完全适用于质量管理。现代水利水电工程的涉及面宽，施工条件复杂，协作单位多，受诸多因素影响，必须统筹兼顾，恰当安排。工程的质量尤为重要，应全方位把好质量关，使其满足设计及规程、规范要求。

2. 质量管理的研究对象与范围

20 世纪 80 年代，质量管理的主要研究对象是产品质量，包括工农业产品质量，工程建设质量，交通运输质量及邮电、旅游、商店、饭店、宾馆的服务质量等。20 世纪 90 年代后，质量管理的研究对象却是实体质量，范围扩大到一切可以单独描述和研究的事物，不仅包括产品质量，而且还研究某个组织的质量、体系的质量、人的质量及它们的任何组合系统的质量。

质量管理是确定质量方针、目标和责任，并通过质量体系中的质量策划、质量控制、质量保证和质量改进，来实现其所有管理职能的全部活动。因此，现代质量管理虽然仍重视产品质量和服务质量，但更强调体系或系统的质量、人的质量，并以人的质量、体系质量去确保产品、工程或服务质量。现在，这种管理活动不仅仅存在于工业生产领域，而已扩及农业生产、工程建设、交通运输、教育卫生、商业服务等领域。无论是行业质量管理，还是企业、事业单位的质量管理，客观上都存在着一个系统对象——质量体系。无论哪个质量体系都具有一个系统所应具备的四个特征。

（1）集合性。质量体系是由若干个可以相互区别的要素（或子系统）组成的一个不可分割的整体系统。质量体系的要素主要是人、机械设备、原材料、方法和工艺、环境条件等，具体包括：市场调研、设计、采购、工艺准备、物资、设备、检验、标准（规程）、计量、不合格及纠正措施、搬运、贮存、包装、售后服务、质量文件和记录、人员培训、质量成本、质量体系审核与复审、质量职责和责任及统计方法的应用等。

（2）相关性。质量体系各要素之间也是相互联系和相互作用的，它们之间某一要素发生变化，势必要使其他要素也进行相应的改变和调整，如更新了设备，操作人员就要更新知识，操作方法、工艺等也要做相应调整等。因此，不能静止地、孤立地看待质量体系中的任何一个要素，而要依据相关性，协调好它们之间的关系，从而发挥系统整体效能。

（3）目的性。质量体系的目的就是追求稳定的高质量，使产品或服务满足规定的要求或潜在的需要，使广大用户、消费者和顾客满意。同时，也使本企业获得良好经济效益。为此，企业必须建立完整体系，对影响产品或服务质量的技术、管理和人等质量体系要素进行控制。

（4）环境适应性。任何一个质量体系都存在于一定的环境条件之中。我国质量体系必须适应我国经济体制和政治体制。目前，正在进行经济体制改革和政治体制改革，质量体系就必须不断改进，适应新的环境条件，保持最佳适应状态。这也是建立和完善中国式质量体系的重要原因。当然，质量体系是人工系统，不是自然系统；是开环系统，而不是闭环系统；是动态系统，而不是静态系统。从宏观上看，它又是社会技术监督系统的重要组成部分，是推动我国经济结构优化的基础，是实现高质量发展和构建新发展格局的根本和关键。

从微观上看，即就一个企业而言，质量管理仅仅是这个企业单位生产经营管理系统的一个组成部分，它与这个企业的计量管理系统、标准化管理系统等一起组成了技术监督系统，对生产经营提供了基础保证，使之达到优质、低耗、高效生产经营。因此，在质量管理过程中应该自觉地运用系统工程科学方法，把质量的主要对象放在质量体系的设计、建立和完善上。

3. 质量管理的主要内容

（1）质量管理基本概念。任何一门学科都有一套专门的、特定的概念，组成一个合乎逻辑的理论概念。质量管理也不例外，如质量、质量方针、质量计划、质量控制、质量保证、质量审核、质量成本、质量体系等，是质量管理中常用的重要概念，应确定其统一、正确的术语及其准确的含义。

（2）质量管理的基础工作。质量管理的基础工作是标准化、计量、质量信息与质量教育工作，此外还有以质量否决权为核心的质量责任制。离开这些基础，质量管理是无法推行或行之无效的。

（3）质量体系的设计（策划）。质量管理的首要工作就是设计或策划科学有效的质量体系，无论是国家、地方、企业或某个组织、单位的质量体系设计，都要从其实际情况和客观需要出发,合理选择质量体系要素,编制质量体系文件,规划质量体系运行步骤和方法,并制定考核办法。

(4) 质量管理的组织体制和法规。从我国具体国情出发,研究各国质量管理体制、法规,博采众长,取长补短,融合提炼成具有中国社会主义特色的质量管理体制和法规体系,如质量管理组织体系、质量监督组织体系、质量认证体系等,以及质量管理方面的法律、法规和规章。

(5) 质量管理的工具和方法。质量管理的基本思想方法是 PDCA,这里 P 指计划(plan),D 指执行计划(do),C 指检查计划(check),A 指采取措施(action);基本数学方法是概率论和数理统计方法。由此而总结出各种常用工具,如排列图、因果分析图、直方图、控制图等。

(6) 质量抽样检验方法和控制方法。质量指标是具体、定量的。如何抽样检查或检验,怎样实行有效的控制,都要在质量管理过程中正确地运用数理统计方法,研究和制定各种有效控制系统。质量的统计抽样工具——抽样方法标准就成为质量管理工程中一项十分必要的内容。

(7) 质量成本和质量管理经济效益的评价、计算。质量成本是从经济性角度评定质量体系有效性的重要方面。科学、有效的质量管理,会使企业单位和国家都有显著的经济效益。如何核算质量成本,怎样定量考核质量管理水平和效果,已成为现代质量管理必须研究的一项重要课题。

此外,可信性管理、质量管理经济效益的评价和计算以及质量文化建设等,也是质量管理的重要内容。

4. 质量管理的方法

质量管理是一门综合性的现代化管理科学,又融合了数学(如统计质量控制是应用统计数学)、信息科学与系统科学(如信息论、控制论、系统论等)、工程与技术科学基础学科(如标准化、计量学等),并与机械、电子、计算机等技术学科紧密结合在一起。因此,研究质量管理的基本方法只能是理论联系实践的方法,专业技术与管理技术紧密结合的方法,"软硬兼施"(既抓质量意识、质量文件等软件,又抓设备、设施等硬件)的方法,见"物"更见"人"的方法,以及"精神文明"(质量文化)与"物质文明"(产品质量)并举的方法等。

由于质量问题是一个综合性问题,质量管理依据地区、行业、企业、产品结构、人员素质、市场环境与要求不同而呈现多样化的特点,质量管理的研究方法也应采用综合性的方法和多样化方法,切不可"一刀切",搞一种模式。

9.4.2 质量认证的基本知识

1. 质量认证的概念

质量认证也叫合格评定,是国际上通行的管理产品质量的有效方法。质量认证按认证的对象分为产品质量认证和质量管理体系认证两类。

2. 与质量有关的术语

产品指活动或过程的结果。过程是将输入转化为输出的一组彼此相关的资源和活动。质量体系指为实施质量管理所需的组织结构、程序、过程和资源。质量控制(QC)指为达到质量要求所采取的作业技术和活动。质量保证(QA)是为了提供足够的信任表明实体能够满足质量要求,而在质量体系中实施并根据需要进行证实的全部有计划,有系统的活动。质量管理（QM）指确定质量方针、目标和职责，并在质量体系中通过诸如质量策划、质量控制、质量保证和质量改进使其实施的全部管理职能的活动。

3. 质量管理、质量体系、质量控制、质量保证之间的关系

质量管理（QM）、质量控制（QC）、质量保证（QA）在理解和应用中都存在不同程度的混乱状态，三个概念两两之间（QM与QC、QC与QA以及QM与QA）也往往混淆不清。下面进行简单的介绍。

从图9.18可看出，质量管理指企业的全部质量工作，即质量方针的制定和实施。为了实施质量方针和质量目标，必须建立质量体系。在建立质量体系时，首先要建立有关的组织结构，明确各质量职能部门的责任和权限，配备所需的各种资源，制定工作程序，然后才能运用管理和专业技术进行质量控制，并开展质量保证活动。

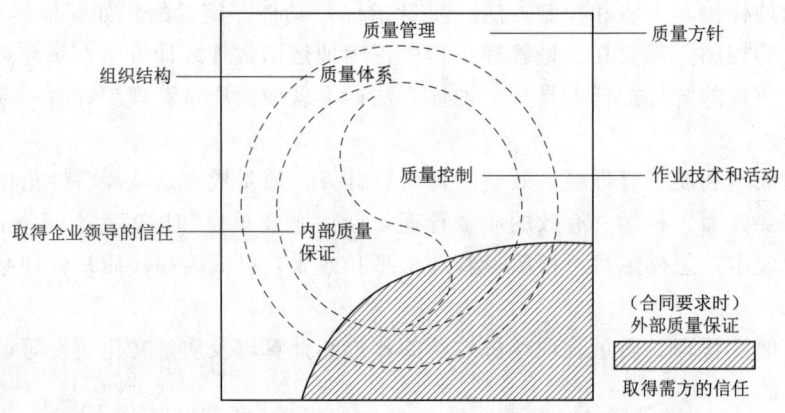

图9.18　质量管理、质量体系、质量控制、质量保证之间的关系

图9.18中的整个正方形代表了质量管理工作。在质量管理中首先要制定质量方针，然后建立质量体系，所以把质量方针（由大圆外的面积代表）画在质量体系这个大圆之外。在质量体系中又要首先确定组织结构，建立有关机构和其职责，然后才能开展质量控制和质量保证活动，所以把组织结构画在小圆之外。小圆部分包括了质量控制和质量保证两类活动，它们中间用S形曲线分开，其用意是表示两者之间的界限，有时不易划分。有的活动中两者都归属，相互不能分离，如对某项过程的评价、监督和验证，既是质量控制，也是质量保证的内容。质量保证就要求实施质量控制，两者只是目的不同而已，后者是为了预防不符合或缺陷，前者则要向某一方进行"证实"（提供证据）。一般说来，质量保证总是和信任结合在一起的。在对图的理解上，不能简单地、错误地认为质量管理就是质量方针，质量体系就是组织结构，应该理解为质量管理除了制定质量方针外还需建立质量体系，而质量体系则除了建立组织结构外还包括质量控制和质量保证两项内容，其间用虚线划分，表示是一个整体，只是为了便于理解其间的关系才把虚线画上去的。图9.18中的斜线部分是外部质量保证的内容，即合同环境中企业为满足需方要求而建立的质量保证体系。质量保证体系也包括了质量方针、组织结构、质量控制和质量保证的要求。

对一个企业来讲，质量保证体系（合同环境中）是其整个质量管理体系中的一个部分，二者并不矛盾，不可分割，质量保证体系建立在质量管理体系的基础之上。因此，在选择供应厂商时，首先要看对方的质量手册，也就是看看其质量管理体系是否基本上能满足质量保

证方面的要求，然后才能确定是否与之签订合同进行合作。当然，供方的质量体系往往不能满足其全部要求，此时，应在合同中补充某些要求，即增加某些质量体系要素，如质量计划、质量审核计划等。

图 9.18 中的斜线部分只是另一个图形的一个部分，这里没有画出来。这第二个图形就是需方的质量管理体系，如画出来，应如图 9.19 所示。

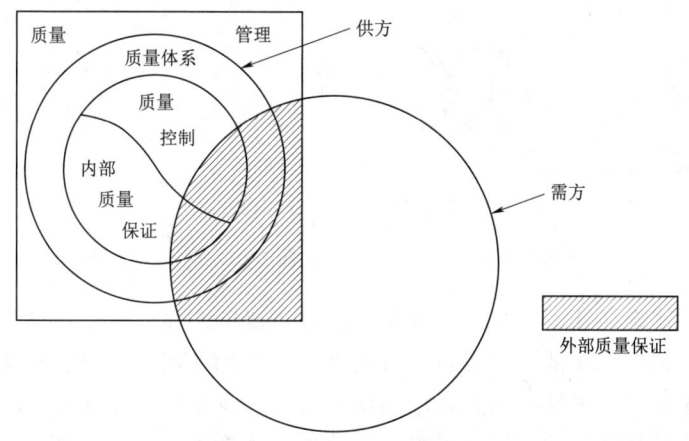

图 9.19　需方质量管理体系

图 9.19 也可说明，一个企业往往同时处在两种环境之中，它的某些产品在一般市场中出售，另一部分产品则按合同出售给需方。同样，它在采购某些材料或零部件，搞技术合作时，有些可以在市场上购买，有的则要与协作厂签订合同，并附上质量保证要求。

综上所述，对一个企业，在非合同环境中，其质量管理工作包括了质量控制和内部的质量保证。在合同环境下，作为供方，其质量保证体系又包括质量管理、质量控制和内部、外部的质量保证活动。

4. 质量认证的基本制度

世界各国现行的质量认证制度主要有八种，其中各国标准机构通常采用的是试验加工厂质量体系评定加认证后监督——质量体系复查加工厂和市场抽样调查的质量认证制度，我国采用的是工厂质量体系评审（质量体系认证）的质量认证制度。

5. 产品质量认证与质量管理体系认证

（1）产品质量认证。产品质量认证按认证性质可分为安全认证和合格认证。

1）安全认证。对于关系国计民生的重大产品，有关人身安全、健康的产品，必须实施安全认证。此外，实行安全认证的产品必须符合《标准化法》中有关强制性标准的要求。

2）合格认证。凡实行合格认证的产品，必须符合《标准化法》规定的国家标准或行业标准要求。

（2）产品质量认证的表示方法。产品质量认证有两种表示方法，即认证证书和认证标志。

1）认证证书（合格证书）。它是由认证机构颁发给企业的一种证明文件，证明某项产品或服务符合特定标准或技术规范。

2）认证标志（合格标志）。它是由认证机构设计并公布的一种专用标志，用以证明某项产品或服务符合特定标准或规范。经认证机构批准，使用在每台（件）合格出厂的认证产品上。认证标志是质量标志，通过标志可以向购买者传递正确可靠的质量信息，帮助购买者识别认证的商品与非认证的商品，指导购买者购买自己满意的产品。

认证标志分为合格认证标志、中国强制认证标志、长城标志和 PRC 标志，如图 9.20 所示。

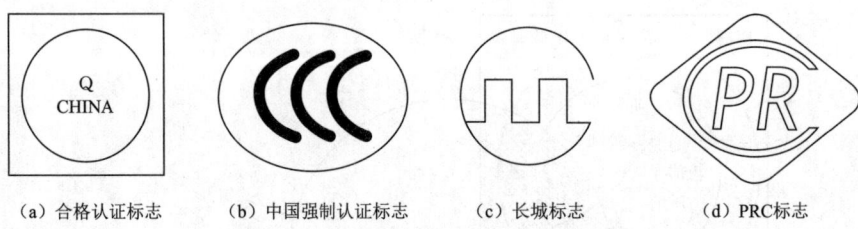

（a）合格认证标志　（b）中国强制认证标志　（c）长城标志　（d）PRC标志

图 9.20　认证标志

（3）质量管理体系认证。质量管理体系认证始于机电产品，由于产品类型由硬件拓宽到软件、流程性材料和服务领域，使得各行各业都可以按标准实施质量管理体系认证。从目前的情况来看，除涉及安全和健康的领域产品认证必不可少之外，在其他领域内，质量管理体系认证的作用要比产品认证的作用大得多，并且质量管理体系认证具有以下特征：

1）由具有第三方公正地位的认证机构进行客观的评价，做出结论，若通过则颁发认证证书。审核人员要具有独立性和公正性，以确保认证工作客观公正地进行。

2）认证的依据是《质量管理体系　要求》（GB/T 19001—2016），而不能依据《质量管理　组织的质量　实现持续成功指南》（GB/T 19004—2020）来进行，更不能依据具体的产品质量标准。

3）认证过程中的审核围绕企业的质量管理体系要求的符合性、满足质量要求和目标方面的有效性来进行。

4）认证的结论不是证明具体的产品是否符合相关的技术标准，而是质量管理体系是否符合 ISO 9001 即质量管理体系要求标准，是否具有按规范要求，保证产品质量的能力。

5）认证合格标志只能用于宣传，不能将其用于具体的产品上。

产品认证和质量管理体系认证的比较见表 9.4。

表 9.4　　　　　　　　产品认证和质量管理体系认证的比较

项目	产品认证	质量管理体系认证
对象	特定产品	企业的质量管理体系
获准认证条件	（1）产品质量符合指定标准要求。 （2）质量管理体系符合 ISO 9001 标准的要求	质量管理体系符合 ISO 9001 标准的要求
证明方式	产品认证证书；认证标志	质量管理体系认证（注册）证书；认证标记
证明的使用	证书不能用于产品；标志可以用于获准认证的产品	证书和标记都不能在产品上使用
性质	自愿性；强制性	自愿性
两者的关系	获得产品认证资格的企业一般无须再申请质量管理体系认证（除非不断有新产品问世）	获得质量管理体系认证资格的企业可以再申请特定产品的认证，但免除对质量管理体系通用要求的检查

6. GB/T 19000—ISO 9000 族标准简介

随着市场经济的不断发展，产品质量已成为市场竞争的焦点。为了更好地推动企业建立更加完善的质量管理体系，实施充分的质量保证，建立国际贸易所需要的关于质量的共同语言和规则，国际标准化组织（ISO）于 1976 年成立了 TC176（质量管理和质量保证技术委员会），着手研究制定国际遵循的质量管理和质量保证标准。1987 年，ISO/TC 176 发布了举世瞩目的 ISO 9000 系列标准，我国于 1988 年发布了与之相应的 GB/T 10300—1988 系列标准，并"等效采用"。为了更好地与国际接轨，又于 1992 年 10 月发布了 GB/T 19000—1992 系列标准，并"等同采用 ISO 9000 族标准"。1994 年国际标准化组织发布了修订后的 ISO 9000 族标准后，我国及时将其等同转化为国家标准。

为了更好地发挥 ISO 9000 族标准的作用，使其具有更好的适用性和可操作性，ISO 已经发布最新的 ISO 9000—2015、ISO 9001—2015 和 ISO 9004—2018。我国及时将其转化为 GB/T 19000—2016（idt ISO 9000—2015），GB/T 19001—2016（idt ISO 9001—2015），GB/T 19004—2020（idt 9004—2018）三个国家标准。

7. 贯彻 ISO 9000 系列标准的必要性

水利水电工程贯彻 ISO 9000 系列标准，对推动我国水利水电工程质量管理标准化工作，提高工程建设质量管理水平具有现实意义。

（1）为建筑施工企业站稳国内、走向国际建筑市场奠定基础。认真贯彻 ISO 9000 族标准，通过质量体系认证，施工企业可以向社会、业主提供一种证明，证明施工企业完全有能力保证建筑产品的质量，从而使施工企业在国内建筑市场的激烈竞争中站稳脚跟。同时也有利于和国际接轨，参与国际建筑工程的投标，为企业走向国际建筑市场创造有利条件。

（2）有利于提高建筑产品的质量、降低成本。采用 ISO 9000 族标准的质量管理体系模式建立、完善质量管理体系，便于施工企业控制影响建筑产品的各种因素，减少或消除质量缺陷的产生，即使出现质量缺陷，也能够及时发现并能及时进行处理，从而保证建筑产品的质量。同时也有利于减少材料的损耗，降低成本。

（3）有利于提高企业自身的技术水平和管理水平，增强企业的竞争力。使用 ISO 9000 族标准进行质量管理，便于企业学习和掌握最先进的生产技术和管理技术，找出自身的不足，从而全面提高企业的素质、技术水平和管理水平，提高企业产品的质量，增强企业的信誉，确保企业的市场占有率，增强企业自身的竞争力。

（4）有利于保证用户的利益。贯彻和正确使用 ISO 9000 族标准进行质量管理，就能保证建筑产品的质量，从而也保护了用户的利益。

9.4.3 全面质量管理

全面质量管理（total quality management，TQM）是企业管理的中心环节，是企业管理的纲；它和企业的经营目标是一致的。这就是要求将企业的生产经营管理和质量管理有机地结合起来。

1. 全面质量管理的基本概念

全面质量管理是以组织全员参与为基础的质量管理模式，它代表了质量管理的最新阶段，最早起源于美国，菲根堡姆指出，全面质量管理是为了能够在最经济的水平上，并充分考虑到满足用户的要求的条件下进行市场研究、设计、生产和服务，把企业内各部门研制质量、维持质量和提高质量的活动构成为一体的一种有效体系。他的理论经过世界各国的继承和发展,得到了进一步的扩展和深化。

2. 全面质量管理的基本指导思想

全面质量管理在我国也得到一定的发展。我国专家总结实践经验,提出了"三全一多样"的观点,即推行全面质量管理,必须要满足"三全一多样"的基本要求。

(1) 全过程的质量管理。任何产品或服务的质量都有一个产生、形成和实现的过程。为了保证和提高质量就必须把影响质量的所有环节和因素都控制起来。为此,全过程的质量管理包括了从市场调研,产品的设计开发、生产(作业),到销售、服务等全部有关过程的质量管理。换句话说,要保证产品或服务的质量,不仅要搞好生产或作业过程的质量管理,还要搞好设计过程和使用过程的质量管理。为此,全面质量管理强调必须体现如下两个思想:

1) 预防为主、不断改进的思想。优良的产品质量是设计和生产制造出来的,而不是由事后的检验决定的。事后的检验面对的是既成事实的产品质量。根据这一基本道理,全面质量管理要求把管理工作的重点,从"事后把关"转移到"事前预防"上来;从管结果转变为管因素,实行"预防为主"的方针,把不合格品消灭在它的形成过程之中,做到"防患于未然"。当然,为了保证产品质量,防止不合格品出厂或流入下道工序,并把发现的问题及时反馈,防止再出现、再发生,加强质量检验在任何情况下都是必不可少的。强调预防为主、不断改进的思想,不仅不排斥质量检验,甚至要求其更加完善、更加科学。质量检验是全面质量管理的重要组成部分,企业内行之有效的质量检验制度必须坚持,并且要进一步使之科学化、完善化、规范化。

2) 为顾客服务的思想。顾客有内部和外部之分,外部的顾客可以是最终的顾客,也可以是产品的经销商或再加工者;内部的顾客是企业的部门和人员。实行全过程的质量管理要求企业各个工作环节都必须树立为顾客服务的思想。内部顾客满意是外部顾客满意的基础。因此,在企业内部要树立"下道工序是顾客","努力为下道工序服务"的思想。现代工业生产一环扣一环,前道工序的质量会影响后道工序的质量,一道工序出了质量问题,就会影响整个过程以至产品质量。因此,要求每道工序的工序质量都要经得起下道工序即"顾客"的检验,满足下道工序的要求。有些企业开展的"三工序"活动即复查上道工序的质量,保证本道工序的质量,坚持优质、准时为下道工序服务,是为顾客服务思想的具体体现。只有每道工序在质量上都坚持高标准,都为下道工序着想,为下道工序提供最大的便利,企业才能目标一致地、协调地生产出符合规定要求、满足用户期望的产品。

可见,全过程的质量管理就意味着全面质量管理要"始于识别顾客的需要,终于满足顾客的需要"。

(2) 全员的质量管理。企业中任何一个环节、任何一个人的工作质量都会不同程度地直接或间接地影响着产品质量或服务质量。因此,产品质量人人有责,人人关心产品质量和服务质量,人人做好本职工作,全体参加质量管理,才能生产出顾客满意的产品。要实现全员的质量管理,应当做好三个方面的工作。

1) 必须抓好全员的质量教育和培训。教育和培训的目的有两个方面:第一,加强职工的质量意识,牢固树立"质量第一"的思想;第二,提高员工的技术能力和管理能力,增强参与意识。在教育和培训过程中,要分析不同层次员工的需求,有针对性地开展教育和培训。

2) 要制定各部门、各级各类人员的质量责任制,明确任务和职权,各司其职,密切配合，以形成一个高效、协调、严密的质量管理工作的系统。这就要求企业的管理者要勇于授权、敢于放权。授权是现代质量管理的基本要求之一。原因在于：第一，顾客和其他相关方能否满意、企业能否对市场变化做出迅速反应决定了企业能否生存，而提高反应速度重要和有效的方式就是授权；第二，企业的职工有强烈的参与意识，同时也有很高的聪明才智，赋予他们权力和相应的责任，也能够激发他们的积极性和创造性；第三，在明确职权和职责的同时，还应该要求各部门和相关人员对质量做出相应的承诺。当然，为了激发他们的积极性和责任心，企业应该将质量责任同奖惩机制挂起钩来。只有这样，才能够确保责、权、利三者的统一。

3) 要开展多种形式的群众性质量管理活动，充分发挥广大职工的聪明才智和当家做主的进取精神。群众性质量管理活动的重要形式之一是质量管理小组。除了质量管理小组之外，还有很多群众性质量管理活动，如合理化建议制度和质量相关的劳动竞赛等。总之，企业应该发挥创造性，采取多种形式激发全员参与的积极性。

(3) 全企业的质量管理。全企业的质量管理可以从两个角度来理解。

1) 从组织管理的角度来看，每个企业都可以划分成上层管理、中层管理和基层管理。"全企业的质量管理"就是要求企业各管理层次都有明确的质量管理活动内容。当然，各层次活动的侧重点不同。上层管理侧重于质量决策，制定出企业的质量方针、质量目标、质量政策和质量计划，并统一组织、协调企业各部门、各环节、各类人员的质量管理活动，保证实现企业经营管理的最终目的；中层管理则要贯彻落实领导层的质量决策，运用一定的方法找到各部门的关键、薄弱环节或必须解决的重要事项，确定出本部门的目标和对策，更好地执行各自的质量职能，并对基层工作进行具体的业务管理；基层管理则要求每个职工都要严格地按标准、按规范进行生产，相互间进行分工合作，互相支持协助，并结合岗位工作，开展群众合理化建议和质量管理小组活动，不断进行作业改善。

2) 从质量职能角度看，产品质量职能是分散在全企业的有关部门中的，要保证和提高产品质量，就必须将分散在企业各部门的质量职能充分发挥出来。但由于各部门的职责和作用不同，其质量管理的内容也是不一样的。为了有效地进行全面质量管理，就必须加强各部门之间的组织协调，并且为了从组织上、制度上保证企业长期稳定地生产出符合规定要求、满足顾客期望的产品，最终必须要建立起全企业的质量管理体系，使企业的所有研制、维持和改进质量的活动构成为一个有效的整体。建立和健全全企业质量管理体系，是全面质量管理深化发展的重要标志。

可见，全企业的质量管理就是要"以质量为中心，领导重视，组织落实，体系完善"。

(4) 多方法的质量管理。影响产品质量和服务质量的因素越来越复杂：既有物质的因素，又有人的因素；既有技术的因素，又有管理的因素；既有企业内部的因素，又有随着现代科学技术的发展，对产品质量和服务质量提出了越来越高要求的企业外部的因素。要把这一系列的因素系统地控制起来，全面管好，就必须根据不同情况，区别不同的影响因素，广泛、灵活地运用多种多样的现代化管理办法来解决当代质量问题。目前，质量管理中广泛使用各种方法，统计方法是重要的组成部分。除此之外，还有很多非统计方法。常用的质量管理方法有所谓的老七种工具，具体包括因果分析图、排列图、直方图、控制图、散布图、分层法、调查表；还有新七种工具，具体包括关联图法、KJ法、系统图法、矩阵图法、矩阵数据分析法、PDPC法、矢线图法。除了以上方法外，还有很多方法，尤其是一些新方法近年来得到了广泛的关注,具体包括质量功能展开(QFD)、故障模式和影响分析(FMEA)、头脑风暴法(Brainstorming)、六西格玛法、水平对比法(Benchmarking)、业务流程再造(BPR)等。

总之,为了实现质量目标,必须综合应用各种先进的管理方法和技术手段,必须善于学习和引进国内外先进企业的经验,不断改进本组织的业务流程和工作方法,不断提高组织成员的质量意识和质量技能。"多方法的质量管理"要求的是"程序科学、方法灵活、实事求是、讲求实效"。上述"三全一多样",都是围绕着"有效地利用人力、物力、财力、信息等资源,以最经济的手段生产出顾客满意的产品"这一企业目标的,这是我国企业推行全面质量管理的出发点和落脚点,也是全面质量管理的基本要求。坚持质量第一,把顾客的需要放在第一位,树立为顾客服务、对顾客负责的思想,是我国企业推行全面质量管理贯彻始终的指导思想。

3. 全面质量管理的工作原则

20世纪80年代后期以来,全面质量管理得到了进一步的扩展和深化,逐渐由早期的TQC演化成为TQM,其含义远远超出了一般意义上的质量管理的领域,而成为一种综合的、全面的经营管理方式和理念。质量不再仅仅被看作是产品或服务的质量,而是整个组织经营管理的质量。因此,全面质量管理已经成为组织实现战略目标的最有力武器。在此情况下,全面质量管理的理念和原则相对于TQC阶段而言都发生了很大的变化。

ISO 9000族国际标准是各国质量管理和质量保证经验的总结,是各国质量管理专家智慧的结晶。可以说,ISO 9000族国际标准是质量管理方面很好的教科书。在2000版ISO 9000标准中提出了质量管理八项原则。这八项原则反映了全面质量管理的基本思想。这八项原则如下:

(1) 以顾客为关注焦点。"组织依存于顾客。因此,组织应当理解顾客当前和未来的需求,满足顾客要求并争取超越顾客期望。"顾客是决定企业生存和发展的最重要因素,服务于顾客并满足他们的需要应该成为企业存在的前提和决策的基础。为了确保企业的经营以顾客为中心,企业必须把顾客要求放在第一位。

(2) 领导作用。"领导者确立组织统一的宗旨及方向。他们应当创造并保持使员工能充分参与实现组织目标的内部环境。"企业领导能够将组织的宗旨、方向和内部环境统一起来,并创造使员工能够充分参与实现组织目标的环境,从而带领全体员工一道去实现目标。

(3) 全员参与。"各级人员都是组织之本,只有他们的充分参与,才能使他们的才干为组织带来收益。"产品和服务的质量是企业中所有部门和人员工作质量的直接或间接的反映。因此,组织的质量管理不仅需要最高管理者的正确领导,更重要的是全员参与。为了激发全体员工参与的积极性,管理者应该对职工进行质量意识、职业道德、以顾客为中心的意识和敬业精神的教育,还要通过制度化的方式激发他们的积极性和责任感。在全员参与过程中,团队合作是一种重要的方式,特别是跨部门的团队合作。

(4) 过程方法。"将活动和相关的资源作为过程进行管理,可以更高效地得到期望的结果。"质量管理理论认为:任何活动都是通过"过程"实现的。通过分析过程、控制过程和改进过程,就能够将影响质量的所有活动和所有环节控制住,确保产品和服务的高质量。因此,在开展质量管理活动时,必须要着眼于过程。

(5) 管理的系统方法。"将相互关联的过程作为系统加以识别、理解和管理,有助于组织提高实现目标的有效性和效率。"开展质量管理要用系统的思路。这种思路应该体现在质量管理工作的方方面面。在建立和实施质量管理体系时尤其如此。一般其系统思路和方法应该遵循以下步骤：确定顾客的需求和期望；建立组织的质量方针和目标；确定过程和职责；确定过程有效性的测量方法并用来测定现行过程的有效性；寻找改进机会，确定改进方向；实施改进；监控改进效果、评价结果；评审改进措施和确定后续措施等。

（6）持续改进。"持续改进总体业绩应当是组织的一个永恒目标。"质量管理的目标是顾客满意。顾客需要在不断地提高，因此，企业必须要持续改进才能持续获得顾客的支持。另一方面，竞争的加剧使得企业的经营处于一种"逆水行舟，不进则退"的局面，要求企业必须不断改进才能生存。

（7）以事实为基础进行决策。"有效决策是建立在数据和信息分析的基础上。"为了防止决策失误，必须要以事实为基础。为此必须要广泛收集信息，用科学的方法处理和分析数据和信息。不能够"凭经验，靠运气"。为了确保信息的充分性，应该建立企业内外部的信息系统。坚持以事实为基础进行决策就是要克服"情况不明决心大，心中无数点子多"的不良决策作风。

（8）与供方互利的关系。"组织与供方是相互依存的，互利的关系可增强双方创造价值的能力"。在目前的经营环境中，企业与企业间已经形成了"共生共荣"的企业生态系统。企业之间的合作关系不再是短期的、甚至一次性的合作，而是要致力于双方共同发展的长期合作关系。

ISO 9000 族标准的八项原则反映了全面质量管理的基本思想和原则，但是，全面质量管理的原则还不仅限于此。原因在于 ISO 9000 族是世界性的通用标准，因此它并不能代表质量管理的最高水平。企业在达到 ISO 9000 族标准的要求之后，还需要进一步地发展。这就需要更高的标准和更高的要求来指导企业的工作。在国际范围内享有很高声誉的美国马尔科姆·波多里奇国家质量奖代表了质量管理的世界水平，其体现的核心价值观也反映了全面质量管理的基本原则和思想，其中很多与 ISO 9000 标准的八项质量管理原则一致。除此之外，作为代表质量管理世界级水平的质量管理标准，马尔科姆·波多里奇国家质量奖的核心价值观还有一些超越了八项基本原则的范畴，体现了达到世界级质量水平，实现卓越经营的指导思想。

4. 全面质量管理的运转方式

质量保证体系运转方式是按照计划（P）、执行（D）、检查（C）、处理（A）的管理循环进行的。它包括四个阶段和八个工作步骤。

（1）四个阶段。

1）计划阶段。按使用者要求，根据具体生产技术条件，找出生产中存在的问题及其原因，拟定生产对策和措施计划。

2）执行阶段。按预定对策和生产措施计划，组织实施。

3）检查阶段。对生产成品进行必要的检查和测试，即把执行的工作结果与预定目标对比，检查执行过程中出现的情况和问题。

4）处理阶段。把经过检查发现的各种问题及用户意见进行处理。凡符合计划要求的予以肯定，成文标准化。对不符合设计要求和不能解决的问题，转入下一循环以便进一步研究解决。

(2) 八个工作步骤。

1) 分析现状，找出问题。不能凭印象和表面做判断，结论要用数据表示。

2) 分析各种影响因素，要对可能因素一一加以分析。

3) 找出主要影响因素进行解剖，才能改进工作，提高产品质量。

4) 研究对策。针对主要因素拟定措施，制订计划，确定目标。以上属 P 阶段工作内容。

5) 执行措施。这是 D 阶段的工作内容。

6) 检查工作成果，对执行情况进行检查，找出经验教训。这是为 C 阶段的工作内容。

7) 巩固措施，制定标准，把成熟的措施订成标准（规程、细则），形成制度。

8) 遗留问题转入下一个循环。

以上 7) 和 8) 为 A 阶段的工作内容。PDCA 管理循环的工作程序如图 9.21 所示。

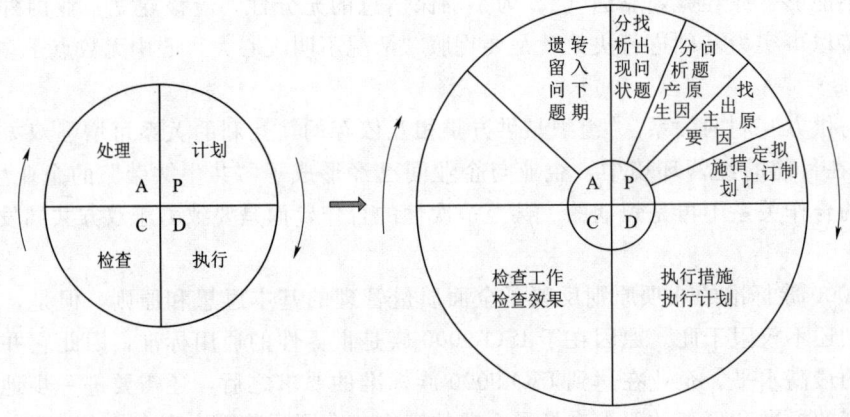

图 9.21　PDCA 工作程序示意图

(3) PDCA 循环的特点。

1) 四个阶段缺一不可，先后次序不能颠倒。就好像一只转动的车轮，在解决质量问题中滚动前进，逐步使产品质量提高。

2) 企业的内部 PDCA 循环各级都有，整个企业是一个大循环，企业各部门又有自己的循环，如图 9.22 所示。大循环是小循环的依据，小循环又是大循环具体和逐级贯彻落实的体现。

3) PDCA 循环不是在原地转动，而是在转动中前进。每个循环结束，质量提高一步。图 9.23 为循环上升示意图，它表明每一个 PDCA 循环都不是在原地周而复始地转动，而是像爬楼梯那样，每转一个循环都有新的目标和内容。因而就意味前进了一步，从原有水平上升到了新的水平，每经过一次循环，也就解决了一批问题，质量水平就有新的提高。

4) 阶段是一个循环的关键，这一阶段（处理阶段）的目的在于总结经验，巩固成果，纠正错误，以利于下一个管理循环。为此必须把成功和经验纳入标准，定为规程，使之标准化、制度化，以便在下一个循环中遵照办理，使质量水平逐步提高。

必须指出，质量的好坏反映了人们质量意识的强弱，也反映了人们对提高产品质量意义的认识水平。有了较强的质量意识，还应使全体人员对全面质量管理的基本思想和方法有所了解。这就需要开展全面质量管理，必须加强质量教育的培训工作，贯彻执行质量责任制并形成制度，持之以恒，才能使工程施工质量水平不断提高。

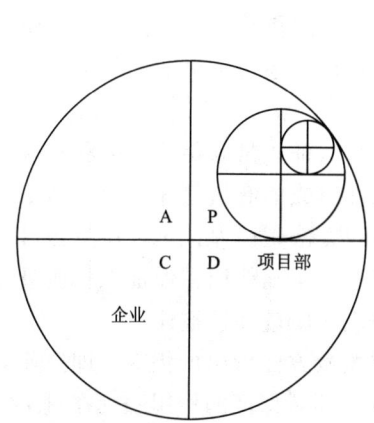

图 9.22 PDCA 循环运转示意

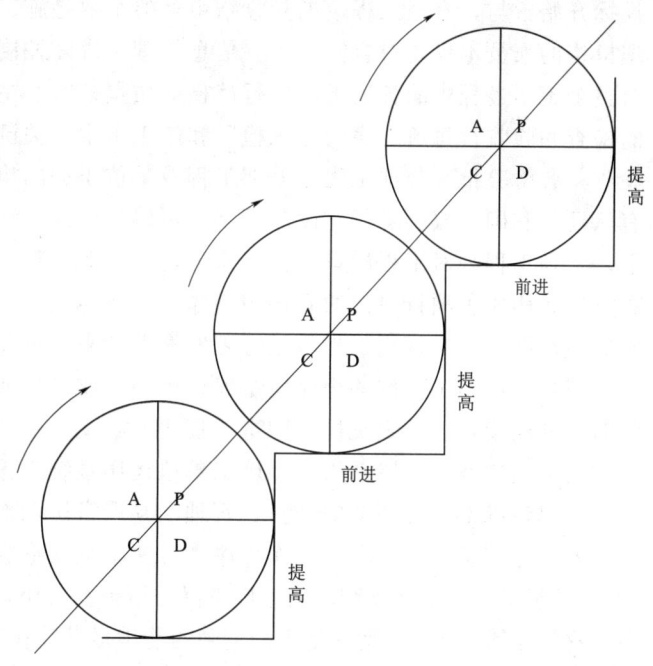

图 9.23 PDCA 循环上升示意

5. 质量保证体系的建立和运转

为保证建筑工程质量，在工程建设中，我国逐步建立了比较系统的工程质量管理的三个体系，即设计施工单位的全面质量保证体系、建设监理单位的质量检查体系和政府部门的工程质量监督体系。

(1) 政府部门的工程质量监督体系。国家实行建设工程质量监督管理制度。工程质量监督管理的主体是各级政府建设行政主管部门。工程质量监督工作是一项专业技术强且很繁杂的工作，其具体实施由建设行政部门或其他有关部门委托的工程质量监督机构进行。工程质量监督机构是经省级以上建设行政主管部门或有关部门考核认定，具有独立法人资格的单位。它受县级以上地方人民政府建设行政部门或有关部门的委托，依法对工程质量进行强制性监督，并对委托部门负责。工程质量监督机构是各级政府的职能部门，代表政府行使工程质量监督权，按照"监督、促进、帮助"的原则，积极支持、指导建设单位、设计单位和施工单位的质量管理工作，但不能代表各单位原有的管理职能。

各级工程质量监督体系主要由各级工程监督站代表政府行使职能，对工程建设实施第三方的强制性监督，其工作具有一定的强制性。其基本工作内容有受理建设项目的质量监督、制定质量监督工作方案、检查施工现场工程建设各方主体的质量行为、检查建设工程实体质量、监督工程质量验收及报送工程质量报告、监督预制建筑构件和商品混凝土质量等。

(2) 建设监理单位的质量检查体系。对工程项目实行建设监理制度，是我国在建设领域管理体制改革中推行的一项科学管理制度。建设监理单位受业主的委托，为保证工程质量，充分发挥投资效益，在监理合同授权范围内，依据国家的法律、法规、技术规范标准和设计文件及工程合同要求，对工程建设进行监督和管理。

建设监理单位全过程参与工程质量的检查控制。在施工过程阶段，监理工程师从施工招投标开始参与,直至工程竣工验收结束,但主要是施工阶段的监理工作。在这一阶段中,监理机构的人员不仅要对合同管理、信息管理、进度控制和投资控制进行监理工作,而且还要对整个施工过程中的各道工序进行严格的质量控制。主要质量控制的内容有进场设备和材料的检查和验收;每道工序的"三检"和施工审批;关键工序或关键部位、隐蔽工程的检查和验收;各检验批、分项工程、分部工程及单位工程的检查和验收等。监理工程师对工程质量有认证权和确认权。实行建设监理制,可以将建设工程的质量严格置于监理工程师的控制之下。监理工程师对工程质量的控制认证,有一套完整的、严密的组织机构、工作制度、程序和方法,构成了项目建设的质量控制体系,成为我国工程建设管理体系中不可缺少的另一层次的组成部分,对强化工程质量管理发挥着越来越重要的作用。

(3) 设计施工单位的全面质量保证体系。质量保证体系指为保证质量满足明示的和隐含的需要和期望,由组织机构、职责、程序、活动、能力和资源等组成的有机整体。设计施工单位的全面质量保证体系指设计施工单位运用系统工程的观点和方法,以保证工程质量为目的,将单位各部门各环节的经营、管理活动严密协调地组织起来,明确他们在保证工程质量方面的任务、责任、权限、工作程序和方法,从而形成一个有机的质量保证整体。

1) 质量保证的概念和作用。质量保证指企业对用户在工程质量方面做出的担保,即企业向用户保证其承建的工程在规定的期限内能满足设计和使用功能。质量保证的作用表现在对工程建设和施工企业内部两个方面。对工程建设,通过质量保证体系的正常运行,确保工程质量完全满足设计文件、工程合同规定的质量要求,并保证工程建设过程的质量和使用后的服务质量。对企业内部,通过质量保证活动,可有效地保证工程质量,或及时发现工程质量或事故征兆,防止质量事故的发生,使施工处于正常状态之中,从而提高企业经济效益。

2) 质量保证的内容和途径。质量保证的内容必须贯穿于工程建设的全过程。按照建筑工程形成的过程分,主要包括设计阶段质量保证、采购和施工准备阶段质量保证、施工阶段质量保证和使用阶段质量保证。质量保证的途径包括:在工程建设中以检查为手段的质量保证,以工序管理为手段的质量保证和以开发新技术、新工艺、新材料、新产品为手段的质量保证。

3) 全面质量保证体系。我国的工程质量保证体系一般由思想保证、组织保证和工作保证三个子体系组成。

a. 思想保证子体系。思想保证子体系指参加工程建设规划、勘测、设计和施工人员要有浓厚的质量意识,牢固树立"质量第一,用户第一"的思想,并全面掌握质量管理的基本思想、基本观点和基本方法,这是建立质量保证体系的前提和基础。

b. 组织保证子体系。组织保证子体系指工程建设管理的组织系统和工程形成过程中有关的组织机构系统。这个子体系要求管理系统的各层次中的专业技术管理部门,都要有专职的质量负责职能机构和人员。在施工现场,施工企业要设置兼职或专职的质量检查与控制人员,担负起相应的质量保证职责,以形成质量管理的网络。在施工过程中,建设单位委托建设监理单位进行工程质量的监督、检查和指导,以保证组织的落实和正常活动的开展。

c. 工作保证子体系。工作保证子体系是质量保证体系的重要部门,按照工程产品形成过程来划分,可分为勘察设计过程质量保证子体系、施工过程质量保证子体系、辅助生产过程质量保证子体系和使用过程质量保证子体系等。其中,施工过程质量保证子体系是整个工作保证子体系的核心和基础,是构成工作保证子体系的主要子体系。

9.4 施工项目质量管理

图 9.24 和图 9.25 即为某工程项目的质量保证机构和质量保证体系。

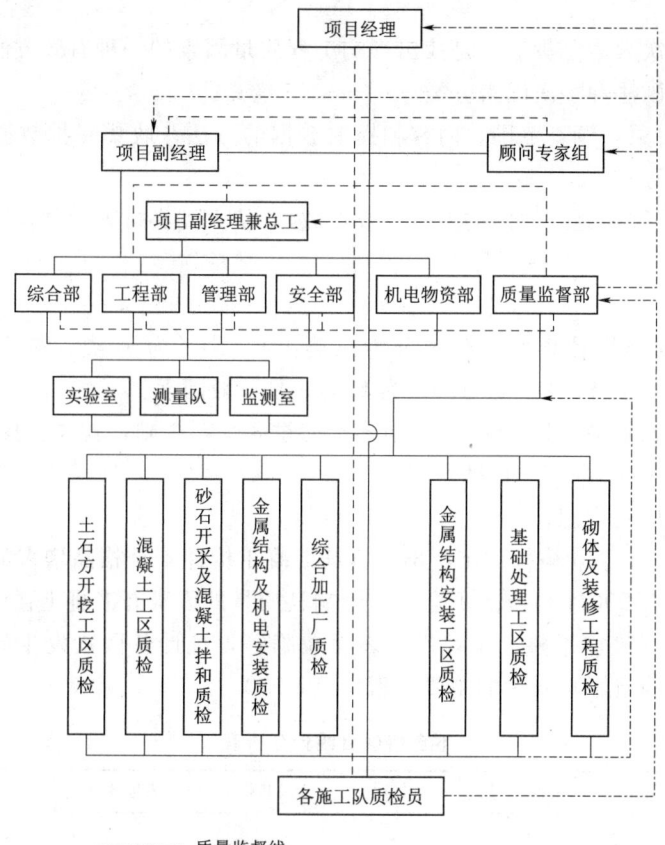

图 9.24 质量保证机构框图

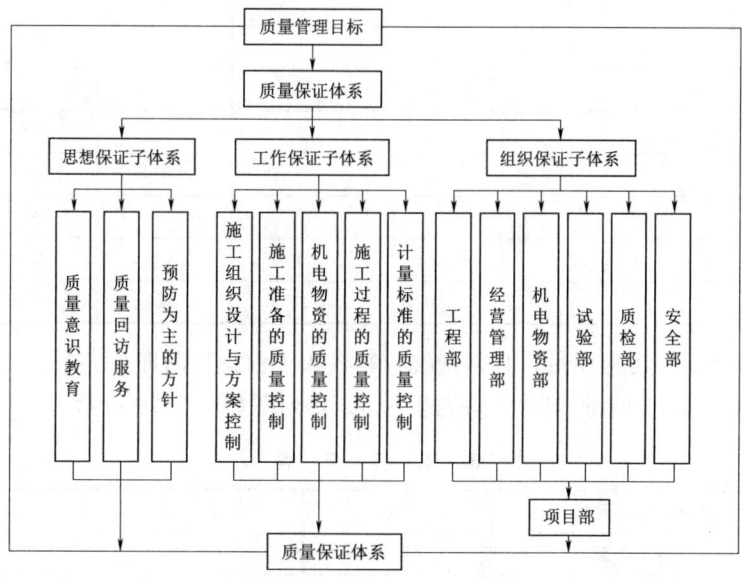

图 9.25 质量保证体系框图

9.4.4 工程质量分析工具

1. 排列图

排列图又称主次因素分析法,是找出影响工程质量因素的一种有效方法。

(1) 排列图的画法和主次因素分类。

1) 决定调查对象,调查范围、内容和提取数据的方法,收集一批数据(如废品率、不合格率、规格数量等)。

2) 整理数据,按问题或原因的频数(或点数),从大到小排列,并计算其发生的频率和累计频率。

3) 作排列图。

4) 分类。通常把累计频率百分数分为三类:0～80%为 A 类,是主要因素;80%～90%为 B 类,是次要因素;90%～100%为 C 类,是一般因素。

注意点:主要因素最好是 1～2 个,最多不超过 3 个,否则,就失去找主要矛盾的意义;注意分层,从几个不同方面 14 行排列。

(2) 排列图的应用实例。

【例 9.6】 某施工企业构件加工厂出现钢筋混凝土构件不合格品增多的质量问题,对一批构件进行检查,有 200 个检查点不合格,影响其质量的因素有混凝土强度、截面尺寸、侧向弯曲、钢筋强度、表面平整、预埋件、表面缺陷等,统计各因素发生的次数列于表 9.5 中,试作排列图并确定影响质量的主要因素。

表 9.5 不合格项目统计分析表

构件批号	混凝土强度	截面尺寸	侧向弯曲	钢筋强度	表面平整	预埋件	表面缺陷
1	5	6	2	1			1
2	10		4		2	1	
3	20	4		2		1	
4	5	3	5		4	1	
5	5	2		1			1
6	4		3		1		
7	18	6		3	—		1
8	25	6	4		1	—	
9	4	3		2	—	—	
10	6	20	2	1		1	
合计	105	50	20	10	8	4	3

解:表 9.5 已列出因素项目,只需从统计频数入手作排列图即可。

频数、频率、累计频率的统计结果见表 9.6,排列图如图 9.26 所示。

表 9.6 频 率 计 算 表

序号	影响质量的因素	频数	频率/%	累计频率/%
1	混凝土强度	105	52.5	52.5
2	截面尺寸	50	25	77.5

续表

序号	影响质量的因素	频数	频率/%	累计频率/%
3	侧向弯曲	20	10	87.5
4	钢筋强度	10	5	92.5
5	表面平整	8	4	96.5
6	预埋件	4	2	98.5
7	表面缺陷	3	1.5	100
	合 计	200	100	

图 9.26、表 9.6 都表明，A 类因素（影响钢筋混凝土构件质量的主要因素）有混凝土强度和截面尺寸两项，应针对这两个因素制定改进措施。

2. 因果分析图

因果分析图也叫特性要因图，用来表示因果关系。特性指生产中出现的质量问题；要因指对质量问题有影响的因素或原因。此法是对质量问题特性有影响的重要因素进行分析和分类，通过整理、归纳、分析，查找原因，以便采取措施，解决质量问题。要因一般可从五方面来找，即人员、材料、机械设备、工艺方法和环境。

(1) 因果分析图画法。

1) 确定需要分析的质量特性，画出带箭头的主干线。

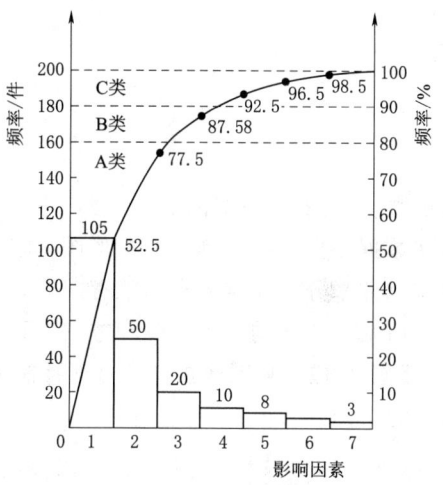

图 9.26 混凝土构件质量排列图

2) 分析造成质量问题的各种原因，逐层分析，由大到小，追查原因中的原因，直到可以针对原因采取具体措施解决的程度为止。

3) 按原因大小以支线逐层标记于图上。

4) 找出关键原因，并标注在图上。向有关部门提供质量情报。

(2) 应用举例。

【例 9.7】 某工程混凝土强度低的因果分析图如图 9.27 所示，试进行分析。

解：由图 9.27 可以判断，工程混凝土强度低的主要原因是搅拌与养护方法不当，搅拌机出现问题，导致搅拌不充分；材料储存条件变化和操作人员的责任心差。

3. 直方图

直方图法又称频数分布直方图法，它是将收集到的质量数据进行分组整理，绘制成频数分布直方图，用以描述质量分布状态的一种方法。所以直方图又称质量分布图。产品质量由于受到各种因素的影响，必然会出现波动。即使用同一批材料、同一台设备，由同一操作者采用相同工艺生产出来的产品，质量也不会完全一致。但是，产品质量的波动有一定范围和规律，质量分布指质量波动的范围和规律。

产品质量的状态是用指标数据反映的，质量的波动表现为数据的波动。直方图法就是通过频数分布分析、研究数据的集中程度和波动范围的一种统计方法，是把收集到的产品质量

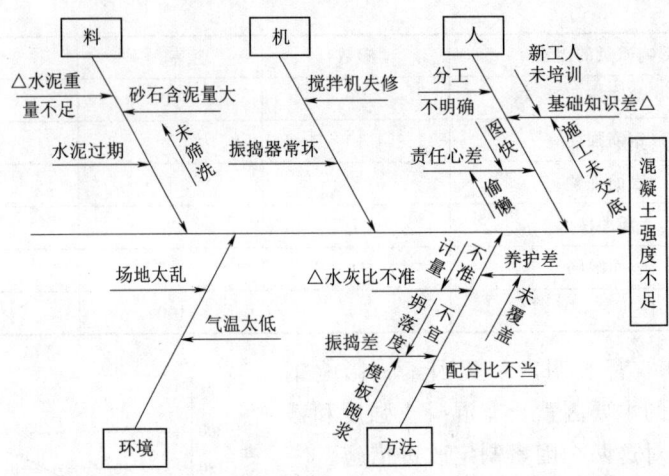

图 9.27 混凝土强度低的因果分析图

特征数据,按大小顺序加以整理,进行适当分组,计算每一组中数据的个数(频数),根据这些数据在坐标纸上画一些矩形图,横坐标为样本的取值范围,纵坐标为数据落入各组的频数,以此来分析质量分布的状态。

(1) 直方图的作图步骤和方法。下面以 [例 9.8] 为例进行说明。

【例 9.8】 某工地在一个时期拌制 C40 混凝土,共做试块 35 组,其抗压强度见表 9.7,求作直方图。

表 9.7 混凝土试块抗压强度统计表 单位:N/mm²

序号	强 度 等 级					最大值	最小值
1	41.2	41.5	35.5	37.5	38.2	41.5	35.5
2	41.0	40.8	39.6	40.6	41.7	41.7	39.6
3	40.5	47.1	42.8	43.1	38.7	47.1	38.7
4	35.2	41.0	45.9	38.8	43.2	45.9	35.2
5	39.7	38.0	44.0	44.5	44.5	34.0
6	47.5	44.1	43.8	39.9	36.1	47.5	36.1
7	47.3	49.0	41.4	42.3	43.7	49.0	41.4

解: 1) 收集整理数据。根据数理统计的原理,从需要分析的质量问题的总体中随机抽取一定数量的数据作为样本,通过分析样本来判断总体的状态。样本的数量不能太少,因为样本容量越大,越能代表总体的状态。样本的数量一般不应少于 30 个。

2) 找出全体数据的最大值 X_{max} 和最小值 X_{min}:$X_{max}=49.0\text{N/mm}^2$;$X_{min}=34.0\text{N/mm}^2$。

3) 计算极差 R。极差表示全体数据的最大值与最小值之差,也就是全体数据的分布极限范围。

$$R = X_{max} - X_{min} = 49.0 - 34.0 = 15.0\text{N/mm}^2$$

4) 确定组距和分组数。组距大小应根据对测量数据的要求精度而定;组数应根据收集数据总数的多少而定,组数太少会掩盖组内数据的变动情况,组数太多又会使各组的高度参差不齐,从而看不出明显的规律。分组数可参考表 9.8 确定。组距用 h 来表示;组数用 k

来表示。通常先定组数，后定组距。组数、组距、极差三者之间的关系为

$$h = \frac{R}{k}$$

本例中，取组数 $k=7$，则组距为

$$h = \frac{15.0}{7} = 2.1 \text{N/mm}^2$$

表 9.8　　　　　　　　　　　　分组数 k 值的参考表

样本数量 N	分组数	样本数量 N	分组数
小于 50	5～7	100～250	7～12
50～100	6～10	250 以上	10～20

5) 确定各组边界值。为避免数据正好落在边界值上，一般可采用区间分界值比统计数据提高一级精度的办法。为此，可按下列公式计算第一区间的上、下界值：

$$\text{第一区间下界值} = X_{\min} - \frac{h}{2}$$

$$\text{第一区间上界值} = X_{\min} + \frac{h}{2}$$

本例中，第一区间的下界值为

$$34.0 - \frac{2.1}{2} = 34.0 - 1.05 = 32.95 \text{N/mm}^2$$

第一区间上界值为

$$34.0 + 1.05 = 35.05 \text{N/mm}^2$$

第一组的上界值就是第二组的下界值，第二组的上界值等于第二组的下界值加上组距，其余类推。

6) 制表并统计频数。根据分组情况，分别统计出各组数据的个数，得到频数分布统计表。本例频数分布统计见表 9.9。

表 9.9　　　　　　　　　　　　频 数 分 布 统 计 表

序号	分组界限/(N/mm²)	频数	频率
1	32.95～35.05	1	0.029
2	35.05～37.15	3	0.086
3	37.15～39.25	5	0.143
4	39.25～41.35	9	0.256
5	41.35～43.45	7	0.200
6	43.45～45.55	5	0.143
7	45.55～47.65	4	0.114
8	47.65～49.75	1	0.029
合计		35	1.000

7) 画直方图。直方图是一张坐标图，横坐标表示分组区间的划分，纵坐标表示各分组区间值的发生频数。本例的混凝土强度频数分布直方图如图 9.28 所示。

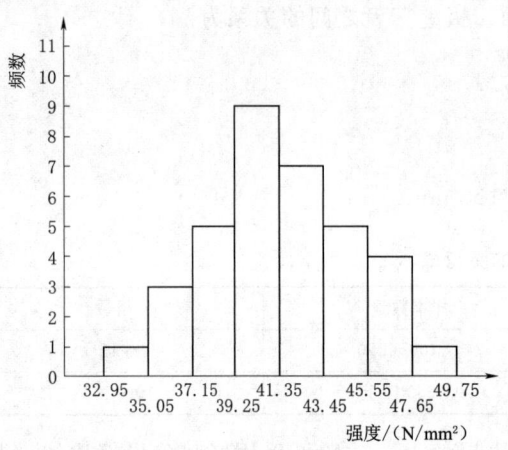

图 9.28 混凝土强度频数分布直方图

(2) 直方图的观察与分析。分析直方图的整体形状。正常情况下的直方图应接近正态分布图，即中间高，两边低，左右对称。图 9.29（a）接近正态分布，属于正常情况。如果出现其他形状的图形，说明分布异常，应及时查明原因，采取措施加以纠正。

常见的异常图形有以下几种：

1）锯齿形。直方图出现参差不齐的形状，如图 9.29（b）所示。造成这种现象的原因不是生产上控制的偏向，而是分组过多或测量错误。应减少分组，重新作图。

2）缓坡形。直方图在控制之内，但峰顶偏向一侧，另一侧出现缓坡，如图 9.29（c）所示。说明生产中控制有偏向，或由操作者习惯因素造成。

3）孤岛形。这是生产过程中短时间的情况异常造成的，如少量材料不合格，临时更换设备，不熟练工人上岗等，如图 9.29（d）所示。

4）双峰形。如图 9.29（e）所示，表示数据出自不同的来源，如由工艺水平相差很大的两个班组生产的产品，使用两种质量相差很大的材料，两种不同的作业环境等。因此收集数据必须区分来源。

5）绝壁形。如图 9.29（f）所示，通常是由于数据输入不正常，可能有意识地去掉下限以下的数据，或是在检测过程中存在某种人为因素所造成的。

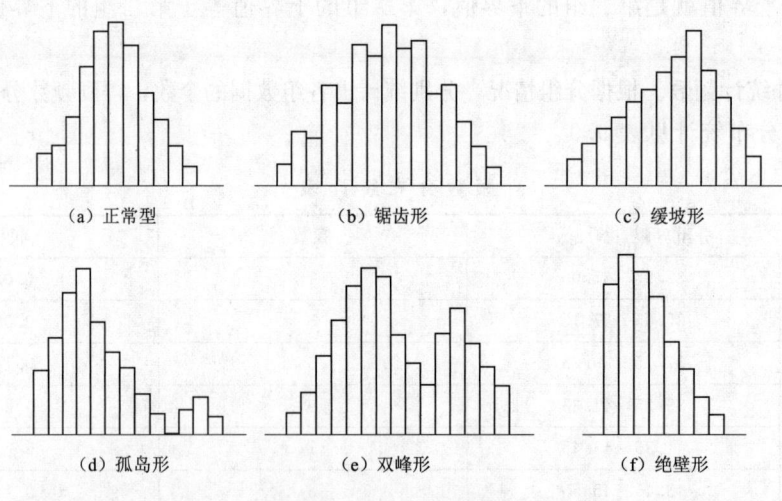

图 9.29 常见的直方图图形

(3) 将直方图与质量标准比较，判断实际生产过程的能力。通过前面的观察与分析，若图形正常，并不能说明质量分布就完全合理，还要与质量标准即标准公差相比较，如图 9.30 所示。图中 B 表示实际的质量特性分布范围，T 表示规范规定的标准公差的界限（T＝容许上限－容许下限）。

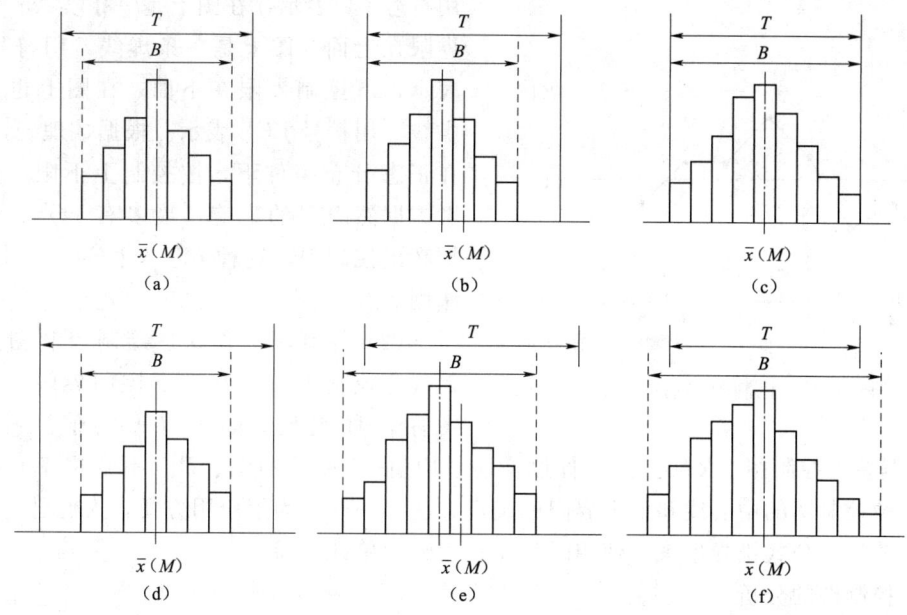

图 9.30 实际分布与标准公差的比较

正常形状的直方图与标准公差相比较，常见的情况有以下几种：

1) 实际分布的中心与标准公差的中心基本吻合，属理想状态，B 在 T 中间，两边略有余地，不会出现不合格品，如图 9.30 (a) 所示。

2) B 虽然在 T 中间，但已明显偏向一侧，B 与 T 的中心不吻合，如图 9.30 (b) 所示。说明控制中心线偏移，应及时采取措施纠正。

3) B 与 T 相等，中心吻合，但两边没有余地，如图 9.30 (c) 所示。说明控制精度不够，容易出废品。应提高控制精度，以缩小实际分布的范围。

4) B 在 T 中间，中心也基本吻合，但两边富余过多，如图 9.30 (d) 所示。说明控制精度过高，虽然不出废品，但不经济，应适当放宽控制精度。

5) B 的中心严重偏离 T 的中心，其中一侧已超出公差，如图 9.30 (e) 所示。说明没有达到质量控制标准，应采取措施及时纠正，按质量标准重新确定控制中心线。

6) B 大于 T，两边均有超差，如图 9.30 (f) 所示。说明控制不严，已超出标准规定的允许偏差，出现了废品，必须加大控制力度，减小质量波动的范围。

上面叙述是六种一般的情况，实际工作中要根据质量问题的性质分别判断，采取恰当的改进措施。

4. 控制图

控制图法又称管理图法，是分析和控制质量分布动态的一种方法。产品的生产过程是连续不断的，因此应对产品质量的形成过程进行动态监控。控制图法就是一种对质量分布进行动态控制的方法。

(1) 控制图的原理。控制图依据正态分布原理，合理控制质量特征数据的范围和规律，对质量分布动态进行监控。控制图的基本形式如图 9.31 所示。

图 9.31 的纵坐标表示质量特征。坐标内有三条控制线，控制中心线取数据的平均数，

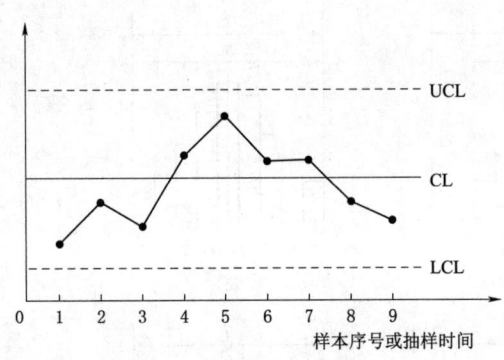

图 9.31 控制图的基本形式

用符号 CL 表示,在图上是一条实线;上控制界限在上面,图上是一条虚线,用符号 UCL 表示;下控制界限在下面,在图上也是一条虚线,用符号 LCL 表示。根据数理统计原理,在正态分布条件下,按控制上下限,如果只考虑偶然因素的影响,最多有千分之三的数据超出控制限。这种方法又称为"千分之三"法则。

(2) 控制图的作法。绘制控制图的关键是确定控制中心线和上下控制界限。但控制图有多种类型,如 $\bar{x}$ (平均值) 控制图、S (标准偏差) 控制图、R (极差) 控制图、平均值-极差控制图、P (不合格率) 控制图等,每一种控制图的中心线和上下界限的确定方法不一样。为了应用方便,人们已将各种控制图的参数计算公式推导出来,使用时只需查表经简单计算即可。

(3) 控制图的分析。

1) 数据分布范围分析。数据分布应在上下控制界限内,凡跳出控制界限,说明波动过大。

2) 数据分布规律分析。数据分布就是正态分布,如果出现图 9.32 所示情况,视为异常排列。①数据点在中心线一侧连续出现 7 次以上,见图 9.32 (a);②连续 11 个数据点中,至少有 10 个点(可以不连续)在中心线一侧,见图 9.32 (b);③数据连续 7 个以上点上升或下降,见图 9.32 (c);④数据点呈周期性变化,见图 9.32 (d);⑤连续 3 个数据点中,至少有 2 个点(可以不连续)在 ±2σ 控制界限以外,见图 9.32 (e)。

5. 相关图

相关图又称散布图。在质量控制中它是用来显示两种质量数据之间关系的一种图形。相关图分析的两个变量,可以是质量特征和因素,质量特征和质量特征,因素和因素等。

(1) 相关图的原理及作法。将两种需要确定关系的质量数据用点标注在坐标图上,从而根据点的散布情况判别两种数据之间的关系,以便进一步弄清影响质量特征的主要因素。

(2) 相关图的类型。相关图的基本类型如图 9.33 所示。

1) 正相关。点的散布呈一条向上的直线带,表明 y 受 x 的直接影响,如图 9.33 (a) 所示。

2) 弱正相关。点的散布呈向上的直线带趋势,表明除 x 外,还有其他因素在影响 y,如图 9.33 (b) 所示。

3) 不相关。点的散布无规律,表明 x 与 y 没有关系,如图 9.33 (c) 所示。

4) 负相关。点的散布呈一条向下的直线带,表明 y 受 x 负影响,如图 9.33 (d) 所示。

5) 弱负相关。点的散布呈向下的直线带趋势,表明除 x 的负影响外,还有其他因素在影响 y,如图 9.33 (e) 所示。

6) 非线性相关。点的分布呈非直线带,表明 y 受 x 的非线性影响,如图 9.33 (f) 所示。

9.4 施工项目质量管理

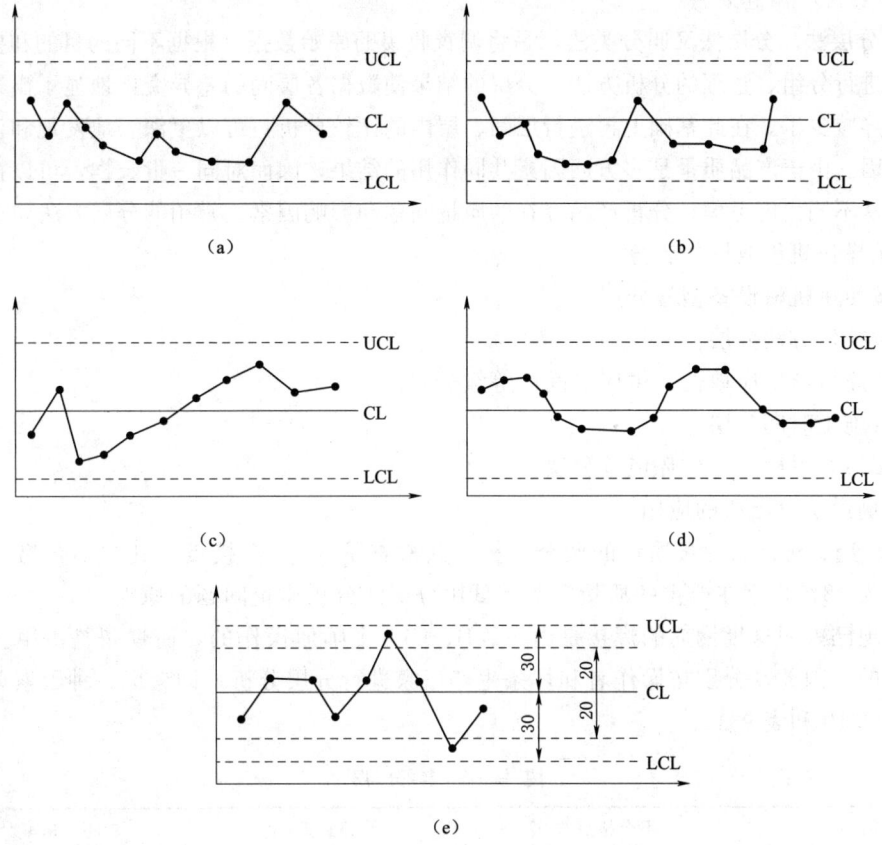

图 9.32 数据异常排列

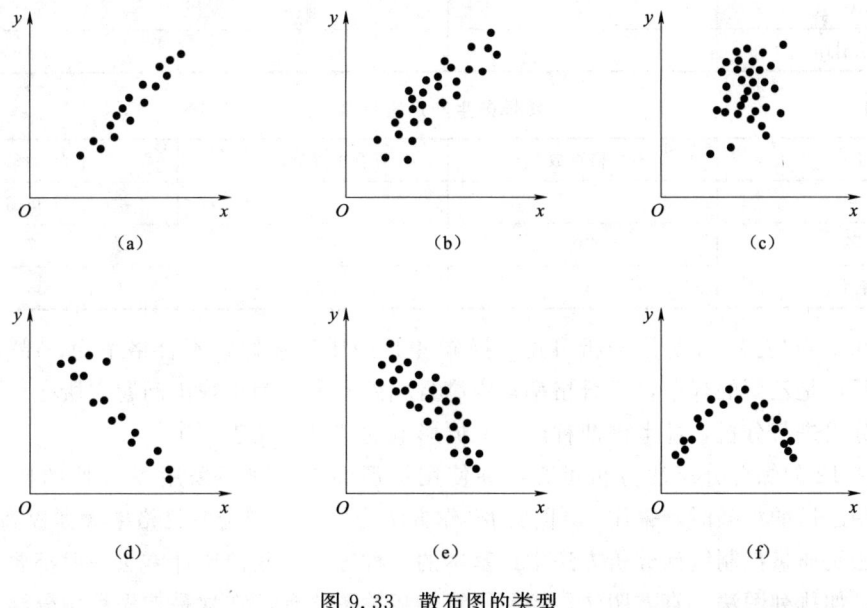

图 9.33 散布图的类型

6. 分层法和调查表法

（1）分层法。分层法又叫分类法，是将调查收集的原始数据，根据不同的目的和要求，按某一性质进行分组、整理的分析方法。分层的结果使数据各层间的差异突出地显示出来，层内的数据差异减少了。在此基础上再进行层间、层内的比较分析，可以更深入地发现和认识质量问题的原因。由于产品质量是多方面因素共同作用的结果，因而对同一批数据，可以按不同性质分层，从不同角度考虑、分析产品存在的质量问题和影响因素。常用的分层方法如下：

1) 按操作班组或操作者分层。
2) 按使用机械设备型号分层。
3) 按操作方法分层。
4) 按原材料供应单位、供应时间或等级分层。
5) 按施工时间分层。
6) 按检查手段、工作环境等分层。

现举例说明分层法的应用。

【例 9.9】 对钢筋焊接质量的调查分析，共检查了 50 个焊接点，其中不合格点 19 个，不合格率为 38%，存在严重的质量问题。试用分层法分析质量问题的原因。

解：现已查明这批钢筋的焊接是由 A、B、C 三个师傅操作的，而焊条是由甲、乙两个厂家提供的。因此，分别按操作者和焊条生产厂家进行分层分析，即考虑一种因素单独的影响，见表 9.10 和表 9.11。

表 9.10　　　　　　　　　按 操 作 者 分 层

操作者	不合格点数/个	合格点数/个	不合格率/%
A	6	13	32
B	3	9	25
C	10	9	53
合计	19	31	38

表 9.11　　　　　　　　　按焊条生产厂家分层

工厂	不合格点数/个	合格点数/个	不合格率/%
甲	9	14	39
乙	10	17	37
合计	19	31	38

由表 9.10 和表 9.11 分层分析可见，操作者 B 的质量较好，不合格率为 25%；而不论是采用甲厂还是乙厂的焊条，不合格率都很高且相差不大。为了找出问题之所在，再进一步采用综合分层进行分析，即考虑两种因素共同影响的结果，见表 9.12。

从表 9.12 的综合分层法分析可知，在使用甲厂的焊条时，采用 B 师傅的操作方法为好；在使用乙厂的焊条时，采用 A 师傅的操作方法为好。这样会使合格率大大提高。

分层法是质量控制统计分析方法中最基本的一种方法。其他统计方法一般都要与分层法配合使用，如排列图法、直方图法、控制图法、相关图法等，常常是首先利用分层法将原始数据分门别类，然后再进行统计分析的。

表 9.12　　　　　　　　　　　综合分层分析焊接质量

操作者	焊接质量	甲厂		乙厂		合计	
		焊接点数/个	不合格率/%	焊接点数/个	不合格率/%	焊接点数/个	不合格率/%
A	不合格	6	75	0	0	6	32
	合格	2		11		13	
B	不合格	0	0	3	43	3	25
	合格	5		4		9	
C	不合格	3	30	7	78	10	53
	合格	7		2		9	
合计	不合格	9	39	10	37	19	38
	合格	14		17		31	

（2）调查表法。调查表法又称统计调查分析法，它是利用专门设计的统计表对质量数据进行收集、整理和粗略分析质量状态的一种方法。

在质量控制活动中，利用统计调查表收集数据，简便灵活，便于整理，实用有效。它没有固定格式，可根据需要和具体情况，设计出不同的统计调查表。常用的有：

1）分项工程作业质量分布调查表。

2）不合格项目调查表。

3）不合格原因调查表。

4）施工质量检查评定用调查表等。

应当指出，统计调查表往往同分层法结合起来应用，可以更好、更快地找出问题的原因，以便采取改进的措施。

9.4.5　工程质量事故

1. 工程质量事故概述

工程建设项目不同于一般工业生产活动，其项目实施的一次性，生产组织特有的流动性、综合性，劳动的密集性，协作关系的复杂性和环境的影响，均导致建筑工程质量事故具有复杂性、严重性、可变性及多发性的特点，事故是很难完全避免的。因此，必须加强组织措施、经济措施和管理措施，严防事故发生；对发生的事故应调查清楚，按有关规定进行处理。

需要指出的是，不少事故开始时经常只被认为是一般的质量缺陷，容易被忽视。随着时间的推移，待认识到这些质量缺陷问题的严重性时，则往往处理困难，或难以补救，或导致建筑物发生事故。因此，除了明显的不会有严重后果的缺陷外，对其他的质量问题均应分析，进行必要处理，并给出处理意见。

（1）事故发生的原因。工程质量事故发生的原因很多，最基本的还是人、机械、材料、工艺和环境几方面，一般可分为直接原因和间接原因两类。直接原因主要是人的行为不规范和材料、机械不符合规定状态。如设计人员不按规范设计、监理人员不按法则进行监理，施工人员违反规程操作等，属于人的行为不规范；又如水泥、钢材等某些指标不合格，属于材料不符合规定状态。间接原因指质量事故发生地的环境条件，如施工管理混乱，质量检查监督失职，质量保证体系不健全等。间接原因往往导致直接原因的发生。

事故原因也可从工程建设的参建各方来寻查，业主、监理、设计、施工单位和材料、机械、设备供应商的某些行为或各种方法也会造成质量事故。

（2）事故处理的目的。工程质量事故分析与处理的目的主要是：正确分析事故原因，防止事故恶化；创造正常的施工条件；排除隐患，预防事故发生；总结经验教训，区分事故责任；采取有效的处理措施，尽量减少经济损失，保证工程质量。

（3）事故处理的原则。事故发生后，应坚持"三不放过"的原则，即事故原因不查清不放过，事故主要责任人和职工未受到教育不放过，补救措施不落实不放过。发生质量事故应向有关部门（业主、监理单位、设计单位和质量监督机构等）立即汇报，并提交事故报告。

由质量事故造成的损失费用，坚持事故责任是谁由谁承担的原则。如责任在施工承包商，则事故分析与处理的一切费用由承包商自己负责；施工中事故责任不在承包商，则承包商可依据合同向业主提出索赔；若事故责任在设计或监理单位，应按照有关合同条款给予相关单位必要的经济处罚。构成犯罪的，移交司法机关处理。

（4）事故处理的程序。事故处理的程序如下：

1）下达工程施工暂停令。

2）组织调查事故。

3）事故原因分析。

4）事故处理与检查验收。

5）下达复工令。

2. 工程质量事故的分类

凡水利水电工程在建设中或完工后，由于设计、施工、监理、材料、设备、工程管理和咨询等方面造成工程质量不符合规程、规范和合同要求的质量标准，影响工程的使用寿命或正常运行，一般需做补救措施或返工处理的，统称为工程质量事故。日常所说的事故大多指施工质量事故。在水利水电工程中，按对工程的耐久性和正常使用的影响程度，检查和处理质量事故对工期影响时间的长短及直接经济损失的大小，将质量事故分为一般质量事故、较大质量事故、重大质量事故和特大质量事故。

一般质量事故指对工程造成一定经济损失，经处理后不影响正常使用，不影响工程使用寿命的事故。小于一般质量事故的质量问题统称为质量缺陷。较大质量事故指对工程造成较大经济损失或延误较短工期，经处理后不影响正常使用，但对工程使用寿命有较大影响的事故。重大质量事故指对工程造成重大经济损失或延误较长工期，经处理后不影响正常使用，但对工程使用寿命有较大影响的事故。特大质量事故指对工程造成特大经济损失或长时间延误工期，经处理后仍对工程正常使用和使用寿命有较大影响的事故。

如《水利工程质量事故处理暂行规定》（1996）规定：一般质量事故，它的直接经济损失在20万~100万元，事故处理的工期在一个月内，且不影响工程的正常使用与寿命。一般建筑工程对事故的分类略有不同，主要表现在经济损失大小之规定。

3. 工程质量事故处理的方法

（1）修补。这种方法适合于通过修补可以不影响工程的外观和正常使用的质量事故。此类事故是施工中多发的。

（2）返工。这类事故严重违反规范或标准，影响工程使用和安全，且无法修补，必须返工。

有些工程质量问题，虽严重超过了规程、规范的要求，已具有质量事故的性质，但针对工程的具体情况,通过分析论证,不需做专门处理,要记录在案。如混凝土蜂窝、麻面等缺陷,可通过涂抹、打磨等方式处理;由于欠挖或模板问题使结构断面被削弱,经设计复核验算,仍能满足承载要求的,也可不做处理,但必须记录在案,并有设计和监理单位的鉴定意见。

9.5 施工项目职业健康管理及体系

9.5.1 施工项目职业健康安全管理概述

施工项目职业健康安全管理的目的是在生产活动中,通过安全生产活动的管理,并通过对生产因素的具体状态控制,减少或消除生产因素的不安全的行为和状态,使其不引发事件,尤其是不引发使人受到伤害的事故,以保护生产活动中人的安全和健康。环境管理的目的是在生产活动中,通过对环境因素的管理活动,使环境不受到污染,使资源得到节约。

房屋建筑业的施工项目职业健康安全和环境管理有其独特的特点。房屋建筑工程是通过有组织的施工生产活动,在特定的空间,进行人、财、物的动态组合,完成一个唯一的建筑产品。房屋建筑所具有的特性,包括产品的唯一性、生产周期长、涉及的范围广、劳动人员密集及产品是固定的而生产人员却是流动的。这些特性使得房屋建筑工程的施工项目职业健康安全和环境保护的任务更为艰巨。

我国对职业健康安全是十分重视的,安全生产长期以来都是我国的一项基本国策,我国的安全生产包括了职业健康的内容。我国的安全生产方针是"安全第一,预防为主",同时提出了"企业负责、行业管理、国家监察、群众监督"的管理体制,还提出了三个同时的原则。"三个同时"指安全生产与经济建设、企业深化改革、技术改革要同步策划、同步发展、同步实施。对事故的处理提出了"四不放过"的原则。"四不放过"指在因工伤亡事故处理中,必须坚持事故原因分析不清不放过;员工和事故责任者受不到教育不放过;事故隐患不整改不放过;事故责任人不处理不放过的原则。

我国对环境保护也是十分重视的。早在1987年就颁布了《中华人民共和国大气防治法》,以后陆续颁布的有《中华人民共和国环境保护法》《中华人民共和国固体废物污染环境防治法》《中华人民共和国环境噪声污染防治法》《中华人民共和国水污染防治法》,以及有关的条例、办法和标准。国家规定的方针、法律和标准极大地推动了职业健康安全管理工作和环境管理工作的开展。但尽管如此,目前职业健康安全管理工作和环境管理工作上仍然存在着不少需要改进的地方。

9.5.2 施工项目职业健康安全管理体系提出的背景

施工项目职业健康安全标准的制定是出于两方面的要求。一方面是随着现代社会中生产的急速发展,产品更新周期的缩短,竞争日益加剧,有的企业领导迫于生产的压力和资源的紧张有意或无意地存在着对劳动者的劳动条件和环境状况改善的忽视,因此,劳动者的条件相对下降。据国际劳工组织(ILO)统计,全世界每年发生各类生产伤亡事故约为2.5亿起,平均每天8.5万起。国际社会呼吁:不能以牺牲劳动者的职业健康安全利益为代价去取得经济的发展。与此同时,这些企业也发现了劳动者的伤亡将会给企业和国家带来麻烦,有时甚至是非常严重的。因此,劳动者的安全问题重又提上了工作日程,很多企业制定了安全标准,很多国家也制定各自的国家标准。逐渐发展成为寻求一个系统的、结构化的施工项目职业健康安全管理模式。另一方面在国际贸易合作日益广泛的情况下，也需要一个统一的施工项目职业健康安全标准，因此各种国际间合作制定的标准也相继产生。其中对国际较有影响的是英国标准化协会（BSI）和其他多个组织，参照了 ISO 9000 和 ISO 14000 模式，制定的施工项目职业健康安全评价体系（Occupational Health and Safety Assessment Series，OHSAS）18000 标准。

国际上对于施工项目职业健康安全统一标准的需求，使 ISO 组织也曾经考虑是否能制定一个国际通用的标准。ISO/TC 207 环境管理技术委员会在 1994 年就提出希望采用类似 ISO 9000 的方式制定有关施工项目职业健康安全管理体系的标准。但在召开多次会议后，考虑到各国的法律、情况不一致的因素，最后 ISO 成员国在 1997 年的有关会议上，表决认为制定统一的国际标准的时机尚未成熟，做出了暂时不制定统一的国际标准的决议。虽然 ISO 未能达成制定统一标准，但是很多国家已经承认了 OHSAS 18000 体系，不少企业贯彻了这个体系标准，在加强施工项目职业健康安全管理上取得了成绩。具有资质的认证机构接受企业的申请，根据 OHSAS 18000 审核合格后，予以发证。这样 OHSAS 18000 就与 ISO 9000 一样成为企业具有的一种资质资源。它对于企业管理的加强、企业信誉的提高，以及进入国际市场都有较大的作用。

我国对施工项目职业健康安全标准也给予了充分的重视。在 2001 年中国标准化委员会发布了《职业健康安全管理体系 规范》（GB/T 28001—2001）。2002 年又发布了《职业健康安全管理体系 指南》（GB/T 28002—2002）[现已作废，被《职业健康安全管理体系 要求及使用指南》（GB/T 45001—2020）代替]。发布标准的目的是规定对职业健康安全管理体系的要求，使组织能够制定有关方针与目标，通过有效应用控制职业健康安全风险，达到持续改进的目的。该标准所针对的是职业健康安全而不是产品和服务的安全。标准已覆盖了 OHSAS 18001—1999 和 OHSAS 18008—2000 的所有技术内容，并考虑了国际上有关职业健康安全管理体系现有文件的技术内容。这个体系对于建筑施工企业的职业健康安全管理有着一定的指导作用。所以建筑施工企业的工程建造师应当了解这个标准，积极创造条件，实施标准。

9.5.3 施工项目职业健康安全管理体系的概念

建立体系应当先树立有关施工项目职业健康安全的概念，有关的概念如下：

（1）安全。安全免除了不可接受的损害风险的状态。绝大部分情况下都存在风险，想消灭所有的风险，使人们在毫无风险的情况下工作，有时是不符合实际的。当存在的风险是可以接受时，就可认为处在安全状态，因此，安全与否要对照风险的可接受程度进行判定。随着社会和科技的进步，风险的可接受程度也在不断地变化。因此，安全是一个相对的概念。比如航空事故一直在发生，经常造成人员伤亡和资产损失，有时甚至是巨大的，这就是航空风险。而且由于飞行的条件限制，飞机的安全系数不能无限地加大，加之不可预知的气象因素，航空风险始终存在。但随着科技的进步，飞机安全性能的提高，相对于航空交通的总流量、总人次和人们对航空的需求来说，风险的损失还是较少的，是社会和人们可以接受的。因此，普遍认为航空运输是安全的。对于建筑施工有同样的情况。近年来建筑施工安全工作有了很大的进步，而且风险的可接受程度也在不断变化，但建筑施工还是存在着风险，建筑行业属于高风险行业。因此，正确理解安全的定义将有助于树立符合实际的安全工作目标。

（2）风险。风险是某一特定危险情况发生的可能性和后果的组合；是可预见的危险情况发生的概率及其后果的严重程度这两项指标的总体反映；也是对危险情况的一种综合性描述。当风险超出了法规的要求,超出了组织的方针、目标和规定的其他要求或者超出了人们普遍接受程度(通常是隐含的)的要求时,就认为是不可接受的风险。不可接受的风险要根据组织的法律义务和职业健康方针,降至组织可接受程度的风险,这时可称为可允许的风险。

(3) 事件。事件是导致或可能导致事故的情况。对于未导致事故发生的情况,在建筑业通常称为险肇事故。

(4) 事故。事故是造成死亡、疾病、伤害、损坏或其他损失的意外情况。对于事故要贯彻四不放过的原则。

(5) 危险源。危险源是可能导致伤害或疾病、财产损失、工作环境破坏或这几种情况组合的根源或状态。

(6) 组织。组织指职责、权限和相互关系得到安排的一组人员及设施。

(7) 施工项目职业健康安全。指影响工作场所内员工、临时工作人员、合同方人员、访问者和其他人员的健康状况和安全情况。

9.5.4 施工项目职业健康安全管理体系的建立和实施

施工项目职业健康安全管理体系的模式分为五个过程,即确定方针、策划、实施与运行、检查纠正措施及管理评审。组织应根据其规模的大小和活动的性质、产品来确定施工项目职业健康安全管理体系的复杂程度及文件多少和资源投入的数量。

职业健康安全管理体系的建立和实施的步骤可按照前述五个过程进行。

1. 确定方针

首先组织应当确定一个经最高管理者批准的施工项目职业健康安全方针,该方针应清楚阐明施工项目职业健康安全总目标和改进职业健康安全绩效的承诺。

制定的施工项目职业健康安全方针应满足以下要求:

(1) 适合组织的施工项目职业健康安全风险的性质和规模。

(2) 包括持续改进的承诺。

(3) 包括组织至少遵守现行施工项目职业健康安全法规和组织接受的其他要求的承诺。

(4) 形成文件,实施并保持。

(5) 传达到全体员工,使其认识各自的施工项目职业健康安全义务。

(6) 可为相关方所获取。

(7) 定期评审,以确保其与组织保持相关和适宜。

2. 策划

在策划过程中包括危险源辨识、风险评价和风险控制、法规和其他要求的识别和获得、管理目标的建立和管理方案的制定等工作,其中的主要工作是危险源辨识、风险评价和风险控制,这是整个管理体系的基础。

(1) 组织应持续进行危险源辨识、风险评价和实施必要的风险控制措施,建立并开展相关活动。进行危险源的辨识,可以从问答下列的三个问题着手:

1) 有伤害的来源吗?

2) 谁(什么)会受到伤害?

3) 伤害如何发生?

(2) 危险源的辨识和风险评价的方法应满足以下方面:

1）依据风险的范围、性质和时限性进行辨识，以确保该方法是主动性而不是被动性的。
2）规定风险分级，识别可通过职业健康安全标准中规定的措施消除或控制的风险。
3）与运行经验和所采取的风险控制措施的能力相适应。
4）为确定设施要求、识别培训需求和（或）开展运行控制提供输入信息。
5）规定对所要求的活动进行监视，以确保其及时有效地实施。

进行辨识时，宜按照我国在2022年发布的《生产过程危险和有害因素分类与代码》（GB/T 13861—2022）。该标准适用于各个行业在规划、设计和组织生产时，对危险源的预测和预防、伤亡事故的统计分析和应用计算机管理。按照该标准，危险源分为物理性危险和有害因素，化学性危险和有害因素，生物性危险和有害因素，心理、生理性危险和有害因素，行为性危险和有害因素，以及其他危险和有害因素等六大类。在进行危险源辨识时可参照该标准的分类和编码，便于管理。

在危险源的辨识时，对于危险源可能发生的伤害可以明确忽略时，则不宜列入文件或进一步考虑。辨识的方法有询问交谈、现场观察、查阅有关记录、获取外部信息、工作任务分析、安全检查表、危险与可操作性研究、事故树分析、故障树分析等。这些方法都有各自的特点和局限性，因此一般都使用两种或两种以上的方法识别危险源。

对于辨识后的危险源要进行风险的评价。估算其潜在害的严重程度和发生的可能性，然后对风险进行分级。《职业健康安全管理体系 要求及使用指南》（GB/T 45001—2020）推荐的简单的风险水平评估见表9.13。

表9.13 简单的风险水平评估

可能性	严重程度（后果）		
	轻微伤害	伤害	严重伤害
极不可能	可忽略的风险	可容许的风险	中度风险
不可能	可容许的风险	中度风险	重大风险
可能	中度风险	重大风险	不可容许风险

依据表9.13提供的风险分级，确定是否需要采取控制措施，以及行动的时间表。表9.14只是一种探讨性研究方法，仅为了便于举例说明。控制措施宜与风险水平相称。

表9.14 基于风险水平的简单措施计划

风险水平	措施和时间表
可忽略的风险	无须采取措施且不必保持文件记录
可容许的风险	无须增加另外的控制措施，宜考虑成本效益更佳解决方案或不增加额外成本的改进措施。需要监视以确保控制措施得以保持
中度风险	宜努力降低风险，但宜仔细测量和限定预防措施的成本，宜在规定的时间内实施风险降低措施。当中度风险的后果属于"严重伤害"时，需要进一步的评价，以便更准确地确定伤害的可能性，从而确定是否需要改进控制措施
重大风险	对于尚未进行的工作，则不宜开始工作，直至风险降低为止。为了降低风险，可能必须配置大量的资源。对于正在进行的工作，则在继续工作的同时宜采取应急措施
不可容许风险	不宜开始工作或继续工作，直至风险降低为止，如果即使投入无限的资源也不可能降低风险，就必须禁止工作

风险评价的输出宜为一个按优先顺序排列的控制措施清单。控制措施应包括新设计的措施、拟保持的措施或加以改进的措施。

(3) 选择控制措施时宜考虑以下方面：
1) 如果可能，则完全消除危险源。
2) 如果不可能消除，则努力降低风险。
3) 采取技术进步、程序控制、安全防护等措施。
4) 当所有其他可选择的措施均已考虑后，作为最终手段而使用个体防护装备。
5) 考虑对应急方案的需求，建立应急计划，提供有关的应急设备。
6) 对监视措施的控制程度进行主动性的监视。

(4) 措施计划宜在实施前进行评审。评审包括以下方面：
1) 更改的措施是否使风险降低至可允许水平。
2) 是否产生新的危险源。
3) 是否已选定了成本效益最佳的解决方案。
4) 受影响的人员如何评价更改的预防措施的必要性和实用性。
5) 更改的预防措施是否会用于实际工作中，以及在其他压力情况下是否会被忽视。

风险评价是一个持续不断的过程，要持续评审控制措施的充分性，当条件变化时要对风险重新进行评审。在策划过程中要考虑的其他工作还有：识别和获得适用法规和其他职业健康安全要求，制定目标和管理方案。

识别和获得适用的法规和其他职业健康安全要求是职业健康安全管理的一项重要内容，要求做到能识别需要应用哪些法规和要求、从哪里可获取、在哪里应用和及时更新。要采用最适宜的获取信息的手段，但并不要求组织建立一个包含很少涉及和使用的法规和要求的资料库。

3. 实施与运行

在实施和运行过程中，首先需要考虑的是组织的结构和职责。组织应对施工项目职业健康安全风险有影响的各类人员，确定其作用、职责和权限，并进行沟通。施工项目职业健康安全管理体系标准规定施工项目职业健康安全的最终责任由最高管理者承担，这里的最高管理者是指组织的最高领导层。组织应在最高管理者中指定一名成员作为管理者代表，管理者代表应有明确的作用、职责和权限，以确保施工项目职业健康安全管理体系的正确实施，并能在组织内执行各项要求。

确定职责时要特别注意不同职能之间的接口位置的人员的职责。还要注意到施工项目职业健康安全是组织内全体人员的责任，而不是只具有明确的施工项目职业健康安全职责的人员的责任。

实施和运行过程的其他要求是培训、协商和沟通、文件、运行控制和应急准备。施工项目职业健康安全管理体系对于培训的要求是通过有效的程序确保员工有能力完成所安排的职责，因此组织应建立并保持程序。对于与施工项目职业健康安全有关的人员，应有所受教育、培训和经历方面的适当规定。按照规定要求识别现有水平与要求的不足，并结合危险源辨识、风险评价和风险控制进行培训。

培训还要注意对管理组织以外的其他人员（如进入现场的合同方人员、访问者、临时工）的培训。要使管理人员对其他人员也要根据需要进行必要的教育或培训，使其他人员也能在工作场所内安全地从事活动。培训应当有记录和对培训有效性的评价记录。对于协商和沟通工作，组织应确保与员工和其他相关方就相关施工项目职业健康安全信息进行相互沟通，并将员工参与和协商的安排形成文件，通报相关方。

员工应参与风险管理方针和程序的制定和评审；参与商讨影响工作场所施工项目职业健康安全的任何变化；参与施工项目职业健康安全事务；了解谁是施工项目职业健康安全的员工代表和指定的管理者代表。有关文件和资料的控制的要求是组织选择适当的媒介，建立并保持有关描述管理体系核心要素及其相互作用的信息，并提供查询相关文件的途径，要使文件数量尽可能地少。施工项目职业健康安全标准并不要求一定要按某一特定格式对已有的文件重新编写，但必须确保文件和资料易于查找；定期评审，必要时修订并由授权人员确认其适宜性；关键性的岗位能得到有关的文件和资料，以及采取措施防止失效文件和资料的误用。对于运行控制，组织应注意已认定的需要采取措施的风险有关的活动，对这些活动进行策划。如因缺乏形成文件的程序，而导致偏离施工项目职业健康安全方针、目标的后果，必须建立并保持形成文件的程序。程序要考虑与人的能力相适应。

应急准备响应、计划及程序的建立和保持是施工企业工作执行实施和运行过程的重要工作。要识别潜在的事件和紧急情况，并做出响应。要评审这些计划和程序，特别是在事件或紧急情况发生之后。

4. 检查纠正措施

在实施检查和纠正措施时，组织应对其施工项目职工健康安全的绩效进行常规的测量和监视。监视可分为主动性的和被动性的两种。主动性的监视是监视组织的活动是否符合管理方案、运行准则和有关的法规要求；被动性的监视是监视事件、事故、因事故伤害的误工等。监视应有记录，作为以后解决纠纷的凭证和预防措施的分析资料。

实施检查和纠正措施应对事故、事件进行处理调查，并采取与问题的严重性和风险相适应的纠正或预防措施。所拟定的纠正和预防措施在实施前还应先通过风险评价过程进行评审，如果这些措施引起了对已形成的文件的更改则应进行文件的更改并记录。

9.6 施工项目安全管理

9.6.1 施工项目安全管理的范围

施工项目安全管理的中心问题是保护生产活动中人的安全与健康，保证生产顺利进行。从宏观的角度，安全管理包括劳动保护、安全技术和工业卫生三个方面。

（1）劳动保护是国家和单位为保护劳动者在劳动生产过程中的安全和健康所采取的方法、组织和技术措施的总称，使劳动者的安全与身体健康得到应有的法律保障。

（2）安全技术侧重于对"劳动手段和劳动对象"的管理，包括预防伤亡事故的工程技术和安全技术规范、技术规定、标准、条例等，以规范物的状态，减少或消除对人、对物的危害。

（3）工业卫生侧重于对工业生产中高温、振动、噪声、毒物的管理。通过防护、医疗、保健等措施，防止劳动者的安全与健康受到有害因素的危害。

从生产管理的角度，安全管理可以概括为，在进行生产管理的同时，通过采用计划、组织、技术等手段，依据并适应生产中的人、物、环境因素的运动规律，充分发挥其积极方面，而有利于控制事故不致发生的一切管理活动。

由于施工现场中直接从事生产作业的人员密集，机、料集中，存在着多种危险因素。因此，施工现场属于事故多发的作业现场。控制人的不安全行为和物的不安全状态，是施工现场安全管理的重点，也是预防与避免伤害事故，保证生产处于最佳安全状态的根本环节。施工现场安全管理的内容大体可归纳为安全组织管理、场地与设备管理、行为控制和安全技术管理四个方面，分别对生产中的人、物、环境的行为与状态进行具体的管理与控制。

9.6.2 施工项目安全管理的基本原则

为有效地将生产因素的状态控制好，在实施施工项目安全管理过程中，必须正确处理好五种关系，坚持安全管理六项基本原则。

1. 正确处理五种关系

(1) 安全与危险并存。有危险才要进行安全管理。保持生产的安全状态，必须采取多种措施，以预防为主，危险因素就可以得到控制。

(2) 安全与生产的统一。安全是生产的客观要求。生产有了安全保障，才能持续稳定地进行。生产活动中事故不断，生产势必陷于混乱甚至瘫痪状态。

(3) 安全与质量的包含。从广义上看，质量工作包括安全工作质量，安全概念也包含着质量，二者交互作用，互为因果。

(4) 安全与速度的互保。安全与速度成正比例关系，速度应以安全做保障。一味强调速度，置安全于不顾的做法是极其有害的。一旦发生安全事故，非但无速度可言，反而会延误时间。

(5) 安全与效益的兼顾。安全技术措施的实施定会改善劳动条件，调动职工积极性，由此带来的经济效益足以使原来的投入得到补偿。

2. 坚持安全管理六项基本原则

(1) 管生产同时管安全。安全管理是生产管理的重要组成部分。各级管理人员在管理生产的同时，必须负责管理安全工作。企业中各有关专职机构，都应在各自的业务工作范围内，对实现安全生产的要求负责。

(2) 坚持安全管理的目的性。没有明确目的的安全管理是一种盲目行为，既劳民伤财，又不能消除危险因素的存在。只有有针对性地控制人的不安全行为和物的不安全状态，消除或避免事故，才能达到保护劳动者安全与健康的目的。

(3) 必须贯彻预防为主的方针。安全管理不是事故处理，而是在生产活动中，针对生产的特点，对生产因素采取鼓励措施，有效地控制不安全因素的发展与扩大，把可能发生的事故消灭在萌芽状态。

(4) 坚持"四全"动态管理。安全管理涉及生产活动的方方面面，涉及从开工到竣工交付使用的全部生产过程，涉及全部的生产时间和一切变化着的生产因素，是一切与生产有关的人员共同的工作。因此，在生产过程中，必须坚持全员、全过程、全方位、全天候的动态安全管理。

(5) 安全管理重在控制。在安全管理的四项工作内容中，对生产因素状态的控制与安全管理目的关系更直接，作用更突出。因此，对生产中人的不安全行为和物的不安全状态进行控制，必须看作是动态的安全管理的重点。

(6) 在管理中发展、提高。要不间断地摸索新的规律，总结管理、控制的办法和经验，指导新的变化后的管理，从而使安全管理不断上升到新的高度。

9.6.3 施工不安全因素分析

1. 人的不安全行为

控制靠人,人也是控制的对象,人的行为是安全的关键。人的不安全行为可能导致安全事故,所以要对人的不安全行为加以分析。人的不安全行为是人的生理和心理特点的反映,主要表现在身体缺陷、错误行为和违纪违章三个方面。身体缺陷指疾病、职业病、精神失常、智商过低、紧张、烦躁、疲劳、易冲动、易兴奋、运动迟钝、对自然和其他环境过敏、不适应复杂和快速工作、应变能力差等。

错误行为指嗜酒、吸毒、吸烟、赌博、玩耍、嬉闹、追逐、误视、误听、误嗅、误触、误动作、误判断、意外碰撞和受阻、误入险区等。违纪违章指粗心大意、漫不经心、注意力不集中、不履行安全措施、安全检查不认真、不按工艺规程或标准操作、不按规定使用防护用品、玩忽职守、有意违章等。

统计资料表明:有88%的不安全事故是由人的不安全行为所造成的,而人的生理和心理特点直接影响人的不安全行为。因此,在安全控制中,一定要抓住人的不安全行为这一关键因素,采取相应对策。在采取对策时,又必须针对人的生理和心理特点对安全的影响,培养劳动者的自我保护能力,以结合自身生理和心理特点预防不安全行为发生,增强安全意识,减少或消除安全隐患。

2. 物的不安全状态

如果人的心理和生理状态能适应物质和环境条件,而物质和环境条件又能满足劳动者生理和心理的需要,便不会产生不安全行为,反之就可能导致安全伤害事故。物的不安全状态表现为三个方面,即设备和装置的缺陷、作业场所的缺陷、物质和环境的危险源。

设备和装置的缺陷指机械设备和装置的技术性能降低、强度不够、结构不良、磨损、老化、失灵、腐蚀、物理和化学性能达不到要求等。作业场所的缺陷指施工场地狭窄、立体交叉作业组织不当、多工种交叉作业不协调、道路狭窄、机械拥挤、多单位同时施工等。物质和环境的危险源有化学方面的、机械方面的、电气方面的、环境方面的等。

物质和环境均有危险源存在,是产生安全事故的另一类主要因素。在安全控制中,必须根据施工的具体条件,采取有效的措施断绝危险源。当然,在分析物质、环境因素对安全的影响时,不能忽视劳动者本身生理和心理特点。故在创造和改善物质、环境的安全条件时,也不能忽视劳动者本身生理和心理的特点,应从劳动者生理和心理状态出发,使两方面能相互适应。如解决采光照明、树立色彩标志、调节环境温度、加强现场管理等,都是将人的不安全行为导因和物的不安全状态的排除结合起来考虑,并将心理和生理特点结合考虑,以控制安全事故、确保安全的重要措施。

9.6.4 施工项目安全体系的建立

1. 组织系统

应建立"施工项目安全生产组织管理系统"(图9.34)和"施工项目安全施工责任保证系统"(图9.35),为施工项目安全施工提供组织保证。

2. 项目经理的安全生产职责

(1)对参加施工的全体职工的安全与健康负责,在组织与指挥生产的全过程中,把安全生产责任落实到每一个生产环节中,严格遵守安全技术操作规程。

(2)组织施工项目安全教育。对项目的管理人员和施工操作人员,按其各自的安全职责

9.6 施工项目安全管理

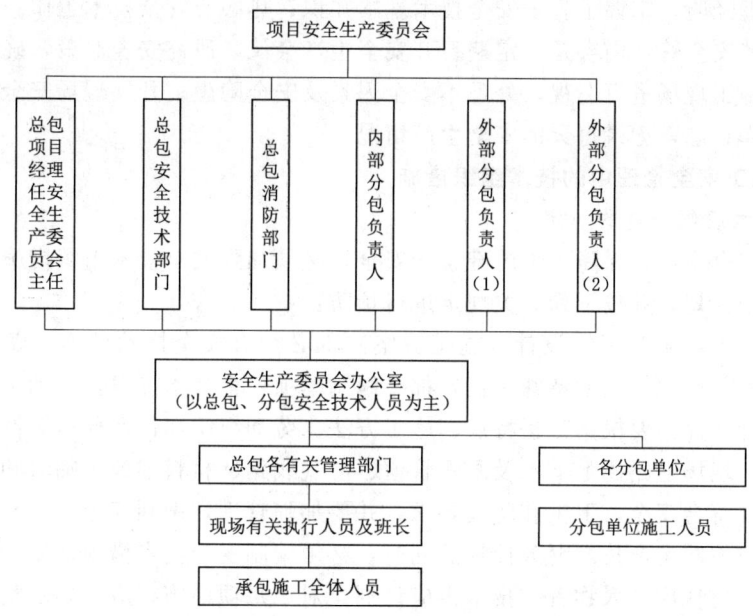

图 9.34 施工项目安全生产组织管理系统

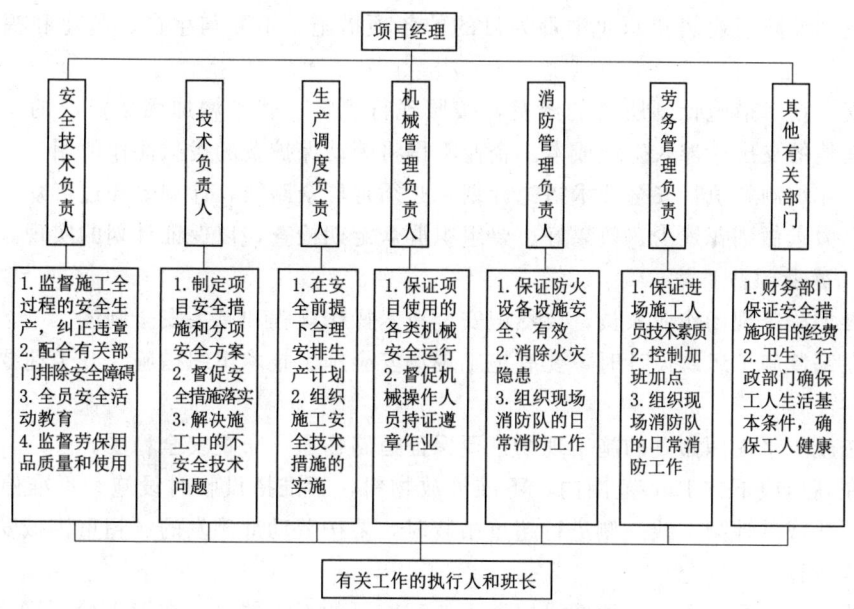

图 9.35 施工项目安全施工责任保证系统

范围进行教育,建立安全生产奖罚制度。对违章和失职者要予以处罚,对避免了事故、一贯照章工作并做出成绩者予以奖励。

(3)工程施工中发生重大事故时,立即组织人员保护现场,向主管上级汇报,积极配合劳动部门、安全部门和司法部门调查事故原因,提出预防事故重复发生和防止事故危害扩延的初步措施。

(4)配备安全技术人员以协助项目经理履行安全职责。这些人员应具有同类或类似工程

231

的安全技术管理经验;掌握了施工安全技术基本知识;热心于安全技术工作。

项目经理的安全管理内容是:定期召开安全生产会议,研究安全对策,确定各项措施执行人;每天对施工现场进行巡视,处理不安全因素及安全隐患;开展现场安全生产活动;建立安全生产工作日志,记录每天的安全生产情况。

9.6.5 建筑施工安全管理中的技术组织措施

1. 有关技术组织措施的规定

为了进行安全生产,保障工人的健康和安全,必须加强安全技术组织措施管理,编制安全技术组织措施计划,并按下列有关规定进行预防:

(1) 所有工程的施工组织设计(施工方案)都必须有安全技术措施。爆破、吊装、水下、深坑、支模、拆除等大型特殊工程,都要编制单项安全技术方案,否则不得开工。安全技术措施要有针对性,要根据工程特点、施工方法、劳动组织和作业环境等情况来制定,防止一般化。施工现场道路、上下水及采暖管道、电气线路、材料堆放、临时和附属设施等的平面布置,都要符合安全、卫生和防火要求,并要加强管理,做到安全生产和文明施工。

(2) 企业在编制生产技术财务计划的同时,必须编制安全技术措施计划。安全技术措施所需要的设备、材料应列入物资、技术供应计划。对于每项措施,应该确定实现的期限和负责人。企业的领导人应该对安全技术措施计划的编制和贯彻执行负责。

(3) 安全技术措施计划的范围,包括以改善劳动条件(主要指影响安全和健康的)、防止伤亡事故、预防职业病和职业中毒为目的的各项措施,不要与生产、基建和福利等措施混淆。

(4) 安全技术措施计划所需的经费,按照现行规定,属于增加固定资产的,由国家拨款;属于其他的支出,摊入生产成本。企业不得将劳动保护费的拨款挪作他用。

(5) 企业编制和执行安全技术措施计划,必须走群众路线,计划要经过群众讨论,使其切合实际,力求做到花钱少、效果好。要组织群众定期检查,以保证计划的实现。

2. 工伤事故预防措施

(1) 参加施工现场作业人员,要熟记安全技术操作规程和有关安全制度。

(2) 在编制施工组织设计时,要有施工现场安全施工技术组织措施。开工前要做好安全技术措施。

(3) 按施工平面图布置的施工现场,要保证道路畅通,布置安全稳妥。

(4) 在高压线下方10m范围内,不准堆放物料,不准搭设临时设施,不准停放机械设备。在高压线或其他架空线一侧进行超重吊装时,要按劳动部颁发的《超重机械安全管理规程》的规定执行。

(5) 施工现场要按平面布置图设置消火栓和充足的灭火器材。在消火栓周围3m的范围内不准堆放物料。严禁在现场吸烟,吸烟者要进入吸烟室。

(6) 现场设围墙及保卫人员,以便防火、防盗、防坏人破坏机电设备及其他现场设施。

(7) 大型工地要设立现场安全生产小组,对安全生产进行统一部署,开展安全活动,处理解决生产中有关安全问题和隐患。小组成员包括参加施工各单位的负责人及安全部门、消防部门的代表。

(8) 安全工作要贯彻预防为主的一贯方针,把安全工作当成一个系统来抓。对照过去的经验教训选择安全措施方案,实现安全措施计划,对措施效果进行分析总结,进一步研究改进防范措施的6个环节并作为安全管理的周期性流程，使事故减少到最低限度，达到最佳安全状态。

另外，还要专门制定预防高空坠落的技术组织措施，预防物体打击事故的技术组织措施，预防机械伤害事故的技术组织措施，防止触电事故的技术措施，防止坍塌事故的技术组织措施，电焊、气焊安全技术组织措施，脚手架安全技术组织措施，冬雨季施工安全技术措施，分项工程工艺安全规程等。

9.6.6 施工安全事故处理

1. 施工安全事故的概念及分类

（1）施工安全事故的概念。安全事故即因工伤亡事故，是因生产和工作发生的伤亡事故。国务院《工人职员伤亡事故报告规程》中指出，企业对工人职员在生产区域中所发生的和生产有关的安全事故（包括急性中毒）必须按规定进行调查、登记统计和报告。当前施工安全事故统计中除职工外还包括民工、临时工、能参加生产劳动的学生、教师、干部等。

（2）施工安全事故的分类。按伤亡的严重程度可划为以下七类：

1）轻伤事故。凡职工受伤不属于重伤，而歇工一天或一天以上的事故，均作为轻伤事故处理。

2）重伤事故。凡有下列情况之一者，均按重伤事故处理：经医生诊断成为残废或可能成为残废的；伤势严重，需要进行手术才能挽救的；人体要害部位严重灼伤、烫伤或非要害部位，但灼伤、烫伤占全身面积1/3以上的；严重骨折，严重脑震荡等；眼部受伤较重，有失明可能的；手部伤害，大拇指轧断一节的，食指、中指、无名指任何一只轧断两节或任何两只轧断一节的，局部肌肉受伤严重，引起肌能障碍，有不能自由伸屈的残废可能的；脚部伤害，一脚趾轧断三只以上的，局部肌肉受伤甚剧，引起肌能障碍，有不能行走自如、残废的可能的；内部伤害，内脏损伤、内出血或伤及腹膜等；其他部位伤害严重的，不在上述各点内，经医师诊断后，认为受伤较重，可根据实际情况参照上述各点，由企业行政部门内会同基层工会个别研究，提出意见，由当地劳动部门审查确定。

3）多人事故。凡一次事故造成3人或3人以上负伤的，均为多人事故。

4）急性中毒事故。

5）重大伤亡事故。一次事故死亡1~2人的事故。

6）多人重大伤亡事故。一次事故死亡3人或3人以上而不足10人的事故。

7）特大伤亡事故。一次事故死亡10人或10人以上的事故。

2. 预防施工安全事故的措施

（1）改进生产工艺，实现机械化、自动化施工。

（2）设置安全装置，包括防护装置、保险装置、信号装置、危险警示装置。

（3）预防性的机械强度试验和电气绝缘检验。

（4）机械设备的保养和有计划的检修。

（5）文明施工。

（6）正确使用劳动保护用品。

（7）强化民主管理，认真执行操作规程，普及安全技术知识教育。

3. 施工安全事故的处理程序

发生施工安全事故后，负伤人员或最先发现事故的人应立即报告领导。安全技术人员根据事故的严重程度及现场情况立即上报上级业务系统,并及时填写伤亡事故表上报企业。企业发生重伤和重大伤亡事故,必须立即将事故概况,用最快的办法分别报告企业主管部门、行业安全管理部门、和当地劳动部门、公安部门、检察院及工会。发生重大伤亡事故,各有关部门接到报告后应立即转告各自的上级管理部门。其处理程序如下:

(1) 迅速抢救伤员,保护好事故现场。

(2) 组织调查组。轻伤、重伤事故,由企业负责人或其指定人员组织生产、技术、安全等部门及工会组成事故调查组,进行调查;多人事故、急性中毒事故,由企业主管部门会同同级行政安全管理部门、公安部门、监察部门、工会组成事故调查组,进行调查。重大伤亡事故、多人重大伤亡事故和特大伤亡事故调查组应邀请人民检察院参加,还可邀请有关专业技术人员参加,与发生事故有直接利害关系的人员不得参加调查组。

(3) 现场勘察。主要内容如下:

1) 做笔录,包括发生事故的时间、地点、气象等;现场勘察人员的姓名、单位、职务;现场勘察起止时间、勘察过程;事故所造成的破坏情况、状态、程度;设施设备损坏情况及事故发生前后的位置;事故发生前的劳动组合,现场人员的具体位置和行动;重要物证的特征、位置及检验情况等。

2) 实物拍照,包括方位拍照,反映事故现场周围环境中的位置;全面拍照,反映事故现场各部位之间的联系;中心拍照,反映事故现场中心情况;细目拍照,提示事故直接原因的痕迹物、致害物;人体拍照,反映伤亡者主要受伤和造成伤害的部位。

3) 现场绘图。根据事故的类别和规模及调查工作的需要应绘制建筑物平面图、剖面图;事故发生时人员位置及疏散图;破坏物立体图或展开图;涉及范围图;设备或工、器具构造图等。

(4) 分析事故原因、确定事故性质。分析的步骤和要求是:通过详细的调查,查明事故发生的经过。整理和仔细阅读调查资料,对受伤部位、受伤性质、起因物、致害物、伤害方法、不安全行为和不安全状态等七项内容进行分析。根据调查所确认的事实,从直接原因入手,逐渐深入到间接原因。通过对原因的分析,确定事故的直接责任者和领导责任者,根据在事故发生中的作用,找出主要责任者。确定事故的性质。如责任事故、非责任事故或破坏性事故。根据事故发生的原因,找出防止发生类似事故的具体措施,并应定人、定时间、定标准,完成措施的全部内容。

(5) 写出事故调查报告。事故调查组应着重把事故发生的经过、原因、责任分析和处理意见及本次事故的教训和改进工作的建议等写成报告,经调查组全体人员签字后报批。如内部意见不统一,应进一步弄清事实,对照政策法规反复研究,统一认识。对于个别同志仍持有不同意见的,可在签字时写明自己的意见。

(6) 事故的审理和结案。对事故的审批和结案有以下几点要求:

1) 事故调查处理结论经有关机关审批后,方可结案。伤亡事故处理工作应当在90日内结案,特殊情况不得超过180日。

2) 事故案件的审批权限同企业的隶属关系及人事管理权限一致。

3) 对事故责任人的处理,应根据情节轻重、损失大小,区分谁有责任,是主要责任、其次责任、重要责任、一般责任还是领导责任等,按规定给予处分。

4) 要把事故调查处理的文件、图纸、照片、资料等记录长期完整地保存起来。

9.6.7 施工安全教育、培训和检查

1. 施工安全教育、培训的内容

（1）施工安全知识教育。使操作者了解、掌握生产操作过程中潜在的危险因素及防范措施。

（2）施工安全技能训练。使操作者逐渐掌握安全操作技能，获得完善化、自动化的行为方式，减少操作中的失误现象。

（3）施工安全意识教育。激励操作者自觉实行安全技能。

2. 施工安全教育、培训的形式

（1）新工人入场前应完成三级安全教育。

（2）结合施工现场的变化，适时进行施工安全知识教育。

（3）结合生产组织施工安全技能训练。

（4）随安全生产形势的变化，确定阶段教育内容。

（5）受季节、自然变化影响时，针对由于这种变化而出现生产环境作业条件的变化进行教育。

（6）采用新技术，使用新设备、新材料，推行新工艺之前，应对有关人员进行安全知识、技能、意识的全面安全教育。

3. 施工安全检查

（1）施工安全检查的内容见表 9.15、表 9.16。

表 9.15   公司、项目经理部或工程队施工安全检查的内容

检查项目	检 查 内 容
安全生产制度	1. 安全生产管理制度是否健全并认真执行； 2. 安全生产责任制是否落实； 3. 安全生产的"五同时"执行得如何； 4. 安全生产计划编制、执行得如何； 5. 安全生产管理机构是否健全，人员配备是否得当
安全教育	1. 是否坚持新工人入厂三级教育； 2. 特殊工种的安全教育坚持得如何； 3. 改变工种和采用新技术等人员的安全教育情况怎样； 4. 对工人日常安全教育进行得怎样； 5. 各级领导干部和业务员的安全教育如何
安全技术	1. 有无完善的安全技术操作规程；安全技术措施计划是否完善、及时； 2. 主要安全设施是否可靠；各种机具、机电设备是否安全可靠； 3. 防尘、防毒、防爆、防冻等措施妥否；防火措施得当否； 4. 安全帽、安全带、安全网及其他防护用品和设施得当否
安全检查	1. 是否坚持执行安全检查制度；是否有违纪、违章现象； 2. 隐患处理得如何；交通安全管理得怎样
安全业务工作	1. 记录、台账、资料、报表等管理得怎样； 2. 安全事故报告是否及时； 3. 是否开展事故预测和分析； 4. 安全竞赛、评比、总结等工作进行否

表 9.16　　　　　　　　　　　　班组安全检查的内容

检查项目	检查内容
作业前检查	1. 班前安全会是否开过； 2. 是否坚持每周一次的安全活动； 3. 安全网点的活动开展得怎样； 4. 岗位安全生产责任制是否落实； 5. 本工种安全技术操作规程掌握如何；机具、设备准备得如何； 6. 作业环境和作业位置是否清楚，并符合安全要求； 7. 是否穿戴好个人防护用品； 8. 主要安全设施是否可靠；有无其他特殊问题
作业中检查	1. 有无违反安全纪律现象； 2. 有无违章作业现象； 3. 有无违章指挥现象；有无不懂、不会操作现象； 4. 有无故意违反技术操作现象； 5. 作业人员的特异反应如何
作业后检查	1. 材料、物资是否整理； 2. 料具、设备是否整理； 3. 清扫工作做得如何； 4. 其他问题解决得如何

（2）安全检查的一般方法见表 9.17。

表 9.17　　　　　　　　　　　　安全检查的一般方法

方法	内容
看	看现场环境和作业条件，看实物和实际操作，看记录和资料等
听	听汇报、听介绍、听反映、听意见和批评、听机械设备的运转响声或承重物发出的微弱声等
嗅	对挥发物、腐蚀物、有毒气体进行辨别
问	对影响安全的问题详细询问，寻根究底
查	查明问题、查对数据、查清原因、追查责任
测	测量、测试、监测
析	进行必要的试验和化验
验	分析安全事故的隐患、原因

复习思考题

1. 项目监理机构审查施工组织设计的内容包括哪些？
2. 施工现场准备的工作包括哪些？
3. 什么是施工成本？
4. 工程项目进度管理的任务是什么？
5. 工程项目进度控制的方式有哪些？各有什么特点？
6. 工程项目进度控制的措施有哪些？
7. 简述实际进度与计划进度的比较方法。
8. 简述质量管理的常用方法。

9. 简析质量管理、质量体系、质量控制、质量保证之间的关系。
10. 简述 ISO 9000 族标准的意义。
11. 如何绘制排列图？如何利用排列图找出影响质量的主次因素？
12. 如何绘制直方图并对其进行观察与分析？
13. 简述控制图的原理，利用控制图如何判断生产过程是否正常？
14. 简述职业健康安全、环境管理的目的。
15. 安全管理的范围和基本原则是什么？
16. 试分析施工中的不安全因素。
17. 发生安全事故时应如何处理？
18. 环境保护的重点是什么？
19. 试分析我国质量管理、环境管理和职业健康安全管理三个体系标准的特点。

第10章 建设项目竣工验收

10.1 建设项目竣工验收概述

当施工项目按设计文件的规定内容和施工图纸的要求全部完成后,便可以组织竣工验收。竣工验收是工程建设的最后一环,是投资成果转入生产或使用的重要标志,也是全面考核基本建设成果、检验设计质量和施工质量的重要步骤。施工项目竣工验收对促进项目及时投产或使用,发挥投资效益及总结建设经验,都有重要作用。

10.1.1 建设项目验收的定义、作用和方式

1. 竣工验收的定义

施工项目竣工验收指由竣工主体(承包人)按施工合同完成了全部施工任务、施工项目并具备竣工条件后,向验收主体(即发包人)提出工程竣工报告,发包人或监理工程师组织承包人、设计人在约定的时间、地点进行交工验收的过程。由此可见,施工项目竣工验收的交工主体应是承包人,验收主体应是发包人。

竣工验收是工程项目建设周期的最后一道程序。实行竣工验收制度,是全面考核建设工程,检查建设工程是否符合设计文件要求和工程质量要求,能否交付使用、投产、发挥投资效益的重要环节。国家的有关法律、法规明确规定,所有建设工程按照批准的设计文件、图纸和工程建设合同约定的工程内容施工完毕,具备规定的竣工验收条件的,都要组织竣工验收。竣工验收工作依据《建筑法》《民法典》《建设工程质量管理条例》《工程施工质量验收标准》和施工合同等进行。验收合格后,形成工程竣工验收报告,承包人便可向发包人办理工程移交手续。

2. 竣工验收的作用

竣工验收对促进建设项目(工程)及时投产、发挥投资效益,总结建设经验有重要作用,具体如下:

(1)全面、综合考核建设项目质量。竣工验收阶段通过对已竣工工程的项目规划、管理、工程设计、施工和设备制造进行全面检查和试验,考核设计、施工和设备承包商的产品质量成果是否达到了设计的要求,是否形成了生产能力或使用功能,是否允许正式转入生产运行;可以及时发现和解决影响生产和使用方面存在的问题,以保证工程项目按照设计要求的各项技术经济指标正常投入生产。

(2)明确责任,及时结算。能否顺利通过单项工程验收和全部工程竣工验收,是判断承包商是否按承包合同约定的责任范围完成了设计、施工、设备制造与供应义务的标志;顺利地通过竣工验收前的单项工程验收后,承包商即可以根据合同,与建设单位办理竣工结算手续,将工程移交给建设单位使用和管理。

(3)总结建设项目管理经验教训。

(4) 促进建设项目及时投产,尽快发挥投资效益。一个建设项目完成建设内容后应及时转入生产使用,发挥投资效益。建设项目交付使用后,能否取得预想的效益,需要经过政府主管部门按照技术规范和标准组织验收确认。

(5) 是建设项目转入投产使用的必备程序。一个建设项目建成投产交付使用后,能否取得预想的宏观效益,需要经过国家权威管理部门按照技术规范、技术标准组织验收确认。因此,国家计委颁布的《建设项目(工程)竣工验收办法》中规定,已具备竣工验收条件的项目,三个月内不办理验收投产和移交固定资产手续,取消企业和主管部门的基建试车分成,由银行监督全部上缴财政。如三个月内办理竣工验收确有困难,经验收主管部门批准,可以适当延长期限。

3. 竣工验收的方式

为了保证建设项目竣工验收的顺利进行,必须遵循一定的程序,并按照建设项目总体计划的要求,以及施工进展的实际情况分阶段进行。项目施工达到验收条件的验收方式可分为项目中间验收、单项工程验收和全部工程验收三大类,见表 10.1。

表 10.1 不同阶段工程验收的特点

类型	中间验收	单项工程验收(交工验收)	全部工程验收(动用验收)
验收条件	(1) 按照施工承包合同的约定,施工完成到某一阶段后要进行中间验收 (2) 重要的工程部位施工已完成了隐蔽前的准备工作,该工程部位即将置于无法查看的状态	(1) 建设项目中的某个合同工程已全部完成 (2) 合同内约定有分步、分项移交的工程已达到竣工标准,可移交给业主投入使用	(1) 建设项目按设计规定全部建成,达到竣工验收条件 (2) 初验结果全部合格 (3) 竣工验收所需资料已准备齐全
验收组织	由监理单位组织,业主和承包商派人参加。该部位的验收资料将作为最终验收的依据	由建设单位(或项目法人)组织,各承包商、监理单位、设计单位及使用单位等有关部门共同进行	大、中型和限额以上项目由国家投资主管部门或由其委托项目主管部门或地方政府部门组织验收,小型和限额以下项目由项目主管部门组织验收。建设单位、监理单位、施工单位、设计单位和使用单位参加验收工作

虽然项目的中间验收也是工程验收的一个组成部分,但它属于施工过程中的管理内容,因此以下仅就竣工验收(单项工程验收和全部工程验收)的有关问题予以介绍。

10.1.2 竣工验收的范围、依据和标准

1. 竣工验收的范围

(1) 正常情况下的验收范围。按照国家颁布的建设法规规定,凡新建、扩建、改建的基本建设项目(工程)和技术改造项目,按批准的设计文件所规定的内容建成,符合验收标准的,即工业项目经过投料试车调试(带负荷运转)、能生产出合格产品、形成生产能力的,非工业项目符合设计要求、能够正常使用的,必须及时组织验收,办理固定资产移交手续。

(2) 特殊情况下的验收范围。在某些特殊情况下,工程施工虽未全部按设计要求完成,也应进行验收。这些特殊情况指以下几种:

1) 因少数非主要设备或某些特殊材料短期内不能解决,虽然工程内容尚未全部完成,但已可以投产或使用的工程项目。

2) 按规定的内容已经建设完成,但因外部条件的制约,而使已建成工程不能投入使用的项目。

3) 有一些建设工程项目或单项工程项目,已经形成部分生产能力,或实际上生产单位已经使用,但近期内不能按原设计规模续建,应从实际情况出发,报主管部门(公司)批准后,可以缩小规模;对已完成的工程和设备应组织竣工验收,移交固定资产。

2. 项目竣工验收的依据

按现行规定,建设项目竣工验收的依据主要包括以下几个方面:

(1) 有关主管部门对该项目的批复文件,包括:可行性研究报告及批复文件、环境影响评价报告及批复文件、设计任务书、初步设计批复文件,以及与项目建设有关的各种文件。

(2) 工程设计文件,包括:初步设计或扩大初步设计、技术设计、施工图设计和设计说明。

(3) 设备技术资料,主要包括:设备清单及其技术说明书。

(4) 与项目相关的标准规范。

(5) 招标文件及合同文件,包括施工承包方的工作内容和应达到的标准,以及施工过程中的设计修改变更通知书等。

(6) 全部竣工资料,包括全部工程的竣工图及说明。

实际验收时,建设项目的规模、工艺流程、各种管线、土地使用、建筑工程的建筑面积和结构型式、技术装备、技术标准、环境保护设施、劳动卫生、安全消防等,都必须与各种批准的文件内容和合同文件相一致。对从国外引进新技术、关键设备或成套设备的项目,以及中外合资建设的项目,还应按照签订的合同和外国提供的设计文件等资料进行审核验收。

3. 竣工验收的标准

(1) 项目竣工验收的条件。建设项目的竣工验收一般应符合以下条件:

1) 生产性项目和辅助性公用设施,已按设计要求建成,能满足生产使用。

2) 主要工艺设备配套设施经联动有负荷试车合格,形成生产能力,能够生产出符合设计文件规定的合格产品。

3) 生产准备工作能够适应项目投产的需要。

4) 环境保护设施、劳动安全卫生设施、消防设施以及必需的生产设施已按设计要求与主体工程同时建成,并经有关专业部门验收合格可交付使用。

5) 建设项目的技术资料已经按照要求整理归档,并可方便查阅。

以上是建设项目竣工验收应达到的基本条件。不同行业、不同性质的项目有不同的要求,各工程项目除了应遵循这些共同标准外,还应按照各个行业的规定执行。竣工验收前是否要经过生产试运行阶段,不同的行业、不同性质的项目也会有不同的要求,也应按照各个行业的规定办理。

(2) 竣工验收的工程必须符合以下规定:

1) 合同约定的工程质量标准。

2) 单位工程质量验收的合格标准。

3) 单项工程达到使用条件或满足生产要求。

4) 建设项目能满足建成投入使用或生产的各项要求。

(3) 检验质量合格标准。

1) 主控项目和一般项目的质量经抽样验收合格。

2) 具有完整的施工操作依据、质量检查记录。

10.1.3 竣工验收程序

根据国家现行规定，规模较大、较复杂的工程建设项目应先进行初验，然后进行正式验收；规模较小、施工内容简单的工程建设项目，可以一次性进行全部项目的竣工验收。

1. 竣工验收的准备工作

在工程项目竣工验收之前，施工单位应配合监理工程师做好下列竣工验收准备工作：

(1) 完成收尾工程。收尾工程的特点是零星、分散、工程量小。做好收尾工程，必须弄清收尾工程的项目，通过竣工前的预检，做一次彻底的清查，按设计图纸和合同要求，逐一对照，找出遗漏项目和修补工作，制订作业计划，相互穿插施工。

(2) 竣工验收资料和文件的准备。竣工验收资料和文件是工程项目竣工验收的重要依据，从施工开始就应完整地积累和保管，竣工验收时应该编目建档。

(3) 竣工验收的预验收。竣工验收的预验收是初步鉴定工程质量，避免竣工期拖延，保证项目顺利投产使用不可缺少的工作。通过预验收，可以及时发现遗留问题，事先予以返修、补修。

2. 施工承包单位申请交工验收

建设项目的竣工验收工作通常包括三个阶段，即准备阶段、初步验收（预验收）和正式验收（竣工验收）。竣工验收的程序如图 10.1 所示。

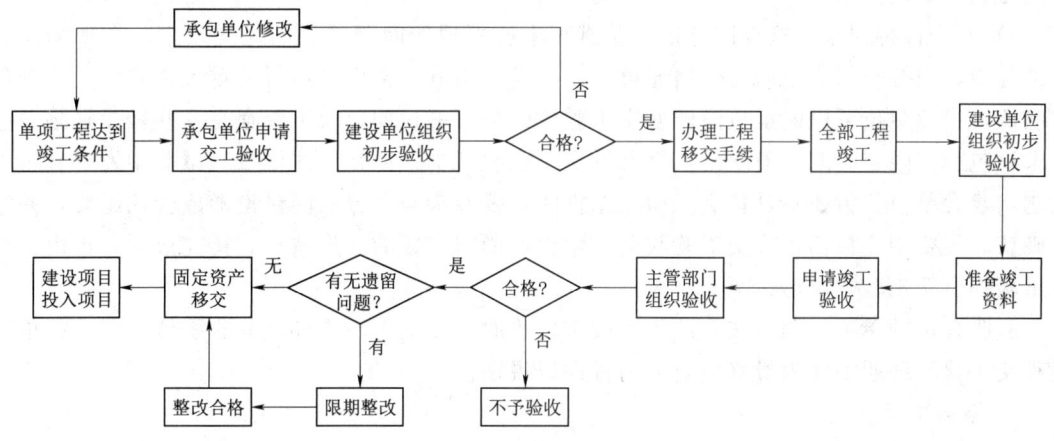

图 10.1 建设项目竣工验收程序

整个建设项目如果分成若干个合同交予不同承包商实施，承包商已完成了合同工程或按合同约定可分步移交工程的，均可申请交工验收。交工验收一般为单项工程验收，但在某些特殊情况下也可以是单位工程的施工内容，如特殊基础处理工程、电站单台机组完成后的验收。承包商的施工达到竣工条件后，自己应首先进行预检验，修补有缺陷的工程部位。设备安装工程还应与业主和监理工程师共同进行无负荷的单机和联动试车。承包商在完成了上述工作和准备好竣工资料后，即可向业主提交竣工验收申请。

3. 单项工程验收

单项工程验收是在全面竣工验收前，施工承包商按设计文件和合同要求完成其承建的单项工程项目后，向建设单位交工，接受建设单位的单项工程验收。单项工程验收对重大项目来说意义重大，特别是对某些能独立发挥作用、验收合格后即可投入使用并产生效益的单项工程，更应该完工一项验收一项，使建设项目尽早发挥经济效益。单项工程验收只涉及施工的有关各方，在有完善的合同文件、合同管理以及有工程监理单位的条件下，其交工验收的程序如下：

（1）承包商提出申请。一个规模大而且复杂的建设项目，如果分成若干个合同交给不同承包商进行建设，承包商按合同规定在完成某个单项（单位）工程或按合同约定完成可分步移交的工程后，经自行预验、修补缺陷，设备安装工程在与建设单位和监理工程师共同进行无负荷单项和联动试车调试后，即可向建设单位提出交工验收申请，同时提供施工工序合格文件、设备安装和调试合格记录、工程总结等竣工文件资料。这些文件资料都必须经过监理工程师现场签字确认。

（2）建设单位组织验收。建设单位在接到承包商申请后，要及时组织监理工程师等有关人员，依据设计文件、施工合同文本和国家颁发的有关技术规范，进行以下检验工作：

1）检查复核资料。对承包商提供的交工验收项目技术资料进行审查复核，确定技术资料的完整性、准确性。

2）核实交工项目的完整性。按照设计文件和合同检查已完成工程是否有漏项。

3）组织现场联合检查。必要时根据需要对完工项目的结构、施工质量等方面进行抽样检查和现场试验，检查工程质量、隐蔽工程验收资料及关键部位的施工记录等，考查施工质量是否达到合同要求。

4）检查各种记录。检查试车记录及试车中所发现的问题是否已得到改正。在现场检查和试验中，如按合同规定均已合格通过，没有发现影响正常生产运行的重大缺陷，并得到各方确认，建设单位可以向承包商颁发交工验收合格证书；如单项工程存在一些轻微缺陷，应要求承包商在限定时间内消缺后，再颁发交工验收证书；如在上述检查和试验中发现有重大问题，建设单位认为还不具备交工验收条件时，要经参与各方共同讨论形成会议纪要，并签字确认。纪要中应包括正式交工验收前，承包商尚需完成的工作清单，待完成后，再由承包商重新提出交工验收申请。

验收合格的单项工程，在全部工程竣工验收时，原则上不再办理验收手续，但应将单项工程交工验收证明书作为最终验收的附件加以说明。

4. 全部工程验收

全部工程完成后，由建设单位提出竣工验收申请。政府有关主管部门组织的竣工验收为全部工程验收，也是在单项工程验收的基础上，对建设项目进行的整体验收。全部工程验收分为验收准备、预验收和正式验收三个阶段。为了使验收工程能顺利进行，建设单位要完成以下几项主要准备工作：

（1）做好工程收尾工作。由于收尾工作的特点是零星、分散、工程量小、分布面广、施工工效低，很容易拖延工期，必须抓紧合理安排，务求早日完成。

（2）竣工验收资料准备。

（3）编制竣工决算。竣工决算是竣工验收报告的重要部分，由编制说明和相关报表组成。主要是将建设项目从筹建开始一直到竣工投产交付使用为止的全部费用，即建筑工程费用、安装工程费用、设备和工器具购置费用及其他费用，进行最终的清理决算；编制竣工决算前，应对建设项目的所有财产和物资，包括各种建筑材料、设备、备品备件、施工设备等进行逐一清点,核实账物,清理所有债权债务,应偿还的及时偿还,应收回的抓紧收回。通过竣工决算,反映建设过程中实际发生的全部基本建设支出,落实节余的各项财产、物资和其他资金,借以正确核实新增固定资产的价值。

(4) 其他相关资料的准备等。整个工程进行竣工验收后,建设单位应迅速办理固定资产交付使用手续。

三个阶段的工作内容见表10.2。

表10.2　　　　　　　　　动用验收工作内容

工作阶段	职　责	工　作　内　容
验收准备	业主组织施工单位、监理单位、设计单位共同进行	(1) 核实建筑安装工程的完成情况,列出已交工工程和未完工工程一览表(包括工程量、预算价值、完工日期等) (2) 提出财务决算分析 (3) 检查工程质量,查明须返工和补修工程,提出具体修竣时间 (4) 整理汇总项目档案资料,将所有档案资料整理装订成册,分类编目,绘制好工程竣工图 (5) 登载固定资产,编制固定资产构成分析表 (6) 落实生产准备工作,提出试车检查的情况报告 (7) 编写竣工验收报告
预验收	上级主管部门或业主会同施工单位、监理单位、设计单位、使用单位及有关部门组成预验收组	(1) 检查、核实竣工项目所有档案资料的完整性、准确性 (2) 检查项目建设标准,评定质量,对隐患和遗留问题提出处理意见 (3) 检查财务账表是否齐全,数据是否真实,开支是否合理 (4) 检查试车情况和生产准备情况 (5) 排出验收中有争议的问题,协调项目与有关方面、部门的关系 (6) 督促返工、补做工程的修竣及收尾工程的完工 (7) 编写竣工预验收报告和移交生产准备情况报告 (8) 预验收合格后,业主向主管部门提出正式验收申请
正式验收	由国家有关部门组成的验收委员会主持,业主及有关单位参加	(1) 听取业主对项目建设的工作报告 (2) 审查竣工项目移交生产使用的各种档案资料 (3) 评审项目质量,对主要工程部位的施工质量进行复验、鉴定,对工程设计的先进性、合理性和经济性进行鉴定和评审 (4) 审查试车规程,检查投产试车情况 (5) 核定尾工项目,对遗留问题提出处理意见 (6) 审查竣工预验收鉴定报告,签署国家验收鉴定书,对整个项目作出总的验收鉴定,对项目动用的可靠性作出结论

5. 竣工验收的组织

(1) 成立竣工验收委员会或验收组。根据工程规模大小和复杂程度成立验收委员会或验收组,其人员应由银行、物资、环保、统计、消防及其他有关部门的专业技术人员和专家组成。建设主管部门和建设单位(业主)、接管单位、施工单位、勘察设计及工程监理等有关单位也应参加验收工作。

(2) 验收委员会或验收组的职责。负责审查工程建设的各个环节,听取有关单位的工作报告。审阅工程档案资料,实地查验建筑工程和设备安装工程情况。对工程设计、施工和设备质量、环境保护、安全卫生、消防等各方面客观、实事求是地做出全面的评价。处理交接验收过程中出现的有关问题,核定移交工程清单,签订交工验收证书。签署验收意见,对遗留问题提出具体解决意见并限期落实完成。不合格工程不予验收,并提出竣工验收工作的总结报告和国家验收鉴定书。

（3）检验批及分项工程应由监理工程师（建设单位项目技术负责人），组织施工单位项目专业质量（技术）负责人等进行验收。

检验批和分项工程是建筑工程质量的基础，因此，所有检验批和分项工程均应由监理工程师或建设单位项目技术负责人组织验收。验收前，施工单位先填好"检验批和分项工程的质量验收记录"（有关监理记录和结论不填），并由项目专业质量检验员和项目专业技术负责人分别在检验批和分项工程质量检验记录中相关栏目签字，然后由监理工程师组织，严格按规定程序进行验收。

分部工程应由总监理工程师（建设单位项目负责人）组织施工单位项目负责人和技术、质量负责人等进行验收；地基与基础、主体结构分部工程的勘察、设计单位工程项目负责人和施工单位技术、质量部门负责人也应参加相关分部工程的验收。

单位工程完工后，施工单位应自行组织有关人员进行检查评定。总监理工程师应组织专业监理工程师对工程质量进行竣工预验收，对存在的问题，应由施工单位及时整改。整改完毕后，由施工单位向建设单位提交工程竣工报告，申请工程竣工验收。单位工程中的分包工程完工后，分包单位应对所承包的工程项目进行自检，并应按标准规定的程序进行验收。验收时，总包单位应派人参加。分包单位应将所分工程的质量控制资料整理完整后，交总包单位，并应由总包单位统一归入工程竣工档案。

建设单位收到工程竣工验收报告后，应由建设单位（项目）负责人组织施工（含分包单位）、设计、勘察、监理等单位（项目）负责人进行单位工程验收。当参加验收各方对工程质量验收意见不一致，或参建各方对工程质量发生争议时，可请当地建设行政主管部门或工程质量监督机构协调处理、协商、重新组织验收。单位工程质量验收合格后，建设单位应在规定时间内将工程竣工验收报告和有关文件报建设行政管理部门备案。

10.1.4 竣工验收中遗留问题的处理

一个大型工程建设项目，在竣工验收时不可能什么问题都已处理干净，不留尾巴。因此，即使已达到竣工验收标准，办理了验收和移交固定资产手续的投资项目，可能还存在某些影响生产和使用的遗留问题。

《建设项目竣工验收办法》规定，不合格的工程不予验收，对遗留问题提出具体解决意见，限期落实完成。对这些问题，应实事求是地妥善加以处理，常见的遗留问题主要有以下几方面。

1. 遗留的收尾工作（尾工）

遗留的尾工又分三种情况。

（1）属于承包合同范围内遗留的尾工，要求承包商在限定的时间内扫尾完成。

（2）属于各承包合同之外的工程少量尾工，业主可以一次或分期划给生产单位包干实施。基本建设的投资（包括贷款）仍由银行监督结转使用，但从包干投资划归生产单位起，大、中型项目即从计划中销号，不再列为大、中型工程收尾项目。

（3）分期建设分期投产的工程项目，前一期工程验收时遗留的少量尾工，可以在建设后一期工程时一并组织实施。

2. 协作配套问题

协作配套问题应考虑两种情况。

10.1 建设项目竣工验收概述

（1）投产后原材料、协作配套供应的物资等外部条件不落实或发生变化，验收交付使用后由业主和有关主管部门抓紧解决。

（2）由于产品成本高、价格低或产品销路不畅，验收投产后要发生亏损的工业项目，仍应按时组织验收。交付生产后，业主应采取抓好经营管理、提高生产技术水平、增收节支等措施。

3. "三废"治理工程

"三废"治理工程必须严格按照规定与主体工程同时设计、同时施工、同时投产交付使用。对于不符合要求的情况，验收委员会应会同地方环保部门予以认真对待，凡危害严重的"三废"治理工程，在未解决前决不允许投料试车，否则要追究责任。

4. 劳保安全措施

劳保安全措施必须严格按照规定与主体工程同时建成、同时交付使用。对竣工时遗留的或试车中发现必须新增的安全、卫生保护措施，要安排投资和材料限期完成。完成后另行组织验收。

5. 工艺技术和设备缺陷

对于工艺技术有问题、设备有缺陷的项目，除应追究有关方的经济责任和索赔外，可根据不同情况区别对待：经过投料试车考核，证明设备性能确实达不到设计能力的项目，在索赔之后征得原批准单位同意，可在验收中根据实际情况重新核实设计能力；主管部门审查同意，继续作为投资项目调整、攻关，以期达到预期生产能力，或另行调整用途。

办理竣工验收时，对于这些遗留问题，应依据《建设项目竣工验收办法》，按照"对遗留问题提出具体解决意见，限期落实完成"的规定，实事求是地进行妥善处理，核实剩余工程数量，按工程设计留足投资和工程材料，明确负责单位，限期完成。

10.1.5 建设项目资料的验收

竣工档案是项目竣工验收的重要条件之一，来自于项目参建各单位在项目实施期间收集积累的工程文档资料。工程文档资料管理的好坏，直接影响到竣工档案的系统性、完整性和准确性。

1. 建设项目竣工验收资料的内容

建设项目竣工验收资料的内容主要如下：

（1）建设项目文件。建设项目文件包括建设项目立项、可行性研究、环境影响评价、项目评估等所有申报及批复文件；规划、环保、消防、卫生、人防、抗震等文件；建设项目用地、征地拆迁文件；工程勘察、测绘和工程设计文件；工程招标投标及相关合同文件；工程概算、施工预算；工程监理文件；工程施工总结等。

（2）工程技术文件。工程技术文件包括施工文件；施工组织设计、技术交底、开工报告等；图纸会审、设计变更洽商记录；原材料试验报告、定位测量等；设备试验报告记录；预检记录、隐检记录；工程质量事故处理记录。

（3）建设项目设备清单。建设项目设备清单包括设备名称、规格、数量、产地、出厂合格证、设备图纸、说明书、设备性能、备品备件名称等。

（4）建设项目竣工文件。建设项目竣工文件包括竣工验收申请及批复，验收会议文件等；竣工技术资料；建设项目竣工图；水、暖、电气、管线等设备系统布置图及设计说明书；生产设备安装施工图及说明书；建设项目质量评审资料，工程设计总说明书以及竣工验收委员会（小组）会议记录及鉴定书等；建设项目财务决算，建设项目审计结论。

（5）建设项目财务文件。建设项目财务文件包括年度财务计划；建设项目概算、预算和决算；固定资产移交清单及交接凭证；主要耗材、器材移交清单。

（6）建设项目运行技术文件。建设项目运行技术文件包括运行技术准备；试车调试、生产试运行原始记录和总结资料；生产操作规程、事故分析报告等。

（7）建设项目科研文件。建设项目科研文件包括科研计划；试验分析、计算等。

（8）建设项目涉外文件。

（9）环境、安全卫生、消防安全考核记录。

（10）相应的单个专业验收组的验收报告及验收纪要。不同行业有不同的专业验收范围要求和规定，在实际工作中应按照相应的行业标准执行。

2. 建设项目竣工验收资料的审核

（监理）工程师应审核以下资料。

（1）材料、设备、构件的质量合格证明材料。

（2）试验、检验资料。

（3）隐蔽工程验收记录及施工记录。

（4）竣工图。水利水电建设项目竣工图是真实记录各种地下、地上建筑物等详细情况的技术文件，是对工程进行交工验收、维护、扩建、改建的依据，同时也是使用单位长期保存的技术资料。（监理）工程师必须根据国家有关规定，对竣工图进行审核，以考察施工承包人提交的竣工图是否符合要求。绘制竣工图的规定如下：

1）凡按图施工没有变动的，由施工承包人（包括总包单位和分包人）在原施工图上加盖"竣工图"标志后即作为竣工图。

2）凡在施工中，虽有一般性设计变更，但仍能将原施工图加以修改补充作为竣工图的，可不重新绘制，由施工承包人负责，在原施工图（必须新蓝图）上注明修改部分，并附以设计变更通知单和施工说明，加盖"竣工图"标志后，即作为竣工图。

3）凡结构型式改变、工艺改变、平面布置改变、项目改变以及有其他重大改变，不宜再在原施工图上修改补充者，应重新绘制改变后的竣工图；由设计原因造成的由设计单位负责重新绘图，由施工原因造成的由施工承包人负责重新绘图，由其他原因造成的由业主自行绘图或委托设计单位绘图，施工承包人负责在新图上加盖"竣工图"标志，并附以有关记录和说明，作为竣工图。

（监理）工程师在审查竣工图时，应注意以下几点：①施工承包人提交的竣工图是否与实际情况相符，若有疑问，及时向施工承包人提出质询；②竣工图面是否整洁，字迹是否清楚，是否用圆珠笔或其他易于褪色的墨水绘制，不符合要求时，必须要求有关单位重新绘制；③发现竣工图不准确或短缺时，要及时通知有关单位采取措施修改和补充。

3. 工程竣工资料整理

竣工资料的整理应符合以下要求：

（1）工程施工技术资料的整理应始于工程开工，终于工程竣工，真实记录施工全过程，按形成规律收集，采用表格方式分类组卷。

（2）工程质量保证资料的整理应按专业特点，根据工程的内在要求，进行分类组卷。

（3）竣工图的整理应区别情况按竣工验收的要求组卷。

4. 建设项目竣工验收资料的签证

建设项目竣工验收资料经（监理）工程师审查，认为已符合工程承包合同及国家有关规定，而且资料准确、完整、真实，（监理）工程师便可签署同意竣工验收的意见。

10.2 建设项目竣工结算与决算

10.2.1 竣工结算

工程竣工结算指一个建设项目或单项工程、单位工程全部竣工，发包方和承包方根据现场施工记录、设计变更通知书、现场变更鉴定、定额预算单价等资料，进行合同价款的增减或调整计算。竣工结算应按照合同有关条款的和价款结算办法的有关规定进行，合同通用条款中有关条款的内容与价款结算办法的有关规定有出入的，以价款结算办法的规定为准。

工程竣工后，要及时组织验收工作，尽快交付投产，这是水利水电工程建设程序的重要内容。施工企业要按照双方签订的工程合同，编制竣工结算书，向建设单位（通过建设银行）结算工程价款。建设单位应组织编写竣工决算报告，以便正确地核定新增固定资产价值，使工程尽早正常地投产运行。竣工结算与竣工决算是不同的概念，最明显的特征是：办理竣工结算是建设单位与施工企业之间的事，办理竣工决算是建设单位与业主（或主管部门）之间的事。竣工结算是编制竣工决算的基础。

1. 竣工结算的依据

(1) 工程竣工报告及工程竣工验收单。

(2) 施工单位与建设单位签订的工程合同或双方协议书。

(3) 施工图纸、设计变更通知书、现场变更签证及现场记录。

(4) 预算定额、材料价格、基础单价及其他费用标准。

(5) 施工图预算、施工预算。

(6) 其他有关资料。

2. 竣工结算管理程序

(1) 接到承包人提交的竣工结算书后，业主应以单位工程为基础，对承包合同内规定的施工内容进行检查与核对，包括工程项目、工程量、单价取费和计算结果等。

(2) 核查合同工程的执行情况，包括以下几方面内容：

1) 开工前准备工作的费用是否准确。

2) 土石方工程与基础处理有无漏算或多算。

3) 钢筋混凝土工程中的含钢量是否按规定进行了调整。

4) 加工订货的项目、规格、数量、单价等与实际安装的规格、数量、单价是否相符。

5) 特殊工程中使用的特殊材料的单价有无变化。

6) 工程施工变更记录与合同价格的调整是否相符。

7) 实际施工中有无与施工图要求不符的项目。

8) 单项工程综合结算书与单位工程结算书是否相符。

(3) 对核查过程中发现的不符合合同规定情况，如多算、漏算或计算错误等，均应予以调整。

(4) 将批准的工程竣工结算书送交有关部门审查。

(5) 工程竣工结算书经过确认后，办理工程价款的最终结算拨款手续。

10.2.2 竣工决算

工程竣工决算指所有建设项目竣工后，业主按照国家有关规定编制的竣工决算报告。竣工决算是以实物数量和货币指标为计量单位，综合反映竣工建设项目全部建设费用、建设成果和财务状况的总结性文件，是竣工验收报告的重要组成部分。

1. 竣工决算前的工作

（1）做好竣工验收的准备工作。竣工验收是对竣工项目的全面考核，在竣工验收前，要准备整理好技术经济资料，分类立卷以便验收时交付使用。单项工程已按设计要求建成时，可以实行单项验收；整个项目建成并符合验收标准时，可按整个建设项目组织全面验收准备工作。

（2）要认真做好各项账务、物资及债权债务的清理工作，做到工完场清、工完账清。要核实从开工到竣工整个拨、贷款总额，核实各项收支，核实盘点各种设备、材料、机具，做好现场剩余材料的回收工作，核实各种债权债务，及时办理各项清偿工作。

（3）要正确编制年度财务决算。只有在做好上述工作的基础上，才能进行整个项目的竣工决算编制工作。

2. 竣工决算的内容

竣工决算由竣工决算编制说明和竣工决算报表两大部分组成。大、中型工程的竣工决算报表包括竣工工程概况表、竣工财务决算表、交付使用财产总表和交付使用财产明细表几部分。小型工程项目可适当简化，一般包括竣工决算总表和交付使用财产明细表两部分内容。除上述报表外，还可根据需要编制结余设备材料明细表，应收、应付款明细表，结交资金明细表等，并作为竣工决算报表的附件。

（1）竣工决算编制说明。竣工决算编制说明是对竣工决算报表进行分析和补充说明的文件，主要内容包括以下几项：

1）工程概况。

2）资金来源和使用情况。

3）对概算、预算和决算进行对比分析，说明资金使用的执行情况。

4）各项技术经济指标的完成情况。

5）结余设备、材料和资金的处理意见。

6）财务管理工作的经验，以及存在的主要问题和解决措施等。

（2）竣工决算报表。竣工决算表可参考表10.3编制。

表 10.3 竣 工 决 算 报 表

项目划分	主 要 内 容
竣工工程概况表	（1）根据批准的设计，列出有关概算的计划数字 （2）列出批准的初步设计和竣工后实际形成的新增生产能力或效益 （3）实际完成的主要工程 （4）反映建设项目从开工到竣工的全部建设成本 （5）主要材料消耗 （6）主要技术经济指标，包括单位生产能力投资、形成固定资产比例、单位产品成本及其他反映投资效果的指标 （7）收尾工程，指全部验收投入使用以后还遗留的少数收尾项目

续表

项目划分	主 要 内 容
竣工财务决算表	1. 投资来源 （1）国家预算内投资 （2）利用国内贷款 （3）自筹资金 （4）利用外资 （5）证券市场筹集资金 （6）其他来源的投资 2. 投资支出 （1）交付使用财产 （2）待摊投资 （3）在建工程 3. 结余资金
交付使用财产总表	（1）交付使用固定资产的构成情况，包括建筑安装工程费、设备费用和其他费用 （2）流动资产金额 （3）无形资产金额 （4）其他资产金额
交付使用财产明细表	（1）建设工程按单位工程分别填列交付使用的竣工工程及其价值 （2）设备安装工程按设备、工具、器具等，逐台、逐项填列名称、规格型号、单位、数量和价值 （3）流动资产名称、单位、数量、金额等 （4）无形资产名称、金额

3. 竣工决算的作用

竣工决算的作用主要表现在以下方面：

（1）建设项目竣工决算是综合、全面地反映竣工项目建设成果及财务情况的总结性文件，它采用货币指标、实物数量、建设工期和各种技术经济指标综合、全面地反映建设项目自开始建设到竣工为止的全部建设费用、建设成果和财务状况。

（2）建设项目竣工决算是办理交付使用资产的依据，也是竣工验收报告的重要组成部分。建设单位与使用单位在办理交付资产的验收交接手续时，通过竣工决算反映了交付使用的固定资产、流动资产、无形资产和递延资产的全部价值。同时，它还详细提供了交付使用资产的名称、规格、数量、型号和价值等明细资料，是使用单位确定各项新增资产价值并登记入账的依据。

（3）建设项目竣工决算是分析和检查设计概算的执行情况、考察投资效果的依据。竣工决算反映了竣工项目计划、实际的建设规模、建设工期以及设计和实际的生产能力，反映了概算总投资和实际的建设成本，同时还反映了所达到的主要技术经济指标。通过对这些指标计划数、概算数与实际数进行对比分析，不仅可以全面掌握项目建设计划和概算执行情况，而且可以考核项目投资效果，为今后制订投资计划、降低建设成本、提高投资效果提供必要的资料，为建立健全经济责任制提供依据。

10.3　建设项目保修与回访

在建设项目经过竣工验收、交付用户使用后一定时期（质量保修期内），按照合同和有关规定，由施工单位派人到建设单位或用户了解项目的运行和使用情况以及存在的问题，做好回访和保修工作，并对确因施工单位的责任造成的工程质量问题实施保修。

10.3.1 建设项目保修

工程竣工投产交付使用之后，建立保修制度，是施工单位对工程正常发挥工程项目功能负责的具体体现，通过保修可以听取和了解使用单位对工程施工质量的评价和改进意见，维护自己的信誉，提高企业的管理水平。

业主单位与施工单位应在签订工程施工承包合同时，根据不同行业、不同的工程情况，协商制定建筑安装工程保修证书，对工程保修范围、保修期限、保修做法等作出具体规定。

1. 保修范围

就建筑安装工程而论，按制度要求，各种类型的工程乃至其各个部位，都应实行保修。保修的范围如下：

（1）屋面、地下室、外墙、阳台、厕所、浴室以及厨房等处渗水、漏水的地方。

（2）各种通水管道（包括自来水、热水、污水、雨水等）漏水的地方，各种气体管道漏气以及通气孔和烟道不通的地方。

（3）水泥地面有较大面积的空鼓、裂缝或起砂的地方。

（4）内墙抹灰有较大面积起泡，乃至空鼓脱落，或墙面涂层碱化和脱皮，外墙粉刷自动脱落的地方，外墙粉刷自动脱落的地方。

（5）暖气管线安装不良，局部不热，管线接口处及卫生设施连接接口不严密而造成漏水的地方。

（6）其他由于施工不良而造成无法使用或使用功能不能正常发挥的工程部位。凡是由于用户使用不当而造成建筑功能不良或损坏者，不属于保修范围；凡属工业产品项目发生问题，亦不属保修范围。以上两种情况应由建设单位自行组织修理。

2. 保修期限

按照我国《建设工程质量管理条例》规定，在正常使用条件下，基础设施工程、房屋建筑的地基基础工程和主体结构工程等建筑工程的保修期限为设计文件规定的该工程的合理使用年限。

（1）屋面防水工程、有防水要求的卫生间、房间和外墙面，为5年。

（2）供热与供冷系统，为2个采暖期、供冷期。

（3）电气管线、给排水管道、设备安装和装修工程，为2年。

其他项目的保修期限由发包人和承包人约定。

建设工程在超过合理使用年限后仍需要继续使用的，产权所有人应当委托具有相应资质等级的勘察、设计单位鉴定，并根据鉴定结果采取加固、维修等措施，重新界定使用期。

3. 保修做法

（1）发送保修证书。在建设项目竣工验收的同时，由施工承包单位向业主单位发送工程质量保修证书。保修证书的主要内容包括工程简况、工程使用管理要求、保修范围和内容、保修时间、保修说明、保修情况记录。此外，保修证书还附有保修单位（即施工承包人）的名称、详细地址、电话、联系接待部门（如科、室）和联系人，以便于与业主单位联系。

（2）要求检查和修理。在保修期内，业主单位或使用单位发现工程使用功能不良，且是由于施工质量而影响使用的，可以用口头或书面方式通知施工承包人的有关保修部门，说明情况，要求派人前往检查修理。施工承包人自接到保修通知书之日起，必须在两周内到达现场，与业主单位共同明确责任方，商议返修内容。属于施工承包人责任的，如施工承包人未能按期到达现场，业主单位应再次通知施工承包人。施工承包人自接到再次通知书起的一周内仍不能到达时，业主单位有权自行返修，所发生的费用由原施工承包人承担。不属于施工承包人责任的，业主单位应与施工承包人联系，商议维修的具体期限。

（3）验收。在发生问题的部位或项目修理完毕以后，要在质量保修证书的"保修记录"栏内做好记录，并经业主单位验收签字，以表示修理工作完结。

4. 维修的经济责任

（1）施工单位未按国家有关规范、标准和设计要求施工造成的质量缺陷，由施工单位负责返修并承担经济责任。

（2）设计方面造成的质量缺陷，由设计单位承担经济责任，由施工单位负责维修，其费用按有关规定通过建设单位向设计单位索赔，不足部分由建设单位负责。

（3）由建筑材料、构配件和设备质量不合格引起的质量缺陷，属于施工单位采购的或经其验收同意的，由施工单位承担经济责任；属于建设单位采购的，由建设单位承担经济责任。

（4）因使用单位使用不当造成的质量缺陷，由使用单位自行负责。

（5）因地震、洪水、台风等不可抗拒原因造成的质量问题，施工单位、设计单位不承担经济责任。

10.3.2 建设项目回访

为使工程项目在竣工验收后达到最佳使用条件和最长使用寿命，让用户满意，施工单位在工程项目移交后，必须向建设单位提供建筑物使用和保养要领，并在用户开始使用后，进行回访和保修。

回访保修的责任应由承包人承担，承包人应建立施工项目交工后的回访与保修制度，听取用户意见，提高服务质量，改进服务方式。

1. 回访工作计划的制订

施工单位应建立健全回访工作制度，制订回访工作计划和实施办法。回访工作计划主要包括回访的对象、工程名称、时间安排、保修年限等内容。

2. 回访的程序和内容

（1）听取用户情况和意见。

（2）查看现场质量缺陷。

（3）进行原因分析和确认。

（4）商谈进行返修事宜。

（5）填写回访记录。

3. 回访的方式

（1）例行性回访。根据年度回访工作计划的安排，对已竣工验收交付使用并在保修期内的工程，统一组织回访，可用电话咨询、会议座谈、登门拜访等方式。

（2）季节性回访。如夏季访问屋面及防水、空调、墙面防水；冬季访问采暖系统等。

（3）技术性回访。主要是了解施工中采用"四新"的技术性能，使用后的效果，设备安装后的技术状态。

(4) 特殊性回访。对某一特殊工程进行专访，包括交工前的访问和交工后的回访，做好记录。对重点工程和实行保修保险方式的工程，应组织专访。

4. 回访的方法

应由施工承包人的领导组织生产、技术、质量（也可以包括合同、预算）等有关方面的人员进行回访，必要时还可以邀请科研方面的人员参加。回访时，由业主单位组织座谈会或意见听取会，并察看建筑物和设备的运转情况等。回访必须认真，必须解决问题，并应该做回访记录，必要时应写出回访纪要。

复习思考题

1. 简述竣工验收的范围和条件。
2. 全部工程验收的内容有哪些？
3. 竣工验收中遗留问题如何处理？
4. 建设项目竣工验收资料的内容有哪些？
5. 简述进行竣工结算的管理程序。
6. 竣工决算的内容有哪些？
7. 简述建设项目保修的范围和期限。
8. 建设项目回访的方式有哪些？

第11章 建设项目文档管理

11.1 建设项目文档管理概述

11.1.1 文档管理的意义

建设工程在实际的项目规划和实施过程中,形成了具有保存价值的文字、图表、数据等各种资料的技术文档,它是建设工程开展规划、勘测、设计、施工、管理、运行、维护、科研、抗灾等工作的重要依据,并为今后建设工程项目的维修、管理、改建等提供依据。

建设项目文档管理的意义有以下三个方面:

(1) 为建设项目管理工作的顺利开展创造良好的前提条件。建设项目管理的主要任务是进行建设项目的目标控制,而控制的基础是信息。如果没有信息,项目管理人员就无法实施建设项目的目标控制。在工程建设实施过程中产生的各种信息,经过收集、加工和传递,以文件资料的形式进行管理和保存,就会成为有价值的信息资源,它是建设项目管理人员进行工程建设目标控制的客观依据。

(2) 极大地提高建设项目管理工作的效率。建设项目文件资料经过系统、科学的整理归类,形成项目文件档案库,当项目管理人员需要时,就能及时有针对性地提供完整的资料,从而迅速地解决项目管理工作中的问题。反之,如果文件资料分散处理,就会导致混乱,甚至遗失,最终影响项目管理人员的正确决策。

(3) 为建设项目管理档案的建立提供可靠保障。建设项目文件资料的管理,是对建设项目管理各项工作中形成的全部文字、声像、图纸及报表等文件资料进行统一管理和保存,从而确保文档资料的完整性。一方面,在项目建成竣工以后,项目管理机构可将完整的项目文档资料移交业主,作为建设项目的档案资料;另一方面,完整的项目文档资料是项目管理单位重要的历史价值资料,项目管理人员可以从中获得宝贵的项目管理经验,有利于不断提高建设项目管理工作水平。

文档管理是对作为信息载体的资料进行有序的收集、加工、分解、编目和存档,并为项目的各参与者提供专用的和常用的信息的过程。建设项目技术文档资料应按完整化、准确化、规范化、标准化、系统化的要求整理编制,包括各种技术文件资料和竣工图纸,以及政府主管部门规定办理的各种报批文件。

11.1.2 文档的管理范围和要求

1. 建设项目文档的范围

建设工程项目文档、资料包括以下几类:

(1) 建设项目工程文件:在工程建设整个过程中形成的包括工程准备阶段文件、监理文件、施工文件、竣工图和竣工验收文件等各种形式的信息记录。

(2) 建设项目工程档案:在工程建设活动中形成的具有归档保存价值的文字、图表、声像等各种形式的历史记录。

（3）建设项目工程文件档案资料。建设工程文件和档案组成建设项目工程文件档案资料，其载体可为存储区域网络、硬盘、云存储服务、USB闪存盘、纸张等。

建设项目文档的范围包括立项、可行性研究、设计、施工、质量监督等建设项目工程所涉及的范围；同时还包括与工程特点、规模和工程建设实施过程有关的文件资料等。

2. 建设项目文档系统的要求

建设项目文档系统有如下的要求：

（1）系统性。文档系统应包括与项目相关的、应进入信息系统运行的所有资料，并限制其范围，对所有资料进行罗列，进行系统化的处理。

（2）区分性。通过编码对各个文档进行单一的标志处理，使其能够互相区别。

（3）责任明晰。要有专门的人员或部门负责资料工作，将文档的管理责任落到实处。

（4）文档内容正确、实用，处理过程中不失真。

因此，对具体的项目资料要弄清楚这些问题：谁负责资料工作？是什么资料？针对什么问题？什么内容和要求？何时收集、处理？向谁提供？

3. 城建档案的管理范围

城建档案指在城市规划、建设及其管理活动中直接形成的对国家和社会有保存价值的文字、图纸、图表、声像等各种载体的文件材料。城建档案馆主要对以下档案资料进行管理。

（1）工业、民用建筑、市政基础设施、公用基础设施、交通基础设施、园林、风景名胜、市容环境卫生设施、城市防洪、抗震、人防等各类城市建设工程档案。

（2）建设系统各专业管理部门包括城市规划、勘察、设计、施工、监理、园林、风景名胜、环卫、市政、公用、房地产管理、人防等部门形成的业务管理和业务技术档案。

（3）有关城市规划、建设及其管理的方针、政策、法规、计划方面的文件、科学研究成果，和城市历史、自然、经济等方面的基础资料。

4. 建设单位对城建档案的管理

在工程竣工验收后3个月内，建设单位应向城建档案馆报送一套符合规定的建设工程档案。凡建设工程档案不齐的，应当限期补充。停建、缓建工程的档案暂由建设单位保管。撤销单位的建设工程档案，应当向上级主管机关或者城建档案馆移交。

对改建、扩建和重要部位维修的工程，建设单位应当组织设计、施工单位据实修改、补充和完善原建设工程档案。如结构和平面布置等改变的，应更新编制的建设工程档案，并在工程竣工后3个月内向城建档案馆报送。列入城建档案馆档案接收范围的工程，在组织竣工验收前，建设单位应当提请城建档案管理机构对工程档案进行预验收。预验收合格后，由城建档案管理机构出具工程档案认可文件。在取得工程档案认可文件后，建设单位方可组织工程竣工验收。建设行政主管部门在办理竣工验收备案时，应当查验工程档案认可文件。工程竣工验收后，建设单位未按照规定移交建设工程档案的，依照《建设工程质量管理条例》的规定进行处罚。

11.2　建设项目文档管理的内容

1. 建设单位文档管理的内容

（1）在招标和与各参建方签订合同时，应对工程文件的套数、费用、质量、移交时间提出明确要求。

(2) 收集和整理工程准备阶段及竣工验收阶段形成的文件,并立卷归档。

(3) 组织、监督、检查(或委托监理监督检查)各参建单位的工程文件的形成、积累和立卷归档工作,收集和汇总各参建单位立卷归档的工程档案。

(4) 可委托承包单位组织工程档案编制工作。

(5) 负责组织绘制竣工图,也可委托承包单位、设计单位或监理单位完成。

(6) 在组织竣工验收前,应请当地城建档案管理部门对工程档案验收;未取得工程档案认可的文件,不得组织竣工验收。

(7) 对列入当地城建档案管理部门验收范围的工程,竣工验收3个月内向该部门移交符合规定的工程文件。

2. 监理单位文档管理的内容

(1) 设专人负责监理资料的收集、整理和归档,监理资料应在各阶段监理工作结束后及时整理归档。在项目监理部,由总监理工程师负责监理资料管理。监理资料必须真实、完整、分类有序。

(2) 按监理合同约定,受建设单位委托,对勘察、测绘、设计、施工单位的工程文件的形成、积累和立卷归档进行监督检查。

(3) 监理文件的套数、提交内容及时间按《建设工程文件归档规范》(GB/T 50328—2014)(2019年版)的要求,编制移交清单,双方签字盖章后及时移交建设单位。

3. 施工单位文档管理的内容

(1) 实行技术负责人负责制,逐级建立、健全施工文件管理岗位责任制,配备专人负责施工资料管理;设专门部门(专人)负责收集和整理工程项目施工文件。

(2) 总承包方负责收集、汇总各分包单位形成的工程档案。

(3) 可按施工合同约定,接受建设单位委托进行工程档案的组织、编制工作。

(4) 按要求在竣工前将施工文件整理汇总完毕,再移交建设单位进行工程竣工验收。

4. 建设项目文档材料

工程竣工时,应将工程来往批件、技术资料和施工图纸整理完好归档。建设项目文档材料的内容包括建设项目文件、工程技术文件、竣工文件、建设项目设备材料、财务器材文件、运行技术文件、建设项目科研项目及建设项目涉外文件8个部分,详细内容见表11.1。

表 11.1 建设项目(工程)文档材料

类别	序号	文件材料名称	保存期限	保管期限		
				建设单位	施工单位	设计单位
建设项目文件	1	建设项目立项书等重要文件: (1) 项目立项书、可行性研究报告及批复等立项依据文件 (2) 项目评估、环境预测、调查报告 (3) 会议记录、专家意见等文件 (4) 有关部门审查意见及批准意见: 1) 规划、环保、消防、卫生、人防、抗震等文件 2) 水、暖、电、煤气、通信等协议书	长期	永久		

续表

类别	序号	文件材料名称	保存期限	保管期限		
				建设单位	施工单位	设计单位
建设项目文件	2	建设项目用地、征地、拆迁等文件： (1) 建设项目选址报告及土地规划部门批复文件 (2) 建设用地许可证及用地地形图 (3) 移民规划安置等方面文件、拆迁协议书及补偿协议书 (4) 承发包合同及协议书 (5) 施工许可证 (6) 重要的协调会与有关专业文件 (7) 工程建设大事记		永久		
	3	勘察、测绘、设计、招投标文件： (1) 工程地质、水文地质、地质图 (2) 红线桩位置及测量成果报告 (3) 勘察设计、勘察报告、记录、化验、试验报告 (4) 重要岩石、土样及有关证明 (5) 地形地貌、控制点、建筑物、构筑物及重要设备、安装测量定位、观测记录 (6) 水文、气象、地震等设计基础资料 (7) 工程招投标文件及有关合同（设计、施工、监理等） (8) 工程照片、声像等材料	长期	永久		永久
	4	设计文件： (1) 初步设计和技术设计文件 (2) 设计评价、鉴定及审批材料 (3) 施工图设计和设计计算、技术秘密材料、专利文件 (4) 关键技术试验资料 (5) 总体规划设计、方案设计、扩建设计		永久		永久
	5	工程概算、预算、决算： (1) 工程概算书 (2) 施工预算书 (3) 工程竣工决算 (4) 固定资产清单及明细表	长期	长期		
	6	工程监理文件： (1) 项目监理合同 (2) 项目监理规划及实施细则	短期			
	7	工程施工总结： (1) 综合性概述： 1) 建设项目立项、可行性研究报告、预决算等 2) 施工招投标、监理情况 3) "四通一平"情况 (2) 设计施工等情况、主要技术措施 (3) 工程进度、质量、经验教训等	短期			

11.2 建设项目文档管理的内容

续表

类别	序号	文件材料名称	保存期限	保管期限 建设单位	施工单位	设计单位
工程技术文件	1	施工文件： (1) 建设工程规划许可证 (2) 建设工程施工许可证	长期	长期		
	2	施工组织设计、技术交底： (1) 工程开工报告及工程技术要求、技术交底、图纸会审纪要 (2) 施工组织设计及施工计划、方案、工艺、措施	长期			
	3	图纸会审、设计变更洽商记录： (1) 设计变更、工程更改洽商单、通知单 (2) 图纸会审记录（工程技术交底）	长期	长期		
	4	原材料试验报告等： (1) 原材料、构配件出厂证明及施工现场复检质量鉴定报告 (2) 建筑材料试验报告 (3) 材料、零部件、设备代用审批单 (4) 岩土试验报告、基础处理、基础工程施工图 (5) 地质描述图及有关说明	长期	长期		
	5	设备试验报告记录： (1) 设备管线焊接、管线强度、密闭性能试验报告及施工检验探伤记录 (2) 设备管线安装记录、质量检查评定 (3) 设备和管线测试、性能测试及校核 (4) 管线清洗、通水消毒记录 (5) 设备装置交接记录，电气、仪表操作联动试验 (6) 分项、分部、单位工程质量检查材料 (7) 施工大事记、来往函件 (8) 竣工验收记录、施工总结、技术总结 (9) 竣工报告（验收报告）、建筑材料试验报告	长期	长期		
	6	预检记录： (1) 土建施工定位测量、地基允许承载力复查报告 (2) 管线标高、位置、坡度测量记录		长期		
	7	隐蔽工程检查记录： (1) 水工建筑物测试及沉陷、位移变形等观测记录 (2) 隐蔽工程验收记录 (3) 防水工程检验记录	长期	长期		
	8	工程质量事故处理记录： (1) 工程事故处理报告 (2) 重大缺陷处理和处理后的检查报告 (3) 记载施工重要阶段、过程和重大事故现场的声像材料及有关文字说明		长期		

续表

类别	序号	文件材料名称	保存期限	保管期限		
				建设单位	施工单位	设计单位
竣工文件	1	竣工文件： （1）建设项目竣工验收申请、批复等 （2）建设项目验收会议文件及有关材料 （3）建设项目现场声像材料	长期	长期		
	2	施工技术资料： （1）建设项目竣工图（工程建设总平面布置图、管网综合图、大型设备基础图） （2）电气平面布置图、剖面图、系统图及设计说明 （3）水、暖平面图、剖面图、管线系统图及设计说明 （4）设备安装施工图及说明书 （5）建设项目质量评审材料 （6）建设项目设计总说明书 （7）建设项目竣工验收委员会（小组）会议记录及鉴定书	长期	长期		
	3	决算、审计报告： （1）建设项目财务决算 （2）建设项目审计结论	长期	长期		
建设项目设备材料	1	记录、检验、合格证： （1）规程、路线、试验、技术总结 （2）产品检验、包装、工艺图、检测记录 （3）设备、材料出厂合格证 （4）设备材料装箱单、开箱记录、工具单、备品备件单 （5）设备图纸、说明书 （6）设备测绘、验收记录，及安装测试、测定数据，性能鉴定		短期		
财务器材文件	1	（1）建设项目年度财务计划 （2）建设项目概算、预算、决算 （3）固定资产清单及交接凭证 （4）主要消耗材料、器材移交清单	长期	长期		
运行技术文件	1	运行技术准备： （1）技术准备计划 （2）技术培训材料				
	2	试运行： （1）试运行管理、技术责任制 （2）开停车方案及试车、验收、运转、维护记录 （3）试运行质量鉴定报告 （4）安全操作规程、事故分析报告 （5）运行记录				
建设项目科研项目	1	科研计划： （1）立项报告、任务书、批准书 （2）研究项目协议书、合同书、委托书 （3）研究项目方案、计划、调研报告	长期	长期		

续表

类别	序号	文件材料名称	保存期限	保管期限 建设单位	施工单位	设计单位
建设项目科研项目	2	试验、分析、计算： （1）试验记录、图表、照片 （2）试验分析、计算与整理数据，及阶段报告、科研报告、技术鉴定材料 （3）试验装置及特殊设备的图纸，技术规范说明书等 （4）试验成果申报、鉴定、审批及推广应用材料 （5）有关考察报告	长期	长期		
建设项目涉外文件	1	项目涉外有关文件： （1）建设项目询价、报价、谈判记录 （2）建设项目谈判协议书、合同书及合同附件 （3）建设项目谈判中外商提供的有关材料 （4）出国考察报告	合同永久			
	2	项目涉外有关技术问题： （1）技术来往函件 （2）国外各设计阶段文件、审查、议定书 （3）国外设备材料及设计联络 （4）国外引进设备图纸、说明书 （5）国外设备储存、运输、开箱检验记录、商检及索赔 （6）国外设备、材料的防腐、保护措施 （7）外国技术人员现场提供的有关文件材料及有关技术标准	永久			

复习思考题

1. 建设项目文档管理的意义是什么？
2. 建设项目技术文档材料包括哪些？

第12章 建设项目后评价

12.1 建设项目后评价概述

12.1.1 建设项目后评价及其作用

1. 建设项目后评价的概念

建设项目后评价指在建设项目实施过程中的某一阶段或竣工验收后的某一时点，对其进行全面、系统的回顾和总结，并将建设项目实施过程和完成后的最终成果及影响与项目决策时确定的各项计划和目标进行全面系统的对比，找出差异，分析原因，得出经验教训，提出改进建议，并反馈给决策部门。通过信息反馈，改善投资管理和决策，达到提高投资效益的目的。

建设项目后评价是通过与前评估报告等文件的对比分析，确定项目是否达到原设计和期望的目标，重新估算项目的经济和财务等方面的效益，并总结经验教训的综合性工作。建设项目后评价是相对于建设项目决策前的项目评估而言的，是固定资产投资管理的一项重要内容和最后一个环节。建设项目后评价是比较新的一项事业。

2. 建设项目后评价的分类

建设项目后评价根据评价的时点划分，可分为项目中间评价和项目事后评价两类。

(1) 项目中间评价（中间跟踪评价）。项目中间评价指从项目开工到竣工验收前的阶段性评价，即在实施过程中的某一时点，对建设项目实际状况所进行的评价。项目中间评价以项目实施过程中出现的有可能影响项目建设和预期目标实现的因素为重点。

(2) 项目事后评价（综合后评价）。项目事后评价是对已完工项目进行全面系统的评价，即在已完成竣工验收转入生产运营后的某一时点，对建设项目所进行的评价。项目事后评价以项目的投资效益为中心，以项目决策和建设实施效果以及生产运营状况为重点。

3. 建设项目后评价的特点

建设项目后评价不同于项目贷款决策评估，具有如下特点：

(1) 现实性。建设项目后评价分析研究的是项目实际情况，是在项目投产的一定时期内，根据企业的实际经营结果，或根据实际情况重新预测数据，总结前评估的经验教训，提出实际可行的对策措施。建设项目后评价的现实性决定了其评估结论的客观可靠性。

(2) 全面性。建设项目后评价不仅要分析项目的投资过程，还要分析其生产经营过程，不仅要分析项目的经济效益，还要分析其社会效益、环境效益，另外还需分析项目经营管理水平和项目发展的后劲和潜力，具有全面性。

(3) 反馈性。建设项目后评价的目的是对现有情况进行总结和回顾，并为有关部门反馈信息，以期提高投资项目决策和管理水平，为以后的宏观决策、微观决策和项目建设提供依据和经验。

(4) 探索性。建设项目后评价要在分析企业现状的基础上提问题,以探索企业未来的发展方向和发展趋势。

(5) 合作性。建设项目后评价涉及面广、难度大,因此各方面组织和有关人员的通力合作、齐心协力才能做好后评价工作。

4. 建设项目后评价的作用

通过建设项目后评价,可以达到肯定成绩、总结经验、研究问题、吸取教训、提出建议、改进工作、不断提高项目决策水平和投资效果的目的。建设项目后评价的作用有以下几个方面:

(1) 有利于提高项目决策水平。一方面建设项目后评价可以将立项决策失误的项目教训提供给项目决策者,这对于控制和调整同类建设项目具有重要作用。另一方面后评价有助于国家更好地决策,使政策有更强的应变能力。通过建设项目后评价,可以发现国家在宏观经济管理中存在的问题,政府有关部门要合理确定和调整投资规模与投资流向,协调各产业部门之间及其内部的各种比例关系,及时修正某些不适合经济发展的宏观经济政策、技术经济政策和已经过时的指标参数。

(2) 有利于提高设计施工水平。建设项目后评价可以总结建设项目设计、施工过程中的经验教训,从而有利于不断提高工程设计、施工水平。后评价有助于项目本身的完善、提高和改造,并对新建项目起指导作用。通过新建项目后评价,可以及时反馈出建设项目从立项到实施运营中的实际情况,比较实际情况与预测目标的偏离程度,分析产生偏差的原因,提出切实可行的改进措施,改进执行方法,合理地做出决策,增强项目的后续能力。此外,项目后评价在指导新建项目的选项、立项、评价、实施环节中起着重要作用。

(3) 有利于促进部门间的合作和提高管理水平。建设项目管理涉及政府有关部门、建设项目业主、贷款银行、设备制造和材料供应商以及工程勘察设计、工程施工、工程监理等许多部门,如何进行有效管理和协调有关各方的关系,采取什么样的具体协作形式等,都应在项目建设过程中不断摸索和完善。建设项目后评价通过对已建成项目实际情况的分析研究,总结项目在组织管理方面的先进经验和失败的教训,为投资人对未来项目的管理活动提供借鉴。通过后评价使宏观和微观经济效益更好地结合起来,促进了各部门间的合作,提高了管理水平。

(4) 有利于提高引进技术和装备的成功率。一般情况下,国家可以引进若干的同类型项目。通过后评价,总结出引进技术和装备过程中成功的经验和失误的教训,提高引进技术和装备的成功率。

(5) 为银行调整信贷政策提供依据。为建设项目提供贷款的银行通过开展建设项目后评价,发现项目建设资金使用过程中存在的问题,分析研究贷款项目成功或失败的原因,为调整信贷政策提供依据。

12.1.2 建设项目后评价的范围、内容和方法

1. 建设项目后评价的范围和内容

建设项目后评价是固定资产投资管理的一项重要内容,后评价的范围既包括基本建设项目,又包括更新改造项目;既包括大、中型基本建设项目和限额以上更新改造项目,又包括小型基本建设项目和限额以下更新改造项目。也就是说,所有固定资产投资项目都包括在项目后评价范围之内。建设项目后评价的内容包括立项决策评价、设计施工评价、生产运营评

价和建设效益评价。

2. 建设项目后评价的方法

一般地，建设项目后评价方法主要包括统计法、预测法、对比分析法等，通常根据项目性质和评价内容选择方法。

(1) 统计法。统计方法包括统计调查、统计资料的整理和统计分析三个部分。建设项目后评价以大量的基础统计数据为依据。建设项目后评价的数据处理和分析方法与统计分析类似。因此，统计原理和方法完全可以应用在项目后评价实践中，也是后评价方法之一。

(2) 预测法。预测原理是借助于惯性原则、类推原则、相关原则和概率推断原则等，通过搜集和审核资料等步骤来预测并选定预测值。根据建设项目后评价的特点和预测学原则，建设项目后评价主要采用的预测技术包括趋势外推法、参照对比法、专家调查预测法等。

(3) 对比分析法。在后评价的具体实施过程中，对于运用统计原理及方法和预测原理及方法得出的数据，要进行前后对比、预测值与实际发生值的对比、有无对比。所谓前后对比是将项目前期的可行性研究和评估的预测结论与项目实际运行结果相比较，以发现变化和分析原因。有无对比指将项目实际发生的情况与无项目可能发生的情况进行对比，以度量项目的真实效益、影响和作用。

12.1.3 建设项目后评价的组织与实施

1. 建设项目后评价工作的组织

目前我国进行建设项目后评价按三个层次组织实施，即业主单位的自我评价、项目所属行业（或地区）主管部门的评价和各级计划部门的评价。

(1) 业主单位的自我评价。业主单位的自我评价也称自评，所有建设项目竣工投产（营运、使用）一段时间以后，都应进行自评。

(2) 项目所属行业（或地区）主管部门的评价。行业（或地区）主管部门必须配备专人主管建设项目的后评价工作。当收到业主单位报来的自评后，首先要审查其报来的资料是否齐全、后评价报告是否实事求是，同时要根据工作需要，从行业或地区的角度选择一些项目进行行业或地区评价，如从行业布局、行业的发展、同行业的技术水平、经营成果等方面进行评价。

(3) 各级计划部门的评价。各级计划部门是建设项目后评价工作的组织者、领导者和方法制度的制定者。各级计划部门在收到项目业主单位和行业（或地区）主管部门报来的后评价报告后，应根据需要选择一些项目列入年度计划，开展后评价复审工作，也可委托具有相应资质的查询公司代为组织实施。

2. 后评价项目的选择

项目都有其自然环境与社会环境，产生一定的社会费用与效益，因而原则上所有建设项目都应进行后评价。但考虑到建设项目自身的特点以及各地经济、社会、环境、发展水平的差异，各级计划部门和行业（或地区）业务主管部门不可能对所有建设项目的后评价报告逐一进行审查，只能根据所要研究的问题和实际工作的需要，选择一部分项目开展后评价工作。所选择的后评价项目大体可分为以下4类：

(1) 为总结经验，应选择公认的立项正确、设计水平高、工程质量优、经济效益好的项

12.1 建设项目后评价概述

目进行后评价。

（2）为吸取教训，应主要选择立项决策有明显失误、设计水平不高、建设工期长、施工质量差、技术经济指标远低于同行业水平、经营亏损严重的项目进行后评价。

（3）为研究投资方向、制定投资政策，可选择一些投资额特别大或跨地区、跨行业，对国民经济有重大影响的项目进行后评价。

（4）选择一些新产品开发项目或技术项目进行后评价，以促进技术水平和引进项目成功率的提高。

选择后评价项目还应注意两点：第一，项目已竣工验收，投资决算已经上报批准或已经审计部门认可；第二，项目已投入生产（营运、使用）一段时间，能够评价企业的经济效益和社会效益。否则，将很难作出实事求是的科学结论。

3. 项目后评价的步骤

项目后评价的步骤，一般包括提出问题、筹划准备、调查搜集资料、选择后评价指标、分析评价和编制项目后评价报告等。

（1）提出问题。要明确后评价的任务、后评价的具体对象、后评价的目的及要求。提出要进行后评价的单位，可以是国家计划部门、银行部门、建设主管部门，也可以是工程管理单位自身。

（2）筹划准备。项目后评价可组织一个相对独立的后评价小组进行筹备工作，根据拟评价工程的具体情况和适用的评价内容，制订较为详细的后评价工作计划，其中包括后评价人员的配备、组织机构的建立、评价内容与深度的确定、时间进度的安排和工作经费预算，以及评价方法、评价指标的选择等，报请上级有关部门批准后，便可开始进行调研、分析和评价工作。

（3）调查搜集资料。本阶段的主要任务是制定详细的调查提纲，确定调查对象和调查方法并开展实际调查工作，根据后评价的任务要求，搜集后评价所需的各种资料和数据。这些资料和数据主要包括项目规划设计和施工建设的资料，项目的管理体制、机构设置、人员编制及职责、各年的实际运行费用、实际效益、运行管理总结资料，社会经济和社会环境资料，国家经济政策和本行业有关资料等。

（4）选择后评价指标。选择后评价指标是后评价中关键一步，要根据工程规划、设计、建设及运行管理状况，结合地区的经济和社会发展计划，针对工程的特点，揭示工程本身存在的问题和对工程所在地经济、技术、社会和环境影响，选择合适的评价指标。

（5）分析评价。根据调查资料，对工程进行定量和定性分析评价，一般按下列步骤进行：

1）对调查资料和数据的完整性和准确性进行检验，并依据核实后的资料数据进行分析研究。

2）计算各项能够定量的经济、技术、社会和环境影响评价指标，对比后评价实际值与前评价预测值，找出存在的问题。

3）对难以定量的效益与影响以及工程与所在地之间的多种社会因素进行定性分析，判断各定性指标对经济、社会发展目标和当地环境影响程度，揭示工程实施过程中所在地各群体因工程导致的经济、社会变化而实际产生的各种问题，揭示工程存在的经济、社会和环境风险，提出减轻或消除不利影响的措施。

4) 进行综合分析评价，采用有无对比分析法或综合分析评价等方法对工程进行综合分析评价，得出后评价结论，提出今后的改进措施和建议。

(6) 编制项目后评价报告。将上述调查分析评价成果写成书面报告，总结经验教训，提出对策和建议，提交委托单位和上级有关部门。

12.2 建设过程后评价

项目的建设过程包括策划决策、勘察设计、施工、竣工验收、投产营运等，这是项目的财力、物力集中投放耗用的过程，也是固定资产逐步形成的过程，对项目最终能否发挥投资效益有着十分重要的作用。

建设项目全过程的回顾与总结一般分四个阶段：建设项目前期立项决策、勘察设计与采购工作、项目施工、项目生产运营。建设过程后评价即对这四个阶段进行总结和评价。建设过程后评价的目的在于评价建设项目前期决策和实施的绩效，分析和总结前期决策工作和项目实施中的经验教训，为今后项目管理积累经验。

12.2.1 建设项目前期立项决策评价

根据实际情况，建设项目从以下几个方面对项目立项决策进行后评价：

(1) 决策依据。根据工程实际资料，论证立项条件的正确程度，对项目建议书和可行性研究报告中有关工业布局、资源、厂址、生产规模、工艺设备、产品性能等方面的预测和项目评估资料进行比较和评价。

(2) 投资方向。根据国情和国力现状，分析投资方向的适应程度，从产业政策、城乡建设和社会经济发展的前景等角度，评价其对提高行业的生产能力和技术水平，以及对繁荣区域经济和丰富文化生活的促进作用。

(3) 建设方案。对项目的原建设方案进行分析，并与最终实施方案进行比较，评价重大的修改变更情况。

(4) 技术水平。分析建设项目的技术状况，与国家的技术经济政策和国内外同类项目的技术水平相比，评价其先进、合理、经济、适用、高效、可靠、耐久程度，以及所采用的工艺、设备标准、规程等的成熟程度。

(5) 引进效果。对于涉外项目，还应对引进技术、引进设备的必要性和消化吸收情况、签约程序、合同条款的变更、索赔事项、外资筹措和支付等方面的情况进行评价。

(6) 协作条件。评价项目所在地的外部协作配合条件，包括供电、供热、供气、供水、排水、防洪、通信、交通、气象、劳务等方面的落实程度。

(7) 土地使用。对土地使用情况的评价，主要评价是否遵守有关国土规划、城市规划，以及文物保护、环境保护、资源保护等方面的法令法规，说明土地征用、建筑物拆迁、人员安置的情况。

(8) 咨询意见。对前期咨询评估报告的内容和意见的评价，主要评价咨询单位的评估内容和意见是否具有公正性、可靠性和科学性，评估的意见是否得到贯彻执行。

(9) 决策程序。评价决策过程的效率和决策科学化、民主化的程度，按照项目管理的要求，评价项目筹建机构的组织指挥能力。

(10) 效益评价。对可行性研究报告预测的经济效益和市场预测深度进行评价。

12.2.2 勘察设计与采购工作评价

1. 勘察设计评价

（1）选择勘察设计单位及监理单位方式的评价。要对勘察设计单位和建设监理单位的能力及资信情况进行评价，评价是否通过招标方式选择勘察设计单位和建设监理单位，效果如何。

（2）勘察工作质量的评价。说明地形地貌测绘图纸对工程总平面图布置的满足程度，工程地质和水文地质等方面的勘察工作深度，根据实际投产后的数据分析，结合资源勘探结论，对原来提供的资源分布情况、储量、开采年限、采掘条件等进行评价，特别是防止洪涝灾害、减少土石方工程量、清除施工障碍等方面的精确程度，将钻孔布置、勘察精度等与工程实际状况进行比较。特殊项目，说明所提供的气象勘察资料在建设过程中的验证情况。

（3）设计方案的评价。说明设计方案的优选方法是套用国内外同类项目的模式，还是经过设计招标或多方案的评比优化；设计的指导思想是否充分体现了技术上先进、经济上合理、方案可行、规模进度的要求；最终确定的设计方案在工程实践中的修改和变更情况。

（4）设计水平的评价。评价主要设计技术指标的先进程度和达标要求，总体设计规划和总图质量水平，工程总概算的控制能力，安装设备、建筑设备的选型定型情况和国产化程度，设计采用的新工艺、新技术、新材料、新结构情况、设计单位的图纸和预算质量，包括出图计划执行情况、图纸差错、设计变更、预算漏项等，以及由此造成的投资增减、工期调整、环境影响等方面的情况。对于设计单位的服务质量，主要评价是否能为国家节约投资，全面安排好配套设施，预留发展或技术改造条件；还要评价设计人员深入工程现场，进行技术交底和提供咨询服务、指导施工的情况。

2. 采购工作评价

（1）在设备采购准备阶段，主要评价建设项目是否具有批准的初步设计文件或设计单位确认的设备清单及详细技术规格书，大型专用设备预安排是否具有批准的可行性研究报告。

（2）评价招投标文件和有关证明文件是否规范和满足要求，对参加投标及中标的供货商或承包商是否进行过资信调查，项目采购的设备和材料是否经过招标方式进行。

（3）评价采用的国内科研成果是否经过工业实验和技术鉴定；项目采购的设备和材料是否符合国家的技术政策，是否先进、适用和可靠。

（4）评价引进的专利技术制造的设备是否有其先进性和适用性，引进的国外设备和技术是否符合国家有关规定和国情，是否成熟，有无盲目、重复引进现象，消化吸收如何。

（5）在采购合同执行阶段，主要评价采购合同是否完善，设备到场后保管是否妥善，检验手续是否完备。

（6）评价设备的运行情况是否达到设计能力。

12.2.3 项目施工评价

1. 施工准备工作评价

（1）评价工程是否已正式列入年度建设计划，初步设计及概算是否已经批准，是否有能满足标价计算要求的设计文件，进行施工招标时，资金是否已经到位，主要材料、设备的来源是否已经落实。

（2）评价施工招标是否达到了使建设项目质量优、工期短、造价合理的目的，是否通过公平竞争择优选择施工承包人。

（3）评价施工组织方式是否科学合理，施工承包人人员素质和技术装备情况是否达到规定要求，施工现场的"三通一平"和大型临时设施的准备情况，施工物资的供应、验收和使用情况。

(4) 评价施工组织设计的编制，施工技术组织措施的落实，以及现场的技术交底和技术培训工作等施工技术准备情况。

2. 施工管理工作评价

(1) 工期目标评价。主要核实单项工程实际开工、竣工日期，计算实际建设工期和实际建设工期的变化率，分析施工进度提前或拖后的原因，评价合同工期履约情况和各单位工程进度计划执行情况。

(2) 质量目标评价。主要评价单位工程的合格率、优良率和综合质量情况。

(3) 成本目标评价。主要评价物资消耗、工时定额、设备折旧、管理费等计划与实际支出情况，评价项目造价控制方法是否科学合理，分析实际造价高于或低于目标造价的原因。

12.2.4 项目生产运营评价

将项目实际经营状况、投资效果与预测情况或其他同类项目的经营状况相比较，分析和研究偏离程度及其原因，系统地总结项目投资的经验教训，为进一步提高项目实际运营效益献计献策。

1. 生产运行准备工作评价

生产运行准备工作是为了充分发挥投资效益，后评价时要分析的内容有：原设计方案的定员标准和实有职工人数情况，机构设置是否科学合理；生产和管理人员工作的熟练程度，培训和考核上岗情况；生产性项目的产、供、销渠道和生产资金的准备情况；生产运行的外部条件调整和改善措施。

2. 生产管理系统评价

大型建设项目应当建立相应的现代化管理系统，根据项目性质和特点，后评价时要分析管理系统的完善程度，主要内容为：保证产品质量和提高经济效益的生产技术和经营管理系统的完善程度；交通运输、邮电通信、输电输油输气项目进入局域网后，运行管理系统的完善程度；农林水利、环境项目等涉及社会效益、环境效益的综合管理系统的完善程度；城市公用事业和教育、科学、文化、卫生、体育项目的服务和维护管理系统的完善程度。

3. 项目使用功能评价

项目建成投产后，使用功能评价的内容有：生产性项目的达产达标情况；非生产性项目的使用效果；原材料消耗和能源消耗与国内外同类项目的水平对比；对可靠性、耐久性的分析和长期使用效果的预测。

12.3 建设项目效益后评价

12.3.1 建设项目效益后评价的概念和主要内容

1. 建设项目效益后评价的概念

建设项目效益后评价主要是调查了解项目实施的最终成果和影响，对照项目立项所确定的各个方面目的和指标进行评价，并通过对项目执行过程中各个阶段实际实现目标和指标及其变化进行分析，总结经验教训。建设项目效益后评价是项目后评价工作的有机组成部分和重要内容，它通过比较项目竣工投产后所产生的实际经济效益与可行性研究时所预测的经济效益，对项目进行评价。

项目效益后评价有别于可行性研究中的效益评价，它不是以预期效益目标为基础的预测分析，而是建立在对已投产项目取得的实际效益进行统计分析的基础上所做的一种重新测算分析。项目效益后评价也不同于企业日常经营活动的盈亏平衡分析，它是对整个项目计算期进行的长期分析，是从项目总的投入和产出角度考察项目的盈利能力和借款偿还能力。项目效益后评价具有从价值量角度进行事后广泛观察的优越性条件，应充分利用竣工验收、日常财务分析、审计检查和可行性研究中的资料数据，把项目效益后评价工作搞得更扎实有效。

2. 建设项目效益后评价的主要内容

项目效益后评价包括以下主要内容：

(1) 项目投资和执行情况的后评价。复核项目竣工决算的正确性，评价固定资产实际投资范围、构成比例是否合理，工程概预算是否准确，分析引起超概算的原因，认真总结超概算、无效投资和损失浪费的教训以及降低费用和节约投资的成功经验，对建设资金的实际来源渠道、数额、到位时间和对工程进度的满足程度进行说明，同时要分析流动资金实际占用是否合理，总结资金筹措的经验。外资项目还应评价外资利用方向、范围、规模及内外比例是否合理，前期工作中对国际金融市场变化趋势、利率、汇率和通货膨胀等风险因素预测是否准确，总结不同外贷类型、外贷方式的利弊得失和争取优惠贷款的经验。

(2) 项目经营达产和实际效益的后评价。计算项目从投产到后评价时，各年的销售额利润率和销售额利税率，分析产品生产成本、销售收入、利润水平与前期决策阶段的预测值相比变化率的大小和产生原因。对未能如期达到生产能力的项目，要分别从产品销售市场、工艺技术及设备、原材料、燃料、动力、资金供应及管理等方面分析影响和制约生产能力利用率的原因，提出相应对策。

(3) 项目财务效益后评价。对项目投产后的产品市场、成本、价格和利税进行统计分析，编制基本财务报告，通过后评价计算出的各项财务评价指标，与可行性研究报告预测值或行业基准判据参数进行对比分析，总结提高项目财务分析、经营管理和投资决策水平的规律和经验。

(4) 项目国民经济效益后评价。编制国民经济后评价基本报表，计算整个项目的国民经济后评价指标，将国民经济的评价指标与可行性研究预测的相关指标对比，对项目进行评价，从国家整体角度评价项目经济效益决策的正确性，并在改善项目投资环境、优化产业产品结构、指定倾斜政策、合理调整价格、深化体制改革等方面，提出以提高经济效益为重点的政策性建议或具体措施。

(5) 项目社会效益后评价。评价项目建成投产后给就业、居民生活条件改善、收入和生活水平提高、文教卫生、体育、商业等公用设施增加和质量提高等方面带来的影响。评价项目建成后对本地区经济发展、社会繁荣、城市建设、交通便利等方面产生的实际影响，以及对改善生态平衡，环境保护，促进水矿产资源综合利用，开发自然风光、名胜古迹等旅游事业方面所产生的影响。评价在产业结构的增量或存量调整和改善生产力布局、资源优化配置等方面产生的作用和影响。将项目投产后所产生的效果与可行性研究预期达到的社会效益目标进行对比，分析项目投产后是否产生了负效果或公害，提出具体的解决措施、办法和期限。

(6) 技术进步和规模效益后评价。对项目采用先进技术的含量以及由于推进科技进步、增加科技投入或智力投资而产生的技术进步效益。评价项目引进的技术、设备或标准对行业技术进步、国产化、推广应用和提高国家的科技水平、装备水平所产生的实际影响。大、中型项目尤其是国家重点建设项目，应根据达产后的实际效益状况，对比国内中、小型项目或参照国外同等规模项目，评价其是否达到了应有的规模经济效益水平。通过与可行性研究预期效益的对比，提出成功和不足的经验教训，进一步向技术进步和规模经济要效益。

（7）可行性研究深度的后评价。评价项目在前期立项和决策阶段，是否严肃认真地对项目效益预期目标论证和认定进行了可行性研究工作，对项目内部收益率或其他主要效益指标的确定是否有高估冒算的情况。综合计算项目后评价效益指标与前期决策阶段预期效益指标的变化率大小，考核对项目效益进行可行性研究工作的深度。

12.3.2 建设项目效益后评价

1. 指标体系

建设项目效益后评价指标体系的主要经济指标（图 12.1）如下：

（1）财务后评价指标，包括静态指标和动态指标。静态指标有后评价投资利润率、后评价投资利税率、后评价投资回收期、后评价借款偿还期，动态指标有后评价财务净现值、后评价财务内部收益率、后评价财务净现值率、后评价财务外汇净现值、后评价财务换汇成本、后评价财务节汇成本、后评价动态投资回收期。

（2）国民经济后评价指标。静态指标有后评价投资净效益率，动态指标有后评价经济内部收益率、后评价经济净现值、后评价经济净现值率、后评价经济外汇净现值、后评价经济换汇和节汇成本。

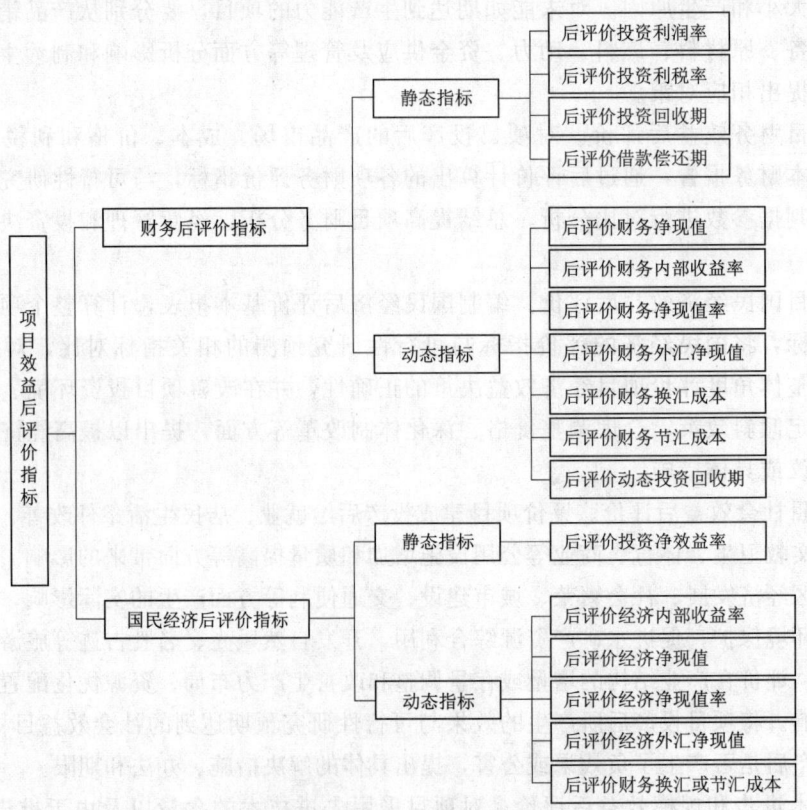

图 12.1 建设项目效益后评价指标体系的主要经济指标

2. 变化率计算方法

为了便于定量分析项目效益指标前后的偏差程度，后评价时应设置变化率指标。例如，利用内部收益率的变化率指标，衡量项目后评价内部收益率与预期内部收益率的偏差程度，其计算公式为

$$后评价内部收益率 = \frac{年度承包工程总值 \times 主要材料所占比重}{年度施工日历天数} \times 材料储备天数 \qquad (12.1)$$

3. 主要判据参数

建设项目效益后评价需要有科学的方法和完整的指标体系，还需要设定一整套考核项目实际效益的评判基准。评价项目效益指标是否实现了预期目标，其标准只能是立项决策阶段所确定的效益预期值，判据如下：财务基准收益率是项目后评价财务内部收益率的判据，当后评价财务内部收益率超过财务基准收益率时，认为项目财务盈利能力满足最低要求；按行业测算的基准投资利润率和基准投资利税率，是项目后评价投资利润率和投资利税率的判据；不同行业的基准投资回收期是项目后评价投资回收期的判据；项目借款偿还期一般以项目贷款银行与业主单位签订的贷款合同所规定的偿还期限作为判据；后评价财务换汇成本的基准判据是中国银行发布的现行外汇汇率；社会折现率是各类建设项目国民经济评价都应采用的国家统一折现率，也是项目后评价经济内部收益率和投资净效益的基准判据。

4. 评价步骤

（1）收集与项目效益有关的文件和资料，通常包括在批准的项目建议书、可行性研究报告、竣工验收报告和各年度财务报表及有关的各级批文等。

（2）调查了解项目当初的建设目的、建设背景和投资环境，掌握当初确定的主要项目效益指标和行业的有关基准参数，以及历年利率、汇率、税率和国家发布的国民经济参数的变动情况。

（3）整理实际发生的各项基础财务数据资料，如项目的所有投入或发生的费用，项目产出或取得的各项效益数量、时间和具体内容，并分析鉴别各有关基础数据的真实可靠性。

（4）编制经济财务报表，将基础数据分门别类地填入相关报表中。对于后评价时点以后的栏目数据，需经过重新测算后填入表格，测算的依据要可靠，预测数据取值要经得起推敲。

（5）直接利用基本财务、经济报表计算整个项目的各项后评价效益指标和有关参数。

（6）将后评价效益指标与决策效益指标或基准判据指标进行对比分析，找出偏差产生的原因，考核项目预期效益目标和投资决策的正确程度，提出提高项目效益的具体措施。

（7）编制项目效益后评价报告，提出包括问题和建议在内的综合评价结论，并附效益前后分析对比表。

复习思考题

1. 简述建设项目后评价的作用。
2. 建设项目后评价的方法有哪些？
3. 建设项目前期立项决策评价从哪些方面进行？
4. 建设过程后评价的内容有哪些？
5. 简述建设项目效益后评价的内容。
6. 建设项目效益后评价指标体系的主要判据参数有哪些？

第 13 章 建设项目管理的发展趋势

当今社会不断发展进步，社会分工更加精细化、大型化，要求越来越高，工程建设项目管理方式也发生了巨大的改变，管理工作细节和管理对象的划分更加具体化、精细化、复杂化、集成化，所以，以往简单传统的项目管理方法明显已经不适合当今现代信息化工程建设项目工作管理模式。为了促进我国工程建设项目的进步，采用集成化、信息化模式来管理工程建设项目，已经成为当前工程建设项目管理的发展趋势。

13.1 建设项目管理集成化

工程项目管理集成化是一种全面化、大型化、信息化、标准化、一体化的管理模式，方便管理主体和管理对象内部能够完整、高效地沟通联系，提高管理工作的一致性和协调性，从而让工程建设项目的管理效率和效益不断提高。工程项目管理集成化运用现代网络信息技术，管理的核心是工程项目，对工程项目过程中参与的工作人员、工作进展按目标标准进行实时、智能的远程管理和控制。

为了适应项目参与各方的需要，实现工程项目建设的增值，集成化已成为现代建设工程项目管理的趋势。所谓集成化管理，指运用集成思想，通过保证管理对象和管理系统完整的内部联系，提高系统的整体协调程度，最终达到提高管理效益的目的。建设工程项目管理的集成化不仅指项目全寿命期的集成管理，而且包括项目工期、造价、质量、安全、环境等要素的集成管理，此外，还应考虑项目组织管理体系的一体化。

建设项目管理集成化可以概括为以下 3 个方面：纵向管理集成——全寿命期管理，横向管理集成——全要素造价管理，管理环境集成——全面一体化管理。

13.1.1 建设工程全寿命期管理

1. 建设工程全寿命期管理概述

集成化管理模式就是用集成思想与方法代替传统的项目管理，以全新的管理思维实现各项资源要素的整合和集成，实现对工程项目全方位、高效地管理，也就是在建设工程项目管理实践过程中，将各种方法、手段与工具进行综合、整合，实现各要素作用与优势的相互融合。

在建设工程全寿命期中实施集成化管理，对传统的项目各个阶段独立管理的模式进行转变和创新，通过对管理目标和方法等进行集成管理，对项目实施全过程的统一管理，运用统一管理语言、规则以及信息管理系统使项目参与各方紧密联系在一起。在传统的项目管理模式中，决策阶段、实施阶段以及项目运营阶段是分离开的，管理工作也是独立进行的，而集成化管理是将各个阶段整合起来，通过科学的决策为实施阶段提供依据，保证实施阶段的顺利进行，并减少后期运营阶段管理难度，实现协同管理。

建设工程全寿命期管理（LCIM）是一种新型的管理模式。它对传统管理模式中相对独立的决策阶段开发管理（DM）、实施阶段业主方项目管理（OPM）、运营阶段物业管理（FM）运用管理集成思想，在管理理念、管理目标、管理组织、管理方法、管理手段等各方面进行有机集成（不是简单叠加）。业主方、运营方、开发管理方、项目管理方和物业管理方运用公共的、统一的管理语言和规则及集成化的管理信息系统，实施建设项目全寿命周期目标。

传统管理模式中，业主方（运营方）管理组织设计往往以项目建设为导向，导致在项目决策和实施阶段不可能系统性地对运营目标进行分析，往往造成建设目标和运营目标的相互脱节，两者之间不可避免地发生矛盾。运营方及委托的物业管理咨询单位往往在动用准备阶段甚至项目竣工后才介入项目，其服务是被动性的，不利于建设项目全寿命期目标的实现。LCIM作为一种全新理念的管理模式，其核心是从全寿命周期的视角，进行建设项目目标的规划和控制。为了保证LCIM模式的顺利实施，需要引入全寿命期集成化管理联合班子（LCIM联合班子）及全寿命期经理的概念，负责决策阶段和实施阶段全寿命期目标的规划和控制。

LCIM联合班子由业主方、运营方、开发管理方、项目管理方和物业管理方共同推选代表组成，主要基于以下三个方面的考虑：

（1）开发管理方、项目管理方和物业管理方都是代表业主方（运营方）利益提供专业咨询服务的，没有根本上的利益冲突，易结成联合班子。

（2）为实现建设项目全寿命期集成化管理，项目管理方和物业管理方提供咨询服务的时间向决策阶段延伸，使他们加入LCIM联合班子在时间上成为可能。

（3）业主方、运营方、开发管理方、项目管理方和物业管理方组成的联合班子拥有整个项目生命周期组织、管理、经济、合同、技术等方面的知识和经验，为全寿命期目标实现奠定了基础。

2. 建设工程全寿命期管理的起因

在传统的项目管理模式中，阶段性特点明显，而建设项目具有复杂性与专业分工明确的特点，导致各阶段管理呈现出分离性，比如工程项目时间阶段、参与方的组织等环节都存在明显的分散状态。在工程项目决策、实施以及运营阶段中，相关部门采用对项目全过程分割管理的方式，项目管理工作缺少整体性，一旦在分割管理过程中出现不连续势必会造成参与各方信息交流不通畅、不及时，严重影响工程项目组织协调，很难实现建设工程项目全寿命期目标。因为建设项目参与各方有自己的预期目标，且大不相同，导致项目管理过程相互独立，在利益关系相互制衡的情况下，大量的资金与时间将会浪费在工作层面上，加上工程项目实施阶段将专业细化，参与各方很难对项目有整体性认识。如果只在个别工作上注重提高效率和质量，从整体角度来看，整体管理效率仍然不高。此外，由于工程项目参与各方目标不同，往往会使参与各方为了达到自己的利益而凌驾于项目总体目标之上。在这种管理模式下，参与各方的利益不仅实现不了，甚至还会将项目管理中存在的不足突显出来，造成更为严重的损失。全寿命期集成化管理模式的运用，有效解决了传统管理模式存在的弊端，而且信息技术是集成化管理模式的基础，促进了信息技术在建设工程项目管理中的运用，提供了技术层面的保障。

在工程技术日趋复杂、投资规模日趋庞大的形势下，集成化管理已成为现代工程建设管理的必然趋势，同时也是建设工程项目取得成功的必要条件，原因在于：建设工程项目管理有三大传统目标,即质量、进度、造价。除这三大目标之外,建设工程的建设与运营,还承担着对员工、使用者、供应商、金融机构以及工程所在区域的社会责任和历史责任,以保证工程建设、使用安全及可持续发展的能力。对社会责任和历史责任的承担分别体现了建设工程项目管理的安全和环保两个目标,因此,建设工程项目管理的目标为质量、进度、造价、安全、环保五个目标的统一体,其中,质量、进度、造价为基本目标,安全、环保为第二层次的目标,需要在保证基本目标的前提下,兼顾安全、环保目标。质量、进度、造价、安全、环保五个目标彼此之间相互影响,相互制约,存在着对立统一的关系。需要说明的是,质量与安全、环保之间存在着密切的关系。实践证明,按标准、规范施工,就能保证工程质量、消除安全和环保事故隐患,而许多安全事故的发生多由工程质量低劣造成的。

3. 建设工程全寿命期管理的主要内容

建设工程全寿命期管理的主要内容包括目标系统、组织系统、信息系统等方面。

(1) 目标系统。建设工程全寿命期目标系统的基本要求包括整体性、包容性、社会性。整体性反映建设工程全寿命期的要求,既包括运营期的目标,也注重建设期的目标。包容性注重投资方和用户的需求,考虑其他相关方的需求。社会性体现对社会的贡献,反映社会环境和可持续发展对建设项目的要求。建设工程全寿命期管理目标系统的主要内容是工程项目建设目标与运营目标的整合。其中,建设目标主要指工程质量目标、建设工期目标和建设投资目标,运营目标主要指服务质量目标、运营成本目标和经济收益目标。上述目标属于建设工程项目的基本目标,除此之外,工程项目的建设目标和运营目标还应包括:使项目投资者、建设单位、用户、承包商、供应商、政府、所在地周边组织等满意,满足项目所在地区、城市可持续发展要求,与自然、社会、经济、法律等环境相协调。建设工程全寿命期管理目标系统应着重体现功能目标、费用目标、时间目标和社会目标的统一。

(2) 组织系统。建设工程全寿命期管理组织系统不仅指建设单位全寿命期管理组织的一体化考虑,而且还应考虑建设单位与工程项目参建各方之间的相互关系,其考虑的因素主要包括:项目策划决策、建设实施及运营维护的不同阶段,项目组织形式的选择;项目策划决策、建设实施及运营维护的不同阶段之间,管理界面的协调性。建设单位与工程项目参建各方应从传统意义上的企业间合作模式向动态联盟模式发展。所谓动态联盟,指以信息技术为基础,为适应经济全球化的市场环境,由多个各有专长的敏捷型企业组成的临时性组织。建立和实施建设工程全寿命期动态联盟管理模式的优越性在于:作为企业群体的动态联盟组织,由于采用项目团队的组织形态,其组织结构是柔性和动态的,可以适应建设工程全寿命期管理目标的变化,从而提高管理绩效;动态联盟的扁平化和网络化组织结构有利于建设工程全寿命期中各组织之间的沟通与合作,既可以加快信息请求—反馈的节奏,也可以减少信息传递过程中的扭曲和失真,同时还能降低信息获取成本。由于项目的成功和增值成为动态联盟中各组织的共同目标,有利于盟主和盟员将优势资源集中于项目,以降低项目的风险,保障项目总体目标的实现。

(3) 信息系统。实施建设工程全寿命期集成化管理,需要有一个使项目策划决策、建设实施、运营维护各个阶段所有参与方实现信息共享的平台——建设工程全寿命期集成化管理信息系统。该系统应是一个利用现代计算机和信息处理技术,在建设工程全寿命期中进行信息处理,为项目所有参与方提供信息服务,辅助其进行决策、实施和控制的集成化人机系统。建设工程全寿命期集成化管理信息系统的构建应在科学规划的基础上由业主推动,系统的成功实施将会为建设工程全寿命期集成化管理目标的实现提供有力的支持,同时也能提高项目管理效率,促进项目管理现代化。

13.1.2 建设项目全要素造价管理

全面造价管理理论中的工程项目全要素造价管理,指出了项目的质量、工期和造价之间有相互制约、相互依存的紧密联系,应尽量使质量、工期等要素量化,并与造价要素联系起来进行管理。因为工程各项目的成本与工程项目的进度和质量要素都是直接相关的,项目进度的长短和质量的高低都会直接造成工程成本的变动。所以对工程项目进行成本管理,必须同时对成本、进度、质量这三个基本要素进行全面集成管理。

建设项目全要素造价管理根据项目投资者的总体目标和工程项目的具体要求,以全面造价管理思想为指导,从集成管理的角度出发,通过分析工程项目各要素之间的相互关系,运用价值原理将工程项目的三大要素——成本、进度和质量进行集成管理,进而对工程项目的实施过程监督检查,将计划实际目标与计划目标相比较,发现偏差并纠正偏差,使项目顺利实施,最大限度满足项目各方的期望和保证其合法利益。

1. 项目工期成本

工期成本是承包人实施合同工程时为达到质量标准,必须消耗或使用的人工、材料、工程设备、施工机械台班及其管理等方面发生的费用和按规定缴纳的规费和税金。在考虑项目总成本时,还应考虑工期变化带来的其他损益,包括效益增量和资金的时间价值等。进度计划方案不同,所对应的总工期和总成本也就不同。为了控制项目工期成本,需要从多种进度计划方案中寻求项目总成本最低时的工期安排。项目成本与工期之间的关系如图13.1所示。

2. 项目质量成本

项目质量成本指在建设工程项目的设计、施工和使用阶段为达到规定的质量水平而支出的一切费用,以及因未达到规定的质量水平而造成的损失费用总和。质量成本是全面质量管

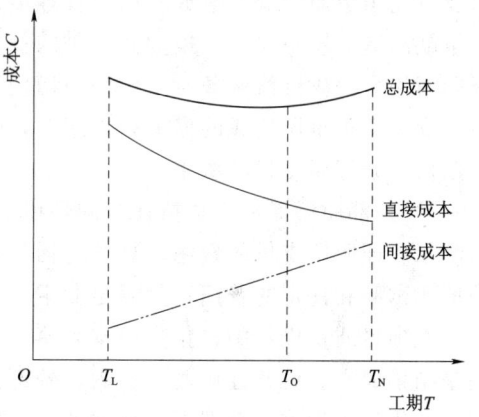

图13.1 项目成本与工期的关系
T_L—最短工期;T_O—最优工期;T_N—正常工期

理活动的经济表现,是将项目质量保持在规定的水平上所需的费用。项目质量成本核算是为了正确反映和监督项目组织在项目实施过程中开展质量管理活动支付的费用总和,了解由于质量问题所造成的损失状况。它也为编制项目质量成本计划,进行质量成本控制,实施质量成本分析与考核,提供准确完整的数据,从而达到不断提高项目质量和企业经济效益与社会经济效益的目的。

(1) 项目质量成本的组成。项目质量成本一般可分为控制成本、损失成本及特定情况下的外部质量保证成本3项。

1) 控制成本主要包括:为制定质量政策,进行质量策划,制定质量目标及质量管理计划、质量改进计划等活动所发生的质量计划工作费;为保证和提高项目质量而开发的新技术、新工艺等所需要的研制、开发、评审等新技术、新工艺开发费用;为达到符合性质量,对工序能力进行调查研究及保持工序能力而采取的措施所发生的工序能力控制及研

究费用；对质量体系、工序质量和供应单位质量审核所支付的质量审核费用；对有关质量信息的收集、分析、归纳及为质量故障早期预报所发生的质量信息费用；为达到质量要求或改进项目质量，而对项目相关人员进行培训所发生的质量管理培训费；对质量管理工作组织、协调和为了调动人们重视质量管理的积极性发生的质量管理活动费用；征求用户对项目质量的反映以及定期质量访问、对用户的技术指导、上门服务所发生的征求用户意见回访费。

2) 损失成本包括内部损失成本和外部损失成本。内部损失成本指项目在交接前由于自身的缺陷而造成的损失及处理故障所发生的费用之和，包括：报废损失，即因为成品、半成品、在制品达不到质量要求且无法修复或在经济上不值得修复所造成报废而损失的费用，以及外购件、原材料在采购、运输、仓储等过程中因质量问题所损失的费用；返修损失，指为修复不合格品、使之达到规定的质量标准所发生的费用；停工损失，指由各种质量缺陷引起的设备停工、人员窝工等所发生的损失费用；故障分析处理费用，指为处理内部项目质量事故或故障而发生的费用，如重复检验、试验等所支付的费用；降级损失，指因项目质量达不到规定的质量等级而降级所损失的费用。外部损失成本指项目交付后因不满足规定的质量要求，导致索赔、修理、更换或信誉损失所发生的费用，包括：诉讼费，指调查、收集、整理以及判定由于质量缺陷造成的用户合理申诉而发生的一切损失费用；退货损失，指由于项目质量缺陷造成用户退货、换货而支付的一切损失费用；保修费用，指在项目保修期间或根据合同对用户提供维修服务所发生的一切费用；折价损失，指由于项目质量低于标准，经与用户协商同意折价所造成的损失；索赔费，因项目质量未满足合同要求，对用户提出的申诉进行赔偿、处理所支付的费用。

3) 外部质量保证成本指在合同环境下，承包单位根据业主提出的要求而提供客观证据的演示和证明所支付的费用。具体包括为提供特殊和附加质量保证措施等支付的费用；产品的证实试验和评定的费用；为满足业主要求，进行质量管理体系认证所支付的费用等。

在项目质量成本中，预防成本和鉴定成本是先期投入的控制成本，而内、外部损失成本则是结果成本。就其性质而言，内、外部损失成本是真正的损失。由于受科学技术水平的限制以及质量管理方面存在不完善之处，要完全避免损失是很难的，然而，在一定的科学技术水平条件下，通过采取有效的管理措施，可以使质量损失成本大大下降。为此，必须加强预防措施和质量鉴定活动，即必须付出相应的代价（预防成本和鉴定成本）。控制成本与损失成本之间存在着此消彼长的关系。预防成本的增加将会使内部损失成本减少，鉴定成本的增加将会使外部损失成本减少。把握项目质量成本各组成部分之间的相关性变动趋势，可以为优化项目质量成本结构、降低质量总成本提供可能。

(2) 项目质量成本分析。在项目质量成本分析中，控制成本和损失成本与质量水平之间存在一定的变化关系。在项目质量水平较低的情况下，预防成本和鉴定成本也较低。而随着项目质量水平的提高，预防成本和鉴定成本也随之逐渐增加，当项目的质量达到某一水平时，再提高项目质量就会使两项成本急剧上升。内部损失成本和外部损失成本的情况则截然相反。在项目质量水平较低时，内、外部损失成本较高。随着项目质量水平的提高，内外部损失成本将会逐步下降。项目质量达到一定水平后，即使大幅度地增加质量控制成本，内、外部损失成本下降的速度也会逐渐减慢。项目质量成本与质量水平之间的关系如图13.2所示。

由图 13.2 知，项目质量水平的提高需要采取更多的预防控制措施与检验手段，这样会使控制成本增加；与此同时，项目质量水平的提高却能够减少内、外部损失，从而会降低损失成本。于是，存在一个最佳质量水平点 Q_m，使得控制成本、鉴定成本、内部损失成本和外部损失成本费用之和所构成的质量总成本最小。对项目质量进行控制，并不是要求项目质量越高越好。质量水平过高，会导致质量成本的增加；反之，质量水平过低，也将会导致质量成本的增加。从经济角度看，应将质量水平控制在最适宜点 Q_m 附近。

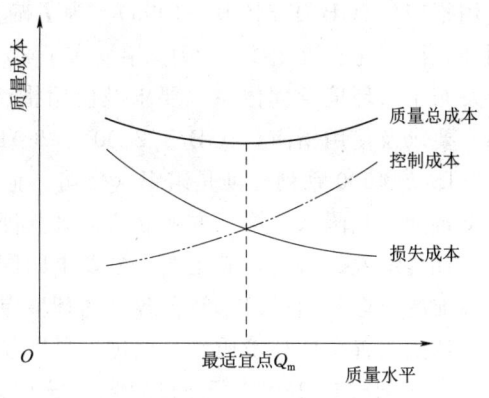

图 13.2　项目质量成本与质量水平之间的关系

3. 项目社会成本

随着国家建设事业的大力发展，大型建设项目越来越多，施工中使用的机械、设备也日趋大型化、复杂化，使得建设项目本身对环境造成的影响和破坏日益严重。项目社会成本指由于实施建设项目而造成的、但不能归入参与项目的合同方的直接或间接成本的成本。通俗来讲，社会成本指的是除却项目建造成本之外，由于建设项目对社会环境造成的负面影响而产生的成本。

13.1.3　全面一体化管理

全面一体化管理体系（TIMS）是一种先进的管理模式，其宗旨是对工程项目的质量、环境和职业健康安全进行全员、全方位、全过程的控制和管理，使项目建设过程高效、对环境无害、对员工负责、对社会有益，它是实现可持续发展的重要环节，也是实现工程项目建设目标的需要。

1. 国际通用标准管理体系及卓越绩效标准

（1）国际通用标准管理体系。现代化管理发展的必然趋势要求建立标准化管理体系。为提高自身的管理水平和竞争能力，尽快与国际市场接轨，我国纷纷开展了标准化管理体系的认证工作。继 ISO 9000 质量管理体系普遍推行之后，ISO 14000 环境管理体系和 OHSMS 18000 职业健康安全管理体系的认证工作也日趋普及，作为实现可持续发展的三大基石，质量、环境、职业健康安全三大管理体系标准涵盖了现代管理最重要的内容。

1) ISO 9000 质量管理体系标准。ISO 9000 品质体系认证机构是经过国家认可的权威机构，对企业的品质体系的审核要求非常严格。企业可按照经过严格审核的国际标准化的品质体系进行品质管理，确保了产品质量的合格率，为企业增加经济效益和社会效益。实行 ISO 9000 国际标准化的品质管理，可以稳定地提高产品品质，使企业在竞争中永远立于不败之地。

2) ISO 14000 环境管理体系。ISO 14000 系列标准是为促进全球环境质量的改善而制定的一套环境管理的框架文件，目的是加强组织（公司、企业）的环境意识、管理能力和保障措施，从而改善环境质量。国际标准化组织于 1996 年发布了 ISO 14000 环境管理体系标准，2004 年又通过修订，发布了 2004 版 ISO 14000 环境管理体系标准。我国于 2004 年发布了《环境管理体系　要求及使用指南》（GB/T 24001—2004），替代了《环境管理体系　规范及使用指南》（GB/T 24001—1996）。为了确保国际标准在不断变化的环境中保持有效性和适用性，国际化标准组织于2015年发布了2015版ISO 14000环境管理体系标准。我国于2016年发布了《环境管理体系　要求及使用指南》（GB/T 24001—2016），替代了《环境管理体系　要求及使用指南》（GB/T 24001—2004）。

ISO 14000系列标准是组织（公司、企业）自愿采用的标准，是组织（公司、企业）的自觉行为。我国采取第三方独立认证来验证组织（公司、企业）对环境因素的管理是否达到改善环境绩效的目的，满足相关方要求的同时，满足社会对环境保护的要求。ISO 14000系列标准的目标是通过建立符合各国的环境保护法律、法规要求的国际标准，在全球范围内推广，达到改善全球环境质量，促进世界贸易，消除贸易壁垒的最终目标。

3) OHSMS 18000职业健康安全管理体系。所谓职业健康安全管理体系OHSMS，是由一系列标准来构筑的一套系统，它表达了一种对企业的职业安全卫生进行控制的思想，也给出了按照这种思想进行管理的一整套方法。这种体系应当是科学的、有效的、能够被接受的，并与企业的其他活动和整体的管理是相容的。同时，它作为一套标准，应该能得到广泛的接受和承认，具有规范性。职业健康安全管理体系是一种对企业的职业健康安全工作进行控制的战略及方法。

OHSMS 18000系列标准秉承ISO 14000系列标准成功的思维及管理模式，运用系统工程原理，体现"预防为主"的方针，将管理过程和控制措施建立在科学的危险辨识和风险评价基础之上。通过科学的职业健康安全管理体系策划，形成职业健康安全管理体系作业文件，并通过实施过程中的动态跟踪和持续改进，不断提高组织的职业健康安全管理水平。

(2) 卓越绩效标准。卓越绩效评价标准是质量奖评审的依据，是国家质量奖励制度的技术文件。制定这套标准的目的有两个：一是用于国家质量奖的评价；二是用于组织的自我学习，引导组织追求卓越绩效，提高产品、服务和经营质量，增强竞争优势，并通过评定获奖组织、树立典范并分享成功的经验，鼓励和推动更多的组织使用这套标准。这套标准是国内外许多成功组织的实践经验总结，为组织的自我评价和外部评价提供了很好的依据。标准的制定和实施可帮助组织提高其整体绩效和能力，为组织的所有者、顾客、员工、供方、合作伙伴和社会创造价值，有助于组织获得长期的市场成功，并使各类组织易于在质量管理实践方面进行沟通和共享，成为一种管理绩效并指导组织进行规划和获得学习机会的工具。

卓越绩效标准以顾客为导向，核心是强化组织的顾客满意意识和创新活动，追求卓越绩效的管理。该标准强调战略、绩效结果和社会责任，为组织提供了追求卓越绩效的经营管理模式。卓越绩效标准具有以下特点：是对质量管理的创新和发展，反映了现代质量经营的先进理念和方法，更加强调质量对组织绩效的增值和贡献，更加重视以顾客为中心的理念，进一步强调可持续发展原则。

《卓越绩效评价准则》（GB/T 19580）是在结合我国质量管理实际情况的基础上，充分融合世界最有影响的三大质量奖的基本要求而制定的。该准则从领导，战略，顾客与市场，资源，过程管理，测量、分析与改进，经营结果七个方面规定了组织卓越绩效的评价要求。从标准的内容和结构来看，该标准提供了组织可持续发展的要素框架，如图13.3所示。

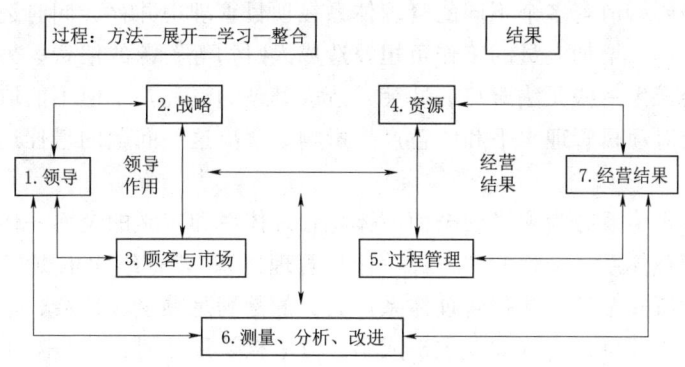

图 13.3 《卓越绩效评价准则》(GB/T 19580) 框架结构

这个框架是组织实现可持续发展需要关注的要素的总结。每个要素的内容并不是要求,组织需要根据自身情况回答"如何做"这一问题,既包括组织的制度建设和实际做法,也包括组织对这些做法的思考和总结,并在此基础上形成自身独特的管理实践和经验。组织结合自身情况,通过对"如何做"的思考和回答,总结经验,形成适合自身发展的管理模式,并根据内外部环境的变化进行动态调整。组织应进一步理解该标准中的要素,从不同角度说明这些要素的来源以及对组织可持续发展的综合性研究成果。

不能将卓越绩效标准简单地当作一个政府质量奖项来认知,应该从打造组织健康、提升组织能力、提升组织生存力、促进组织改进等方面来理解卓越绩效标准;另一方面,组织健康、组织生存力、组织持续改进等也不是一蹴而就的,需要久久为功,所以卓越绩效的导入、实施、应用、融合是一个长期的过程,而申报质量奖和获奖只是一个相对短期的过程。获奖并不一定表示组织是卓越的,更多的一个是相对优势的状态。组织不能本末倒置,认为获奖就是组织卓越的标志,真正对组织有帮助的是后续的长期实践、总结。

2. 全面一体化管理体系的目标

全面一体化管理体系的目的是使企业具有稳定、持续地按顾客、相关方和适用法律法规要求,优质高效、安全环保地进行生产的能力;同时,通过实施管理体系,并持续改进其有效性,增强顾客满意度,提高环境和职业健康安全绩效,促进相关方满意。

建筑企业建立全面一体化管理体系可达到以下几个目标:

(1) 明确经营理念,提高管理水平。
(2) 改善管理体制,强化标准化的作用。
(3) 降低生产成本和消耗,增加收益率。
(4) 承担对社会的责任,树立良好社会形象。
(5) 满足顾客和相关方的要求,提高竞争力。

3. 全面一体化管理体系及其建立

(1) 全面一体化管理与全面一体化管理体系。全面一体化管理指组织(企业)在其所有领域内以质量、环境、职业健康安全为核心,以全面质量管理理论为基础,依据国际管理性标准框架,融合其他管理要求,通过建立全面一体化管理体系,优化整合协调一致管理,目的是使顾客满意及员工、相关方受益而达到长期成功的管理途径。在项目管理中,单纯采用一种管理模式难以满足组织经营活动涉及的质量、人力资源、环境、职业健康安全、营销等方方面面的客观需要。但若多个不同的管理体系在项目管理中并存、同时运转，一方面会产生许多重复性的工作，增加人员的工作负担，造成人财物等资源的浪费；另一方面，由于体系之间的差异，会产生一些无法避免的冲突，造成管理的混乱，不但不能取得实施管理体系的预期效果，还会对项目管理水平和收益产生影响。解决这一问题的最佳途径，就是实施一体化管理体系。

全面一体化管理体系分为狭义的全面一体化管理体系和广义的全面一体化管理体系。狭义的全面一体化管理体系，又称为"三标一体化管理体系"，是组织依据三大标准建立的质量、环境、职业健康安全的一体化管理体系，其目的是满足顾客、社会、员工及组织的相关方要求，用于第二方评价认定（如业主）或第三方审核认证注册，这是对组织管理体系的最基本要求；广义的全面一体化管理体系是在狭义的全面一体化管理体系基础上的发展，其目的在于组织绩效改进，追求卓越，满足顾客、社会、员工及组织相关方的期望。广义的全面一体化管理体系是对组织一体化管理的较高要求。

（2）全面一体化管理体系的建立。企业要建立并保持一个兼容质量、环境和职业健康安全三个标准的整合型管理体系，就必须充分认识三个标准的共性、兼容性和差异性，寻找整合的切入点，求同存异，建立既符合三个标准要求，又结合企业实际的一体化管理体系。质量、环境和职业健康安全管理体系均属于全面管理系统，三个管理体系在总目标、特点、共性等方面存在着有机联系和互补性。质量、环境、职业安全健康三个管理体系与全面管理体系是分系统与总系统的关系，即三个子管理体系是全面管理总体系的组成部分，并整合为一体。

建立全面一体化管理体系就是要对三个分离的质量、环境和职业安全健康管理体系进行整合，将组织中这三个管理体系的管理要素进行对比和综合，并依据一定的原则和方法，在系统中进行有效的整合，从而发挥组织管理系统的综合优势，使管理效率、效益最大化。建立全面一体化管理体系应遵循以下原则：

1）职能一体化原则。职能一体化是管理体系一体化的根本。管理性要求应覆盖三个标准的内容，就高不就低，体系的建立应以三个标准中最高要求为准。

2）过程原则。针对核心过程或活动进行描述，是一体化体系的主线描述原则。

3）文件一体化原则。文件一体化是形式上的一体化，但"形似才能神合"，没有形式上的一体化就无从谈起内涵上的一体化。文件一体化有利于减少文件数量，便于使用；有利于统一协调体系的策划、运行与检测，实现资源共享；有利于提高管理效率。

4. 全面一体化管理的意义

（1）建立全面一体化管理体系是提高企业管理水平的需要。全球经济一体化，特别是中国加入WTO以后，企业需要通过认证的体系越来越多，各种体系之间的接口、各要素之间的协调，随着时间的动态变化，会越来越复杂，矛盾会越来越多，解决会越来越困难。一个企业的管理功能和效率发挥好坏，不能只靠某一个或某几个体系的有效性，而是靠企业管理体系的整体有效性的发挥，这是系统论的整体性原则。几个管理体系同时作用在企业管理时，如果不能相互协调、相互补充、相互衔接，不仅不能发挥整体功能，而且可能会相互造成负面影响，其结果势必降低管理体系的整体有效性。因此，全面一体化管理体系的出现，完全是企业自我发展、自我完善的需要。

（2）建立全面一体化管理体系是提高企业效益的重要途径。用一套体系文件进行统一控制，使所有的活动和过程都达到规范化、制度化，将大大提高企业的管理效率。通过一体化审核、一次审核，获得多张认证证书，企业可以用较少的投入、较少的时间，达到多个目标，从而达到提高效益的目的。

(3) 建立全面一体化管理体系是增强企业市场竞争力的重要手段。中国加入WTO以后，企业面临严酷国际市场竞争。国际市场的竞争是多方面的，需要多种认证，只有涵盖多种认证的全面一体化管理体系，才能使企业的产品和服务符合各种市场需求，才能取得参与多元化市场竞争的通行证。

13.2 建设项目管理信息化

建设项目管理信息化指的是建设项目管理信息资源的开发和利用，以及信息技术在建设项目管理中的开发和应用。在投资建设一个新的工程项目时，应重视开发和充分利用国内和国外同类或类似建设工程项目的有关信息资源。

13.2.1 建设项目管理信息化的意义和实施策略

1. 建设项目管理信息化的发展现状及局限

建设项目管理信息化属于领域信息化的范畴，它和企业信息化也有联系。我国建筑业和基本建设领域应用信息技术与工业发达国家相比，尚存在较大的数字鸿沟，它反映在信息技术在建设项目管理中应用的观念上，也反映在有关的知识管理上，还反映在有关技术应用方面。信息技术在建设项目管理中的开发和应用，包括在建设项目决策阶段的开发管理、实施阶段的项目管理和使用阶段的设施管理中开发和应用信息技术。如今总的发展趋势是基于网络的建设项目管理平台的开发和应用。建设项目信息化不仅意味着利用信息设备替代手工方式的信息处理作业，更重要的是提高建设项目的经济效益和社会效益，以达到工程建设项目增值的目的。

(1) 建设项目管理信息化的发展现状。建设项目管理信息化一直伴随着信息技术的发展而发展，自20世纪70年代开始，信息技术经历了一个迅速发展的过程，信息技术在建设项目管理中的应用也经历了如下的发展过程：20世纪70年代，单项程序的应用，如工程网络计划时间参数的计算程序、施工图预算程序等；20世纪80年代，程序系统的应用，如项目管理信息系统、设施管理信息系统等；20世纪90年代，程序系统的集成，它是随着建设项目管理的集成而发展的；20世纪90年代末期至今，基于网络平台的建设项目管理，其中项目信息门户（PIP）、建设工程全寿命期管理是重要内容。随着建筑业中信息和通信技术的应用以及相关标准的研究和应用，信息和通信技术的应用体现出标准化、集成化、网络化和虚拟化等特点。应用的趋势主要包括以下几个方面：基于建设产品和建设过程（而非文件）的信息模型和信息管理，如建筑信息模型（BIM）；建设项目全寿命周期各阶段之间信息的无遗漏、无重复传递和处理，即建筑全寿命周期管理（BLM）；模拟技术、虚拟技术（仿真技术）在建筑业中的应用，如虚拟建筑等；基于网络的项目管理、信息交流以及协同工作等，如基于网络的项目采购、项目信息门户（PIP）、可视化技术的应用等。

(2) 建设项目管理信息化的局限。尽管信息技术在建设项目管理中已有比较广泛的应用，但是，我国的建设项目管理信息化还存在着明显的局限与不足。对建设项目的集成管理重视不够，信息技术在建设项目管理中的应用范围较窄，主要集中在项目设计阶段、项目施工的前期，如招投标、工程预算、施工组织设计等阶段，而在施工过程中的进度、质量、费用控制方面的应用较少，项目施工管理仍然主要依靠管理人员的经验和处理能力。对建设项目管理信息系统的开发及应用重视不足。虽然有很多企业都看重建设项目各阶段相关软件的使用质量和效果，但缺少对各阶段、各子系统的统一计划、安排和管理，处于各自为政、各得其所的状态，使得信息化的发展受到限制。

对建设项目管理业务流程及组织机构的重组程度不够。由于很多建设项目管理中没有应用管理信息系统，在建设项目管理过程中的业务流程及组织机构仍然采用传统的模式，对项目管理影响非常大的许多网络信息沟通不能作为正式的沟通方式，在很大程度上影响了建设项目管理的发展。对建设项目管理的电子商务化程度重视不足，企业电子商务没有真正开展起来，多数企业也仅仅是建立了内容较为丰富的网页，作为企业业绩的展示平台，大多都以发布信息为主，信息的交流与互动还存在相当大的差距。信息污染的情况不断发展，由于现代通信技术的发展，人们可以获得的信息量大大增加，如果不注重信息的加工和传输，将会造成项目管理决策者被无用的琐碎信息所包围，从而导致决策者不能获得决策所需要的信息，此外，由于现代通信技术的应用，容易使人们依赖计算机在办公室获取信息而忽视面对面的沟通，从而减少获得软信息的可能性。

2. 建设项目管理信息化的意义

建设项目管理信息化的意义主要体现在以下方面：

(1) 利用信息网络作为项目信息交流的载体，可以大大加快项目信息交流的速度，减轻项目参建各方管理人员日常管理工作的负担，使人们能够及时查询工程进展情况，及时发现问题，及时作出决策，从而提高工作效率；同时，项目管理信息化能够为各项目参建各方提供完整、准确的历史信息，方便浏览并支持这些信息在计算机上的粘贴和复制，可以减少传统管理模式下大量的重复抄录工作，极大地提高项目管理工作的效率。

(2) 利用公共的信息管理平台，既有利于项目参建各方的信息共享和协同工作，又有利于项目参建方组织内部各部门、各层级之间的信息沟通和协调。在信息共享环境下通过自动地完成某些常规的信息发布，可以减少项目参与人之间的信息交流次数，并能保证信息传递的快捷、及时和通畅。这样，不仅有助于提高项目管理工作效率，而且可以提高项目管理水平。

(3) 建设工程项目管理信息化能够适应项目管理对信息量急剧增长的需要，允许实时采集每人的各种项目管理活动信息，并可以实现对各管理环节进行及时的督促与检查，从而促进项目管理工作质量的提高。

(4) 实现建设项目管理信息化，可以将项目的全部信息以系统化、结构化的方式存储起来，甚至可以对已积累的既往项目信息进行高效的分析，从而为项目管理的科学决策提供定量的分析数据。

由于建设项目的规模、技术含量越来越大，以及现代市场经济竞争激烈等特点，工程项目的建设风险越来越大。项目风险管理需要大量的信息，而且需要迅速获得并处理这些信息。现代信息技术给项目风险管理提供了很好的方法、手段和工具，建设项目管理信息化能够大大提高项目风险管理的能力和水平。

3. 建设项目管理信息化的实施模式与策略

建设项目管理信息化是解决目前建筑业存在问题的重要方法，因此国内外都在研究和探索建设项目管理信息化实现的途径。建设项目管理信息化的实施涉及宏观和微观两个方面。建设项目管理信息化属于建筑业行业信息化范畴，和企业信息化也有一定关系，因此建设项目管理信息化的实施受这两方面信息化水平的影响。要解决建设项目管理信息化问题，只从单个项目的信息化来实现是不够的。当前，建设项目管理信息化水平不高，从客观背景来看，其和建筑业整体信息化水平不高是直接相关的。因此，要实现建设项目管理信息化，从宏观层面来讲，必须大力推动建筑业行业信息化以及建筑业企业信息化。目前，我国已经制定出建筑业行业信息化发展战略；同时，建筑业企业也开始逐步进行信息化建设。这给建设项目管理信息化提供了良好的发展机遇和发展基础。

（1）建设项目管理信息化实施模式。建设项目管理信息化在工程项目中的具体应用主要有自行开发、直接购买和租用服务三种模式。自行开发，即聘请咨询公司和软件公司针对项目的特点自行开发，完全承担系统的设计、开发及维护工作。直接购买，即建设单位或总承包商等项目主要参建方出资购买商品化的项目管理软件，通常通过二次开发后安装在服务器上，供工程项目参建各方使用。租用服务，即租用PM-ASP服务供应商已完全开发好的项目管理信息化系统，通常按租用时间、项目数、用户数、数据占用空间大小收费。PM-ASP模式的基本结构如图13.4所示。

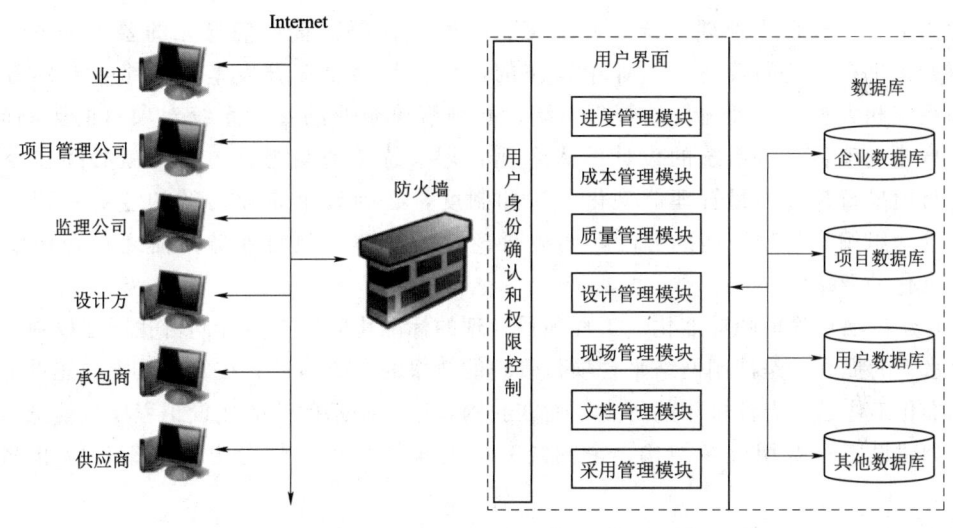

图13.4 PM-ASP模式的基本结构示意

建设项目管理信息化的实施涉及更多的是微观方面，这也是建设项目管理信息化推进过程中需要解决的实际问题，如单个项目信息化实施的组织与管理方案、相关人员思想意识的转变、项目管理软件的选择、项目文化的建立、信息管理手册的制定等。微观问题并不是小问题，只是相对于宏观问题而言在整个信息化体系中所处的层次较低，但却是影响建设项目管理信息化的关键问题，甚至某个细节问题（如文件分类标准的确定）的处理不当也会导致整个建设项目管理信息化的失败。比如，由于网络速度的限制，可能导致整个建设项目管理信息平台运行效率降低，甚至崩溃，并最终导致平台应用的失败。建设项目管理信息化实施的重要方法就是编制信息管理规划、程序与管理制度。信息管理规划、程序与制度是整个建设项目管理信息化得以正常实施与运行的基础，其内容包括信息分类、编码设计、信息分析、信息流程与信息制度等。建设项目管理信息化实施的手段有建立建设项目信息中心和建立建设项目信息处理平台。

三种项目管理信息化实施模式的比较见表 13.1。

表 13.1 项目管理信息化实施模式的比较

实施模式	优 点	缺 点	适 用 范 围
自行开发	对项目的针对性最强；安全性和可靠性最好	开发费用最高；实施周期最长；维护工作量较大	大型工程项目；复杂性程度高的工程项目；对系统要求高的工程项目
直接购买	对项目的针对性较强；安全性和可靠性较好	购买费用较高；维护费用较高	大型工程项目
租用服务（PM-ASP模式）	实施费用最低；实施周期最短；维护工作量最小	对项目的针对性较差；安全性和可靠性较差	中、小型工程项目；复杂性程度低的工程项目；对系统要求低的工程项目

(2) 建设项目管理信息化的实施策略。在现代高科技时代，对于项目管理信息化的成败，计算机技术、网络技术、项目管理系统技术等已不是主要的因素，我国经济体制、人们的组织行为、传统文化方面的障碍反而影响更大。所以，更应注重体制和组织文化方面的改进。重构企业管理系统，使之符合建设工程项目管理信息化的要求。由于项目管理信息化是在一定的行业和企业中运作的，特别是为企业开发基于网络平台的各项目的管理系统和大型特大型项目的管理系统，必须解决企业的管理系统对项目的影响问题，并且要将建设项目管理系统的设计纳入企业管理系统中通盘考虑。那么就必须在企业和大型项目内推行现代项目管理信息化方法和制度，必须改革企业传统的业务流程，改革企业的管理组织和管理职能的分配，明确分离部门业务与项目业务，使之符合建设项目管理信息化的要求。

(3) 建设项目管理的标准化。工程项目管理的标准化问题一直抑制着我国建设项目管理信息化水平的提高，是抑制网络平台项目管理的效率的主要因素。在发达国家，建设工程信息的标准化工作已经有许多年的历史。而在我国，连一些基础性的建设工程项目信息标准都没有，如建设工程费用分解结构、全国统一的建筑工程项目划分方法和编码标准都是没有的。

13.2.2 基于 Internet 的建设项目信息平台

鉴于 Internet 的强大信息沟通功能，越来越多的业主和承包商意识到了 Internet 技术在当前建筑业竞争中的重要性，他们将 Internet 技术引入到了项目的招标投标、材料设备的采购和供应链以及项目施工管理上。

1. 基于 Internet 的建设项目信息平台的特点和体系结构

基于 Internet 的建设项目信息平台的特点如下：基本形式是项目主题网，它具有较高的安全性；用户在客户端只需安装一个浏览器即可；主要功能是项目信息的共享和传递，而不是对项目信息进行加工、处理。信息平台不是一个简单文档系统，通过信息的集中管理和门户设置，为工程参建各方提供一个开放、协调、个性化的信息沟通环境。基于 Internet 的建设项目信息平台的体系结构包括 8 层，如图 13.5 所示。

基于 Internet 的项目信息集成平台是建设项目信息平台实施的关键，它必须对来自不同信息源的各种异构信息进行有效集成。项目信息分类层在基于 Internet 的项目信息集成平台基础上，对信息进行有效地分类编目，以便于项目参建各方的信息利用。项目信息搜索层为项目参与各方提供方便的信息检索服务。项目信息发布与传递层能支持信息内容的网上发布。工作流程支持层使项目参建各方通过项目门户完成一些工程项目的日常工作流程，如工程变更等。项目协同工作层利用同步和异步手段使项目参建各方结合一定的工作流程进行协作和沟通。个性化设置层使项目参建各方实现基于角色的界面设置。对于数据安全层，基于Internet的建设项目信息平台有严格的数据安全保证措施。

2. 基于Internet的建设项目信息平台的功能

基于Internet的建设项目信息平台的功能分为基本功能和拓展功能两个层次。其中，基本功能是大部分商业化的基于Internet的建设项目信息平台和应用服务所具备的功能，它可以看成基于Internet的建设项目信息平台的核心功能。而拓展功能则是部分应用服务商在其应用服务平台上所提供的服务，这些服务代表了基于Internet的建设项目信息平台的未来发展趋势。基于Internet的建设项目信息平台的功能见表13.2。

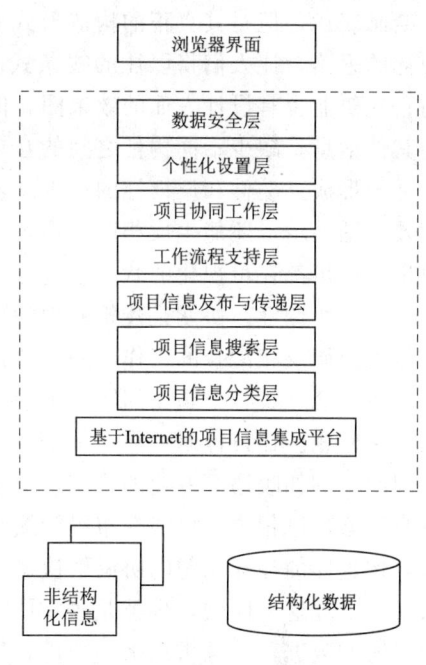

图13.5 基于Internet的建设项目信息平台体系结构

表13.2 基于**Internet**的建设项目信息平台的功能

基本功能	通知与桌面管理、日历和任务管理、文档管理、项目通信与协同工作、工作流管理、网站管理与报告
拓展功能	多媒体大的信息交互、在线项目管理、集成电子商务等功能，如视频会议、进度计划和投资计划的网上发布、电子采购、电子招标等

13.2.3 建设项目管理信息化新技术——BIM

BIM（building information modeling）技术是一种应用于工程设计、建造、管理的数据化工具，通过对建筑的数据化、信息化模型整合，在项目策划、运行和维护的全生命周期过程中进行共享和传递，使工程技术人员对各种建筑信息做出正确理解和高效应对，为设计团队以及包括建筑、运营单位在内的各方建设主体提供协同工作的基础，在提高生产效率、节约成本和缩短工期方面发挥重要作用。

BIM的核心是通过建立虚拟的建筑工程三维模型，利用数字化技术，为这个模型提供完整的、与实际情况一致的建筑工程信息库。该信息库不仅包含描述建筑物构件的几何信息、专业属性及状态信息，还包含了非构件对象（如空间、运动行为）的状态信息。借助这个包含建筑工程信息的三维模型，大大提高了建筑工程的信息集成化程度，从而为建筑工程项目的相关利益方提供了一个工程信息交换和共享的平台。

1. BIM的特点

BIM具有以下五个特点：

（1）可视化。可视化即"所见所得"的形式，对于建筑行业来说，可视化的真正运用在建筑业的作用是非常大的，例如经常拿到的施工图纸，只是各个构件的信息在图纸上采用线条绘制表达，但是其真正的构造形式就需要建筑业从业人员去自行想象了。BIM 提供了可视化的思路，让人们将以往的线条式的构件形成一种三维的立体实物图形展示在人们的面前；建筑业也有设计方面的效果图，但是这种效果图不包含除构件的大小、位置和颜色以外的其他信息，缺少不同构件之间的互动性和反馈性。而 BIM 提到的可视化是一种能够同构件之间形成互动性和反馈性的可视化，由于整个过程都是可视化的，可视化的结果不仅可以用效果图展示，还能生成相应的报表，更重要的是，项目设计、建造、运营过程中的沟通、讨论、决策都在可视化的状态下进行。

（2）协调性。协调是建筑业中的重点内容，不管是施工单位，还是业主及设计单位，都在做着协调及相配合的工作。一旦项目的实施过程中遇到了问题，就要将各有关人士组织起来开协调会，找各个施工问题发生的原因及解决办法，然后做出变更和采取相应补救措施等来解决问题。在设计时，往往由于各专业设计师之间的沟通不到位，出现各种专业之间的碰撞问题。例如暖通等专业的管道，由于施工图纸是各专业各自绘制在各自的施工图纸上的，在真正施工过程中，可能在布置管线时正好在此处有结构设计的梁等构件在此阻碍管线的布置，像这样的碰撞问题的协调解决就只能在问题出现之后再进行。BIM 的协调性服务就可以帮助处理这种问题，也就是说 BIM 可在建筑物建造前期对各专业的碰撞问题进行协调，生成协调数据，并提供出来。当然，BIM 的协调作用也并不是只能解决各专业间的碰撞问题，它还可以解决例如电梯井布置与其他设计布置，净空要求的协调、防火分区与其他设计布置的协调、地下排水布置与其他设计布置的协调等。

（3）模拟性。模拟性并不是只能模拟设计出的建筑物模型，还可以模拟不能够在真实世界中进行操作的事物。在设计阶段，BIM 可以对设计上需要进行模拟的一些东西进行模拟实验，例如节能模拟、紧急疏散模拟、日照模拟、热能传导模拟等。在招投标和施工阶段可以进行 4D 模拟（三维模型加项目的发展时间），也就是根据施工的组织设计模拟实际施工，从而确定合理的施工方案来指导施工。同时还可以进行 5D 模拟（基于 4D 模型加造价控制），从而实现成本控制。后期运营阶段可以模拟日常紧急情况的处理方式，例如地震人员逃生模拟及消防人员疏散模拟等。

（4）优化性。事实上整个设计、施工、运营的过程就是一个不断优化的过程。当然优化和 BIM 也不存在实质性的必然联系，但在 BIM 的基础上可以做更好的优化。优化过程受三种因素的制约：信息、复杂程度和时间。没有准确的信息，做不出合理的优化结果，BIM 提供了建筑物的实际存在的信息，包括几何信息、物理信息、规则信息，还提供了建筑物变化以后的实际存在信息。复杂程度较高时，参与人员依靠本身的能力无法掌握所有的信息，必须借助一定的科学技术和设备的帮助。现代建筑物的复杂程度大多超过参与人员本身的能力极限，BIM 及与其配套的各种优化工具提供了对复杂项目进行优化的可能。

（5）可出图性。BIM 模型不仅能绘制常规的建筑设计图纸及构件加工的图纸，还能通过对建筑物进行可视化展示、协调、模拟、优化，并出具各专业图纸及深化图纸，使工程表达更加详细。

2. BIM 在建设项目管理中的应用

现阶段，BIM 技术已经被投入到我国的建筑项目设计、施工等各个时期，在设计工作中利用其技术可以达到参数化设计的目的，修改各项参数，直接改动部分设计的内容，凸显初期三维可视化的优势，把原本的二维图形直接转变成为三维的立体图形，这样可以帮助工作人员更好地进行技术层面的交流，高效地开展各项施工任务。另外，这类系统设计还可以达到数据共享等目的，给 CAD 文件提供必要性的参照，生成平面图立体图等。在施工层面使 BIM 技术进行全过程的模拟，设定更为适宜的施工方案，找出施工时期所存在重难点问题，完成技术交底等任务，精确地推算出施工设计所耗用的各类物资。同时结合实际的施工现状，对施工进度进行动态化的管理，分析质量安全等级，让其施工现场更具动态化的特性。在造价管理层面，其技术的使用可以让信息交流变得更加高效，构建信息平台，确保项目预算以及估算等各项数据的精准性，及时传达各方面的数据信息，统一计算面积以及构件等数值。

项目决策会受到各类综合性因素的影响，不管是技术，还是施工人员都会对其最终的决策方案形成不同程度的影响。并且在实际的施工过程中，施工区域的地质水文条件以及天气气候的变化都会比较大，所以相关的工作人员需要提前深入到施工的现场，去探究并勘测该区域的环境以及地形，依据其最终收集整合的数据信息，开展一系列的分析处理等工作，模拟数据信息，进行项目的决策。

建筑工程投入使用后，在长期的时间内，还需要对项目进行维护和管理。在这一阶段可以充分利用 BIM 技术掌握项目的使用情况以及性能变化情况，并对 BIM 信息数据库进行及时更新，为建筑的维护和管理提供有价值的参考数据。在运营维护阶段，BIM 技术的应用主要体现在项目空间、资产和公共安全能耗方面：第一，它能够提供互联网接口；第二，能够通过 BIM 技术准确查找故障所在地，并且采取有针对性的解决措施；第三，BIM 平台在前期所集成的数据能够为后期的物业管理、设备管理提供有价值的数据保障；第四，BIM 技术有助于建筑工程后期经营管理，增加项目的商业价值。

复习思考题

1. 简述建设工程全寿命集成化管理的含义。
2. 简述工程全寿命期管理的内容。
3. 国际通用标准管理体系有哪些？
4. 建设项目管理信息化的局限及其意义是什么？
5. 简述建设项目管理信息化的实施模式及对其进行比较。
6. 基于 Internet 的建设项目信息平台的特点和体系结构是什么？
7. BIM 的技术的特点及其在建设项目管理中的应用是什么？

参 考 文 献

[1] 刘伊生. 建设项目管理 [M]. 3版. 北京：北京交通大学出版社，2014.
[2] 刘伊生. 建设工程监理概论 [M]. 北京：中国建筑工业出版社，2014.
[3] 石振武，宋建民，赖应良，等. 建设项目管理 [M]. 2版. 北京：科学出版社，2015.
[4] 王洪，陈健. 建设项目管理 [M]. 3版. 北京：机械工业出版社，2015.
[5] 聂相田. 建设项目管理 [M]. 3版. 北京：国家开放大学出版社，2014.
[6] 邓铁军，杨亚频. 工程项目管理 [M]. 北京：北京大学出版社，2012.
[7] 戎贤，杨静，章慧蓉. 工程建设项目管理 [M]. 北京：人民交通出版社股份有限公司，2014.
[8] 李清立. 建设项目管理 [M]. 北京：北京交通大学出版社，2012.
[9] 田金信. 建设项目管理 [M]. 北京：高等教育出版社，2017.
[10] 徐存东，樊建领，侯慧敏. 水利水电建设项目管理与评估 [M]. 北京：中国水利水电出版社，2013.
[11] 钟汉华. 水利水电工程施工组织与管理 [M]. 北京：高等教育出版社，2007.
[12] 刘建军. 水利水电工程环境保护设计 [M]. 武汉：武汉大学出版社，2008.
[13] 何培斌，庞业涛. 建筑工程项目管理 [M]. 北京：北京理工大学出版社，2013.
[14] 仲景冰，王红兵. 工程项目管理 [M]. 北京：北京大学出版社，2012.
[15] 赵庆华. 工程项目管理 [M]. 南京：东南大学出版社，2011.
[16] 任宏. 工程项目管理 [M]. 北京：科学出版社，2012.
[17] 李远富. 土木工程经济与项目管理 [M]. 北京：中国铁道出版社，2012.
[18] 莫曼君. 定设工程施工合同管理 [M]. 北京：中国电力出版社，2011.
[19] 国际咨询工程师联合会. 施工合同条件 [M]. 中国咨询协会，译. 北京：机械工业出版社，2002.
[20] 王建廷，王坂坡. 建设工程项目管理及工程经济 [M]. 重庆：重庆大学出版社，2012.
[21] 王家远. 建设项目风险管理 [M]. 北京：中国水利水电出版社，2004.
[22] 陈仕亮. 风险管理 [M]. 成都：西南财经大学出版社，1996.
[23] 卢有杰，卢家仪. 项目风险管理 [M]. 北京：清华大学出版社，1998.
[24] 宋明哲. 现代风险管理 [M]. 北京：中国纺织出版社，2003.